ZEN HUMAN DESIGN
EPHEMERIS
1976-2000

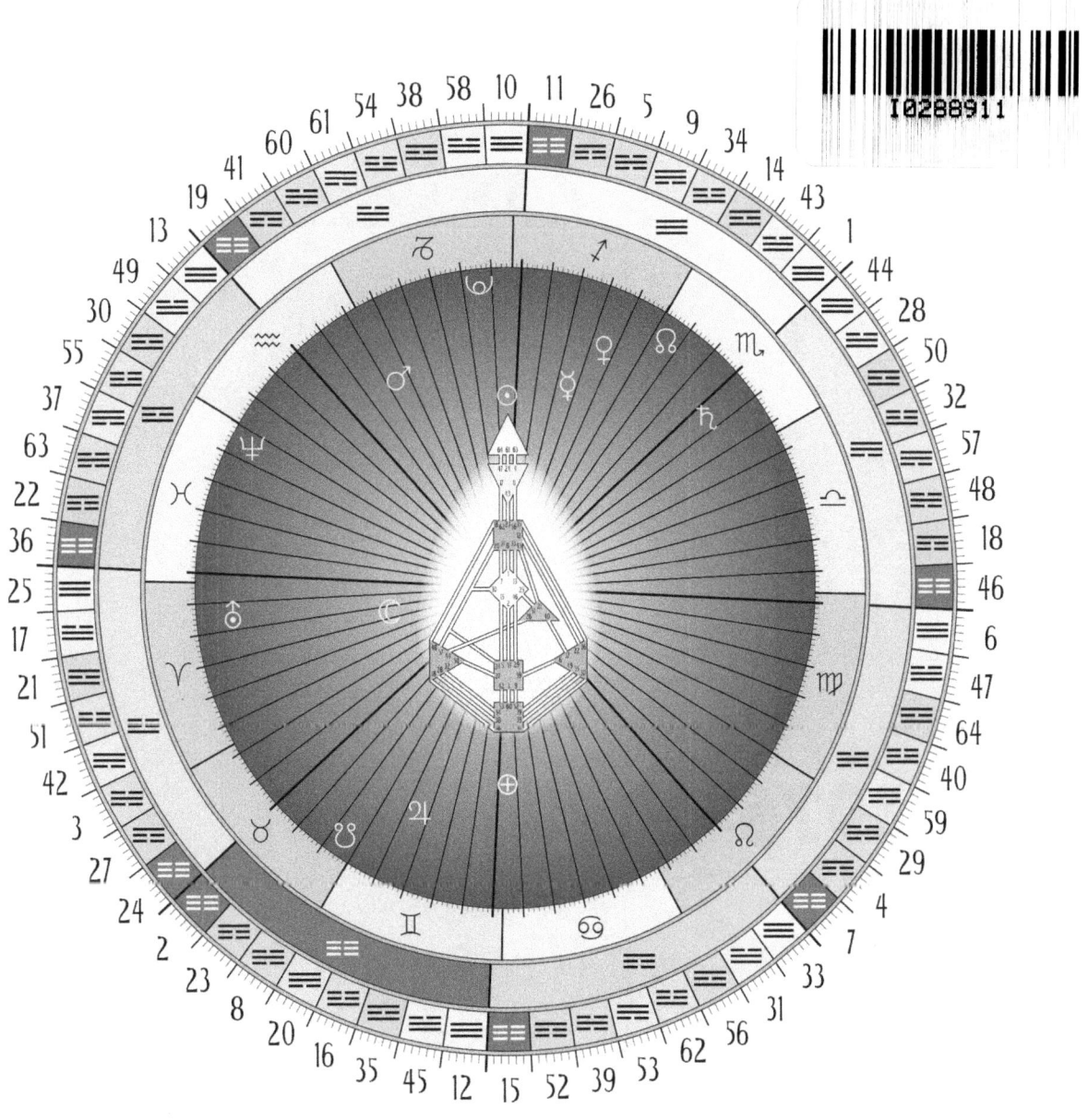

ZEN HUMAN DESIGN

ZEN HUMAN DESIGN
EPHEMERIS
1976–2000

ISBN 978-1-931164-18-4

© 2016 Zen Human Design
All rights reserved.

Compiled, edited, designed, illustrated and produced by Chaitanyo.

No reproduction without the written permission of the publisher.

Zen Human Design
www.humandesignsystem.com

January 1976

Date	Time	☉	⊕	☾	☊	☋	☿	♀	♂	♃	♄	♅	♆	♇
1	00	38.1	39.1	10.5	43.3	23.3	60.2	14.6	45.1	51.1	56.5	28.5	5.2	48.3
	12			58.6	R	R	D	D	R	D	R	D	D	D
2	00	38.2	39.2	54.1	43.2	23.2	60.3	34.1						
	12			61.2			60.4	34.2	35.6					
3	00	38.3	39.3	60.3			60.5							
	12			41.4				34.3						
4	00	38.4	39.4	19.5			60.6	34.4						
	12	38.5	39.5	13.5			41.1							
5	00			49.6				34.5						
	12	38.6	39.6	55.1			41.2							
6	00			37.1			41.3	34.6						
	12	54.1	53.1	63.2				9.1						
7	00			22.2			41.4		35.5					
	12	54.2	53.2	36.2				9.2		51.2				
8	00			25.3			41.5	9.3						
	12	54.3	53.3	17.3										
9	00			21.3			41.6	9.4						
	12	54.4	53.4	51.4				9.5						
10	00			42.4	D	D	19.1							
	12	54.5	53.5	3.4				9.6				28.6		
11	00	54.6	53.6	27.5				5.1						
	12			24.5			19.2							
12	00	61.1	62.1	2.6				5.2						
	12			23.6	R	R		5.3						
13	00	61.2	62.2	20.1										
	12			16.1				5.4	35.4		56.4			
14	00	61.3	62.3	35.2										
	12			45.3			R	5.5						R
15	00	61.4	62.4	12.4	43.1	23.1		5.6						
	12			15.5										
16	00	61.5	62.5	39.1				26.1						
	12	61.6	62.6	53.2				26.2		51.3				
17	00			62.3										
	12	60.1	56.1	56.5			19.1	26.3						
18	00			31.6				26.4						
	12	60.2	56.2	7.2			41.6							
19	00			4.4				26.5						
	12	60.3	56.3	29.5				26.6						
20	00			40.1			41.5							
	12	60.4	56.4	64.3			41.4	11.1						
21	00			47.5	1.6	2.6		11.2	D					
	12	60.5	56.5	6.6			41.3							
22	00	60.6	56.6	18.2				11.3						
	12			48.4			41.2							
23	00	41.1	31.1	57.5			41.1	11.4						
	12			50.1			60.6	11.5						
24	00	41.2	31.2	28.2	D	D				51.4				
	12			44.4			60.5	11.6			56.3		5.3	
25	00	41.3	31.3	1.5			60.4	10.1						
	12			43.6	R	R								
26	00	41.4	31.4	34.2			60.3	10.2						
	12			9.3				10.3						
27	00	41.5	31.5	5.4			60.2							
	12			26.5			60.1	10.4						
28	00	41.6	31.6	11.6				10.5						
	12	19.1	33.1	58.1			61.6							
29	00			38.2				10.6	35.5					
	12	19.2	33.2	54.3			61.5	58.1						
30	00			61.4										
	12	19.3	33.3	60.5				58.2		51.5				
31	00			41.6			61.4	58.3						
	12	19.4	33.4	13.1	1.5	2.5								

February 1976

Date	Time	☉	⊕	☾	☊	☋	☿	♀	♂	♃	♄	♅	♆	♇
1	00	19.4	33.4	49.1	1.5	2.5	61.4	58.4	35.5	51.5	56.3	28.6	5.3	48.3
	12	19.5	33.5	30.2	R	R	R	58.5	D	D	R	D	D	R
2	00			55.3										
	12	19.6	33.6	37.3			61.3	58.6						
3	00	13.1	7.1	63.4										
	12			22.4				38.1						
4	00	13.2	7.2	36.5			D	38.2						
	12			25.5										
5	00	13.3	7.3	17.5				38.3	35.6					
	12			21.5	1.4	2.4		38.4		51.6	56.2			
6	00	13.4	7.4	51.6			61.4							
	12			42.6				38.5						
7	00	13.5	7.5	3.6				38.6						
	12			24.1										
8	00	13.6	7.6	2.1				54.1						
	12			23.1			61.5	54.2						
9	00	49.1	4.1	8.2										
	12	49.2	4.2	20.2				54.3						
10	00			16.3				54.4	45.1					
	12	49.3	4.3	35.4			61.6							
11	00			45.5				54.5		42.1		R		
	12	49.4	4.4	12.5				54.6						
12	00			52.1			60.1							
	12	49.5	4.5	39.2				61.1						
13	00			53.3			60.2	61.2						
	12	49.6	4.6	62.4										
14	00			56.6			60.3	61.3	45.2					
	12	30.1	29.1	33.2				61.4						
15	00			7.3			60.4							
	12	30.2	29.2	4.5				61.5						
16	00	30.3	29.3	59.1			60.5	61.6		42.2				
	12			40.3	1.3	2.3								
17	00	30.4	29.4	64.5			60.6	60.1						
	12			6.1					45.3					
18	00	30.5	29.5	46.3			41.1	60.2						
	12			18.5				60.3			56.1			48.2
19	00	30.6	29.6	57.1			41.2							
	12			32.2			41.3	60.4						
20	00	55.1	59.1	50.4				60.5						
	12			28.6			41.4		45.4					
21	00	55.2	59.2	1.1				60.6		42.3				
	12			43.3	D	D	41.5	41.1						
22	00	55.3	59.3	14.4			41.6							
	12	55.4	59.4	34.6	R	R		41.2						
23	00			5.1			19.1	41.3						
	12	55.5	59.5	26.2			19.2							
24	00			11.3				41.4	45.5					
	12	55.6	59.6	10.4			19.3	41.5						
25	00			58.5			19.4							
	12	37.1	40.1	38.6				41.6						
26	00			61.1			19.5	19.1		42.4				
	12	37.2	40.2	60.2			19.6		45.6					
27	00			41.2				19.2						
	12	37.3	40.3	19.3			13.1	19.3						
28	00			13.4	1.2	2.2	13.2							
	12	37.4	40.4	49.4			13.3	19.4						
29	00	37.5	40.5	30.5				19.5						
	12			55.5			13.4		12.1					

March 1976

Date	Time	☉	⊕	☾	☊	☋	☿	♀	♂	♃	♄	⯝	♆	♇
1	00	37.6	40.6	37.6	1.2	2.2	13.5	19.6	12.1	42.4	56.1	28.6	5.3	48.2
	12			63.6	R	R	13.6	13.1	D	42.5	R	R	D	R
2	00	63.1	64.1	36.1										
	12			25.1			49.1	13.2						
3	00	63.2	64.2	17.1			49.2	13.3	12.2					
	12			21.2			49.3							
4	00	63.3	64.3	51.2	1.1	2.1		13.4						
	12			42.2			49.4	13.5						
5	00	63.4	64.4	3.3			49.5							
	12			27.3			49.6	13.6	12.3					
6	00	63.5	64.5	24.3			30.1			42.6				
	12			2.4	D	D		49.1						
7	00	63.6	64.6	23.4			30.2	49.2						
	12	22.1	47.1	8.4			30.3							
8	00			20.5			30.4	49.3	12.4					
	12	22.2	47.2	16.5			30.5	49.4		62.6				
9	00			35.6			30.6							
	12	22.3	47.3	45.6	R	R		49.5						
10	00			15.1			55.1	49.6	12.5					
	12	22.4	47.4	52.2			55.2		3.1					
11	00			39.3			55.3	30.1						
	12	22.5	47.5	53.4			55.4	30.2						
12	00			62.6			55.5							
	12	22.6	47.6	31.1			55.6	30.3	12.6					
13	00			33.2				30.4						
	12	36.1	6.1	7.4			37.1							
14	00			4.6			37.2	30.5						
	12	36.2	6.2	59.2			37.3	30.6	15.1			28.5		
15	00	36.3	6.3	40.4			37.4		3.2					
	12			64.6			37.5	55.1						
16	00	36.4	6.4	6.2			37.6	55.2					R	
	12			46.4			63.1							
17	00	36.5	6.5	18.6			63.2	55.3	15.2					
	12			57.2				55.4						
18	00	36.6	6.6	32.4			63.3							
	12			50.6			63.4	55.5						
19	00	25.1	46.1	44.2			63.5	55.6	15.3	3.3				
	12			1.4	D	D	63.6							
20	00	25.2	46.2	43.6			22.1	37.1						
	12			34.1			22.2	37.2						
21	00	25.3	46.3	9.3			22.3		15.4					
	12			5.4			22.4	37.3						
22	00	25.4	46.4	26.6			22.5	37.4						
	12			10.1			22.6							
23	00	25.5	46.5	58.2	R	R	36.1	37.5		3.4				
	12	25.6	46.6	38.3			36.2		15.5					
24	00			54.4			36.3	37.6						
	12	17.1	18.1	61.5			36.4	63.1						
25	00			60.5			36.5							
	12	17.2	18.2	41.6			36.6	63.2	15.6					
26	00			13.1	44.6	24.6	25.1	63.3						
	12	17.3	18.3	49.1			25.2							
27	00			30.2			25.3	63.4		3.5				
	12	17.4	18.4	55.2			25.4	63.5	52.1					
28	00			37.3			25.5					D		48.1
	12	17.5	18.5	63.3			25.6	63.6						
29	00			22.3			17.1	22.1						
	12	17.6	18.6	36.4			17.2		52.2					
30	00			25.4			17.3	22.2						
	12	21.1	48.1	17.4			17.4	22.3						
31	00			21.5			17.6							
	12	21.2	48.2	51.5			21.1	22.4	52.3	3.6				

April 1976

Date	Time	☉	⊕	☾	☊	☋	☿	♀	♂	♃	♄	⯝	♆	♇
1	00	21.3	48.3	42.5	44.6	24.6	21.2	22.5	52.3	3.6	62.6	28.5	5.3	48.1
	12			3.6	R	R	21.3	D	D	D	D	R	R	R
2	00	21.4	48.4	27.6			21.4	22.6						
	12			24.6	D	D	21.5	36.1	52.4					
3	00	21.5	48.5	23.1			21.6							
	12			8.1			51.1	36.2						
4	00	21.6	48.6	20.1			51.2	36.3						
	12			16.2			51.3		52.5	27.1				
5	00	51.1	57.1	35.2			51.4	36.4						
	12			45.3			51.6	36.5						
6	00	51.2	57.2	12.3			42.1		52.6					
	12			15.4			42.2	36.6						
7	00	51.3	57.3	52.5			42.3	25.1						
	12			39.6			42.4							
8	00	51.4	57.4	62.1	R	R	42.5	25.2	39.1					
	12			56.2			42.6	25.3		27.2				
9	00	51.5	57.5	31.3			3.1							
	12			33.4			3.2	25.4						
10	00	51.6	57.6	7.6			3.4	25.5	39.2					
	12			29.1			3.5					28.4		
11	00	42.1	32.1	59.3			3.6	25.6						
	12	42.2	32.2	40.5			27.1							
12	00			64.6			27.2	17.1	39.3	27.3				
	12	42.3	32.3	6.2			27.3	17.2						
13	00			46.4			27.4							
	12	42.4	32.4	48.1			27.5	17.3	39.4					
14	00			57.3			27.6	17.4						
	12	42.5	32.5	32.5			24.1							
15	00			28.1			24.2	17.5						
	12	42.6	32.6	44.3			24.3	17.6	39.5					
16	00			1.5	D	D	24.4			27.4				
	12	3.1	50.1	14.1			24.5	21.1			56.1			
17	00			34.3			24.6	21.2						
	12	3.2	50.2	9.5			2.1		39.6					
18	00			5.6			2.2	21.3						
	12	3.3	50.3	11.2			2.3	21.4						
19	00			10.3			2.4		53.1					
	12	3.4	50.4	58.4			2.5	21.5						
20	00			38.6				21.6		27.5				
	12	3.5	50.5	61.1			2.6							
21	00			60.2			23.1	51.1	53.2					
	12	3.6	50.6	41.2	R	R	23.2	51.2						
22	00			19.3			23.3							
	12	27.1	28.1	13.4				51.3						
23	00	27.2	28.2	49.5			23.4	51.4	53.3					
	12			30.5			23.5							
24	00	27.3	28.3	55.6			23.6	51.5		27.6				
	12			37.6				51.6	53.4					
25	00	27.4	28.4	63.6			8.1							
	12			36.1			8.2	42.1						
26	00	27.5	28.5	25.1				42.2						
	12			17.1			8.3		53.5					
27	00	27.6	28.6	21.2				42.3						
	12			51.2			8.4							
28	00	24.1	44.1	42.2				42.4	53.6	24.1				
	12			3.2			8.5	42.5						
29	00	24.2	44.2	27.3										
	12			24.3			8.6	42.6						
30	00	24.3	44.3	2.3	D	D		3.1	62.1					
	12			23.4			20.1							

May 1976

Date	Time	☉	⊕	☾	☊	☋	☿	♀	♂	♃	♄	♅	♆	♇
1	00	24.4	44.4	8.4	44.6	24.6	20.1	3.2	62.1	24.1	56.1	28.4	5.3	48.1
	12			20.5	D	D	20.2	3.3	62.2	D	D	R	R	R
2	00	24.5	44.5	16.5						24.2				
	12			35.6				3.4				28.3		18.6
3	00	24.6	44.6	45.6	R	R	20.3	3.5						
	12			15.1					62.3					
4	00	2.1	1.1	52.1				3.6						
	12			39.2				27.1						
5	00	2.2	1.2	53.3			20.4		62.4		56.2			
	12			62.4				27.2						
6	00	2.3	1.3	56.5				27.3		24.3				
	12	2.4	1.4	31.6										
7	00			7.1				27.4	62.5					
	12	2.5	1.5	4.2	D	D		27.5						
8	00			29.4										
	12	2.6	1.6	59.5				27.6	62.6					
9	00			64.1				24.1					5.2	
	12	23.1	43.1	47.2			R			24.4				
10	00			6.4				24.2	56.1					
	12	23.2	43.2	46.6				24.3						
11	00			48.2										
	12	23.3	43.3	57.4				24.4						
12	00			32.6				24.5	56.2					
	12	23.4	43.4	28.2										
13	00			44.4				24.6						
	12	23.5	43.5	1.6	R	R			56.3	24.5				
14	00			14.2			20.3	2.1						
	12	23.6	43.6	34.4				2.2						
15	00			9.5										
	12	8.1	14.1	26.1				2.3	56.4					
16	00			11.3				2.4						
	12	8.2	14.2	10.5			20.2							
17	00			58.6				2.5	56.5					
	12	8.3	14.3	54.1				2.6		24.6				
18	00			61.3			20.1				56.3			
	12	8.4	14.4	60.4				23.1	56.6					
19	00			41.5				23.2						
	12	8.5	14.5	19.6										
20	00			13.6			8.6	23.3						
	12	8.6	14.6	30.1				23.4	31.1					
21	00			55.2	D	D								
	12	20.1	34.1	37.2			8.5	23.5		2.1				
22	00			63.3				23.6	31.2					
	12	20.2	34.2	22.3										
23	00			36.4			8.4	8.1						
	12	20.3	34.3	25.4				8.2	31.3					
24	00	20.4	34.4	17.4										
	12			21.4				8.3						
25	00	20.5	34.5	51.5			8.3	8.4						
	12			42.5					31.4	2.2				
26	00	20.6	34.6	3.5				8.5						
	12			27.6				8.6						
27	00	16.1	9.1	24.6	R	R	8.2		31.5			28.2		
	12			2.6				20.1						
28	00	16.2	9.2	8.1										
	12			20.1				20.2	31.6		56.4			
29	00	16.3	9.3	16.2				20.3						
	12			35.2			8.1							
30	00	16.4	9.4	45.3				20.4	33.1	2.3				
	12			12.4				20.5						
31	00	16.5	9.5	15.4										
	12			52.5				20.6						

June 1976

Date	Time	☉	⊕	☾	☊	☋	☿	♀	♂	♃	♄	♅	♆	♇
1	00	16.6	9.6	39.6	44.5	24.5	8.1	16.1	33.2	2.3	56.4	28.2	5.2	18.6
	12			62.1	R	R	R	D	D	D	D	R	R	R
2	00	35.1	5.1	56.2				16.2						
	12			31.3			D	16.3	33.3					
3	00	35.2	5.2	33.4						2.4				
	12			7.5				16.4						
4	00	35.3	5.3	4.6				16.5	33.4					
	12			59.1										
5	00	35.4	5.4	40.3				16.6						
	12			64.4				35.1	33.5					
6	00	35.5	5.5	47.6	D	D	8.2							
	12			46.1				35.2			56.5			
7	00	35.6	5.6	18.3				35.3		2.5				
	12			48.4					33.6					
8	00	45.1	26.1	57.6				35.4						
	12			50.2			8.3	35.5						
9	00	45.2	26.2	28.4					7.1					
	12			44.5	R	R		35.6						
10	00	45.3	26.3	43.1				45.1						
	12			14.3			8.4		7.2					
11	00	45.4	26.4	34.5				45.2						
	12			5.1						2.6				
12	00	45.5	26.5	26.2			8.5	45.3	7.3					
	12			11.4				45.4						
13	00	45.6	26.6	10.6			8.6							
	12			38.1				45.5						
14	00	12.1	11.1	54.3			20.1	45.6	7.4				5.1	
	12			61.4										
15	00	12.2	11.2	60.5				12.1						
	12			41.6			20.2	12.2	7.5	23.1	56.6			
16	00	12.3	11.3	13.1										
	12	12.4	11.4	49.2			20.3	12.3						
17	00			30.3			20.4	12.4	7.6					
	12	12.5	11.5	55.4										
18	00			37.5			20.5	12.5						
	12	12.6	11.6	63.5				12.6	4.1					
19	00			22.6			20.6							D
	12	15.1	10.1	36.6			16.1	15.1						
20	00			25.6	D	D		15.2	4.2	23.2				
	12	15.2	10.2	21.1			16.2							
21	00			51.1			16.3	15.3						
	12	15.3	10.3	42.1				15.4						
22	00			3.2			16.4		4.3					
	12	15.4	10.4	27.2			16.5	15.5						
23	00			24.2				15.6						
	12	15.5	10.5	2.3	R	R	16.6		4.4		31.1			
24	00			23.3			35.1	52.1						
	12	15.6	10.6	8.3			35.2	52.2		23.3				
25	00			20.4					4.5					
	12	52.1	58.1	16.4			35.3	52.3						
26	00			35.5			35.4							
	12	52.2	58.2	45.6	44.4	24.4	35.5	52.4	4.6					
27	00			12.6			35.6	52.5						
	12	52.3	58.3	52.1			45.1							
28	00			39.2			45.2	52.6	29.1					
	12	52.4	58.4	53.3				39.1						
29	00			62.4			45.3			23.4				
	12	52.5	58.5	56.5			45.4	39.2	29.2					
30	00			31.6			45.5	39.3						
	12	52.6	58.6	7.2			45.6							

July 1976

Date	Time	☉	⊕	☾	☊	☋	☿	♀	♂	♃	♄	♅	♆	♇
1	00	52.6	58.6	4.3	44.4	24.4	12.1	39.4	29.3	23.4	31.1	28.2	5.1	18.6
	12	39.1	38.1	29.4	R	R	12.2	39.5	D	D	31.2	R	R	D
2	00			59.5			12.3							
	12	39.2	38.2	64.1			12.4	39.6						
3	00			47.2			12.5	53.1	29.4					
	12	39.3	38.3	6.4			12.6							
4	00			46.5			15.1	53.2		23.5				
	12	39.4	38.4	48.1			15.2	53.3	29.5					
5	00			57.2	D	D	15.3							
	12	39.5	38.5	32.4			15.4	53.4						
6	00			50.5			15.5	53.5	29.6					
	12	39.6	38.6	44.1			15.6							
7	00			1.2	R	R	52.2	53.6						
	12	53.1	54.1	43.4			52.3	62.1	59.1					
8	00			14.6			52.4							
	12	53.2	54.2	9.1			52.5	62.2						
9	00			5.3	44.3	24.3	52.6	62.3	59.2	23.6	31.3			
	12	53.3	54.3	26.4			39.1							
10	00			11.6			39.2	62.4						
	12	53.4	54.4	58.1			39.3		59.3					
11	00			38.3			39.5	62.5						
	12	53.5	54.5	54.4			39.6	62.6				D		
12	00			61.6			53.1		59.4					
	12	53.6	54.6	41.1			53.2	56.1						
13	00			19.2			53.3	56.2						
	12	62.1	61.1	13.3			53.4		59.5					
14	00			49.4			53.5	56.3		8.1				
	12	62.2	61.2	30.5			62.1	56.4						
15	00	62.3	61.3	55.6	44.2	24.2	62.2		59.6					
	12			37.6			62.3	56.5						
16	00	62.4	61.4	22.1			62.4	56.6						
	12			36.2			62.5		40.1		31.4			
17	00	62.5	61.5	25.2			62.6	31.1						
	12			17.2			56.1	31.2						
18	00	62.6	61.6	21.3			56.3		40.2					
	12			51.3			56.4	31.3						
19	00	56.1	60.1	42.3			56.5	31.4						
	12			3.4	D	D	56.6			8.2				
20	00	56.2	60.2	27.4			31.1	31.5	40.3					
	12			24.4	R	R	31.2	31.6						
21	00	56.3	60.3	2.5			31.3							
	12			23.5			31.4	33.1	40.4					
22	00	56.4	60.4	8.5			31.5	33.2						
	12			20.6			31.6							
23	00	56.5	60.5	16.6			33.1	33.3	40.5					
	12			45.1			33.3	33.4			31.5			
24	00	56.6	60.6	12.2			33.4							
	12			15.3			33.5	33.5	40.6					
25	00	31.1	41.1	52.3			33.6	33.6						
	12			39.4			7.1			8.3				
26	00	31.2	41.2	53.5			7.2	7.1	64.1					
	12			56.1			7.3							
27	00	31.3	41.3	31.2	44.1	24.1	7.4	7.2						
	12			33.3			7.5	7.3	64.2					
28	00	31.4	41.4	7.4			7.6						9.6	
	12			4.6			4.1	7.4						
29	00	31.5	41.5	59.1			4.2	7.5	64.3					
	12			40.3			4.3							
30	00	31.6	41.6	64.4			4.4	7.6						
	12			47.6			4.5	4.1	64.4					
31	00	33.1	19.1	46.2			4.6				31.6			
	12			18.3			29.1	4.2		8.4				

August 1976

Date	Time	☉	⊕	☾	☊	☋	☿	♀	♂	♃	♄	♅	♆	♇
1	00	33.2	19.2	48.5	44.1	24.1	29.1	4.3	64.5	8.4	31.6	28.2	9.6	18.6
	12			57.6	R	R	29.2	D	D	D	D	D	R	D
2	00	33.3	19.3	50.2			29.3	4.4						
	12			28.3			29.4	4.5	64.6					
3	00	33.4	19.4	44.5			29.5							
	12			1.6			29.6	4.6						
4	00	33.5	19.5	14.2			59.1	29.1	47.1					48.1
	12			34.3			59.2							
5	00	33.6	19.6	9.5			59.3	29.2						
	12			5.6			59.4	29.3	47.2					
6	00	7.1	13.1	11.2										
	12			10.3			59.5	29.4						
7	00	7.2	13.2	58.4	28.6	27.6	59.6	29.5	47.3		33.1			
	12			38.6			40.1			8.5				
8	00	7.3	13.3	61.1			40.2	29.6						
	12			60.2			40.3	59.1	47.4					
9	00	7.4	13.4	41.3										
	12	7.5	13.5	19.4			40.4	59.2						
10	00			13.5			40.5	59.3	47.5					
	12	7.6	13.6	49.6			40.6							
11	00			55.1			64.1	59.4						
	12	4.1	49.1	37.2					47.6					
12	00			63.2	28.5	27.5	64.2	59.5						
	12	4.2	49.2	22.3			64.3	59.6						
13	00			36.4			64.4		6.1					
	12	4.3	49.3	25.4				40.1						
14	00			17.5			64.5	40.2						
	12	4.4	49.4	21.5			64.6		6.2		33.2			
15	00			51.5			47.1	40.3						
	12	4.5	49.5	42.6				40.4		8.6				
16	00			3.6			47.2		6.3					
	12	4.6	49.6	27.6	D	D	47.3	40.5						
17	00			24.6				40.6						
	12	29.1	30.1	23.1			47.4		6.4					
18	00			8.1			47.5	64.1						
	12	29.2	30.2	20.1	R	R	47.6	64.2						
19	00			16.2					6.5					
	12	29.3	30.3	35.2			6.1	64.3						
20	00			45.3			6.2	64.4						
	12	29.4	30.4	12.4					6.6					
21	00			15.4			6.3	64.5						
	12	29.5	30.5	52.5				64.6						
22	00			39.6			6.4		46.1		33.3			
	12	29.6	30.6	62.1			6.5	47.1						
23	00			56.2				47.2	46.2					
	12	59.1	55.1	31.4			6.6						D	
24	00			33.5				47.3						
	12	59.2	55.2	7.6	28.4	27.4	46.1	47.4	46.3					
25	00			29.2						20.1		28.3		
	12	59.3	55.3	59.4			46.2	47.5						
26	00			40.5			46.3	47.6	46.4					
	12	59.4	55.4	47.1										
27	00			6.3			46.4	6.1						
	12	59.5	55.5	46.5					46.5					
28	00	59.6	55.6	18.6				6.2						
	12			57.2			46.5	6.3						
29	00	40.1	37.1	32.4					46.6					
	12			50.6			46.6	6.4			33.4			
30	00	40.2	37.2	44.1	D	D		6.5						
	12			1.3			18.1		18.1					
31	00	40.3	37.3	43.5				6.6						
	12			14.6				46.1						

September 1976

Date	Time	☉	⊕	☾	☊	☋	☿	♀	♂	♃	♄	♅	♆	♇
1	00	40.4	37.4	9.2	28.4	27.4	18.2	46.1	18.2	20.1	33.4	28.3	9.6	48.1
	12			5.3	R	R	D	46.2	D	D	D	D	D	D
2	00	40.5	37.5	26.4				46.3						
	12			11.6			18.3		18.3					
3	00	40.6	37.6	58.1				46.4						
	12			38.2				46.5						
4	00	64.1	63.1	54.3			18.4		18.4					
	12			61.4				46.6						48.2
5	00	64.2	63.2	60.5				18.1						
	12			41.6					18.5					
6	00	64.3	63.3	13.1				18.2						
	12			49.2	28.3	27.3		18.3			33.5			
7	00	64.4	63.4	30.3			18.5		18.6					
	12			55.4				18.4						
8	00	64.5	63.5	37.4				18.5	48.1					
	12			63.5										
9	00	64.6	63.6	22.6			R	18.6						
	12			36.6				48.1	48.2					
10	00	47.1	22.1	17.1										
	12			21.1				48.2		20.2				
11	00	47.2	22.2	51.1				48.3	48.3					
	12			42.2			18.4							
12	00	47.3	22.3	3.2				48.4						
	12	47.4	22.4	27.2					48.4					
13	00			24.3	D	D		48.5						
	12	47.5	22.5	2.3				48.6						
14	00			23.3			18.3		48.5					
	12	47.6	22.6	8.3				57.1						
15	00			20.4				57.2			33.6			
	12	6.1	36.1	16.4			18.2		48.6			28.4		
16	00			35.5				57.3						
	12	6.2	36.2	45.5			18.1	57.4						
17	00			12.6	R	R			57.1					
	12	6.3	36.3	15.6				57.5						
18	00			39.1			46.6	57.6	57.2				5.1	
	12	6.4	36.4	53.2			46.5							
19	00			62.3				32.1						
	12	6.5	36.5	56.4			46.4	32.2	57.3					
20	00			31.5						R				
	12	6.6	36.6	33.6			46.3	32.3						
21	00			4.2				32.4	57.4					
	12	46.1	25.1	29.3			46.2							
22	00			59.5				32.5						
	12	46.2	25.2	40.6			46.1	32.6	57.5					
23	00			47.2			6.6							
	12	46.3	25.3	6.4	28.2	27.2		50.1			7.1			
24	00	46.4	25.4	46.6			6.5	50.2	57.6					
	12			48.2										
25	00	46.5	25.5	57.4			6.4	50.3						
	12			32.6					32.1					
26	00	46.6	25.6	28.2			6.3	50.4						
	12			44.4	D	D		50.5	32.2					
27	00	18.1	17.1	1.6										
	12			14.2			6.2	50.6						
28	00	18.2	17.2	34.3				28.1	32.3					
	12			9.5										
29	00	18.3	17.3	26.1			6.1	28.2						
	12			11.2				28.3	32.4	20.1				48.3
30	00	18.4	17.4	10.3										
	12			58.5	R	R		28.4						

October 1976

Date	Time	☉	⊕	☾	☊	☋	☿	♀	♂	♃	♄	♅	♆	♇
1	00	18.5	17.5	38.6	28.2	27.2	6.1	28.5	32.5	20.1	7.1	28.4	5.1	48.3
	12			61.1	R	R	D	D	D	R	D	D	D	D
2	00	18.6	17.6	60.2				28.6						
	12			41.3				44.1	32.6			28.5		
3	00	48.1	21.1	19.4										
	12			13.5			6.2	44.2	50.1		7.2			
4	00	48.2	21.2	49.6				44.3						
	12	48.3	21.3	30.6										
5	00			37.1				44.4	50.2					
	12	48.4	21.4	63.2			6.3	44.5						
6	00			22.2										
	12	48.5	21.5	36.3			6.4	44.6	50.3					
7	00			25.3										
	12	48.6	21.6	17.3			6.5	1.1						
8	00			21.4				1.2	50.4					
	12	57.1	51.1	51.4			6.6							
9	00			42.4				1.3						
	12	57.2	51.2	3.5			46.1	1.4	50.5					
10	00			27.5	D	D	46.2							
	12	57.3	51.3	24.5				1.5	50.6					
11	00			2.6			46.3	1.6						
	12	57.4	51.4	23.6			46.4							
12	00			8.6				43.1	28.1					
	12	57.5	51.5	16.1			46.5	43.2						
13	00			35.1			46.6							
	12	57.6	51.6	45.1			18.1	43.3	28.2					
14	00	32.1	42.1	12.2				43.4						
	12			15.2			18.2							
15	00	32.2	42.2	52.3			18.3	43.5	28.3		7.3			
	12			39.3			18.4	43.6		8.6				
16	00	32.3	42.3	53.4			18.5		28.4					
	12			62.5	R	R	18.6	14.1						
17	00	32.4	42.4	56.6			48.1	14.2						
	12			33.1					28.5					
18	00	32.5	42.5	7.2			48.2	14.3						
	12			4.3			48.3					28.6		
19	00	32.6	42.6	29.4			48.4	14.4	28.6					
	12			59.6			48.5	14.5						
20	00	50.1	3.1	64.1			48.6							
	12			47.3			57.1	14.6	44.1					
21	00	50.2	3.2	6.5			57.2	34.1						
	12			18.1					44.2					
22	00	50.3	3.3	48.3			57.3	34.2						
	12	50.4	3.4	57.5			57.4	34.3						
23	00			50.1			57.5		44.3					
	12	50.5	3.5	28.3	D	D	57.6	34.4						48.4
24	00			44.5			32.1	34.5						
	12	50.6	3.6	43.1			32.2		44.4					
25	00			14.3			32.3	34.6						
	17	28.1	27.1	34.5			32.4	9.1	44.5	8.5				
26	00			5.1			32.5							
	12	28.2	27.2	26.3			32.6	9.2						
27	00			11.5	R	R		9.3	44.6					
	12	28.3	27.3	10.6			50.1							
28	00			38.2			50.2	9.4						
	12	28.4	27.4	54.3			50.3		1.1				5.2	
29	00			61.4			50.4	9.5						
	12	28.5	27.5	60.5			50.5	9.6			7.4			
30	00	28.6	27.6	19.1	D	D	50.6		1.2					
	12			13.1			28.1	5.1						
31	00	44.1	24.1	49.2			28.2	5.2	1.3					
	12			30.3										

November 1976

Date/Time	☉	⊕	☽	☊	☋	☿	♀	♂	♃	♄	⚷	♆	♇
1 00	44.2	24.2	55.4	28.2	27.2	28.3	5.3	1.3	8.5	7.4	28.6	5.2	48.4
12			37.4	D	D	28.4	5.4	1.4	R	D	D	D	D
2 00	44.3	24.3	63.5			28.5							
12			22.5			28.6	5.5		8.4		44.1		
3 00	44.4	24.4	36.6			44.1	5.6	1.5					
12			25.6			44.2							
4 00	44.5	24.5	21.1			44.3	26.1	1.6					
12			51.1				26.2						
5 00	44.6	24.6	42.1			44.4							
12			3.2			44.5	26.3	43.1					
6 00	1.1	2.1	27.2			44.6							
12	1.2	2.2	24.2	R	R	1.1	26.4						
7 00			2.2			1.2	26.5	43.2					
12	1.3	2.3	23.3			1.3							
8 00			8.3			1.4	26.6	43.3					
12	1.4	2.4	20.3				11.1						
9 00			16.4			1.5							
12	1.5	2.5	35.4			1.6	11.2	43.4					
10 00			45.4			43.1	11.3		8.3				
12	1.6	2.6	12.5			43.2							
11 00			15.5			43.3	11.4	43.5					
12	43.1	23.1	52.6				11.5						
12 00			39.6			43.4		43.6					
12	43.2	23.2	62.1			43.5	11.6						
13 00			56.2			43.6	10.1						
12	43.3	23.3	31.3			14.1		14.1					
14 00	43.4	23.4	33.3			14.2	10.2						
12			7.4			14.3							
15 00	43.5	23.5	4.5	D	D		10.3	14.2					
12			59.1				10.4						
16 00	43.6	23.6	40.2			14.5		14.3					
12			64.3			14.6	10.5						
17 00	14.1	8.1	47.5			34.1	10.6		8.2				
12			6.6			34.2		14.4			44.2		
18 00	14.2	8.2	18.2				58.1						
12			48.4			34.3	58.2						
19 00	14.3	8.3	57.5			34.4		14.5					
12			50.1			34.5	58.3						48.5
20 00	14.4	8.4	28.3	R	R	34.6	58.4	14.6					
12	14.5	8.5	44.5			9.1							
21 00			43.2				58.5						
12	14.6	8.6	14.4			9.2		34.1					
22 00			34.6			9.3	58.6						
12	34.1	20.1	5.2			9.4	38.1	34.2					
23 00			26.4			9.5							
12	34.2	20.2	11.6				38.2		8.1				
24 00			58.2			9.6	38.3	34.3					
12	34.3	20.3	38.3			5.1						5.3	
25 00			54.5			5.2	38.4						
12	34.4	20.4	61.6			5.3	38.5	34.4					
26 00			41.2			5.4							
12	34.5	20.5	19.3				38.6	34.5					
27 00	34.6	20.6	13.4			5.5							
12			49.5			5.6	54.1						
28 00	9.1	16.1	30.6			26.1	54.2	34.6			R		
12			37.1			26.2							
29 00	9.2	16.2	63.1	D	D		54.3						
12			22.2			26.3	54.4	9.1					
30 00	9.3	16.3	36.2			26.4							
12			25.3			26.5	54.5	9.2			23.6		

December 1976

Date/Time	☉	⊕	☽	☊	☋	☿	♀	♂	♃	♄	⚷	♆	♇
1 00	9.4	16.4	17.3	28.2	27.2	26.6	54.6	9.2	23.6	7.4	44.2	5.3	48.5
12			21.4	D	D	11.1	D	R	R	D	D	D	D
2 00	9.5	16.5	51.4				61.1	9.3					
12	9.6	16.6	42.4			11.2							
3 00			3.5			11.3	61.2	9.4					
12	5.1	35.1	27.5	R	R	11.4	61.3				44.3		
4 00			24.5			11.5							
12	5.2	35.2	2.5				61.4	9.5					
5 00			23.6			11.6	61.5						
12	5.3	35.3	8.6			10.1		9.6					
6 00			20.6			10.2	61.6						
12	5.4	35.4	35.1			10.3	60.1						
7 00			45.1					5.1					
12	5.5	35.5	12.2	28.1	27.1	10.4	60.2						
8 00			15.2			10.5							
12	5.6	35.6	52.3			10.6	60.3	5.2	23.5				
9 00	26.1	45.1	39.3				60.4						
12			53.4			58.1		5.3					
10 00	26.2	45.2	62.5			58.2	60.5						
12			56.5			58.3	60.6						
11 00	26.3	45.3	31.6			58.4		5.4					
12			7.1			41.1							
12 00	26.4	45.4	4.2			58.5		5.5					
12			29.3			58.6	41.2						
13 00	26.5	45.5	59.4			38.1	41.3						
12			40.5					5.6					
14 00	26.6	45.6	64.6			38.2	41.4						
12	11.1	12.1	6.2	D	D	38.3	41.5	26.1					
15 00			46.3										
12	11.2	12.2	18.4			38.4	41.6						
16 00			48.6			38.5		26.2					
12	11.3	12.3	32.1			38.6	19.1						
17 00			50.3				19.2						
12	11.4	12.4	28.5	R	R	54.1		26.3	23.4				
18 00			1.1				19.3						
12	11.5	12.5	43.3			54.2	19.4	26.4					
19 00			14.4			54.3							
12	11.6	12.6	34.6				19.5					5.4	
20 00			5.2			54.4		26.5					
12	10.1	15.1	26.4				19.6						
21 00	10.2	15.2	11.6	50.6	3.6	54.5	13.1	26.6					
12			58.2			54.6							
22 00	10.3	15.3	38.4				13.2				44.4		
12			54.6				13.3	11.1					
23 00	10.4	15.4	60.1			61.1							
12			41.3				13.4	11.2					
24 00	10.5	15.5	19.4			61.2							
12			13.6				13.5						
25 00	10.6	15.6	30.1				13.6	11.3					
12			55.2			61.3							
26 00	58.1	52.1	37.3				49.1	11.4					
12	58.2	52.2	63.3										
27 00			22.4				49.2						
12	58.3	52.3	36.5				49.3	11.5					
28 00			25.5						7.3				
12	58.4	52.4	17.6	D	D	R	49.4	11.6					
29 00			21.6										
12	58.5	52.5	42.1				49.5		23.3				
30 00			3.1				49.6	10.1					
12	58.6	52.6	27.1	R	R								
31 00			24.1			61.2	30.1	10.2					
12	38.1	39.1	2.2				30.2						

1976

January 1977

Date	Time	☉	⊕	☾	☊	☋	☿	♀	♂	♃	♄	⛢	♆	♇
1	00	38.2	39.2	23.2	50.6	3.6	61.2	30.2	10.2	23.3	7.3	44.4	5.4	48.5
	12			8.2	R	R	61.1	30.3	10.3	R	R	D	D	D
2	00	38.3	39.3	20.3										
	12			16.3	50.5	3.5	54.6	30.4	10.4					
3	00	38.4	39.4	35.3				30.5						
	12			45.4			54.5							
4	00	38.5	39.5	12.4				30.6	10.5					
	12			15.5			54.4							
5	00	38.6	39.6	52.6			54.3	55.1	10.6					
	12			39.6				55.2						
6	00	54.1	53.1	62.1			54.2							
	12	54.2	53.2	56.2			54.1	55.3	58.1					
7	00			31.3			38.6							
	12	54.3	53.3	33.4	50.4	3.4		55.4	58.2					
8	00			7.5			38.5							
	12	54.4	53.4	4.6			38.4	55.5						
9	00			59.1				55.6	58.3					
	12	54.5	53.5	40.2			38.3							
10	00			64.3			38.2	37.1	58.4					
	12	54.6	53.6	47.4										
11	00			6.5			38.1	37.2						
	12	61.1	62.1	18.1				37.3	58.5					
12	00			48.2			58.6				7.2			
	12	61.2	62.2	57.3				37.4	58.6					
13	00	61.3	62.3	32.5	D	D	58.5							
	12			50.6	R	R		37.5						48.6
14	00	61.4	62.4	44.2					38.1					
	12			1.4				37.6						
15	00	61.5	62.5	43.5			58.4	63.1	38.2					
	12			34.1						D			5.5	
16	00	61.6	62.6	9.3				63.2				44.5		
	12			5.4					38.3					R
17	00	60.1	56.1	26.6				63.3						
	12			10.2			D		38.4					
18	00	60.2	56.2	58.3				63.4						
	12	60.3	56.3	38.5	50.3	3.3		63.5						
19	00			61.1					38.5					
	12	60.4	56.4	60.2				63.6						
20	00			41.4					38.6					48.5
	12	60.5	56.5	19.5			58.5	22.1						
21	00			49.1										
	12	60.6	56.6	30.2				22.2	54.1					
22	00			55.3										
	12	41.1	31.1	37.4			58.6	22.3	54.2					
23	00			63.5	50.2	3.2		22.4						
	12	41.2	31.2	22.6										
24	00	41.3	31.3	25.1			38.1	22.5	54.3					
	12			17.1							7.1			
25	00	41.4	31.4	21.2			38.2	22.6	54.4					
	12			51.2										
26	00	41.5	31.5	42.3				36.1						
	12			3.3	D	D	38.3		54.5					
27	00	41.6	31.6	27.3				36.2						
	12			24.4	R	R	38.4		54.6					
28	00	19.1	33.1	2.4				36.3						
	12			23.4			38.5		61.1					
29	00	19.2	33.2	8.4				36.4						
	12			20.5			38.6	36.5						
30	00	19.3	33.3	16.5					61.2					
	12	19.4	33.4	35.6			54.1	36.6						
31	00			45.6			54.2		61.3					
	12	19.5	33.5	15.1				25.1						

February 1977

Date	Time	☉	⊕	☾	☊	☋	☿	♀	♂	♃	♄	⛢	♆	♇
1	00	19.5	33.5	52.1	50.2	3.2	54.3	25.1	61.3	23.3	7.1	44.5	5.5	48.5
	12	19.6	33.6	39.2	R	R	D	25.2	61.4	D	R	D	D	R
2	00			53.3			54.4			23.4				
	12	13.1	7.1	62.3			54.5	25.3	61.5					
3	00			56.4										
	12	13.2	7.2	31.5	50.1	3.1	54.6	25.4						
4	00			33.6			61.1		61.6					
	12	13.3	7.3	4.1				25.5						
5	00	13.4	7.4	29.3			61.2		60.1		33.6			
	12			59.4			61.3	25.6						
6	00	13.5	7.5	40.5										
	12			64.6			61.4	17.1	60.2					
7	00	13.6	7.6	6.2			61.5							
	12			46.3				17.2	60.3					
8	00	49.1	4.1	18.5			61.6							
	12			48.6			60.1		60.4					
9	00	49.2	4.2	32.2				17.3						
	12			50.3	D	D	60.2							
10	00	49.3	4.3	28.5			60.3	17.4	60.5					
	12			44.6			60.4							
11	00	49.4	4.4	43.2				17.5	60.6					
	12	49.5	4.5	14.3	R	R	60.5							
12	00			34.5			60.6	17.6						
	12	49.6	4.6	9.6			41.1		41.1					
13	00			26.2				21.1						
	12	30.1	29.1	11.3			41.2		41.2					
14	00			10.5			41.3			23.5				
	12	30.2	29.2	58.6			41.4	21.2						
15	00			54.2	32.6	42.6			41.3			R		
	12	30.3	29.3	61.3			41.5	21.3						
16	00			60.5			41.6		41.4					
	12	30.4	29.4	41.6			19.1	21.4			33.5			
17	00			13.1			19.2		41.5					
	12	30.5	29.5	49.2										
18	00	30.6	29.6	30.4			19.3	21.5						
	12			55.5			19.4		41.6					
19	00	55.1	59.1	37.6			19.5							
	12			22.1			19.6	21.6	19.1					
20	00	55.2	59.2	36.1										
	12			25.2			13.1	51.1						
21	00	55.3	59.3	17.3			13.2		19.2					
	12			21.3			13.3							
22	00	55.4	59.4	51.4			13.4	51.2	19.3					
	12			42.4			13.5							
23	00	55.5	59.5	3.5	D	D			19.4	23.6				
	12			27.5			13.6	51.3						
24	00	55.6	59.6	24.6			49.1							
	12	37.1	40.1	2.6			49.2		19.5					
25	00			23.6			49.3	51.4						
	17	37.2	40.2	8.6			49.4		19.6					
26	00			16.1			49.5							
	12	37.3	40.3	35.1	R	R		51.5						
27	00			45.1			49.6		13.1					
	12	37.4	40.4	12.2			30.1							
28	00			15.2			30.2	51.6	13.2					
	12	37.5	40.5	52.3	32.5	42.5	30.3							

March 1977

Date	Time	☉	⊕	☾	☊	☋	☿	♀	♂	♃	♄	♅	♆	♇
1	00	37.5	40.5	39.3	32.5	42.5	30.4	51.6	13.2	23.6	33.5	44.5	5.5	48.5
	12	37.6	40.6	53.4	R	R	30.5	D	13.3	D	33.4	R	5.6	R
2	00			62.5			30.6	42.1						
	12	63.1	64.1	56.6			55.1		13.4	8.1				
3	00			33.1			55.2							
	12	63.2	64.2	7.2					13.5					
4	00	63.3	64.3	4.3			55.3	42.2						
	12			29.4			55.4							
5	00	63.4	64.4	59.6			55.5		13.6					
	12			64.1			55.6							
6	00	63.5	64.5	47.3			37.1	42.3	49.1					
	12			6.4			37.2							
7	00	63.6	64.6	46.6			37.3							
	12			48.1			37.4		49.2					
8	00	22.1	47.1	57.3			37.5							
	12			32.5	D	D	37.6		49.3					
9	00	22.2	47.2	28.1			63.1	42.4		8.2				
	12			44.2			63.2		49.4					
10	00	22.3	47.3	1.4			63.3							
	12			43.6			63.4							
11	00	22.4	47.4	34.1			63.5		49.5					
	12	22.5	47.5	9.3			63.6							
12	00			5.4			22.1		49.6					
	12	22.6	47.6	26.6	R	R	22.2							
13	00			10.1			22.3							
	12	36.1	6.1	58.3			22.4		30.1					
14	00			38.4			22.5							
	12	36.2	6.2	54.5			22.6	42.5	30.2					
15	00			60.1			36.1			8.3				
	12	36.3	6.3	41.2			36.2		30.3					
16	00			19.3			36.3							
	12	36.4	6.4	13.4			36.4	R						
17	00			49.5			36.5		30.4					
	12	36.5	6.5	30.6			36.6					44.4		
18	00			37.1			25.1	42.4	30.5					
	12	36.6	6.6	63.2	32.4	42.4	25.2						R	48.4
19	00	25.1	46.1	22.3			25.3				33.3			
	12			36.4			25.5		30.6					
20	00	25.2	46.2	25.4			25.6							
	12			17.5			17.1		55.1	8.4				
21	00	25.3	46.3	21.6			17.2							
	12			51.6			17.3		55.2					
22	00	25.4	46.4	3.1	D	D	17.4							
	12			27.1			17.5							
23	00	25.5	46.5	24.1			17.6		55.3					
	12			2.2			21.1	42.3						
24	00	25.6	46.6	23.2			21.2		55.4					
	12			8.2			21.3							
25	00	17.1	18.1	20.3			21.4							
	12			16.3			21.5		55.5	8.5				
26	00	17.2	18.2	35.3			21.6	42.2						
	12			45.4			51.1		55.6					
27	00	17.3	18.3	12.4			51.3							
	12	17.4	18.4	15.4			51.4		37.1					
28	00			52.5	R	R	51.5							
	12	17.5	18.5	39.5			51.6	42.1						
29	00			53.6			42.1		37.2					
	12	17.6	18.6	56.1			42.2							
30	00			31.1			42.3	51.6	37.3					
	12	21.1	48.1	33.2			42.4			8.6				
31	00			7.3			42.5							
	12	21.2	48.2	4.4			42.6		37.4					

April 1977

Date	Time	☉	⊕	☾	☊	☋	☿	♀	♂	♃	♄	♅	♆	♇
1	00	21.2	48.2	29.6	32.4	42.4	3.1	51.5	37.4	8.6	33.3	44.4	5.6	48.4
	12	21.3	48.3	40.1	R	R	D	R	37.5	D	R	R	R	R
2	00			64.2			3.2							
	12	21.4	48.4	47.4			3.3	51.4	37.6					
3	00			6.5			3.4							
	12	21.5	48.5	18.1			3.5							
4	00			48.3			3.6	51.3	63.1					
	12	21.6	48.6	57.5			27.1			20.1				
5	00			50.1	D	D			63.2				5.5	
	12	51.1	57.1	28.3			27.2	51.2						
6	00	51.2	57.2	44.4			27.3							
	12			1.6			27.4		63.3					
7	00	51.3	57.3	14.2				51.1						
	12			34.4			27.5		63.4					
8	00	51.4	57.4	9.6			27.6							
	12			26.2				21.6	63.5					
9	00	51.5	57.5	11.3			24.1			20.2				
	12			10.5			24.2							
10	00	51.6	57.6	38.1				21.5	63.6					
	12			54.2			24.3							
11	00	42.1	32.1	61.3	R	R			22.1					
	12			60.5			24.4	21.4			D			
12	00	42.2	32.2	41.6										
	12			13.1			24.5		22.2					
13	00	42.3	32.3	49.2										
	12			30.3				21.3	22.3					
14	00	42.4	32.4	55.4			24.6			20.3				
	12			37.5	D	D						44.3		
15	00	42.5	32.5	63.5				21.2	22.4					
	12			22.6			2.1							
16	00	42.6	32.6	25.1					22.5					
	12	3.1	50.1	17.1										
17	00			21.2				21.1	22.6					
	12	3.2	50.2	51.2										
18	00			42.3			2.2							
	12	3.3	50.3	3.3	R	R			36.1	20.4				
19	00			27.4										
	12	3.4	50.4	24.4				17.6	36.2					
20	00			2.4										
	12	3.5	50.5	23.5			R							
21	00			8.5					36.3					
	12	3.6	50.6	20.5										48.3
22	00			16.6					36.4					
	12	27.1	28.1	35.6						20.5				
23	00			45.6			2.1		36.5					
	12	27.2	28.2	15.1				17.5						
24	00			52.1										
	12	27.3	28.3	39.1					36.6					
25	00			53.2										
	12	27.4	28.4	62.2			24.6		25.1					
26	00			56.3										
	12	27.5	28.5	31.4										
27	00			33.4	D	D			25.2	20.6				
	12	27.6	28.6	7.5			24.5	D						
28	00			4.6					25.3					
	12	24.1	44.1	59.1										
29	00	24.2	44.2	40.2			24.4							
	12			64.3					25.4					
30	00	24.3	44.3	47.5										
	12			6.6			24.3		25.5					

May 1977

Date	Time	☉	⊕	☾	☊	☋	☿	♀	♂	♃	♄	♅	♆	♇
1	00	24.4	44.4	18.2	32.4	42.4	24.3	17.5	25.5	16.1	33.3	44.3	5.5	48.3
	12			48.4	D	D	R	17.6	25.6	D	D	R	R	R
2	00	24.5	44.5	57.6			24.2							
	12			50.1	R	R								
3	00	24.6	44.6	28.3					17.1					
	12			44.5			24.1							
4	00	2.1	1.1	43.2					17.2					
	12			14.4										
5	00	2.2	1.2	34.6			27.6				33.4			
	12			5.2					17.3	16.2				
6	00	2.3	1.3	26.4				21.1						
	12			11.6					17.4					
7	00	2.4	1.4	58.2			27.5					44.2		
	12			38.3										
8	00	2.5	1.5	54.5					17.5					
	12			60.1				21.2						
9	00	2.6	1.6	41.2			27.4		17.6					
	12			19.3						16.3				
10	00	23.1	43.1	13.5										
	12			49.6	D	D			21.1					
11	00	23.2	43.2	55.1				21.3						
	12			37.2					21.2					
12	00	23.3	43.3	63.2										
	12			22.3			27.3		21.3					
13	00	23.4	43.4	36.4				21.4						
	12			25.4						16.4				
14	00	23.5	43.5	17.5			D		21.4					
	12	23.6	43.6	21.5				21.5						
15	00			51.6					21.5					
	12	8.1	14.1	42.6	R	R	27.4							
16	00			3.6										
	12	8.2	14.2	24.1				21.6	21.6					
17	00			2.1										
	12	8.3	14.3	23.1					51.1					
18	00			8.2				51.1		16.5				
	12	8.4	14.4	20.2										
19	00			16.2					51.2					
	12	8.5	14.5	35.3			27.5	51.2						
20	00			45.3					51.3					
	12	8.6	14.6	12.3										
21	00			15.4				51.3						
	12	20.1	34.1	52.4			27.6		51.4					
22	00			39.4						16.6	33.5			
	12	20.2	34.2	53.5				51.4	51.5					
23	00			62.5			24.1							
	12	20.3	34.3	56.6				51.5					5.4	
24	00			31.6	32.3	42.3			51.6					
	12	20.4	34.4	7.1			24.2							
25	00			4.2				51.6	42.1					
	12	20.5	34.5	29.3			24.3							
26	00			59.4				42.1		35.1				
	12	20.6	34.6	40.5	D	D	24.4		42.2					
27	00			64.6										
	12	16.1	9.1	6.1			24.5	42.2	42.3					
28	00			46.2										
	12	16.2	9.2	18.3			24.6	42.3						
29	00			48.5					42.4					
	12	16.3	9.3	32.1			2.1							
30	00			50.2	R	R		42.4	42.5	35.2				
	12	16.4	9.4	28.4			2.2							
31	00			44.6				42.5				44.1		
	12	16.5	9.5	43.2			2.3		42.6					

June 1977

Date	Time	☉	⊕	☾	☊	☋	☿	♀	♂	♃	♄	♅	♆	♇
1	00	16.5	9.5	14.4	32.3	42.3	2.4	42.6	42.6	35.2	33.5	44.1	5.4	48.3
	12	16.6	9.6	9.1	R	R	D	D	3.1	D	D	R	R	R
2	00			5.3			2.5							
	12	35.1	5.1	26.5				3.1						
3	00			10.1			2.6		3.2	35.3	33.6			
	12	35.2	5.2	58.3			23.1	3.2						
4	00	35.3	5.3	38.5			23.2		3.3					
	12			61.1				3.3						
5	00	35.4	5.4	60.3			23.3							
	12			41.4			23.4	3.4	3.4					
6	00	35.5	5.5	19.6										
	12			49.1			23.5	3.5	3.5					
7	00	35.6	5.6	30.2			23.6			35.4				
	12			55.4			8.1	3.6						
8	00	45.1	26.1	37.5			8.2		3.6					
	12			63.5				27.1						
9	00	45.2	26.2	22.6	D	D	8.3		27.1					
	12			25.1			8.4							
10	00	45.3	26.3	17.2			8.5	27.2						
	12			21.2			8.6		27.2					
11	00	45.4	26.4	51.3			20.1	27.3		35.5				
	12			42.3	R	R			27.3					
12	00	45.5	26.5	3.3			20.2	27.4						
	12			27.4			20.3							
13	00	45.6	26.6	24.4			20.4	27.5	27.4					
	12			2.4			20.5				7.1			
14	00	12.1	11.1	23.5			20.6	27.6	27.5					
	12			8.5			16.1							
15	00	12.2	11.2	20.5			16.2	24.1		35.6				
	12			16.5	32.2	42.2	16.3		27.6					
16	00	12.3	11.3	35.6			16.4	24.2						
	12			45.6			16.5		24.1					
17	00	12.4	11.4	15.1			16.6	24.3						
	12			52.1			35.1	24.4						
18	00	12.5	11.5	39.1			35.2		24.2					
	12			53.2			35.3	24.5						
19	00	12.6	11.6	62.2			35.4		24.3	45.1				
	12			56.3			35.5	24.6						
20	00	15.1	10.1	31.3			35.6							
	12			33.4	32.1	42.1	45.1	2.1	24.4					
21	00	15.2	10.2	7.5			45.2							
	12			4.5			45.3	2.2						
22	00	15.3	10.3	29.6			45.5		24.5					D
	12			40.1			45.6	2.3						
23	00	15.4	10.4	64.2			12.1		24.6	45.2	7.2			
	12			47.3			12.2	2.4						
24	00	15.5	10.5	6.4			12.3							
	12			46.5			12.4	2.5	2.1					
25	00	15.6	10.6	18.6	D	D	12.5							
	12			57.2			15.1	2.6	2.2					
26	00	52.1	58.1	32.3	R	R	15.2	23.1						
	12			50.5			15.3							
27	00	52.2	58.2	28.6			15.4	23.2	2.3					
	12			1.2			15.5			45.3				
28	00	52.3	58.3	43.4			15.6	23.3					5.3	
	12			14.6			52.1		2.4					
29	00	52.4	58.4	9.2			52.3	23.4						
	12			5.4			52.4		2.5					
30	00	52.5	58.5	26.6			52.5	23.5						
	12	52.6	58.6	10.2			52.6							

July 1977

Date/Time	☉	⊕	☽	☊	☋	☿	♀	♂	♃	♄	⚷	♆	♇
1 00	52.6	58.6	58.4	32.1	42.1	39.1	23.6	2.6	45.3	7.2	44.1	5.3	48.3
12	39.1	38.1	38.6	R	R	39.2	8.1	D	45.4	7.3	R	R	D
2 00			61.2			39.4		23.1					
12	39.2	38.2	60.4	57.6	51.6	39.5	8.2						
3 00			41.6			39.6							
12	39.3	38.3	13.1			53.1	8.3	23.2					
4 00			49.3			53.2							
12	39.4	38.4	30.4			53.3	8.4						
5 00			55.6			53.4	8.5	23.3					
12	39.5	38.5	63.1			53.6			45.5				
6 00			22.2			62.1	8.6	23.4					
12	39.6	38.6	36.3			62.2							
7 00			25.3			62.3	20.1						
12	53.1	54.1	17.4			62.4		23.5					
8 00			21.5			62.5	20.2						
12	53.2	54.2	51.5	D	D	62.6		23.6					
9 00			42.6	R	R	56.1	20.3						
12	53.3	54.3	3.6			56.2	20.4			7.4			
10 00			24.1			56.3		8.1	45.6				
12	53.4	54.4	2.1			56.4	20.5						
11 00			23.1			56.5							
12	53.5	54.5	8.2			56.6	20.6	8.2					
12 00			20.2			31.1	16.1						
12	53.6	54.6	16.2			31.2		8.3					
13 00			35.2			31.3	16.2						
12	62.1	61.1	45.3			31.4							
14 00			12.3			31.5	16.3	8.4	12.1				
12	62.2	61.2	15.4	57.5	51.5	31.6							
15 00			52.4			33.1	16.4						
12	62.3	61.3	39.4			33.2	16.5	8.5					
16 00			53.5			33.3							
12	62.4	61.4	62.6			33.4	16.6	8.6				D	
17 00			56.6			33.5							
12	62.5	61.5	33.1			33.6	35.1			7.5			
18 00			7.1			7.1		20.1					
12	62.6	61.6	4.2			7.2	35.2		12.2				
19 00			29.3	57.4	51.4	7.3	35.3						
12	56.1	60.1	59.4			7.4		20.2					
20 00			40.5			7.5	35.4						
12	56.2	60.2	64.6			7.6							
21 00			6.1				35.5	20.3					
12	56.3	60.3	46.2			4.1	35.6						
22 00			18.3			4.2		20.4					
12	56.4	60.4	48.4			4.3	45.1						
23 00			57.5	D	D	4.4			12.3				
12	56.5	60.5	50.1			4.5	45.2	20.5					
24 00			28.2	R	R			45.3					
12	56.6	60.6	44.3			4.6							
25 00			1.5			29.1	45.4	20.6		7.6			
12	31.1	41.1	14.1			29.2							
26 00			34.2			29.3	45.5	16.1					
12	31.2	41.2	9.4				45.6						
27 00			5.6			29.4							
12	31.3	41.3	11.2			29.5	12.1	16.2	12.4				
28 00	31.4	41.4	10.4			29.6							
12			58.5				12.2						
29 00	31.5	41.5	54.1			59.1	12.3	16.3					
12			61.3			59.2							
30 00	31.6	41.6	60.5			59.3	12.4						
12			19.1	57.3	51.3			16.4					
31 00	33.1	19.1	13.2			59.4	12.5						
12			49.4			59.5	12.6	16.5					

August 1977

Date/Time	☉	⊕	☽	☊	☋	☿	♀	♂	♃	♄	⚷	♆	♇
1 00	33.2	19.2	30.6	57.3	51.3	59.5	12.6	16.5	12.5	7.6	44.1	5.3	48.3
12			37.1	R	R	59.6	15.1	D	D	4.1	D	R	D
2 00	33.3	19.3	63.2			40.1		16.6					
12			22.3				15.2						
3 00	33.4	19.4	36.4			40.2	15.3						
12			25.5			40.3		35.1					
4 00	33.5	19.5	17.6				15.4						
12			51.1			40.4							
5 00	33.6	19.6	42.1	D	D	40.5	15.5	35.2					
12			3.2				15.6						
6 00	7.1	13.1	27.3			40.6			12.6				
12			24.3				52.1	35.3					
7 00	7.2	13.2	2.3	R	R	64.1							
12			23.4				52.2	35.4					
8 00	7.3	13.3	8.4			64.2	52.3						
12			20.4										
9 00	7.4	13.4	16.5			64.3	52.4	35.5			4.2		
12			35.5				52.5						
10 00	7.5	13.5	45.5			64.4							
12			12.6				52.6	35.6					
11 00	7.6	13.6	15.6			64.5			15.1				
12			39.1				39.1						
12 00	4.1	49.1	53.1			64.6	39.2	45.1					
12			62.2	57.2	51.2								
13 00	4.2	49.2	56.2			47.1	39.3						
12			31.3					45.2					
14 00	4.3	49.3	33.4				39.4						
12			7.4			47.2	39.5						
15 00	4.4	49.4	4.5				45.3						
12			29.6				39.6						
16 00	4.5	49.5	40.1			47.3	53.1	45.4	15.2				
12			64.2					4.3					
17 00	4.6	49.6	47.3				53.2						
12			6.4				45.5						
18 00	29.1	30.1	46.5			47.4	53.3						
12			48.1				53.4						
19 00	29.2	30.2	57.2	D	D		45.6						
12	29.3	30.3	32.3			53.5							48.4
20 00			50.5			53.6							
12	29.4	30.4	28.6				12.1						
21 00			1.1			62.1							
12	29.5	30.5	43.3				15.3						
22 00			14.4			47.5	62.2	12.2					
12	29.6	30.6	34.6	R	R		62.3						
23 00			5.2		R								
12	59.1	55.1	26.3			47.4	62.4	12.3			4.4		
24 00			11.5				62.5						
12	59.2	55.2	58.1										
25 00			38.2				62.6	12.4					
12	59.3	55.3	54.4										
26 00			61.5				56.1						D
12	59.4	55.4	41.1	57.1	51.1		56.2	12.5					
27 00			19.3					15.4					
12	59.5	55.5	13.4			47.3	56.3						
28 00			49.6				56.4	12.6					
12	59.6	55.6	55.1										
29 00			37.2			47.2	56.5						
12	40.1	37.1	63.4					15.1					
30 00			22.5				56.6						
12	40.2	37.2	36.6			47.1	31.1						
31 00			17.1					15.2			4.5	44.2	
12	40.3	37.3	21.2			64.6	31.2						

September 1977

Date	Time	☉	⊕	☾	☊	☋	☿	♀	♂	♃	♄	♅	♆	♇
1	00	40.3	37.3	51.3	D	D	64.6	31.3	15.2	15.4	4.5	44.2	5.3	48.4
	12	40.4	37.4	42.3			R	D	15.3	D	D	D	D	D
2	00			3.4			64.5	31.4						
	12	40.5	37.5	27.4				31.5		15.5				
3	00			24.5			64.4		15.4					
	12	40.6	37.6	2.5				31.6						
4	00			23.6			64.3							
	12	64.1	63.1	8.6				33.1	15.5					
5	00	64.2	63.2	20.6			64.2	33.2						
	12			35.1			64.1							
6	00	64.3	63.3	45.1	R	R		33.3	15.6					
	12			12.1			40.6	33.4						
7	00	64.4	63.4	15.2										
	12			52.2				33.5	52.1		4.6			
8	00	64.5	63.5	39.3			40.5	33.6						
	12			53.3										
9	00	64.6	63.6	62.4			40.4	7.1	52.2	15.6				
	12			56.4										
10	00	47.1	22.1	31.5			40.3	7.2						
	12			33.6				7.3	52.3					
11	00	47.2	22.2	7.6										
	12			29.1				7.4						
12	00	47.3	22.3	59.2			40.2	7.5						
	12			40.3					52.4					
13	00	47.4	22.4	64.5				7.6						
	12			47.6				4.1						
14	00	47.5	22.5	46.1					52.5					
	12			18.2				4.2						
15	00	47.6	22.6	48.4			D	4.3						
	12			57.5	D	D			52.6		29.1			
16	00	6.1	36.1	50.1				4.4						48.5
	12			28.2						52.1				
17	00	6.2	36.2	44.4				4.5	39.1					
	12			1.5				4.6						
18	00	6.3	36.3	14.1			40.3							
	12	6.4	36.4	34.3				29.1	39.2					
19	00			9.4				29.2						
	12	6.5	36.5	5.6			40.4							
20	00			11.1				29.3						
	12	6.6	36.6	10.3	R	R	40.5	29.4	39.3					
21	00			58.5								44.3		
	12	46.1	25.1	38.6			40.6	29.5						
22	00			61.2				29.6	39.4					
	12	46.2	25.2	60.3			64.1							
23	00			41.4				59.1						
	12	46.3	25.3	19.6			64.2		39.5		29.2			
24	00			49.1			64.3	59.2						
	12	46.4	25.4	30.2				59.3						
25	00			55.4			64.4							
	12	46.5	25.5	37.5			64.5	59.4	39.6					
26	00			63.6			64.6	59.5		52.2				
	12	46.6	25.6	36.1										
27	00			25.2			47.1	59.6	53.1					
	12	18.1	17.1	17.3			47.2	40.1						
28	00			21.4			47.3							
	12	18.2	17.2	51.4	D	D	47.4	40.2	53.2					
29	00			42.5			47.5	40.3						
	12	18.3	17.3	3.6										
30	00	18.4	17.4	27.6			47.6	40.4						
	12			2.1			6.1	40.5	53.3					

October 1977

Date	Time	☉	⊕	☾	☊	☋	☿	♀	♂	♃	♄	♅	♆	♇
1	00	18.5	17.5	23.1	57.1	51.1	6.2	40.5	53.3	52.2	29.2	44.3	5.3	48.5
	12			8.2	D	D	6.3	40.6	D	D	D	D	D	D
2	00	18.6	17.6	20.2			6.4	64.1	53.4		29.3			
	12			16.3			6.5							
3	00	48.1	21.1	35.3			6.6	64.2						
	12			45.3			46.1	64.3						
4	00	48.2	21.2	12.4			46.2		53.5					
	12			15.4			46.3	64.4						
5	00	48.3	21.3	52.4			46.4							
	12			39.5	R	R		64.5	53.6					
6	00	48.4	21.4	53.5			46.5	64.6						
	12			62.5			46.6							
7	00	48.5	21.5	56.6			18.1	47.1						
	12			33.1			18.2	47.2	62.1					
8	00	48.6	21.6	7.1			18.3							
	12			4.2			18.4	47.3				44.4		
9	00	57.1	51.1	29.3	D	D	18.5	47.4		52.3				
	12	57.2	51.2	59.4			18.6		62.2					
10	00			40.5			48.1	47.5						
	12	57.3	51.3	64.6			48.2	47.6						48.6
11	00			6.1			48.3		62.3					
	12	57.4	51.4	46.3			48.4	6.1			29.4			
12	00			18.4			48.5	6.2						
	12	57.5	51.5	48.6			48.6							
13	00			32.1	R	R	57.1	6.3	62.4					
	12	57.6	51.6	50.3			57.2	6.4						
14	00			28.5										
	12	32.1	42.1	44.6			57.3	6.5						
15	00			43.2			57.4	6.6	62.5					
	12	32.2	42.2	14.4			57.5							
16	00			34.6			57.6	46.1						
	12	32.3	42.3	5.2			32.1	46.2						
17	00			26.4			32.2		62.6					
	12	32.4	42.4	11.5			32.3	46.3						
18	00	32.5	42.5	58.1			32.4	46.4						
	12			38.3			32.5							
19	00	32.6	42.6	54.4			32.6	46.5	56.1					
	12			61.6				46.6						
20	00	50.1	3.1	41.1	D	D	50.1							
	12			19.2			50.2	18.1					5.4	
21	00	50.2	3.2	13.4			50.3	18.2	56.2					
	12			49.5			50.4				29.5			
22	00	50.3	3.3	30.6			50.5	18.3						
	12			37.1			50.6	18.4						
23	00	50.4	3.4	63.2			28.1		56.3					
	12			22.3			28.2	18.5						
24	00	50.5	3.5	36.4				18.6				44.5		
	12			25.5			28.3			R				
25	00	50.6	3.6	17.6			28.4	48.1	56.4					
	12			21.6			28.5	48.2						
26	00	28.1	27.1	42.1	R	R	28.6							
	12	28.2	27.2	3.2			44.1	48.3						
27	00			27.2			44.2	48.4						
	12	28.3	27.3	24.3					56.5					
28	00			2.3			44.3	48.5						
	12	28.4	27.4	23.4			44.4	48.6						
29	00			8.4			44.5							
	12	28.5	27.5	20.5			44.6	57.1	56.6					
30	00			16.5			1.1	57.2						
	12	28.6	27.6	35.5	48.6	21.6	1.2							
31	00			45.6				57.3						
	12	44.1	24.1	12.6			1.3							

November 1977

Date	Time	☉	⊕	☾	☊	☋	☿	♀	♂	♃	♄	♅	♆	♇
1	00	44.1	24.1	15.6	48.6	21.6	1.4	57.4	31.1	52.3	29.5	44.5	5.4	48.6
	12	44.2	24.2	39.1	R	R	1.5	57.5	D	R	D	D	D	D
2	00			53.1			1.6							
	12	44.3	24.3	62.1			43.1	57.6						
3	00	44.4	24.4	56.2				32.1			29.6			
	12			31.2			43.2		31.2					
4	00	44.5	24.5	33.3			43.3	32.2						57.1
	12			7.3	D	D	43.4	32.3						
5	00	44.6	24.6	4.4			43.5							
	12			29.5			43.6	32.4	31.3					
6	00	1.1	2.1	59.5				32.5						
	12			40.6			14.1							
7	00	1.2	2.2	47.1			14.2	32.6						
	12			6.2			14.3	50.1						
8	00	1.3	2.3	46.4			14.4					44.6		
	12			18.5				50.2	31.4					
9	00	1.4	2.4	57.1	R	R	14.5	50.3		52.2				
	12			32.2			14.6							
10	00	1.5	2.5	50.4			34.1	50.4						
	12	1.6	2.6	28.6			34.2	50.5						
11	00			1.2					31.5					
	12	43.1	23.1	43.4			34.3	50.6						
12	00			14.6			34.4	28.1						
	12	43.2	23.2	9.2			34.5							
13	00			5.4			34.6	28.2						
	12	43.3	23.3	26.6				28.3						
14	00			10.2			9.1		31.6					
	12	43.4	23.4	58.4			9.2	28.4						
15	00			38.6			9.3	28.5						
	12	43.5	23.5	61.1			9.4							
16	00			60.3				28.6						
	12	43.6	23.6	41.5			9.5	44.1						
17	00	14.1	8.1	19.6			9.6	44.2	33.1					
	12			49.2			5.1							
18	00	14.2	8.2	30.3	D	D		44.3						
	12			55.4			5.2	44.4					5.5	
19	00	14.3	8.3	37.5			5.3							
	12			63.6			5.4	44.5						
20	00	14.4	8.4	36.1			5.5	44.6						
	12			25.2					33.2		59.1			
21	00	14.5	8.5	17.2			5.6	1.1						
	12			21.3			26.1	1.2						
22	00	14.6	8.6	51.4	R	R	26.2			52.1				
	12			42.4				1.3						
23	00	34.1	20.1	3.5			26.3	1.4						
	12	34.2	20.2	27.5			26.4					1.1		
24	00			24.6				1.5						
	12	34.3	20.3	2.6			26.5	1.6	33.3					
25	00			8.1			26.6							
	12	34.4	20.4	20.1			11.1	43.1						
26	00			16.1				43.2						
	12	34.5	20.5	35.2	48.5	21.5	11.2							
27	00			45.2			11.3	43.3						
	12	34.6	20.6	12.2				43.4						
28	00			15.3			11.4							
	12	9.1	16.1	52.3			11.5	43.5						
29	00			39.3				43.6						
	12	9.2	16.2	53.4			11.6		33.4					
30	00	9.3	16.3	62.4			10.1	14.1						
	12			56.4				14.2						

December 1977

Date	Time	☉	⊕	☾	☊	☋	☿	♀	♂	♃	♄	♅	♆	♇
1	00	9.4	16.4	31.5	48.5	21.5	10.2	14.2	33.4	52.1	59.1	1.1	5.5	57.1
	12			33.5	R	R	10.3	14.3	D	15.6	D	D	D	D
2	00	9.5	16.5	7.6				14.4						
	12			4.6			10.4							
3	00	9.6	16.6	59.1				14.5						
	12			40.2			10.5	14.6						57.2
4	00	5.1	35.1	64.2	D	D								
	12			47.3			10.6	34.1						
5	00	5.2	35.2	6.4				34.2						
	12			46.5			58.1							
6	00	5.3	35.3	18.6				34.3						
	12	5.4	35.4	57.2	R	R	58.2	34.4						
7	00			32.3										
	12	5.5	35.5	50.5			58.3	34.5	33.5					
8	00			28.6				34.6						
	12	5.6	35.6	1.2										
9	00			43.4	48.4	21.4		9.1		15.5				
	12	26.1	45.1	14.6			58.4	9.2				1.2		
10	00			9.2										
	12	26.2	45.2	5.4				9.3						
11	00			11.1				9.4						
	12	26.3	45.3	10.3										
12	00	26.4	45.4	58.5				9.5			R			
	12			54.1			R	9.6						
13	00	26.5	45.5	61.3					R					
	12			60.5				5.1					5.6	
14	00	26.6	45.6	19.1				5.2						
	12			13.3										
15	00	11.1	12.1	49.4			58.3	5.3						
	12			30.6	48.3	21.3		5.4						
16	00	11.2	12.2	37.1										
	12			63.2			58.2	5.5		15.4				
17	00	11.3	12.3	22.3				5.6						
	12	11.4	12.4	36.4	D	D	58.1							
18	00			25.5				26.1						
	12	11.5	12.5	17.6			10.6	26.2	33.4					
19	00			51.1	R	R								
	12	11.6	12.6	42.1			10.5	26.3						
20	00			3.2			10.4	26.4						
	12	10.1	15.1	27.2										
21	00			24.3			10.3	26.5						
	12	10.2	15.2	2.3			10.2	26.6						
22	00			23.3			10.1							
	12	10.3	15.3	8.4				11.1						
23	00			20.4			11.6	11.2						
	12	10.4	15.4	16.4			11.5			15.3				
24	00	10.5	15.5	35.5			11.4	11.3						
	12			45.5				11.4						
25	00	10.6	15.6	12.5			11.3							
	12			15.6				11.5						
26	00	58.1	52.1	52.6	48.2	21.2	11.2	11.6	33.3					
	12			39.6										
27	00	58.2	52.2	62.1			11.1	10.1						
	12			56.1				10.2						
28	00	58.3	52.3	31.2			26.6					1.3		
	12			33.2				10.3						
29	00	58.4	52.4	7.3				10.4						
	12	58.5	52.5	4.3			26.5							
30	00			29.4				10.5						
	12	58.6	52.6	59.4	48.1	21.1		10.6	33.2	15.2				
31	00			40.5										
	12	38.1	39.1	64.5				58.1						

January 1978

Date	Time	☉	⊕	☾	☊	☋	☿	♀	♂	♃	♄	♅	♆	♇
1	00	38.1	39.1	47.6	48.1	21.1	D	58.2	33.2	15.2	59.1	1.3	5.6	57.2
	12	38.2	39.2	46.1	R	R		58.3	R	R	R	D	D	D
2	00			18.2							29.6			
	12	38.3	39.3	48.3	D	D		58.4						
3	00			57.4	R	R		58.5	33.1					
	12	38.4	39.4	32.5										
4	00	38.5	39.5	50.6			26.6	58.6						
	12			44.2				38.1						
5	00	38.6	39.6	1.3										
	12			43.5				38.2						
6	00	54.1	53.1	34.1			11.1	38.3	31.6					
	12			9.3						15.1				
7	00	54.2	53.2	5.5				38.4						
	12			11.1			11.2	38.5						
8	00	54.3	53.3	10.3										
	12			58.5			11.3	38.6					26.1	
9	00	54.4	53.4	54.1				54.1	31.5					
	12	54.5	53.5	61.4			11.4							
10	00			60.6	18.6	17.6		54.2						
	12	54.6	53.6	19.2			11.5	54.3						
11	00			13.4										
	12	61.1	62.1	49.5			11.6	54.4	31.4					
12	00			55.1				54.5						
	12	61.2	62.2	37.3			10.1							
13	00			63.4				54.6						
	12	61.3	62.3	22.5			10.2	61.1						
14	00			25.1			10.3		31.3					
	12	61.4	62.4	17.2				61.2		12.6				
15	00			21.3	D	D	10.4	61.3						
	12	61.5	62.5	51.3										
16	00	61.6	62.6	42.4			10.5	61.4						
	12			3.5	R	R	10.6	61.5	31.2					
17	00	60.1	56.1	27.5										
	12			24.6			58.1	61.6						
18	00	60.2	56.2	2.6			58.2	60.1						
	12			23.6										
19	00	60.3	56.3	20.1			58.3	60.2	31.1					
	12			16.1			58.4	60.3						R
20	00	60.4	56.4	35.1							29.5			
	12			45.2			58.5	60.4						
21	00	60.5	56.5	12.2			58.6	60.5						
	12	60.6	56.6	15.2			38.1		56.6					
22	00			52.3	18.5	17.5		60.6						
	12	41.1	31.1	39.3			38.2	41.1						
23	00			53.4			38.3							
	12	41.2	31.2	62.4				41.2	56.5			1.4		
24	00			56.4			38.4	41.3		12.5				
	12	41.3	31.3	31.5			38.5							
25	00			33.5			38.6	41.4						
	12	41.4	31.4	7.6				41.5						
26	00			4.6			54.1		56.4					
	12	41.5	31.5	59.1	18.4	17.4	54.2	41.6						
27	00	41.6	31.6	40.2			54.3	19.1						
	12			64.2										
28	00	19.1	33.1	47.3			54.4	19.2						
	12			6.4			54.5	19.3	56.3					
29	00	19.2	33.2	46.5			54.6							
	12			18.5	D	D		19.4						
30	00	19.3	33.3	48.6			61.1	19.5						
	12			32.1			61.2							
31	00	19.4	33.4	50.3			61.3	19.6	56.2					
	12			28.4			61.4	13.1						

February 1978

Date	Time	☉	⊕	☾	☊	☋	☿	♀	♂	♃	♄	♅	♆	♇
1	00	19.5	33.5	44.5	18.4	17.4	61.4	13.1	56.2	12.5	29.5	1.4	26.1	57.2
	12			1.6	R	R	61.5	13.2	R	R	R	D	D	R
2	00	19.6	33.6	14.2			61.6	13.3						
	12	13.1	7.1	34.3			60.1		56.1		29.4			
3	00			9.5			60.2	13.4						
	12	13.2	7.2	26.1				13.5						
4	00			11.3			60.3							
	12	13.3	7.3	10.4			60.4	13.6						
5	00			58.6			60.5	49.1						
	12	13.4	7.4	54.2			60.6		62.6					
6	00			61.4			41.1	49.2						
	12	13.5	7.5	60.6				49.3						
7	00			19.2			41.2			12.4				
	12	13.6	7.6	13.4			41.3	49.4						
8	00			49.6			41.4	49.5						
	12	49.1	4.1	55.2			41.5		62.5					
9	00	49.2	4.2	37.3			41.6	49.6						
	12			63.5				30.1						
10	00	49.3	4.3	22.6			19.1							
	12			25.2	18.3	17.3	19.2	30.2						
11	00	49.4	4.4	17.3			19.3	30.3						
	12			21.4	D	D	19.4							
12	00	49.5	4.5	51.5	18.4	17.4	19.5	30.4	62.4				26.2	
	12			42.6			19.6	30.5						
13	00	49.6	4.6	27.1			13.1							
	12			24.1				30.6						
14	00	30.1	29.1	2.2			13.2	55.1			29.3			
	12	30.2	29.2	23.2			13.3							
15	00			8.3	R	R	13.4	55.2						
	12	30.3	29.3	20.3			13.5	55.3						
16	00			16.4			13.6							
	12	30.4	29.4	35.4			49.1	55.4	62.3					
17	00			45.4	18.3	17.3	49.2	55.5						
	12	30.5	29.5	12.5			49.3							
18	00			15.5			49.4	55.6						
	12	30.6	29.6	52.5			49.5	37.1						
19	00			39.6										
	12	55.1	59.1	53.6			49.6	37.2						
20	00			56.1			30.1	37.3				R		
	12	55.2	59.2	31.1			30.2			D				
21	00	55.3	59.3	33.1			30.3	37.4						
	12			7.2			30.4	37.5						
22	00	55.4	59.4	4.3			30.5							
	12			29.3			30.6	37.6						
23	00	55.5	59.5	59.4			55.1	63.1	62.2					
	12			40.5			55.2							
24	00	55.6	59.6	64.5			55.3	63.2						
	12			47.6			55.4	63.3						
25	00	37.1	40.1	46.1			55.5							
	12			18.2			55.6	63.4						
26	00	37.2	40.2	48.3	D	D	37.1	63.5			29.2			
	12			57.4			37.2							
27	00	37.3	40.3	32.5			37.3	63.6						
	12			50.6			37.4	22.1						
28	00	37.4	40.4	44.2			37.5							
	12	37.5	40.5	1.3			37.6	22.2						

March 1978

Date	Time	☉	⊕	☾	☊	☋	☿	♀	♂	♃	♄	♅	♆	♇
1	00	37.5	40.5	43.4	18.3	17.3	63.1	22.3	62.2	12.4	29.2	1.4	26.2	57.2
	12	37.6	40.6	14.6	D	D	63.2	D	R	D	R	R	D	R
2	00			9.1			63.3	22.4						
	12	63.1	64.1	5.3	R	R	63.4	22.5	D					
3	00			26.4			63.5							
	12	63.2	64.2	11.6			63.6	22.6						
4	00			58.1			22.1	36.1						
	12	63.3	64.3	38.3			22.2							
5	00			54.5			22.3	36.2						
	12	63.4	64.4	60.1			22.4	36.3						
6	00			41.2			22.5			12.5				
	12	63.5	64.5	19.4			22.6	36.4						
7	00			13.6			36.1	36.5						
	12	63.6	64.6	30.1			36.2							
8	00	22.1	47.1	55.3			36.3	36.6						
	12			37.5			36.4	25.1						
9	00	22.2	47.2	63.6			36.5							57.1
	12			36.2			36.6	25.2						
10	00	22.3	47.3	25.3			25.1	25.3						
	12			17.4	D	D	25.2		62.3		29.1			
11	00	22.4	47.4	21.5			25.3	25.4						
	12			51.6			25.4	25.5						
12	00	22.5	47.5	3.1			25.5							
	12			27.2			25.6	25.6						
13	00	22.6	47.6	24.3			17.1	17.1						
	12			2.4			17.2							
14	00	36.1	6.1	23.4			17.3	17.2						
	12			8.5			17.4	17.3						
15	00	36.2	6.2	20.5			17.5							
	12	36.3	6.3	16.6			17.6	17.4						
16	00			35.6			21.1	17.5						
	12	36.4	6.4	12.1			21.2							
17	00			15.1	R	R	21.3	17.6						
	12	36.5	6.5	52.1			21.4	21.1	62.4					
18	00			39.2			21.5							
	12	36.6	6.6	53.2			21.6	21.2						
19	00			62.2				21.3						
	12	25.1	46.1	56.3			51.1							
20	00			31.3			51.2	21.4		12.6		1.3		
	12	25.2	46.2	33.4			51.3	21.5						
21	00			7.4									R	
	12	25.3	46.3	4.5			51.4	21.6						
22	00			29.5			51.5	51.1						
	12	25.4	46.4	59.6			51.6		62.5					
23	00	25.5	46.5	64.1				51.2						
	12			47.2			42.1	51.3						
24	00	25.6	46.6	6.3										
	12			46.4			42.2	51.4						
25	00	17.1	18.1	18.5	D	D		51.5						
	12			48.6			42.3				4.6			
26	00	17.2	18.2	32.1				51.6						
	12			50.3			42.4	42.1	62.6					
27	00	17.3	18.3	28.4	R	R								
	12			44.5				42.2						
28	00	17.4	18.4	43.1			42.5	42.3						
	12			14.2										
29	00	17.5	18.5	34.4				42.4						
	12			9.5			42.6	42.5		15.1				
30	00	17.6	18.6	26.1										
	12			11.2				42.6	56.1					
31	00	21.1	48.1	10.4				3.1						
	12			58.6										

April 1978

Date	Time	☉	⊕	☾	☊	☋	☿	♀	♂	♃	♄	♅	♆	♇
1	00	21.2	48.2	54.1	D	D	42.6	3.2	56.1	15.1	4.6	1.3	26.2	57.1
	12	21.3	48.3	61.3			D	3.3	D	D	R	R	R	R
2	00			60.4			R							
	12	21.4	48.4	41.6				3.4	56.2					
3	00			13.1				3.5						
	12	21.5	48.5	49.3										
4	00			30.4				3.6						
	12	21.6	48.6	55.6										
5	00			63.1				27.1						
	12	51.1	57.1	22.2			42.5	27.2	56.3					
6	00			36.4										
	12	51.2	57.2	25.5				27.3		15.2				
7	00			17.6	R	R		27.4						
	12	51.3	57.3	51.1			42.4							
8	00			42.2				27.5						
	12	51.4	57.4	3.3				27.6	56.4					
9	00			27.4			42.3							
	12	51.5	57.5	24.5				24.1						
10	00			2.5				24.2						
	12	51.6	57.6	23.6			42.2							
11	00	42.1	32.1	20.1				24.3						
	12			16.1			42.1	24.4	56.5					
12	00	42.2	32.2	35.2										
	12			45.2				24.5						
13	00	42.3	32.3	12.3			51.6	24.6		15.3				48.6
	12			15.3	18.2	17.2								
14	00	42.4	32.4	52.3			51.5	2.1	56.6					
	12			39.4				2.2						
15	00	42.5	32.5	53.4										
	12			62.4			51.4	2.3						
16	00	42.6	32.6	56.5	D	D		2.4						
	12			31.5					31.1					
17	00	3.1	50.1	33.5			51.3	2.5						
	12			7.6				2.6				1.2		
18	00	3.2	50.2	4.6	18.3	17.3								
	12			59.1			51.2	23.1						
19	00	3.3	50.3	40.2				23.2	31.2					
	12			64.3						15.4				
20	00	3.4	50.4	47.3			51.1	23.3						
	12			6.4										
21	00	3.5	50.5	46.5				23.4						
	12			48.1	R	R		23.5	31.3					
22	00	3.6	50.6	57.2										
	12			32.3				23.6						
23	00	27.1	28.1	50.5			21.6	8.1						
	12	27.2	28.2	28.6					31.4					
24	00			1.2	18.2	17.2		8.2						
	12	27.3	28.3	43.3				8.3						
25	00			14.5						15.5				
	12	27.4	28.4	9.1			D	8.4						
26	00			5.3				8.5	31.5		D			
	12	27.5	28.5	26.4										
27	00			11.6				8.6						
	12	27.6	28.6	58.2				20.1						
28	00			38.4			51.1		31.6					
	12	24.1	44.1	54.5				20.2					26.1	
29	00			60.1				20.3						
	12	24.2	44.2	41.2										
30	00			19.4	D	D		20.4						
	12	24.3	44.3	13.5					33.1	15.6				

May 1978

Date	Time	☉	⊕	☾	☊	☋	☿	♀	♂	♃	♄	♅	♆	♇
1	00	24.3	44.3	30.1	18.2	17.2	51.2	20.5	33.1	15.6	4.6	1.2	26.1	48.6
	12	24.4	44.4	55.2	D	D	D	20.6	D	D	D	R	R	R
2	00			37.3										
	12	24.5	44.5	63.5				16.1	33.2					
3	00			22.6			51.3	16.2						
	12	24.6	44.6	25.1										
4	00			17.2				16.3						
	12	2.1	1.1	21.3	R	R	51.4	16.4	33.3					
5	00			51.4										
	12	2.2	1.2	42.5				16.5						
6	00			3.6			51.5	16.6		52.1				
	12	2.3	1.3	27.6					33.4					
7	00	2.4	1.4	2.1			51.6	35.1						
	12			23.2				35.2						
8	00	2.5	1.5	8.2			42.1							
	12			20.3				35.3						
9	00	2.6	1.6	16.3			42.2	35.4	33.5					
	12			35.4										
10	00	23.1	43.1	45.4			42.3	35.5						
	12			12.5								1.1		
11	00	23.2	43.2	15.5			42.4	35.6	33.6	52.2				
	12			52.6				45.1						
12	00	23.3	43.3	39.6	18.1	17.1	42.5							
	12			53.6				45.2						
13	00	23.4	43.4	56.1			42.6	45.3	7.1					
	12			31.1			3.1							
14	00	23.5	43.5	33.1				45.4						
	12			7.2			3.2	45.5	7.2					
15	00	23.6	43.6	4.2			3.3							
	12			29.2	D	D		45.6		52.3				
16	00	8.1	14.1	59.3			3.4	12.1						
	12			40.4			3.5		7.3					
17	00	8.2	14.2	64.4				12.2						
	12			47.5			3.6							
18	00	8.3	14.3	6.6			27.1	12.3						
	12			18.1				12.4	7.4					
19	00	8.4	14.4	48.2	R	R	27.2							
	12			57.3			27.3	12.5						
20	00	8.5	14.5	32.4			27.4	12.6						
	12			50.6					7.5	52.4				
21	00	8.6	14.6	44.1			27.5	15.1						
	12			1.3			27.6	15.2						
22	00	20.1	34.1	43.5			24.1							
	12			34.1			24.2	15.3	7.6					48.5
23	00	20.2	34.2	9.3				15.4						
	12			5.5			24.3							
24	00	20.3	34.3	11.1			24.4	15.5	4.1					
	12	20.4	34.4	10.3			24.5							
25	00			58.5			24.6	15.6		52.5				
	12	20.5	34.5	54.1			2.1	52.1						
26	00			61.2			2.2		4.2					
	12	20.6	34.6	60.4	46.6	25.6		52.2						
27	00			41.6			2.3	52.3			29.1			
	12	16.1	9.1	13.2			2.4							
28	00			49.3			2.5	52.4	4.3					
	12	16.2	9.2	30.5			2.6	52.5						
29	00			55.6			23.1							
	12	16.3	9.3	63.1	D	D	23.2	52.6		52.6				
30	00			22.3			23.3		4.4					
	12	16.4	9.4	36.4			23.4	39.1						
31	00			25.5			23.5	39.2						
	12	16.5	9.5	17.6	R	R	23.6		4.5					

June 1978

Date	Time	☉	⊕	☾	☊	☋	☿	♀	♂	♃	♄	♅	♆	♇
1	00	16.5	9.5	51.1	46.6	25.6	8.1	39.3	4.5	52.6	29.1	1.1	26.1	48.5
	12	16.6	9.6	42.1	R	R	8.2	39.4	D	D	D	R	R	R
2	00			3.2			8.3							
	12	35.1	5.1	27.3			8.4	39.5	4.6					
3	00			24.4			8.5	39.6		39.1		44.6		
	12	35.2	5.2	2.4			8.6							
4	00			23.5			20.1	53.1	29.1					
	12	35.3	5.3	8.5			20.2							
5	00			20.6			20.3	53.2						
	12	35.4	5.4	16.6			20.4	53.3						
6	00			45.1			20.5		29.2					
	12	35.5	5.5	12.1			16.1	53.4					5.6	
7	00			15.2	46.5	25.5	16.2	53.5						
	12	35.6	5.6	52.2			16.3		29.3	39.2				
8	00			39.2			16.4	53.6						
	12	45.1	26.1	53.3			16.5	62.1						
9	00			62.3			16.6							
	12	45.2	26.2	56.3			35.1	62.2	29.4					
10	00			31.4			35.2							
	12	45.3	26.3	33.4			35.4	62.3			29.2			
11	00			7.4			35.5	62.4	29.5					
	12	45.4	26.4	4.5			35.6							
12	00			29.5			45.1	62.5		39.3				
	12	45.5	26.5	59.5			45.2	62.6						
13	00			40.6			45.3		29.6					
	12	45.6	26.6	64.6			45.5	56.1						
14	00			6.1	D	D	45.6	56.2						
	12	12.1	11.1	46.2			12.1		59.1					
15	00			18.3	R	R	12.2	56.3						
	12	12.2	11.2	48.4			12.3							
16	00	12.3	11.3	57.5			12.5	56.4		39.4				
	12			32.6			12.6	56.5	59.2					
17	00	12.4	11.4	28.1			15.1							
	12			44.3			15.2	56.6						
18	00	12.5	11.5	1.4			15.3	31.1	59.3					
	12			43.6	46.4	25.4	15.4							
19	00	12.6	11.6	34.2			15.5	31.2						
	12			9.4			52.1		59.4					
20	00	15.1	10.1	5.6			52.2	31.3						
	12			11.2			52.3	31.4		39.5				
21	00	15.2	10.2	10.4			52.4							
	12			58.6			52.5	31.5	59.5					
22	00	15.3	10.3	54.2			52.6	31.6			29.3			
	12			61.4			39.1							
23	00	15.4	10.4	60.6			39.2	33.1	59.6					
	12			19.2			39.4							
24	00	15.5	10.5	13.4			39.5	33.2						
	12			49.6			39.6	33.3	40.1	39.6				D
25	00	15.6	10.6	55.2	46.3	25.3	53.1							
	12			37.3			53.2	33.4						
26	00	52.1	58.1	63.5			53.3	33.5						
	12			22.6			53.4		40.2					
27	00	52.2	58.2	25.1			53.5	33.6						
	12			17.2	D	D	53.6							
28	00	52.3	58.3	21.3	R	R	62.1	7.1	40.3					
	12			51.4			62.2	7.2		53.1				
29	00	52.4	58.4	42.5			62.3							
	12			3.6			62.4	7.3	40.4					
30	00	52.5	58.5	24.1			62.5	7.4						
	12			2.1			62.6							

July 1978

Date	Time	☉	⊕	☾	☊	☋	☿	♀	♂	♃	♄	♅	♆	♇
1	00	52.6	58.6	23.2	46.3	25.3	56.1	7.5	40.4	53.1	29.3	44.6	5.6	48.5
	12			8.2	R	R	56.2	D	40.5	D	D	R	R	D
2	00	39.1	38.1	20.3			56.3	7.6			29.4			
	12			16.3			56.4	4.1						
3	00	39.2	38.2	35.4					40.6	53.2				
	12			45.4			56.5	4.2						
4	00	39.3	38.3	12.4			56.6							
	12			15.5			31.1	4.3	64.1					
5	00	39.4	38.4	52.5	46.2	25.2	31.2	4.4						
	12			39.5			31.3							
6	00	39.5	38.5	53.6			31.4	4.5	64.2					
	12			62.6			31.5	4.6						
7	00	39.6	38.6	56.6						53.3				
	12			33.1			31.6	29.1						
8	00	53.1	54.1	7.1			33.1		64.3					
	12			4.1			33.2	29.2						
9	00	53.2	54.2	29.2			33.3	29.3						
	12			59.2			33.4		64.4					
10	00	53.3	54.3	40.3				29.4						
	12			64.3			33.5							
11	00	53.4	54.4	47.3			33.6	29.5	64.5	53.4	29.5			
	12			6.4			7.1	29.6						
12	00	53.5	54.5	46.5	D	D								
	12			18.5			7.2	59.1	64.6					
13	00	53.6	54.6	48.6			7.3							
	12			32.1	R	R		59.2					5.5	
14	00	62.1	61.1	50.2			7.4	59.3	47.1					
	12	62.2	61.2	28.3			7.5							
15	00			44.5			7.6	59.4						
	12	62.3	61.3	1.6				59.5	47.2	53.5				
16	00			14.1			4.1							
	12	62.4	61.4	34.3	46.1	25.1	4.2	59.6						
17	00			9.5										
	12	62.5	61.5	26.1			4.3	40.1	47.3					
18	00			11.3				40.2						
	12	62.6	61.6	10.5			4.4							
19	00			38.1			4.5	40.3	47.4					
	12	56.1	60.1	54.3						53.6	29.6			
20	00			61.5			4.6	40.4						
	12	56.2	60.2	41.1				40.5	47.5					
21	00			19.3			29.1							
	12	56.3	60.3	13.5				40.6				D		
22	00			30.1			29.2		47.6					
	12	56.4	60.4	55.3				64.1						
23	00			37.5			29.3	64.2						
	12	56.5	60.5	22.1					6.1	62.1				
24	00			36.2			29.4	64.3						
	12	56.6	60.6	25.4	D	D								
25	00			17.5			29.5	64.4	6.2					
	12	31.1	41.1	21.6										
26	00			42.1				64.5						
	12	31.2	41.2	3.2			29.6	64.6	6.3					
27	00			27.3	R	R								48.6
	12	31.3	41.3	24.4			59.1	47.1						
28	00			2.4					6.4	62.2	59.1			
	12	31.4	41.4	23.5				47.2						
29	00			8.6				47.3						
	12	31.5	41.5	20.6			59.2		6.5					
30	00			16.6				47.4						
	12	31.6	41.6	45.1	6.6	36.6								
31	00			12.1				47.5						
	12	33.1	19.1	15.2			59.3	47.6	6.6					

August 1978

Date	Time	☉	⊕	☾	☊	☋	☿	♀	♂	♃	♄	♅	♆	♇
1	00	33.1	19.1	52.2	6.6	36.6	59.3	47.6	6.6	62.3	59.1	44.6	5.5	48.6
	12	33.2	19.2	39.2	R	R	D	6.1	D	D	D	D	R	D
2	00			53.3					46.1					
	12	33.3	19.3	62.3				6.2						
3	00			56.3										
	12	33.4	19.4	31.4				6.3	46.2					
4	00			33.4			59.4	6.4						
	12	33.5	19.5	7.4							59.2			
5	00			4.5			R	6.5	46.3					
	12	33.6	19.6	29.5						62.4				
6	00			59.5				6.6						
	12	7.1	13.1	40.6			59.3		46.4					
7	00			64.6				46.1						
	12	7.2	13.2	6.1				46.2						
8	00			46.2	D	D			46.5					
	12	7.3	13.3	18.2				46.3						
9	00	7.4	13.4	48.3										
	12			57.4				46.4	46.6					
10	00	7.5	13.5	32.4			59.2			62.5				
	12			50.5				46.5						
11	00	7.6	13.6	28.6				46.6	18.1					
	12			1.2										
12	00	4.1	49.1	43.3	R	R	59.1	18.1			59.3			
	12			14.4					18.2					
13	00	4.2	49.2	34.6				18.2						
	12			5.1			29.6							
14	00	4.3	49.3	26.3				18.3	18.3	62.6				
	12			11.4	6.5	36.5	29.5	18.4						
15	00	4.4	49.4	10.6										
	12			38.2				18.5	18.4					
16	00	4.5	49.5	54.4			29.4							
	12			61.6				18.6						
17	00	4.6	49.6	41.2			29.3		18.5					
	12			19.4				48.1						
18	00	29.1	30.1	13.6			29.2							
	12			30.2				48.2	18.6	56.1				
19	00	29.2	30.2	55.4			29.1	48.3						
	12			37.6							59.4			
20	00	29.3	30.3	22.2				48.4	48.1					
	12			36.4			4.6							
21	00	29.4	30.4	25.5	D	D		48.5	48.2					
	12			21.1			4.5							
22	00	29.5	30.5	51.2				48.6						
	12			42.3					48.3					
23	00	29.6	30.6	3.4			4.4	57.1		56.2				
	12			27.5										
24	00	59.1	55.1	24.6				57.2	48.4					
	12			23.1			4.3							
25	00	59.2	55.2	8.2				57.3						
	12			20.2				57.4	48.5					
26	00	59.3	55.3	16.3	R	R								
	12			35.3			4.2	57.5						
27	00	59.4	55.4	45.4					48.6		59.5			
	12			12.4				57.6		56.3				
28	00	59.5	55.5	15.4										
	12	59.6	55.6	52.5				32.1	57.1				D	
29	00			39.5			D							
	12	40.1	37.1	53.5				32.2						
30	00			62.6					57.2					
	12	40.2	37.2	56.6				32.3						
31	00			31.6										
	12	40.3	37.3	7.1			4.3	32.4	57.3					

September 1978

Date	Time	☉	⊕	☾	☊	☋	☿	♀	♂	♃	♄	♅	♆	♇
1	00	40.3	37.3	4.1	6.5	36.5	4.3	32.4	57.3	56.3	59.5	44.6	5.5	57.1
	12	40.4	37.4	29.2	R	R	D	32.5	D	56.4	D	D	D	D
2	00			59.2					57.4					
	12	40.5	37.5	40.3			4.4	32.6						
3	00			64.3										
	12	40.6	37.6	47.4			4.5	50.1	57.5		59.6			
4	00			6.4										
	12	64.1	63.1	46.5	D	D		50.2						
5	00			18.6			4.6		57.6					
	12	64.2	63.2	57.1			29.1	50.3						
6	00			32.1					32.1					
	12	64.3	63.3	50.2			29.2	50.4		56.5		1.1		
7	00			28.3										
	12	64.4	63.4	44.4			29.3	50.5	32.2					
8	00			1.5			29.4							
	12	64.5	63.5	14.1				50.6						
9	00			34.2			29.5		32.3					
	12	64.6	63.6	9.3			29.6	28.1						
10	00			5.5			59.1							
	12	47.1	22.1	26.6	R	R			32.4					
11	00			10.2			59.2	28.2			40.1			
	12	47.2	22.2	58.3			59.3			56.6				
12	00	47.3	22.3	38.5			59.4	28.3	32.5					
	12			61.1			59.5							
13	00	47.4	22.4	60.2			59.6	28.4						
	12			41.4			40.1		32.6					
14	00	47.5	22.5	19.6			40.2	28.5						
	12			49.2					50.1					
15	00	47.6	22.6	30.4			40.3							
	12			55.5			40.4	28.6						
16	00	6.1	36.1	63.1			40.5		50.2					
	12			22.3			40.6	44.1		31.1				
17	00	6.2	36.2	36.5			64.1							
	12			25.6	D	D	64.2	44.2	50.3					
18	00	6.3	36.3	21.2			64.3							
	12			51.3			64.4				40.2			
19	00	6.4	36.4	42.5			64.5	44.3	50.4					
	12			3.6			64.6							
20	00	6.5	36.5	24.1			47.1	44.4						
	12			2.2	R	R	47.2		50.5					
21	00	6.6	36.6	23.3			47.3							
	12			8.4			47.4	44.5	50.6					
22	00	46.1	25.1	20.4			47.5			31.2				
	12			16.5			47.6	44.6						
23	00	46.2	25.2	35.6			6.1		28.1					
	12			45.6			6.2							
24	00	46.3	25.3	12.6			6.3	1.1						
	12	46.4	25.4	52.1	D	D	6.4		28.2					
25	00			39.1			6.5							
	12	46.5	25.5	53.2			6.6	1.2						
26	00			62.2			46.1		28.3		40.3			
	12	46.6	25.6	56.2			46.2							
27	00			31.3			46.3	1.3						57.2
	12	18.1	17.1	33.3			46.4		28.4	31.3		1.2		
28	00			7.3			46.5							
	12	18.2	17.2	4.4			46.6	1.4	28.5					
29	00			29.4			18.1							
	12	18.3	17.3	59.5			18.2							
30	00			40.5			18.3	1.5	28.6					
	12	18.4	17.4	64.6			18.4							

October 1978

Date	Time	☉	⊕	☾	☊	☋	☿	♀	♂	♃	♄	♅	♆	♇
1	00	18.4	17.4	47.6	6.5	36.5	18.5	1.5	28.6	31.3	40.3	1.2	5.5	57.2
	12	18.5	17.5	46.1	R	R	18.6	1.6	44.1	D	D	D	D	D
2	00			18.2			48.1							
	12	18.6	17.6	48.3					44.2					
3	00			57.4			48.2							
	12	48.1	21.1	32.5			48.3	43.1		31.4				
4	00			50.6			48.4		44.3					
	12	48.2	21.2	44.1			48.5				40.4			
5	00	48.3	21.3	1.2			48.6							
	12			43.3			57.1	43.2	44.4					
6	00	48.4	21.4	14.4			57.2							
	12			34.6			57.3							
7	00	48.5	21.5	5.1			57.4		44.5					
	12			26.3			57.5							
8	00	48.6	21.6	11.4				43.3	44.6					
	12			10.6			57.6							
9	00	57.1	51.1	38.1			32.1							
	12			54.3	D	D	32.2		1.1					
10	00	57.2	51.2	61.4			32.3							
	12			60.6			32.4	43.4		31.5				
11	00	57.3	51.3	19.1			32.5		1.2					
	12			13.3			32.6						5.6	
12	00	57.4	51.4	49.5			50.1							
	12			30.6					1.3		40.5			
13	00	57.5	51.5	37.2			50.2							
	12			63.3			50.3		1.4					
14	00	57.6	51.6	22.5			50.4							
	12	32.1	42.1	36.6	R	R	50.5					1.3		
15	00			17.2			50.6		1.5					
	12	32.2	42.2	21.3			28.1	43.5						
16	00			51.5										
	12	32.3	42.3	42.6			28.2		1.6					
17	00			27.1			28.3							
	12	32.4	42.4	24.2			28.4		43.1					
18	00			2.3			28.5			31.6				
	12	32.5	42.5	23.4			28.6	R						
19	00			8.5					43.2					
	12	32.6	42.6	20.6			44.1							
20	00			35.1			44.2							
	12	50.1	3.1	45.1	6.4	36.4	44.3		43.3					57.3
21	00			12.2			44.4							
	12	50.2	3.2	15.2				43.4	43.4					
22	00			52.3			44.5				40.6			
	12	50.3	3.3	39.3			44.6							
23	00	50.4	3.4	53.4			1.1		43.5					
	12			62.4			1.2							
24	00	50.5	3.5	56.4										
	12			31.5	D	D	1.3		43.6					
25	00	50.6	3.6	33.5			1.4							
	17			7.5			1.5		14.1					
26	00	28.1	27.1	4.6			1.6	43.3						
	12			29.6										
27	00	28.2	27.2	40.1			43.1		14.2	33.1				
	12			64.1			43.2							
28	00	28.3	27.3	47.2			43.3		14.3					
	12			6.2			43.4	43.2						
29	00	28.4	27.4	46.3	R	R								
	12			18.4			43.5		14.4					
30	00	28.5	27.5	48.5			43.6					1.4		
	12	28.6	27.6	57.6			14.1							
31	00			50.1				43.1	14.5					
	12	44.1	24.1	28.2			14.2				64.1			

November 1978

Date	Time	☉	⊕	☾	☊	☋	☿	♀	♂	♃	♄	♅	♆	♇
1	00	44.1	24.1	44.3	6.4	36.4	14.3	43.1	14.6	33.1	64.1	1.4	5.6	57.3
	12	44.2	24.2	1.5	R	R	14.4	1.6	D	D	D	D	D	D
2	00			43.6										
	12	44.3	24.3	34.2			14.5		34.1					
3	00			9.3			14.6							
	12	44.4	24.4	5.5			34.1	1.5						
4	00			26.6					34.2					
	12	44.5	24.5	10.2			34.2							
5	00			58.4			34.3	1.4	34.3					
	12	44.6	24.6	38.5			34.4							
6	00			61.1										
	12	1.1	2.1	60.2			34.5	1.3	34.4					
7	00	1.2	2.2	41.4			34.6							
	12			19.6					34.5					
8	00	1.3	2.3	49.1	D	D	9.1	1.2						
	12			30.3			9.2			33.2				
9	00	1.4	2.4	55.4					34.6					
	12			37.5			9.3	1.1						
10	00	1.5	2.5	22.1			9.4							
	12			36.2					9.1					
11	00	1.6	2.6	25.3	R	R	9.5							
	12			17.5			9.6	44.6	9.2					
12	00	43.1	23.1	21.6										
	12			42.1			5.1				64.2		26.1	
13	00	43.2	23.2	3.2			5.2	44.5	9.3					
	12	43.3	23.3	27.3										
14	00			24.4	6.3	36.3	5.3		9.4			1.5		
	12	43.4	23.4	2.5				44.4						
15	00			23.6			5.4							57.4
	12	43.5	23.5	20.1			5.5		9.5					
16	00			16.2										
	12	43.6	23.6	35.3			5.6	44.3	9.6					
17	00			45.3										
	12	14.1	8.1	12.4			26.1							
18	00			15.4					5.1					
	12	14.2	8.2	52.5			26.2	44.2						
19	00			39.5										
	12	14.3	8.3	53.6	6.2	36.2			5.2					
20	00			62.6			26.3							
	12	14.4	8.4	56.6					5.3					
21	00	14.5	8.5	33.1			26.4	44.1						
	12			7.1										
22	00	14.6	8.6	4.1					5.4					
	12			29.2			26.5							
23	00	34.1	20.1	59.2	D	D			5.5					
	12			40.2										
24	00	34.2	20.2	64.3										
	12			47.3					5.6					
25	00	34.3	20.3	6.4	R	R		28.6						
	12			46.5					26.1					
26	00	34.4	20.4	18.5			R			R				
	12			48.6										
27	00	34.5	20.5	32.1					26.2					
	12	34.6	20.6	50.2							64.3			
28	00			28.3					26.3					
	12	9.1	16.1	44.5										
29	00			1.6				D						
	12	9.2	16.2	14.2			26.4		26.4			1.6		
30	00			34.3										
	12	9.3	16.3	9.5			26.3		26.5					

December 1978

Date	Time	☉	⊕	☾	☊	☋	☿	♀	♂	♃	♄	♅	♆	♇
1	00	9.3	16.3	26.1	6.2	36.2	26.3	28.6	26.5	33.2	64.3	1.6	26.1	57.4
	12	9.4	16.4	11.3	6.1	36.1	R	D	D	R	D	D	D	D
2	00			10.5			26.2		26.6					
	12	9.5	16.5	58.6			26.1	44.1						
3	00	9.6	16.6	54.2					11.1					
	12			61.4			5.6							
4	00	5.1	35.1	60.6			5.5							
	12			19.2					11.2					
5	00	5.2	35.2	13.3			5.4							
	12			49.5			5.3		11.3					
6	00	5.3	35.3	55.1										
	12			37.2			5.2							
7	00	5.4	35.4	63.4			5.1	44.2	11.4					
	12			22.5	D	D	9.6							
8	00	5.5	35.5	36.6	R	R			11.5				26.2	
	12			17.1			9.5							
9	00	5.6	35.6	21.3			9.4							
	12	26.1	45.1	51.4				44.3	11.6					
10	00			42.5			9.3							
	12	26.2	45.2	3.6					10.1					
11	00			24.1			9.2							
	12	26.3	45.3	2.1										
12	00			23.2			9.1	44.4	10.2					
	12	26.4	45.4	8.3	47.6	22.6								
13	00			20.4					10.3					
	12	26.5	45.5	16.4				44.5		33.1				
14	00			35.5			34.6							
	12	26.6	45.6	45.6					10.4					
15	00	11.1	12.1	12.6										
	12			52.1				44.6	10.5					
16	00	11.2	12.2	39.1			D					43.1		
	12			53.2	47.5	22.5								
17	00	11.3	12.3	62.2				1.1	10.6					
	12			56.2										
18	00	11.4	12.4	31.3			9.1		58.1					
	12			33.3				1.2						57.5
19	00	11.5	12.5	7.3										
	12			4.4					58.2					
20	00	11.6	12.6	29.4			9.2	1.3						
	12			59.4					58.3					
21	00	10.1	15.1	40.5										
	12	10.2	15.2	64.5			9.3	1.4						
22	00			47.5	D	D			58.4					
	12	10.3	15.3	6.6			9.4							
23	00			46.6	R	R		1.5	58.5					
	12	10.4	15.4	48.1										
24	00			57.2			9.5	1.6	58.6					
	12	10.5	15.5	32.3										
25	00			50.3			9.6				R			
	12	10.6	15.6	28.5			5.1	43.1	38.1					
26	00			44.6						31.6				
	12	58.1	52.1	43.1			5.2	43.2	38.2					
27	00	58.2	52.2	14.3										
	12			34.4			5.3							
28	00	58.3	52.3	9.6	47.4	22.4		43.3	38.3					
	12			26.2			5.4							
29	00	58.4	52.4	11.4			5.5	43.4	38.4					
	12			10.6										
30	00	58.5	52.5	38.2			5.6	43.5						
	12			54.4			26.1		38.5					
31	00	58.6	52.6	61.6										
	12			41.2			26.2	43.6	38.6					

January 1979

Date	Time	☉	⊕	☾	☊	☋	☿	♀	♂	♃	♄	♅	♆	♇
1	00	38.1	39.1	19.4	47.4	22.4	26.3	43.6	38.6	31.6	64.3	43.1	26.2	57.5
	12	38.2	39.2	13.6	R	R	D	14.1	D	R	R	D	D	D
2	00			30.2			26.4		54.1					
	12	38.3	39.3	55.4			26.5	14.2					26.3	
3	00			37.5			26.6		54.2					
	12	38.4	39.4	22.1				14.3						
4	00			36.2	D	D	11.1		54.3	31.5		43.2		
	12	38.5	39.5	25.4			11.2	14.4						
5	00			17.5										
	12	38.6	39.6	21.6	R	R	11.3	14.5	54.4					
6	00			42.1			11.4							
	12	54.1	53.1	3.2			11.5	14.6	54.5					
7	00	54.2	53.2	27.3										
	12			24.4			11.6	34.1						
8	00	54.3	53.3	2.5			10.1		54.6					
	12			23.6	47.3	22.3	10.2	34.2						
9	00	54.4	53.4	20.1					61.1					
	12			16.1			10.3	34.3						
10	00	54.5	53.5	35.2			10.4							
	12			45.2			10.5	34.4	61.2					
11	00	54.6	53.6	12.3			10.6							
	12			15.3				34.5	61.3					
12	00	61.1	62.1	52.4			58.1			31.4				
	12			39.4			58.2	34.6	61.4					
13	00	61.2	62.2	53.5			58.3							
	12	61.3	62.3	62.5				9.1						
14	00			56.5	47.2	22.2	58.4		61.5					
	12	61.4	62.4	31.6			58.5	9.2						
15	00			33.6			58.6		61.6					
	12	61.5	62.5	7.6			38.1	9.3						
16	00			29.1										
	12	61.6	62.6	59.1			38.2	9.4	60.1					
17	00			40.1			38.3							
	12	60.1	56.1	64.1			38.4	9.5	60.2					
18	00			47.2			38.5							
	12	60.2	56.2	6.2	D	D		9.6	60.3					
19	00	60.3	56.3	46.3			38.6	5.1		31.3				
	12			18.3			54.1							
20	00	60.4	56.4	48.4			54.2	5.2	60.4					
	12			57.4			54.3							
21	00	60.5	56.5	32.5			54.4	5.3	60.5					
	12			50.6	R	R								
22	00	60.6	56.6	28.6			54.5	5.4			64.2			R
	12			1.1			54.6		60.6					
23	00	41.1	31.1	43.3			61.1	5.5						
	12			14.4			61.2	5.6	41.1					
24	00	41.2	31.2	34.5			61.3							
	12	41.3	31.3	5.1				26.1	41.2					
25	00			26.2			61.4							
	12	41.4	31.4	11.4			61.5	26.2						
26	00			10.6			61.6		41.3	31.2				
	12	41.5	31.5	38.2			60.1	26.3						
27	00			54.4			60.2		41.4					
	12	41.6	31.6	61.6			60.3	26.4						
28	00			41.2				26.5						
	12	19.1	33.1	19.4			60.4		41.5					
29	00			49.1			60.5	26.6						
	12	19.2	33.2	30.3			60.6		41.6					
30	00			55.5			41.1	11.1						
	12	19.3	33.3	63.1			41.2	11.2	19.1					
31	00	19.4	33.4	22.3	D	D	41.3							
	12			36.4			41.4	11.3						

February 1979

Date	Time	☉	⊕	☾	☊	☋	☿	♀	♂	♃	♄	♅	♆	♇
1	00	19.5	33.5	25.6	47.2	22.2	41.4	11.3	19.2	31.2	64.2	43.2	26.3	57.5
	12			21.2	D	D	41.5	11.4	D	R	R	43.3	26.4	R
2	00	19.6	33.6	51.3			41.6		19.3	31.1				
	12			42.4			19.1	11.5						
3	00	13.1	7.1	3.6			19.2	11.6						
	12			24.1			19.3		19.4					
4	00	13.2	7.2	2.2			19.4	10.1						
	12			23.2	R	R	19.5		19.5					
5	00	13.3	7.3	8.3			19.6	10.2						
	12	13.4	7.4	20.4			13.1	10.3	19.6					
6	00			16.5			13.2							
	12	13.5	7.5	35.5				10.4						
7	00			45.6	47.1	22.1	13.3		13.1		64.1			
	12	13.6	7.6	12.6			13.4	10.5						
8	00			52.1			13.5		13.2					
	12	49.1	4.1	39.1			13.6	10.6						
9	00			53.1			49.1	58.1	13.3					
	12	49.2	4.2	62.2			49.2			56.6				
10	00			56.2			49.3	58.2						
	12	49.3	4.3	31.2			49.4		13.4					
11	00			33.3			49.5	58.3						
	12	49.4	4.4	7.3			49.6	58.4	13.5					
12	00	49.5	4.5	4.3			30.1							
	12			29.4			30.2	58.5						
13	00	49.6	4.6	59.4			30.3		13.6					
	12			40.4			30.4	58.6						
14	00	30.1	29.1	64.5			30.5	38.1	49.1					
	12			47.5	D	D	30.6							
15	00	30.2	29.2	6.5			55.1	38.2	49.2					
	12			46.6			55.2							
16	00	30.3	29.3	18.6			55.3	38.3						
	12			57.1			55.4	38.4	49.3					
17	00	30.4	29.4	32.1			55.5							
	12			50.2			55.6	38.5	49.4					
18	00	30.5	29.5	28.3			37.1			56.5				
	12	30.6	29.6	44.4			37.2	38.6						
19	00			1.4			37.3	54.1	49.5					
	12	55.1	59.1	43.5			37.4				40.6			
20	00			14.6			37.5	54.2	49.6					
	12	55.2	59.2	9.2	R	R	37.6	54.3						
21	00			5.3					30.1					
	12	55.3	59.3	26.4			63.1	54.4						
22	00			11.6			63.2							
	12	55.4	59.4	58.1			63.3	54.5	30.2					
23	00			38.3			63.4	54.6						
	12	55.5	59.5	54.5			63.5		30.3					
24	00			60.1			63.6	61.1						
	12	55.6	59.6	41.3			22.1		30.4			R		
25	00	37.1	40.1	19.5			22.2	61.2						
	12			49 1			22.3	61.3						
26	00	37.2	40.2	30.3			22.4		30.5					
	12			55.5			22.5	61.4						57.4
27	00	37.3	40.3	63.1			22.6	61.5	30.6					
	12			22.3	D	D	36.1			56.4				
28	00	37.4	40.4	36.5			36.2	61.6						
	12			17.1			36.3		55.1					

March 1979

Date	Time	☉	⊕	☾	☊	☋	☿	♀	♂	♃	♄	♅	♆	♇
1	00	37.5	40.5	21.3	47.1	22.1	36.4	60.1	55.1	56.4	40.6	43.3	26.4	57.4
	12			51.4	D	D	36.5	60.2	55.2	R	R	R	D	R
2	00	37.6	40.6	42.6										
	12			27.1			36.6	60.3	55.3					
3	00	63.1	64.1	24.3			25.1							
	12	63.2	64.2	2.4			25.2	60.4			40.5			
4	00			23.5			25.3	60.5	55.4					
	12	63.3	64.3	8.6										
5	00			16.1			25.4	60.6	55.5					
	12	63.4	64.4	35.1			25.5	41.1						
6	00			45.2	R	R			55.6					
	12	63.5	64.5	12.3			25.6	41.2						
7	00			15.3			17.1							
	12	63.6	64.6	52.4				41.3	37.1					
8	00			39.4			17.2	41.4						
	12	22.1	47.1	53.4					37.2					
9	00			62.5	D	D	17.3	41.5						
	12	22.2	47.2	56.5				41.6						
10	00			31.5					37.3					
	12	22.3	47.3	33.6			17.4	19.1						
11	00	22.4	47.4	7.6					37.4					
	12			4.6				19.2						
12	00	22.5	47.5	59.1			17.5	19.3	37.5					
	12			40.1										
13	00	22.6	47.6	64.1				19.4						
	12			47.2	R	R		19.5	37.6					
14	00	36.1	6.1	6.2										
	12			46.3				19.6	63.1					
15	00	36.2	6.2	18.3										
	12			48.4			R	13.1	63.2	56.3	40.4			
16	00	36.3	6.3	57.4				13.2						
	12			32.5										
17	00	36.4	6.4	50.6				13.3	63.3					
	12			28.6				13.4						
18	00	36.5	6.5	1.1					63.4					
	12			43.2				13.5						
19	00	36.6	6.6	14.3			17.4	13.6						
	12	25.1	46.1	34.4					63.5					
20	00			9.5				49.1						
	12	25.2	46.2	5.6			17.3		63.6			43.2		
21	00			11.2				49.2						
	12	25.3	46.3	10.3	D	D		49.3	22.1					
22	00			58.4			17.2							
	12	25.4	46.4	38.6				49.4						
23	00			61.2			17.1	49.5	22.2					
	12	25.5	46.5	60.3									R	
24	00			41.5			25.6	49.6	22.3					
	12	25.6	46.6	13.1										
25	00			49.2				30.1						
	12	17.1	18.1	30.4			25.5	30.2	22.4					
26	00			55.6										
	12	17.2	18.2	63.2			25.4	30.3	22.5	D				
27	00			22.4	R	R		30.4						
	12	17.3	18.3	36.6			25.3		22.6					
28	00	17.4	18.4	17.2				30.5						
	12			21.3			25.2	30.6			40.3			
29	00	17.5	18.5	51.5					36.1					
	12			3.1			25.1	55.1						
30	00	17.6	18.6	27.2					36.2					
	12			24.4				55.2						
31	00	21.1	48.1	2.5			36.6	55.3	36.3					
	12			23.6										

April 1979

Date	Time	☉	⊕	☾	☊	☋	☿	♀	♂	♃	♄	♅	♆	♇
1	00	21.2	48.2	20.1	47.1	22.1	36.6	55.4	36.3	56.3	40.3	43.2	26.4	57.4
	12			16.2	R	R	36.5	55.5	36.4	D	R	R	R	R
2	00	21.3	48.3	35.3										
	12			45.4				55.6	36.5					
3	00	21.4	48.4	12.5				37.1						
	12			15.5			36.4							
4	00	21.5	48.5	52.6				37.2	36.6					
	12			39.6	D	D								
5	00	21.6	48.6	62.1				37.3	25.1					
	12			56.1				37.4						57.3
6	00	51.1	57.1	31.2						56.4				
	12	51.2	57.2	33.2				37.5	25.2					
7	00			7.2				37.6						
	12	51.3	57.3	4.2			D		25.3					
8	00			29.3				63.1						
	12	51.4	57.4	59.3				63.2	25.4					
9	00			40.3										
	12	51.5	57.5	64.4				63.3						
10	00			47.4	R	R			25.5					
	12	51.6	57.6	6.5				63.4						
11	00			46.5				63.5	25.6					
	12	42.1	32.1	18.6			36.5							
12	00			48.6				63.6						
	12	42.2	32.2	32.1				22.1	17.1					
13	00			50.2										
	12	42.3	32.3	28.3			36.6	22.2	17.2					
14	00			44.4				22.3						
	12	42.4	32.4	1.5	64.6	63.6			17.3		40.2			
15	00			43.6				22.4						
	12	42.5	32.5	34.1			25.1	22.5						
16	00			9.2					17.4					
	12	42.6	32.6	5.3			25.2	22.6						
17	00	3.1	50.1	26.4					17.5					
	12			11.6				36.1						
18	00	3.2	50.2	58.1			25.3	36.2						
	12			38.2					17.6					
19	00	3.3	50.3	54.4			25.4	36.3						
	12			61.5				36.4	21.1					
20	00	3.4	50.4	41.1	D	D	25.5							
	12			19.2				36.5				43.1		
21	00	3.5	50.5	13.4			25.6	36.6	21.2					
	12			49.6										
22	00	3.6	50.6	55.1			17.1	25.1	21.3	56.5				
	12			37.3				25.2						
23	00	27.1	28.1	63.5			17.2		21.4					
	12			22.6	R	R		25.3						
24	00	27.2	28.2	25.2			17.3							
	12			17.3				25.4	21.5					
25	00	27.3	28.3	21.5			17.4	25.5						
	12			42.1			17.5		21.6					
26	00	27.4	28.4	3.2				25.6						
	12			27.4			17.6	17.1						
27	00	27.5	28.5	24.5			21.1		51.1					
	12			2.6				17.2						
28	00	27.6	28.6	8.2			21.2	17.3	51.2					
	12			20.3			21.3							
29	00	24.1	44.1	16.4				17.4						
	12	24.2	44.2	35.5			21.4	17.5	51.3					
30	00			45.6	64.5	63.5	21.5							
	12	24.3	44.3	15.1				17.6	51.4					

May 1979

Date	Time	☉	⊕	☾	☊	☋	☿	♀	♂	♃	♄	⛢	♆	♇
1	00	24.3	44.3	52.1	64.5	63.5	21.6	17.6	51.4	56.5	40.2	43.1	26.4	57.3
	12	24.4	44.4	39.2	R	R	51.1	21.1	D	D	R	R	R	R	R
2	00			53.2			51.2	21.2	51.5	56.6				
	12	24.5	44.5	62.3			51.3	21.3	51.6					
3	00			56.3			51.3	21.3	51.6					
	12	24.6	44.6	31.4			51.4	21.4						
4	00			33.4			51.5		42.1					
	12	2.1	1.1	7.4	D	D		21.5						
5	00			4.5			51.6	21.6						
	12	2.2	1.2	29.5			42.1		42.2					
6	00			59.5			42.2	51.1						
	12	2.3	1.3	40.6			42.3	51.2	42.3					
7	00			64.6	R	R	42.4							
	12	2.4	1.4	47.6				51.3						
8	00			46.1			42.5		42.4					
	12	2.5	1.5	18.1			42.6	51.4						
9	00			48.2			3.1	51.5	42.5					
	12	2.6	1.6	57.3			3.2							
10	00			32.3			3.3	51.6			D			
	12	23.1	43.1	50.4			3.4	42.1	42.6	31.1				
11	00			28.5			3.5							57.2
	12	23.2	43.2	44.6				42.2	3.1					
12	00			43.1			3.6	42.3						
	12	23.3	43.3	14.3			27.1							
13	00			34.4			27.2	42.4	3.2			1.6		
	12	23.4	43.4	9.5	64.4	63.4	27.3	42.5						
14	00			5.6			27.4		3.3					
	12	23.5	43.5	11.2			27.5	42.6						
15	00	23.6	43.6	10.3			27.6					26.3		
	12			58.5			24.1	3.1	3.4					
16	00	8.1	14.1	38.6			24.2	3.2						
	12			61.2			24.3		3.5					
17	00	8.2	14.2	60.3			24.4	3.3						
	12			41.5			24.5	3.4		31.2				
18	00	8.3	14.3	13.1			24.6	3.6						
	12			49.2			2.1	3.5						
19	00	8.4	14.4	30.4			2.2	3.6	27.1					
	12			55.5	D	D	2.3							
20	00	8.5	14.5	63.1			2.4	27.1						
	12			22.2	R	R	2.5	27.2	27.2					
21	00	8.6	14.6	36.4			2.6							
	12			25.5			23.2	27.3	27.3					
22	00	20.1	34.1	21.1			23.3	27.4						
	12			51.2			23.4							
23	00	20.2	34.2	42.3			23.5	27.5	27.4					
	12			3.5			23.6							
24	00	20.3	34.3	27.6			8.1	27.6	27.5	31.3				
	12			2.1			8.2	24.1						
25	00	20.4	34.4	23.3	64.3	63.3	8.3							
	12			8.4			8.4	24.2	27.6					
26	00	20.5	34.5	20.5			8.6	24.3						
	12			16.6			20.1		24.1					
27	00	20.6	34.6	45.1			20.2	24.4						
	12			12.2			20.3	24.5						
28	00	16.1	9.1	15.2			20.4		24.2					
	12			52.3			20.5	24.6						
29	00	16.2	9.2	39.4			16.1	2.1	24.3					
	12			53.4			16.2							
30	00	16.3	9.3	62.5	64.2	63.2	16.3	2.2		31.4				
	12			56.5			16.4		24.4					
31	00	16.4	9.4	31.6			16.5	2.3						
	12			33.6			16.6	2.4	24.5					

June 1979

Date	Time	☉	⊕	☾	☊	☋	☿	♀	♂	♃	♄	⛢	♆	♇
1	00	16.5	9.5	7.6	64.2	63.2	35.2	2.4	24.5	31.4	40.2	1.6	26.3	57.2
	12			29.1	R	R	35.3	2.5	D	D	D	R	R	R
2	00	16.6	9.6	59.1			35.4	2.6	24.6					
	12			40.1			35.5							
3	00	35.1	5.1	64.2	D	D	35.6	23.1	2.1					
	12	35.2	5.2	47.2	R	R	45.1	23.2						
4	00			6.2			45.3					40.3		
	12	35.3	5.3	46.3			45.4	23.3	2.2	31.5				
5	00			18.3			45.5	23.4						
	12	35.4	5.4	48.4			45.6					1.5		
6	00			57.4			12.1	23.5	2.3					
	12	35.5	5.5	32.5			12.2	23.6						
7	00			50.6			12.3		2.4					
	12	35.6	5.6	44.1			12.5	8.1						
8	00			1.2			12.6							
	12	45.1	26.1	43.3			15.1	8.2	2.5					
9	00			14.4			15.2	8.3						
	12	45.2	26.2	34.6			15.3		2.6					
10	00			5.1			15.4	8.4				31.6		
	12	45.3	26.3	26.3	64.1	63.1	15.5	8.5						
11	00			11.4			15.6		23.1					
	12	45.4	26.4	10.6			52.1	8.6						
12	00			38.2			52.2	20.1	23.2					
	12	45.5	26.5	54.3			52.3							
13	00			61.5			52.4	20.2						
	12	45.6	26.6	41.1			52.5	20.3	23.3					
14	00			19.3			52.6							
	12	12.1	11.1	13.4			39.1	20.4						
15	00			49.6			39.2	20.5	23.4	33.1				
	12	12.2	11.2	55.2			39.3							
16	00			37.3			39.4	20.6	23.5					
	12	12.3	11.3	63.5	D	D	39.5	16.1						
17	00			22.6			39.6							
	12	12.4	11.4	25.2	R	R	53.1	16.2	23.6					
18	00			17.3			53.2							
	12	12.5	11.5	21.5			16.3	8.1						
19	00			51.6			53.3	16.4						
	12	12.6	11.6	3.1			53.4							
20	00			27.2			53.5	16.5	8.2	33.2			26.2	
	12	15.1	10.1	24.4			53.6	16.6						
21	00			2.5			62.1					40.4		
	12	15.2	10.2	23.6			62.2	35.1	8.3					
22	00			20.1	40.6	37.6		35.2						
	12	15.3	10.3	16.2			62.3		8.4					
23	00			35.3			62.4	35.3						
	12	15.4	10.4	45.3			62.5	35.4						
24	00			12.4				8.5						
	12	15.5	10.5	15.5			62.6	35.5						
25	00			52.6			56.1	35.6	8.6	33.3				
	12	15.6	10.6	39.6			56.2							
26	00			62.1				45.1						
	12	52.1	58.1	56.1			56.3	45.2	20.1					
27	00			31.2			56.4							
	12	52.2	58.2	33.2				45.3						D
28	00			7.2	40.5	37.5	56.5		20.2					
	12	52.3	58.3	4.3			56.6	45.4						
29	00			29.3				45.5	20.3					
	12	52.4	58.4	59.3			31.1			33.4				
30	00	52.5	58.5	40.4			31.2	45.6						
	12			64.4	D	D	12.1	20.4						

1979

July 1979

Date	Time	☉	⊕	☾	☊	☋	☿	♀	♂	♃	♄	♅	♆	♇
1	00	52.6	58.6	47.4	40.5	37.5	31.3	12.1	20.4	33.4	40.4	1.5	26.2	57.2
	12			6.5	D	D	31.4	12.2	D	D	D	R	R	D
2	00	39.1	38.1	46.5				12.3	20.5					
	12			18.5			31.5							
3	00	39.2	38.2	48.6	R	R		12.4	20.6					
	12			57.6			31.6	12.5			40.5			
4	00	39.3	38.3	50.1						33.5				
	12			28.2			33.1	12.6	16.1					
5	00	39.4	38.4	44.3				15.1						
	12			1.4			33.2							
6	00	39.5	38.5	43.5				15.2	16.2					
	12			14.6			33.3	15.3						
7	00	39.6	38.6	9.1					16.3					
	12			5.3				15.4						
8	00	53.1	54.1	26.4			33.4							
	12			11.6				15.5	16.4					
9	00	53.2	54.2	58.1			33.5	15.6		33.6				
	12			38.3										
10	00	53.3	54.3	54.5				52.1	16.5					
	12			60.1				52.2						
11	00	53.4	54.4	41.3			33.6		16.6					
	12			19.5				52.3						
12	00	53.5	54.5	49.1				52.4						
	12			30.3	40.4	37.4	7.1		35.1					
13	00	53.6	54.6	55.5				52.5				1.4		
	12			63.1	D	D		52.6		7.1	40.6			
14	00	62.1	61.1	22.2					35.2					
	12			36.4	40.5	37.5		39.1						
15	00	62.2	61.2	25.6				39.2	35.3					
	12			21.1			7.2							
16	00	62.3	61.3	51.3				39.3						
	12			42.4	R	R		39.4	35.4					
17	00	62.4	61.4	3.5										
	12			27.6				39.5		7.2				
18	00	62.5	61.5	2.1	40.4	37.4	R	39.6	35.5					
	12			23.3										
19	00	62.6	61.6	8.3				53.1	35.6					
	12			20.4				53.2						
20	00	56.1	60.1	16.5										
	12			35.6				53.3	45.1					
21	00	56.2	60.2	12.1			7.1							
	12			15.1				53.4						
22	00	56.3	60.3	52.2				53.5	45.2	7.3				
	12			39.3										
23	00	56.4	60.4	53.3				53.6			64.1			
	12			62.4			33.6	62.1	45.3					
24	00	56.5	60.5	56.4										
	12			31.5				62.2	45.4					
25	00	56.6	60.6	33.5				62.3						
	12			7.5			33.5							
26	00	31.1	41.1	4.6				62.4	45.5					
	12			29.6				62.5		7.4		D		
27	00	31.2	41.2	59.6			33.4							
	12			40.6	D	D		62.6	45.6					
28	00	31.3	41.3	47.1				56.1						
	12	31.4	41.4	6.1			33.3							
29	00			46.1				56.2	12.1					
	12	31.5	41.5	18.2				56.3						
30	00			48.2			33.2		12.2					
	12	31.6	41.6	57.2				56.4						
31	00			32.3			33.1	56.5		7.5				
	12	33.1	19.1	50.3					12.3					

August 1979

Date	Time	☉	⊕	☾	☊	☋	☿	♀	♂	♃	♄	♅	♆	♇
1	00	33.1	19.1	28.4	40.4	37.4	33.1	56.6	12.3	7.5	64.2	1.4	26.2	57.2
	12	33.2	19.2	44.5	R	R	31.6	31.1	D	D	D	D	R	D
2	00			1.6					12.4				26.1	
	12	33.3	19.3	43.6			31.5	31.2						
3	00			34.1				31.3						
	12	33.4	19.4	9.3					12.5					
4	00			5.4			31.4	31.4		7.6				
	12	33.5	19.5	26.5										
5	00			10.1				31.5	12.6					
	12	33.6	19.6	58.3			31.3	31.6						
6	00			38.4					15.1					
	12	7.1	13.1	54.6				33.1						
7	00			60.2				33.2						
	12	7.2	13.2	41.4			31.2		15.2					
8	00			19.6	40.3	37.3		33.3						
	12	7.3	13.3	49.2				33.4		4.1				
9	00			30.4					15.3		64.3			
	12	7.4	13.4	55.6				33.5				1.5		
10	00			63.2	D	D		33.6						
	12	7.5	13.5	22.4					15.4					
11	00			36.6				7.1						
	12	7.6	13.6	17.2			D	7.2						
12	00			21.4					15.5					
	12	4.1	49.1	51.6	40.4	37.4		7.3		4.2				57.3
13	00			3.1				7.4	15.6					
	12	4.2	49.2	27.2										
14	00			24.4				7.5						
	12	4.3	49.3	2.5				7.6	52.1					
15	00			23.6	R	R	31.3							
	12	4.4	49.4	20.1				4.1						
16	00			16.2				4.2	52.2					
	12	4.5	49.5	35.3			31.4							
17	00			45.4				4.3		4.3	64.4			
	12	4.6	49.6	12.4	40.3	37.3		4.4	52.3					
18	00			15.5			31.5							
	12	29.1	30.1	52.6				4.5						
19	00			39.6			31.6	4.6	52.4					
	12	29.2	30.2	53.6										
20	00	29.3	30.3	56.1			33.1	29.1						
	12			31.1				29.2	52.5					
21	00	29.4	30.4	33.2			33.2			4.4				
	12			7.2			33.3	29.3						
22	00	29.5	30.5	4.2				29.4	52.6					
	12			29.3			33.4							
23	00	29.6	30.6	59.3			33.5	29.5						
	12			40.3				29.6	39.1					
24	00	59.1	55.1	64.3	D	D	33.6							
	12			47.4			7.1	59.1	39.2		64.5			
25	00	59.2	55.2	6.4			7.2	59.2						
	12			46.4						4.5				
26	00	59.3	55.3	18.5			7.3	59.3	39.3					
	12			48.5			7.4							
27	00	59.4	55.4	57.5			7.5	59.4						
	12			32.6			7.6	59.5	39.4					
28	00	59.5	55.5	50.6			4.1							
	12			44.1			4.2	59.6						
29	00	59.6	55.6	1.2			4.3	40.1	39.5					
	12			43.2			4.4							
30	00	40.1	37.1	14.3			4.5	40.2		4.6				
	12			34.4			4.6	40.3	39.6				D	
31	00	40.2	37.2	9.5	R	R	29.1							
	12			5.6			29.2	40.4						

September 1979

Date	Time	☉	⊕	☾	☊	☋	☿	♀	♂	♃	♄	♅	♆	♇
1	00	40.3	37.3	11.1	40.3	37.3	29.3	40.5	53.1	4.6	64.5	1.5	26.1	57.3
	12			10.3	D	D	29.4	D	D	D	64.6	D	D	D
2	00	40.4	37.4	58.4			29.5	40.6						
	12			38.6			29.6	64.1	53.2					
3	00	40.5	37.5	61.1			59.1			29.1				
	12			60.3			59.2	64.2						
4	00	40.6	37.6	41.5			59.3	64.3	53.3					
	12			13.1			59.4							
5	00	64.1	63.1	49.3			59.5	64.4						
	12	64.2	63.2	30.5			59.6	64.5	53.4					
6	00			37.1			40.1							
	12	64.3	63.3	63.3	R	R	40.2	64.6						
7	00			22.5			40.3	47.1	53.5					
	12	64.4	63.4	25.1			40.4			29.2				
8	00			17.3			40.5	47.2						
	12	64.5	63.5	21.5			40.6	47.3	53.6					
9	00			42.1			64.1				47.1			
	12	64.6	63.6	3.3			64.2	47.4						
10	00			27.5			64.3	47.5	62.1					
	12	47.1	22.1	24.6			64.4							
11	00			23.2			64.5	47.6						
	12	47.2	22.2	8.3			64.6	6.1	62.2					
12	00			20.4			47.1			29.3				57.4
	12	47.3	22.3	16.5			47.2	6.2						
13	00			35.6			47.3	6.3	62.3					
	12	47.4	22.4	12.1	D	D	47.4							
14	00			15.2			47.5	6.4				1.6		
	12	47.5	22.5	52.2			47.6	6.5	62.4					
15	00			39.3			6.1							
	12	47.6	22.6	53.3			6.2	6.6						
16	00			62.4			6.3	46.1	62.5					
	12	6.1	36.1	56.4			6.4			29.4	47.2			
17	00			31.5			6.5	46.2						
	12	6.2	36.2	33.5			6.6	46.3	62.6					
18	00			7.5			46.1							
	12	6.3	36.3	4.5			46.2	46.4						
19	00	6.4	36.4	29.6			46.3	46.5	56.1					
	12			59.6			46.4							
20	00	6.5	36.5	40.6	R	R	46.5	46.6						
	12			47.1			46.6	18.1	56.2					
21	00	6.6	36.6	6.1			18.1			29.5				
	12			46.1				18.2						
22	00	46.1	25.1	18.2			18.2	18.3	56.3					
	12			48.2			18.3							
23	00	46.2	25.2	57.2			18.4	18.4						
	12			32.3			18.5	18.5						
24	00	46.3	25.3	50.3			18.6		56.4		47.3			
	12			28.4			48.1	18.6						
25	00	46.4	25.4	44.4			48.2	48.1						
	12			1.5			48.3		56.5	29.6				
26	00	46.5	25.5	43.6			48.4	48.2						
	12			34.1				48.3						
27	00	46.6	25.6	9.1			48.5		56.6					
	12			5.2			48.6	48.4						
28	00	18.1	17.1	26.3			57.1	48.5					26.2	
	12			11.4			57.2		31.1					
29	00	18.2	17.2	10.6			57.3	48.6						
	12	18.3	17.3	38.1	D	D	57.4	57.1						
30	00			54.2			57.5		31.2					
	12	18.4	17.4	61.4				57.2		59.1				

October 1979

Date	Time	☉	⊕	☾	☊	☋	☿	♀	♂	♃	♄	♅	♆	♇
1	00	18.4	17.4	60.5	40.3	37.3	57.6	57.3	31.2	59.1	47.3	1.6	26.2	57.4
	12	18.5	17.5	19.1	D	D	32.1	D	31.3	D	47.4	D	D	D
2	00			13.2			32.2	57.4						
	12	18.6	17.6	49.4			32.3	57.5						
3	00			30.6			32.4							
	12	48.1	21.1	37.2				57.6	31.4					
4	00			63.4	R	R	32.5	32.1				43.1		
	12	48.2	21.2	22.6			32.6							
5	00			25.2			50.1	32.2	31.5	59.2				
	12	48.3	21.3	17.4			50.2	32.3						
6	00			21.6										
	12	48.4	21.4	42.2			50.3	32.4	31.6					57.5
7	00			3.4			50.4	32.5						
	12	48.5	21.5	27.6			50.5							
8	00			2.1			50.6	32.6	33.1					
	12	48.6	21.6	23.3				50.1						
9	00			8.4			28.1				47.5			
	12	57.1	51.1	20.6			28.2	50.2						
10	00	57.2	51.2	35.1			28.3		33.2	59.3				
	12			45.2			28.4	50.3						
11	00	57.3	51.3	12.3				50.4						
	12			15.4			28.5		33.3					
12	00	57.4	51.4	52.5			28.6	50.5						
	12			39.5			44.1	50.6						
13	00	57.5	51.5	53.6	D	D			33.4					
	12			56.1			44.2	28.1						
14	00	57.6	51.6	31.1			44.3	28.2						
	12			33.1			44.4		33.5					
15	00	32.1	42.1	7.2				28.3						
	12			4.2			44.5	28.4		59.4				
16	00	32.2	42.2	29.2			44.6							
	12			59.3			1.1	28.5	33.6					
17	00	32.3	42.3	40.3	R	R		28.6						
	12			64.3			1.2				47.6			
18	00	32.4	42.4	47.3			1.3	44.1	7.1					
	12	32.5	42.5	6.4			1.4	44.2						
19	00			46.4										
	12	32.6	42.6	18.4			1.5	44.3						
20	00			48.5	40.2	37.2	1.6	44.4	7.2					
	12	50.1	3.1	57.5						59.5				
21	00			32.6			43.1	44.5				43.2		
	12	50.2	3.2	28.1			43.2	44.6	7.3					
22	00			44.1										
	12	50.3	3.3	1.2			43.3	1.1						
23	00			43.3			43.4	1.2	7.4					
	12	50.4	3.4	14.3										
24	00			34.4			43.5	1.3						
	12	50.5	3.5	9.5			43.6	1.4						
25	00			5.6					7.5					
	12	50.6	3.6	11.1			14.1	1.5						
26	00			10.2			14.2	1.6			6.1			
	12	28.1	27.1	58.3					7.6	59.6				
27	00	28.2	27.2	38.5			14.3	43.1						
	12			54.6	40.1	37.1		43.2						
28	00	28.3	27.3	60.1			14.4							
	12			41.3				43.3	4.1					
29	00	28.4	27.4	19.4	D	D	14.5	43.4						
	12			13.5			14.6							
30	00	28.5	27.5	30.1				43.5						
	12			55.3			34.1	43.6	4.2					57.6
31	00	28.6	27.6	37.4	R	R								
	12			63.6			34.2	14.1						

November 1979

Date	Time	☉	⊕	☾	☊	☋	☿	♀	♂	♃	♄	♅	♆	♇
1	00	44.1	24.1	36.2	40.1	37.1	34.2	14.2	4.3	59.6	6.1	43.2	26.2	57.6
	12			25.4	R	R	D	D	D	40.1	D	D	D	D
2	00	44.2	24.2	17.5			34.3	14.3						
	12			51.1				14.4						
3	00	44.3	24.3	42.3			34.4		4.4					
	12	44.4	24.4	3.5				14.5						
4	00			24.1				14.6			6.2			
	12	44.5	24.5	2.2			34.5							
5	00			23.4				34.1	4.5					
	12	44.6	24.6	8.5				34.2				43.3		
6	00			16.1			34.6						26.3	
	12	1.1	2.1	35.2				34.3	4.6					
7	00			45.4				34.4						
	12	1.2	2.2	12.5	59.6	55.6								
8	00			15.6				34.5		40.2				
	12	1.3	2.3	39.1				34.6	29.1					
9	00			53.1			9.1							
	12	1.4	2.4	62.2				9.1						
10	00			56.3			R	9.2						
	12	1.5	2.5	31.3			34.6		29.2					
11	00	1.6	2.6	33.4				9.3						
	12			7.4				9.4						
12	00	43.1	23.1	4.4	D	D								
	12			29.5				9.5	29.3					
13	00	43.2	23.2	59.5				9.6						
	12			40.5	R	R	34.5							
14	00	43.3	23.3	64.5				5.1			6.3			
	12			47.6				5.2	29.4					
15	00	43.4	23.4	6.6			34.4							
	12			46.6				5.3		40.3				
16	00	43.5	23.5	48.1			34.3	5.4						
	12			57.1			34.2		29.5					
17	00	43.6	23.6	32.2				5.5						
	12	14.1	8.1	50.2			34.1	5.6						
18	00			28.3										
	12	14.2	8.2	44.4			14.6	26.1	29.6					
19	00			1.5			14.5	26.2						
	12	14.3	8.3	43.5	59.5	55.5	14.4							
20	00			14.6				26.3						
	12	14.4	8.4	9.1			14.3	26.4	59.1			43.4		
21	00			5.2			14.2							
	12	14.5	8.5	26.4				26.5						
22	00			11.5			14.1	26.6						
	12	14.6	8.6	10.6			43.6		59.2					
23	00			38.1				11.1						
	12	34.1	20.1	54.3			43.5	11.2						
24	00	34.2	20.2	61.4			43.4			40.4				
	12			60.5				11.3	59.3					
25	00	34.3	20.3	19.1	59.4	55.4	43.3	11.4						
	12			13.2										
26	00	34.4	20.4	49.3				11.5			6.4			32.1
	12			30.5			43.2	11.6						
27	00	34.5	20.5	55.6					59.4					
	12			63.2				10.1						
28	00	34.6	20.6	22.3				10.2						
	12			36.5			43.1							
29	00	9.1	16.1	17.1				10.3	59.5					
	12			21.2				10.4						
30	00	9.2	16.2	51.4			D							
	12	9.3	16.3	42.5				10.5						

December 1979

Date	Time	☉	⊕	☾	☊	☋	☿	♀	♂	♃	♄	♅	♆	♇
1	00	9.3	16.3	27.1	59.4	55.4	43.2	10.6	59.5	40.4	6.4	43.4	26.3	32.1
	12	9.4	16.4	24.3	R	R	D	D	59.6	D	D	D	D	D
2	00			2.4				58.1						
	12	9.5	16.5	23.6				58.2					26.4	
3	00			20.1										
	12	9.6	16.6	16.2			43.3	58.3						
4	00			35.4				58.4	40.1					
	12	5.1	35.1	45.5	59.3	55.3								
5	00			12.6			43.4	58.5		40.5				
	12	5.2	35.2	52.1				58.6						
6	00	5.3	35.3	39.2			43.5					43.5		
	12			53.3				38.1	40.2					
7	00	5.4	35.4	62.4			43.6	38.2						
	12			56.4										
8	00	5.5	35.5	31.5			14.1	38.3						
	12			33.5										
9	00	5.6	35.6	7.6			14.2	38.4	40.3					
	12			4.6				38.5						
10	00	26.1	45.1	59.1			14.3							
	12			40.1	D	D	14.4	38.6						
11	00	26.2	45.2	64.1				54.1						
	12			47.2			14.5		40.4		6.5			
12	00	26.3	45.3	6.2	R	R	14.6	54.2						
	12	26.4	45.4	46.2				54.3						
13	00			18.2			34.1							
	12	26.5	45.5	48.3			34.2	54.4						
14	00			57.3				54.5						
	12	26.6	45.6	32.4			34.3		40.5					
15	00			50.4			34.4	54.6						
	12	11.1	12.1	28.5				61.1						
16	00			44.6			34.5							
	12	11.2	12.2	1.6	59.2	55.2	34.6	61.2						
17	00			14.1			9.1	61.3						
	12	11.3	12.3	34.2					40.6					
18	00	11.4	12.4	9.3			9.2	61.4						
	12			5.5			9.3	61.5						
19	00	11.5	12.5	26.6			9.4							
	12			10.1				61.6						
20	00	11.6	12.6	58.3			9.5	60.1						
	12			38.4			9.6		64.1					
21	00	10.1	15.1	54.6			5.1	60.2						
	12			60.1				60.3						
22	00	10.2	15.2	41.3	59.1	55.1	5.2							
	12			19.4			5.3	60.4				43.6		
23	00	10.3	15.3	13.6			5.4	60.5						
	12			30.1			5.5							
24	00	10.4	15.4	55.3	D	D		60.6						
	12	10.5	15.5	37.5			5.6	41.1	64.2					
25	00			63.6			26.1							
	12	10.6	15.6	36.2			26.2	41.2						
26	00			25.3			26.3	41.3						
	12	58.1	52.1	17.5	R	R								
27	00			21.6			26.4	41.4		R				
	12	58.2	52.2	42.2			26.5	41.5					26.5	
28	00			3.3			26.6							
	12	58.3	52.3	27.4			11.1	41.6	64.3					
29	00			24.6				19.1						
	12	58.4	52.4	23.1			11.2							
30	00	58.5	52.5	8.2			11.3	19.2						
	12			20.4			11.4	19.3						
31	00	58.6	52.6	16.5			11.5							
	12			35.6				19.4						

January 1980

Date	Time	☉	⊕	☾	☊	☋	☿	♀	♂	♃	♄	♅	♆	♇
1	00	38.1	39.1	12.1	59.1	55.1	11.6	19.5	64.3	40.5	6.5	43.6	26.5	32.1
	12			15.2	R	R	10.1	D	D	R	D	D	D	D
2	00	38.2	39.2	52.3			10.2	19.6						
	12			39.4			10.3		64.4					
3	00	38.3	39.3	53.5				13.1						
	12			62.5			10.4	13.2						
4	00	38.4	39.4	56.6	29.6	30.6	10.5							
	12	38.5	39.5	33.1			10.6	13.3						
5	00			7.1			58.1	13.4						
	12	38.6	39.6	4.2			58.2							
6	00			29.2				13.5						
	12	54.1	53.1	59.3	D	D	58.3	13.6						
7	00			40.3			58.4				R			
	12	54.2	53.2	64.3			58.5	49.1						
8	00			47.4			58.6	49.2						32.2
	12	54.3	53.3	6.4			38.1							
9	00			46.4				49.3						
	12	54.4	53.4	18.4			38.2	49.4						
10	00	54.5	53.5	48.5			38.3							
	12			57.5			38.4	49.5	64.5					
11	00	54.6	53.6	32.6	R	R	38.5	49.6						
	12			50.6			38.6					14.1		
12	00	61.1	62.1	44.1			54.1	30.1						
	12			1.1				30.2						
13	00	61.2	62.2	43.2			54.2							
	12			14.3			54.3	30.3						
14	00	61.3	62.3	34.4			54.4	30.4						
	12			9.5			54.5							
15	00	61.4	62.4	5.6			54.6	30.5						
	12			11.1			61.1	30.6						
16	00	61.5	62.5	10.2										
	12	61.6	62.6	58.4			61.2	55.1	R					
17	00			38.5			61.3							
	12	60.1	56.1	61.1			61.4	55.2		40.4				
18	00			60.3			61.5	55.3						
	12	60.2	56.2	41.5			61.6							
19	00			19.6			60.1	55.4						
	12	60.3	56.3	49.2			60.2	55.5						
20	00			30.4										
	12	60.4	56.4	55.6	D	D	60.3	55.6						
21	00			63.2			60.4	37.1						
	12	60.5	56.5	22.3			60.5							
22	00	60.6	56.6	36.5			60.6	37.2						
	12			17.1			41.1	37.3	64.4					
23	00	41.1	31.1	21.3			41.2							
	12			51.4			41.3	37.4						
24	00	41.2	31.2	42.6			41.4	37.5					26.6	
	12			27.1			41.5							
25	00	41.3	31.3	24.3	R	R		37.6						R
	12			2.4			41.6	63.1						
26	00	41.4	31.4	23.5			19.1							
	12			8.6			19.2	63.2						
27	00	41.5	31.5	16.1			19.3							
	12	41.6	31.6	35.2			19.4	63.3						
28	00			45.3			19.5	63.4						
	12	19.1	33.1	12.4			19.6			40.3				
29	00			15.5			13.1	63.5						
	12	19.2	33.2	52.6			13.2	63.6						
30	00			53.1			13.3		64.3					
	12	19.3	33.3	62.1			13.4	22.1						
31	00			56.2			13.5	22.2						
	12	19.4	33.4	31.3										

February 1980

Date	Time	☉	⊕	☾	☊	☋	☿	♀	♂	♃	♄	♅	♆	♇
1	00	19.4	33.4	33.3	29.6	30.6	13.6	22.3	64.3	40.3	6.5	14.1	26.6	32.2
	12	19.5	33.5	7.4	R	R	49.1	22.4	R	R	R	D	D	R
2	00			4.4			49.2							
	12	19.6	33.6	29.5			49.3	22.5						
3	00	13.1	7.1	59.5	D	D	49.4				6.4			
	12			40.5			49.5	22.6	64.2					
4	00	13.2	7.2	64.6			49.6	36.1						
	12			47.6			30.1							
5	00	13.3	7.3	6.6			30.2	36.2						
	12			18.1			30.3	36.3						
6	00	13.4	7.4	48.1			30.4							
	12			57.1			30.5	36.4		40.2				
7	00	13.5	7.5	32.1			30.6	36.5	64.1					
	12			50.2			55.1							
8	00	13.6	7.6	28.2			55.2	36.6						
	12	49.1	4.1	44.3			55.3							
9	00			1.3				25.1						
	12	49.2	4.2	43.4	R	R	55.4	25.2						
10	00			14.5			55.5							
	12	49.3	4.3	34.5			55.6	25.3	40.6					
11	00			9.6			37.1	25.4						
	12	49.4	4.4	26.1			37.2							32.1
12	00			11.2			37.3	25.5						
	12	49.5	4.5	10.3			37.4	25.6				14.2		
13	00			58.5					40.5					
	12	49.6	4.6	38.6			37.5	17.1						
14	00			61.2			37.6			40.1				
	12	30.1	29.1	60.4			63.1	17.2						
15	00	30.2	29.2	41.5			63.2	17.3						
	12			13.1										
16	00	30.3	29.3	49.3			63.3	17.4	40.4					
	12			30.5			63.4	17.5						
17	00	30.4	29.4	37.1	D	D	63.5							
	12			63.3				17.6						
18	00	30.5	29.5	22.5			63.6							
	12			25.1			22.1	21.1	40.3					
19	00	30.6	29.6	17.3	R	R		21.2						
	12			21.5			22.2				6.3			
20	00	55.1	59.1	42.1				21.3						
	12			3.3			22.3	21.4						
21	00	55.2	59.2	27.4					40.2					
	12	55.3	59.3	24.6			22.4	21.5		59.6				
22	00			23.1										
	12	55.4	59.4	8.3				21.6						
23	00			20.4	D	D		51.1	40.1					
	12	55.5	59.5	16.5			22.5							
24	00			35.6				51.2						
	12	55.6	59.6	12.1				51.3						
25	00			15.2										
	12	37.1	40.1	52.3				51.4	59.6					
26	00			39.4										
	12	37.2	40.2	53.4			R	51.5						
27	00			62.5				51.6						
	12	37.3	40.3	56.5										
28	00			31.6				42.1	59.5					
	12	37.4	40.4	33.6				42.2		59.5				
29	00	37.5	40.5	4.1										
	12			29.1			22.4	42.3				R		

March 1980

Date	Time	☉	⊕	☾	☊	☋	☿	♀	♂	♃	♄	♅	♆	♇
1	00	37.6	40.6	59.1	R	R	22.4	42.3	59.5	59.5	6.3	14.2	26.6	32.1
	12			40.2			R	42.4	59.4	R	R	R	D	R
2	00	63.1	64.1	64.2			22.3	42.5						
	12			47.2										
3	00	63.2	64.2	6.3			22.2	42.6						
	12			46.3					59.3		6.2			
4	00	63.3	64.3	18.3				3.1						
	12			48.4			22.1	3.2						
5	00	63.4	64.4	57.4										
	12			32.4			63.6	3.3						
6	00	63.5	64.5	50.5			63.5							
	12	63.6	64.6	28.5	29.5	30.5		3.4	59.2					
7	00			44.6			63.4	3.5		59.4				
	12	22.1	47.1	1.6										
8	00			14.1			63.3	3.6						
	12	22.2	47.2	34.1										
9	00			9.2			63.2	27.1	59.1					
	12	22.3	47.3	5.3				27.2						
10	00			26.3	D	D	63.1							
	12	22.4	47.4	11.4				27.3						
11	00			10.5			37.6							
	12	22.5	47.5	58.6				27.4	29.6				11.1	
12	00			54.2			37.5	27.5						
	12	22.6	47.6	61.3										
13	00			60.5				27.6						
	12	36.1	6.1	41.6			37.4							
14	00	36.2	6.2	13.2				24.1						
	12			49.4				24.2		59.3				
15	00	36.3	6.3	30.6	R	R	37.3		29.5					
	12			37.2				24.3			6.1			
16	00	36.4	6.4	63.4										
	12			22.6				24.4						
17	00	36.5	6.5	25.2										
	12			17.4				24.5						
18	00	36.6	6.6	21.6			37.2	24.6				14.1		
	12			42.2					29.4					
19	00	25.1	46.1	3.4				2.1						
	12			27.6										
20	00	25.2	46.2	2.2			D	2.2						
	12			23.4				2.3						
21	00	25.3	46.3	8.5										
	12			16.1				2.4						
22	00	25.4	46.4	35.2			37.3							
	12	25.5	46.5	45.3				2.5	29.3					
23	00			12.4										
	12	25.6	46.6	15.5				2.6		59.2				
24	00			52.6	D	D								
	12	17.1	18.1	53.1				23.1						
25	00			62.2			37.4	23.2					R	
	12	17.2	18.2	56.2										
26	00			31.3				23.3						
	12	17.3	18.3	33.3			37.5							
27	00			7.4				23.4						
	12	17.4	18.4	4.4							47.6			
28	00			29.4			37.6	23.5						
	12	17.5	18.5	59.5	R	R		23.6	29.2					57.6
29	00			40.5										
	12	17.6	18.6	64.5			63.1	8.1						
30	00			47.6										
	12	21.1	48.1	6.6			63.2	8.2						
31	00			46.6										
	12	21.2	48.2	18.6			63.3	8.3						

April 1980

Date	Time	☉	⊕	☾	☊	☋	☿	♀	♂	♃	♄	♅	♆	♇
1	00	21.3	48.3	57.1	29.5	30.5	63.3	8.3	29.2	59.2	47.6	14.1	11.1	57.6
	12			32.1	R	R	D	8.4	R	R	R	R	R	R
2	00	21.4	48.4	50.2			63.4							
	12			28.2				8.5						
3	00	21.5	48.5	44.2			63.5							
	12			1.3			63.6	8.6		59.1				
4	00	21.6	48.6	43.3	29.4	30.4		20.1						
	12			14.4			22.1							
5	00	51.1	57.1	34.4				20.2						
	12			9.5			22.2							
6	00	51.2	57.2	5.6				20.3						
	12			11.1			22.3		D					
7	00	51.3	57.3	10.1			22.4	20.4						
	12			58.2									26.6	
8	00	51.4	57.4	38.3			22.5	20.5						
	12			54.4			22.6							
9	00	51.5	57.5	61.6	D	D		20.6						
	12			41.1			36.1							
10	00	51.6	57.6	19.2			36.2	16.1			47.5			
	12	42.1	32.1	13.4										
11	00			49.5			36.3	16.2						
	12	42.2	32.2	55.1	R	R	36.4							
12	00			37.3				16.3						
	12	42.3	32.3	63.5			36.5							
13	00			36.1			36.6	16.4						
	12	42.4	32.4	25.3			25.1							
14	00			17.5				16.5						
	12	42.5	32.5	51.1			25.2							
15	00			42.3			25.3	16.6						
	12	42.6	32.6	3.5			25.4							
16	00			24.1				35.1	29.3					
	12	3.1	50.1	2.3			25.5							
17	00			23.5			25.6	35.2						
	12	3.2	50.2	20.1			17.1							
18	00			16.2	29.3	30.3	17.2	35.3						
	12	3.3	50.3	35.4										
19	00			45.5			17.3							
	12	3.4	50.4	12.6			17.4	35.4						
20	00			52.2			17.5							
	12	3.5	50.5	39.3			17.6	35.5						
21	00			53.4			21.1					43.6		
	12	3.6	50.6	62.4			21.2	35.6						
22	00	27.1	28.1	56.5										
	12			31.6	D	D	21.3	45.1	29.4					
23	00	27.2	28.2	33.6			21.4							
	12			4.1			21.5							
24	00	27.3	28.3	29.1			21.6	45.2						
	12			59.1	R	R	51.1							
25	00	27.4	28.4	40.2			51.2	45.3						
	12			64.2			51.3							
26	00	27.5	28.5	47.2			51.4	45.4						
	12			6.3			51.5			D				
27	00	27.6	28.6	46.3			51.6				47.4			
	12			18.3				45.5	29.5					
28	00	24.1	44.1	48.3			42.1							
	12			57.4			42.2							
29	00	24.2	44.2	32.4			42.3	45.6						
	12			50.5			42.4							
30	00	24.3	44.3	28.5			42.5	12.1						
	12			44.6	29.2	30.2	42.6							

May 1980

Date	Time	☉	⊕	☾	☊	☋	☿	♀	♂	♃	♄	♅	♆	♇
1	00	24.4	44.4	1.6	29.2	30.2	3.1	12.1	29.5	59.1	47.4	43.6	26.6	57.6
	12			14.1	R	R	3.2	12.2	29.6	D	R	R	R	R
2	00	24.5	44.5	34.1			3.3							57.5
	12			9.2			3.4							
3	00	24.6	44.6	5.3			3.5	12.3						
	12			26.3			27.1							
4	00	2.1	1.1	11.4			27.2							
	12			10.5			27.3	12.4						
5	00	2.2	1.2	58.6			27.4		59.1					
	12	2.3	1.3	54.1			27.5							
6	00			61.2	29.1	30.1	27.6	12.5						
	12	2.4	1.4	60.3			24.1							
7	00			41.4			24.2							
	12	2.5	1.5	19.6			24.3	12.6						
8	00			49.1	D	D	24.4		59.2					
	12	2.6	1.6	30.2	R	R	24.5							
9	00			55.4			2.1							
	12	23.1	43.1	37.5			2.2	15.1						
10	00			22.1			2.3							
	12	23.2	43.2	36.3			2.4							
11	00			25.4			2.5	15.2	59.3					
	12	23.3	43.3	17.6			2.6							
12	00			51.2			23.1							
	12	23.4	43.4	42.4			23.3							
13	00			3.6			23.4							
	12	23.5	43.5	24.2			23.5	15.3						
14	00			2.4			23.6		59.4					
	12	23.6	43.6	23.6			8.1					43.5		
15	00			20.2			8.2							
	12	8.1	14.1	16.3			8.4							
16	00			35.5			8.5	15.4						
	12	8.2	14.2	45.6	4.6	49.6	8.6		59.5					
17	00			15.2			20.1							
	12	8.3	14.3	52.3			20.2							
18	00			39.4			20.3							
	12	8.4	14.4	53.5			20.5							
19	00			62.6			20.6		59.6					
	12	8.5	14.5	31.1			16.1	15.5						
20	00			33.2			16.2			59.2				
	12	8.6	14.6	7.2			16.3							
21	00			4.3			16.4							
	12	20.1	34.1	29.3	D	D	16.5		40.1					
22	00			59.4	R	R	16.6							
	12	20.2	34.2	40.4			35.2				D			
23	00	20.3	34.3	64.5			35.3							
	12			47.5			35.4							
24	00	20.4	34.4	6.5			35.5		40.2					
	12			46.5			35.6							
25	00	20.5	34.5	18.6			45.1	R						
	12			48.6			45.2							
26	00	20.6	34.6	57.6			45.3							
	12			50.1			45.4		40.3					
27	00	16.1	9.1	28.1			45.5							
	12			44.2			45.6							
28	00	16.2	9.2	1.2	4.5	49.5	12.1							
	12			43.3			12.2		40.4					
29	00	16.3	9.3	14.4			12.3						26.5	
	12			34.4			12.4							
30	00	16.4	9.4	9.5			12.5							
	12			5.6			12.6	15.4						
31	00	16.5	9.5	11.1			15.1		40.5					
	12			10.2			15.2			59.3				

June 1980

Date	Time	☉	⊕	☾	☊	☋	☿	♀	♂	♃	♄	♅	♆	♇
1	00	16.6	9.6	58.3	4.5	49.5	15.3	15.4	40.5	59.3	47.4	43.5	26.5	57.5
	12			38.4	R	R	D	R	D	D	D	R	R	R
2	00	35.1	5.1	54.5			15.4		40.6					
	12			61.6			15.5							
3	00	35.2	5.2	41.1	4.4	49.4	15.6	15.3						
	12			19.2			52.1							
4	00	35.3	5.3	13.4			52.2		64.1					
	12			49.5	D	D								
5	00	35.4	5.4	30.6			52.3	15.2						
	12			37.2			52.4							
6	00	35.5	5.5	63.3			52.5							
	12			22.5	R	R			64.2			43.4		
7	00	35.6	5.6	36.6			52.6	15.1						
	12			17.2			39.1							
8	00	45.1	26.1	21.3			39.2							
	12			51.5					64.3					
9	00	45.2	26.2	3.1			39.3	12.6		59.4				
	12			27.3			39.4							
10	00	45.3	26.3	24.4										
	12			2.6			39.5	12.5	64.4					
11	00	45.4	26.4	8.2			39.6							
	12			20.3										
12	00	45.5	26.5	16.5			53.1							
	12			35.6				12.4	64.5					
13	00	45.6	26.6	12.2			53.2							
	12			15.3			53.3							
14	00	12.1	11.1	52.5				12.3						
	12	12.2	11.2	39.6			53.4		64.6					
15	00			62.1	4.3	49.3								
	12	12.3	11.3	56.2			53.5	12.2						
16	00			31.3					47.1					
	12	12.4	11.4	33.4			53.6			59.5				
17	00			7.4				12.1						
	12	12.5	11.5	4.5	D	D					47.5			
18	00			29.5			62.1		47.2					
	12	12.6	11.6	59.6				45.6						
19	00			40.6			62.2							
	12	15.1	10.1	47.1										
20	00			6.1				45.5	47.3					
	12	15.2	10.2	46.1			62.3							
21	00			18.2	R	R								
	12	15.3	10.3	48.2				45.4						
22	00			57.2					47.4					
	12	15.4	10.4	32.3			62.4							
23	00			50.3				45.3		59.6				
	12	15.5	10.5	28.3					47.5					
24	00			44.4										
	12	15.6	10.6	1.5			62.5							
25	00			43.5				45.2						
	12	52.1	58.1	14.6					47.6					
26	00			9.1										
	12	52.2	58.2	5.1										
27	00			26.2										
	12	52.3	58.3	11.3				45.1	6.1					
28	00			10.4										
	12	52.4	58.4	58.5			R							
29	00			54.1					6.2					D
	12	52.5	58.5	61.2						40.1				
30	00			60.3				35.6						
	12	52.6	58.6	41.4										

July 1980

Date	Time	☉	⊕	☾	☊	☋	☿	♀	♂	♃	♄	♅	♆	♇
1	00	52.6	58.6	19.6	4.2	49.2	62.5	35.6	6.3	40.1	47.5	43.4	26.5	57.5
	12	39.1	38.1	49.1	R	R	R	R	D	D	D	R	R	D
2	00			30.3	D	D								
	12	39.2	38.2	55.4					6.4					
3	00			37.6	4.3	49.3	62.4							
	12	39.3	38.3	22.1									26.4	
4	00			36.3										
	12	39.4	38.4	25.4					6.5		47.6			
5	00			17.6			62.3			40.2				
	12	39.5	38.5	51.2	R	R								
6	00			42.3					6.6					
	12	39.6	38.6	3.5				35.5						
7	00			27.6			62.2	D						
	12	53.1	54.1	2.2	4.2	49.2		35.6						
8	00			23.3					46.1					
	12	53.2	54.2	8.5			62.1							
9	00			20.6										
	12	53.3	54.3	35.2					46.2			43.3		
10	00			45.3			53.6							
	12	53.4	54.4	12.4						40.3				
11	00			15.6					46.3					
	12	53.5	54.5	39.1			53.5							
12	00			53.2										
	12	53.6	54.6	62.3										
13	00			56.4			53.4		46.4					
	12	62.1	61.1	31.5										
14	00	62.2	61.2	33.5										
	12			7.6			53.3	45.1	46.5					
15	00	62.3	61.3	29.1	D	D								
	12			59.1										
16	00	62.4	61.4	40.2					46.6	40.4				
	12			64.2			53.2				6.1			
17	00	62.5	61.5	47.3										
	12			6.3				45.2						
18	00	62.6	61.6	46.3					18.1					
	12			18.4			53.1							
19	00	56.1	60.1	48.4										
	12			57.4					18.2					
20	00	56.2	60.2	32.5				45.3						
	12			50.5	R	R								
21	00	56.3	60.3	28.6					18.3	40.5				
	12			44.6										
22	00	56.4	60.4	1.6				45.4						
	12			14.1					18.4					
23	00	56.5	60.5	34.2			D							
	12			9.2										
24	00	56.6	60.6	5.3				45.5						
	12			26.4					18.5					
25	00	31.1	41.1	11.5										
	12			10.6				45.6						
26	00	31.2	41.2	38.1					18.6	40.6				
	12			54.2										
27	00	31.3	41.3	61.4			53.2	12.1			6.2			
	12			60.5					48.1					
28	00	31.4	41.4	19.1										
	12			13.2				12.2						
29	00	31.5	41.5	49.4	D	D	53.3		48.2					
	12			30.6										
30	00	31.6	41.6	37.1				12.3						
	12			63.3			53.4		48.3			D		
31	00	33.1	19.1	22.5						64.1				
	12			25.1			53.5	12.4						

August 1980

Date	Time	☉	⊕	☾	☊	☋	☿	♀	♂	♃	♄	♅	♆	♇
1	00	33.2	19.2	17.2	4.2	49.2	53.5	12.4	48.4	64.1	6.2	43.3	26.4	57.5
	12			21.4	D	D	53.6	D	D	D	D	D	R	D
2	00	33.3	19.3	51.6				12.5						
	12			3.1			62.1							
3	00	33.4	19.4	27.3					48.5					
	12			24.4			62.2	12.6						
4	00	33.5	19.5	2.6	R	R	62.3							
	12			8.1				15.1	48.6	64.2				
5	00	33.6	19.6	20.3			62.4							
	12			16.4			62.5				6.3			
6	00	7.1	13.1	35.5				15.2	57.1					
	12			12.1			62.6							
7	00	7.2	13.2	15.2			56.1	15.3						
	12			52.3			56.2		57.2					
8	00	7.3	13.3	39.4				15.4						
	12	7.4	13.4	53.5			56.3							
9	00			62.6			56.4		57.3					
	12	7.5	13.5	56.6			56.5	15.5		64.3				
10	00			33.1			56.6							
	12	7.6	13.6	7.2			31.1	15.6	57.4					
11	00			4.3	D	D	31.2							
	12	4.1	49.1	29.3			31.3	52.1						
12	00			59.4			31.4		57.5					
	12	4.2	49.2	40.4			31.5							
13	00			64.5	R	R	31.6	52.2						
	12	4.3	49.3	47.5			33.1		57.6					
14	00			6.5			33.2	52.3		64.4				
	12	4.4	49.4	46.6			33.3				6.4			
15	00			18.6			33.4	52.4	32.1					
	12	4.5	49.5	48.6			33.5							
16	00			32.1			33.6	52.5						
	12	4.6	49.6	50.1			7.1		32.2					
17	00			28.1			7.2	52.6						
	12	29.1	30.1	44.2			7.3							
18	00			1.2			7.4	39.1	32.3					
	12	29.2	30.2	43.3			7.5			64.5				
19	00			14.3	D	D	7.6	39.2						
	12	29.3	30.3	34.4			4.1		32.4					
20	00			9.4			4.2	39.3						
	12	29.4	30.4	5.5			4.3					43.4		
21	00			26.6			4.4	39.4	32.5					
	12	29.5	30.5	10.1			4.5							
22	00			58.2			4.6	39.5						
	12	29.6	30.6	38.3			29.1		32.6		6.5			
23	00			54.4			29.3	39.6		64.6				
	12	59.1	55.1	61.5			29.4							
24	00			41.1			29.5	53.1	50.1					57.6
	12	59.2	55.2	19.2			29.6							
25	00			13.4			59.1	53.2						
	12	59.3	55.3	49.5	R	R	59.2		50.2					
26	00			55.1			59.3	53.3						
	12	59.4	55.4	37.3			59.4							
27	00			63.5			59.5	53.4	50.3	47.1				
	12	59.5	55.5	36.1			59.6							
28	00	59.6	55.6	25.3			40.1	53.5	50.4					
	12			17.5			40.2							
29	00	40.1	37.1	51.1			40.3	53.6						
	12			42.3			40.4		50.5					
30	00	40.2	37.2	3.5			40.5	62.1						
	12			27.6			40.6				6.6			
31	00	40.3	37.3	2.2			64.1	62.2	50.6					
	12			23.4			64.2			47.2				

September 1980

Date	Time	☉	⊕	☾	☊	☋	☿	♀	♂	♃	♄	♅	♆	♇
1	00	40.4	37.4	8.5	4.2	49.2	64.3	62.3	50.6	47.2	6.6	43.4	D	57.6
	12			16.1	R	R	64.4	62.4	28.1	D	D	D		D
2	00	40.5	37.5	35.2	D	D	64.5							
	12			45.3			64.6	62.5						
3	00	40.6	37.6	12.4			47.1		28.2					
	12			15.6			47.2	62.6						
4	00	64.1	63.1	39.1			47.3							
	12			53.1			47.4	56.1	28.3					
5	00	64.2	63.2	62.2			47.5			47.3				
	12			56.3			47.6	56.2						
6	00	64.3	63.3	31.4			6.1		28.4					
	12			33.4			6.2	56.3						
7	00	64.4	63.4	7.5			6.3	56.4						
	12			4.6	R	R	6.4		28.5		46.1			
8	00	64.5	63.5	29.6			6.5	56.5						
	12			40.1			6.6		28.6					
9	00	64.6	63.6	64.1				56.6						
	12			47.1			46.1			47.4				
10	00	47.1	22.1	6.2			46.2	31.1	44.1					
	12			46.2			46.3							
11	00	47.2	22.2	18.3			46.4	31.2						
	12	47.3	22.3	48.3			46.5	31.3	44.2					
12	00			57.3			46.6							
	12	47.4	22.4	32.3			18.1	31.4						
13	00			50.4			18.2		44.3					
	12	47.5	22.5	28.4	4.1	49.1		31.5		47.5				
14	00			44.4			18.3							
	12	47.6	22.6	1.5			18.4	31.6	44.4					
15	00			43.5			18.5	33.1			46.2			
	12	6.1	36.1	14.6			18.6		44.5					
16	00			34.6			48.1	33.2						
	12	6.2	36.2	5.1										
17	00			26.1			48.2	33.3	44.6					
	12	6.3	36.3	11.2			48.3							
18	00			10.3	D	D	48.4	33.4		47.6				
	12	6.4	36.4	58.3			48.5	33.5	1.1					
19	00			38.4			48.6							
	12	6.5	36.5	54.5				33.6						
20	00			61.6			57.1		1.2					
	12	6.6	36.6	41.2			57.2	7.1				43.5		
21	00			19.3			57.3	7.2	1.3					32.1
	12	46.1	25.1	13.5			57.4							
22	00			49.6	R	R		7.3						
	12	46.2	25.2	55.2			57.5		1.4	6.1	46.3			
23	00			37.4			57.6	7.4						
	12	46.3	25.3	63.6			32.1	7.5						
24	00	46.4	25.4	36.2					1.5					
	12			25.4			32.2	7.6						
25	00	46.5	25.5	17.6			32.3							
	12			51.2			32.4	4.1	1.6					
26	00	46.6	25.6	42.4				4.2						
	12			3.6			32.5		43.1	6.2				
27	00	18.1	17.1	24.2			32.6	4.3						
	12			2.4			50.1							
28	00	18.2	17.2	23.6				4.4	43.2					
	12			20.2			50.2	4.5						
29	00	18.3	17.3	16.4			50.3							
	12			35.5			50.4	4.6	43.3					
30	00	18.4	17.4	12.1										
	12			15.2			50.5	29.1	43.4		46.4			

October 1980

Date	Time	☉	⊕	☾	☊	☋	☿	♀	♂	♃	♄	♅	♆	♇
1	00	18.5	17.5	52.3	4.1	49.1	50.6	29.2	43.4	6.3	46.4	43.5	26.4	32.1
	12			39.4	D	D	D	D	D	D	D	D	D	D
2	00	18.6	17.6	53.5			28.1	29.3	43.5					
	12			62.6			28.2							
3	00	48.1	21.1	31.1				29.4						
	12			33.1			28.3	29.5	43.6					
4	00	48.2	21.2	7.2			28.4							
	12	48.3	21.3	4.2	R	R		29.6	14.1					
5	00			29.3			28.5							
	12	48.4	21.4	59.3			28.6	59.1		6.4				
6	00			40.4				59.2	14.2					
	12	48.5	21.5	64.4			44.1							
7	00			47.5			44.2	59.3						
	12	48.6	21.6	6.5					14.3					
8	00			46.5	7.6	13.6	44.3	59.4			46.5			
	12	57.1	51.1	18.6				59.5	14.4					
9	00			48.6			44.4							
	12	57.2	51.2	57.6				59.6						
10	00			50.1			44.5	40.1	14.5	6.5				
	12	57.3	51.3	28.1			44.6					43.6		
11	00			44.1				40.2						
	12	57.4	51.4	1.2			1.1		14.6					
12	00			43.2				40.3						
	12	57.5	51.5	14.2			1.2	40.4	34.1					
13	00			34.3										
	12	57.6	51.6	9.3	7.5	13.5	1.3	40.5						
14	00	32.1	42.1	5.4				40.6	34.2					
	12			26.4						6.6				
15	00	32.2	42.2	11.5			1.4	64.1						32.2
	12			10.5					34.3		46.6			
16	00	32.3	42.3	58.6			1.5	64.2						
	12			54.1				64.3	34.4					
17	00	32.4	42.4	61.2										
	12			60.3	D	D	1.6	64.4						
18	00	32.5	42.5	41.4				64.5	34.5					
	12			19.5										
19	00	32.6	42.6	13.6	R	R	43.1	64.6	34.6	46.1				
	12			30.2										
20	00	50.1	3.1	55.3				47.1						
	12			37.5				47.2	9.1					
21	00	50.2	3.2	22.1										
	12			36.3				47.3						
22	00	50.3	3.3	25.5			43.2	47.4	9.2					
	12	50.4	3.4	21.1										
23	00			51.3				47.5	9.3					
	12	50.5	3.5	42.5			R	47.6		46.2	18.1			
24	00			27.1										
	12	50.6	3.6	24.3			43.1	6.1	9.4					
25	00			2.5										
	12	28.1	27.1	8.2	7.4	13.4		6.2	9.5					
26	00			20.3				6.3						
	12	28.2	27.2	16.5										
27	00			45.1			1.6	6.4	9.6			14.1		
	12	28.3	27.3	12.3				6.5						
28	00			15.4									26.5	
	12	28.4	27.4	52.6			1.5	6.6	5.1	46.3				
29	00			53.1				46.1						
	12	28.5	27.5	62.2			1.4		5.2					
30	00	28.6	27.6	56.3				46.2						
	12			31.4			1.3							
31	00	44.1	24.1	33.4	D	D		46.3	5.3					
	12			7.5	R	R	1.2	46.4						

November 1980

Date/Time	☉	⊕	☾	☊	⚷	☿	♀	♂	♃	♄	⛢	♆	♇
1 00	44.2	24.2	4.6	7.4	13.4	1.2	46.4	5.4	46.3	18.2	14.1	26.5	32.2
12			29.6	R	R	1.1	46.5		D	D	D	D	D
2 00	44.3	24.3	40.1			44.6	46.6	46.4					
12			64.1			44.5		5.5					
3 00	44.4	24.4	47.1				18.1						
12			6.2			44.4	18.2	5.6					
4 00	44.5	24.5	46.2			44.3							
12			18.2				18.3						
5 00	44.6	24.6	48.3			44.2	18.4	26.1					
12			57.3			44.1							
6 00	1.1	2.1	32.3	7.3	13.3		18.5	26.2					
12	1.2	2.2	50.4			28.6							
7 00			28.4				18.6		46.5				
12	1.3	2.3	44.4			28.5	48.1	26.3					
8 00			1.5										32.3
12	1.4	2.4	43.5			28.4	48.2	26.4					
9 00			14.6				48.3						
12	1.5	2.5	34.6							18.3			
10 00			5.1	7.2	13.2	28.3	48.4	26.5					
12	1.6	2.6	26.1				48.5						
11 00			11.2										
12	43.1	23.1	10.2				48.6	26.6			14.2		
12 00			58.3			57.1							
12	43.2	23.2	38.4			D		11.1	46.6				
13 00	43.3	23.3	54.4				57.2						
12			61.5				57.3						
14 00	43.4	23.4	60.6					11.2					
12			19.1				57.4						
15 00	43.5	23.5	13.2	D	D			11.3					
12			49.3				57.5						
16 00	43.6	23.6	30.4	R	R	28.4	57.6						
12			55.6					11.4					
17 00	14.1	8.1	63.1				32.1						
12			22.3			28.5	32.2	11.5	18.1				
18 00	14.2	8.2	36.4										
12			25.6			28.6	32.3						
19 00	14.3	8.3	21.2				32.4	11.6		18.4			
12	14.4	8.4	51.4			44.1							
20 00			42.6				32.5	10.1					
12	14.5	8.5	27.2			44.2	32.6						
21 00			24.4	7.1	13.1			10.2					
12	14.6	8.6	2.6			44.3	50.1						
22 00			8.2			44.4	50.2						
12	34.1	20.1	20.4					10.3					
23 00			16.6			44.5	50.3						
12	34.2	20.2	45.2			44.6	50.4	10.4	18.2				
24 00			12.4										
12	34.3	20.3	15.5			1.1	50.5						
25 00			39.1			1.2	50.6	10.5					
12	34.4	20.4	53.2										26.6
26 00	34.5	20.5	62.4			1.3	28.1	10.6					
12			56.5			1.4	28.2				14.3		
27 00	34.6	20.6	31.6			1.5							
12			7.1	D	D		28.3	58.1					
28 00	9.1	16.1	4.1			1.6	28.4						
12			29.2			43.1		58.2					
29 00	9.2	16.2	59.3			43.2	28.5						
12			40.3	R	R		28.6		18.3				
30 00	9.3	16.3	64.4			43.3		58.3		18.5			
12			47.4			43.4	44.1						

December 1980

Date/Time	☉	⊕	☾	☊	⚷	☿	♀	♂	♃	♄	⛢	♆	♇
1 00	9.4	16.4	6.5	7.1	13.1	43.5	44.1	58.4	18.3	18.5	14.3	26.6	32.3
12			46.5	R	R	D	44.2	D	D	D	D	D	D
2 00	9.5	16.5	18.5			43.6	44.3						
12	9.6	16.6	48.6			14.1		58.5					
3 00			57.6	33.6	19.6	14.2	44.4						
12	5.1	35.1	32.6			14.3	44.5	58.6					
4 00			50.6										
12	5.2	35.2	44.1			14.4	44.6						
5 00			1.1			14.5	1.1	38.1					
12	5.3	35.3	43.2			14.6							
6 00			14.2			34.1	1.2	38.2	18.4				32.4
12	5.4	35.4	34.3				1.3						
7 00			9.3			34.2		38.3					
12	5.5	35.5	5.4			34.3	1.4						
8 00			26.4			34.4	1.5						
12	5.6	35.6	11.5	33.5	19.5	34.5		38.4					
9 00	26.1	45.1	10.6			34.6	1.6						
12			58.6				43.1	38.5					
10 00	26.2	45.2	54.1			9.1							
12			61.2			9.2	43.2						
11 00	26.3	45.3	60.3			9.3	43.3	38.6					
12			41.4			9.4							
12 00	26.4	45.4	19.5				43.4	54.1		14.4			
12			13.6	D	D	9.5	43.5			18.6			
13 00	26.5	45.5	30.1			9.6			18.5				
12			55.2			5.1	43.6	54.2					
14 00	26.6	45.6	37.3			5.2	14.1						
12	11.1	12.1	63.5			5.3		54.3					
15 00			22.6				14.2						
12	11.2	12.2	25.2	R	R	5.4	14.3	54.4					
16 00			17.3			5.5							
12	11.3	12.3	21.5			5.6	14.4						
17 00			51.6			26.1	14.5	54.5					
12	11.4	12.4	3.2			26.2							
18 00			27.4				14.6	54.6					
12	11.5	12.5	24.6			26.3	34.1						
19 00			23.1			26.4							
12	11.6	12.6	8.3			26.5	34.2	61.1					
20 00	10.1	15.1	20.5			26.6	34.3						
12			35.1			11.1		61.2					11.1
21 00	10.2	15.2	45.3				34.4						
12			12.4			11.2	34.5		18.6				
22 00	10.3	15.3	15.6			11.3		61.3					
12			39.2			11.4	34.6						
23 00	10.4	15.4	53.3			11.5	9.1	61.4					
12			62.5			11.6							
24 00	10.5	15.5	56.6	33.4	19.4		9.2	61.5					
12			33.1			10.1	9.3						
25 00	10.6	15.6	7.2	D	D	10.2							
12			4.3			10.3	9.4	61.6					
26 00	58.1	52.1	29.4	33.5	19.5	10.4	9.5						
12	58.2	52.2	59.5			10.5		60.1					
27 00			40.5				9.6						
12	58.3	52.3	64.6			10.6	5.1						
28 00			47.6				58.1		60.2				
12	58.4	52.4	46.1				58.2	5.2					
29 00			18.1				58.3	5.3	60.3			14.5	
12	58.5	52.5	48.1	R	R		58.4						
30 00			57.2					5.4	60.4				
12	58.6	52.6	32.2				58.5	5.5					
31 00			50.2				58.6						
12	38.1	39.1	28.3				38.1	5.6	60.5				

January 1981

Date	Time	☉	⊕	☾	☊	☋	☿	♀	♂	♃	♄	♅	♆	♇
1	00	38.2	39.2	44.3	33.4	19.4	38.2	26.1	60.5	48.1	48.1	14.5	11.1	32.4
	12			1.4	R	R	38.3	D	60.6	D	D	D	D	D
2	00	38.3	39.3	43.4			38.4	26.2						
	12			14.4			38.5	26.3	41.1					
3	00	38.4	39.4	34.5										
	12			9.5			38.6	26.4						
4	00	38.5	39.5	5.6			54.1	26.5	41.2					
	12			11.1			54.2							
5	00	38.6	39.6	10.1			54.3	26.6	41.3					
	12			58.2			54.4	11.1						
6	00	54.1	53.1	38.3			54.5							
	12	54.2	53.2	54.4				11.2	41.4					
7	00			61.5			54.6	11.3						
	12	54.3	53.3	60.6			61.1		41.5					
8	00			19.1			61.2	11.4						
	12	54.4	53.4	13.2	D	D	61.3	11.5	41.6					
9	00			49.3			61.4							
	12	54.5	53.5	30.5			61.5	11.6						
10	00			55.6			61.6	10.1	19.1					
	12	54.6	53.6	63.1			60.1							
11	00			22.3				10.2	19.2					
	12	61.1	62.1	36.4			60.2	10.3						
12	00	61.2	62.2	25.6			60.3							
	12			21.1			60.4	10.4	19.3					
13	00	61.3	62.3	51.3			60.5	10.5						
	12			42.4	R	R	60.6		19.4					
14	00	61.4	62.4	3.6			41.1	10.6						
	12			24.1			41.2	58.1	19.5					
15	00	61.5	62.5	2.3			41.3							
	12			23.5				58.2						
16	00	61.6	62.6	8.6			41.4	58.3	19.6				11.2	
	12			16.2			41.5							
17	00	60.1	56.1	35.3			41.6	58.4	13.1					
	12			45.5			19.1	58.5						
18	00	60.2	56.2	12.6			19.2		13.2					
	12	60.3	56.3	52.2			19.3	58.6				14.6		
19	00			39.3			19.4	38.1			R			
	12	60.4	56.4	53.5			19.5		13.3					
20	00			62.6			19.6	38.2						
	12	60.5	56.5	31.1				38.3	13.4					
21	00			33.2			13.1							
	12	60.6	56.6	7.3	D	D	13.2	38.4						
22	00			4.4			13.3	38.5	13.5					
	12	41.1	31.1	29.5			13.4							
23	00			59.6			13.5	38.6	13.6					
	12	41.2	31.2	64.1			13.6	54.1						
24	00	41.3	31.3	47.1			49.1		49.1					
	12			6.2				54.2						
25	00	41.4	31.4	46.3			49.2	54.3		R				
	12			18.3			49.3		49.2					
26	00	41.5	31.5	48.3			49.4	54.4						
	12			57.4			49.5	54.5	49.3					
27	00	41.6	31.6	32.4			49.6							R
	12			50.4				54.6	49.4					
28	00	19.1	33.1	28.5			30.1	61.1						
	12			44.5	R	R	30.2							
29	00	19.2	33.2	1.5			30.3	61.2	49.5					
	12	19.3	33.3	43.6				61.3						
30	00			14.6			30.4		49.6					
	12	19.4	33.4	9.1			30.5	61.4						
31	00			5.1	D	D		61.5	30.1					
	12	19.5	33.5	26.2			30.6							

February 1981

Date	Time	☉	⊕	☾	☊	☋	☿	♀	♂	♃	♄	♅	♆	♇
1	00	19.5	33.5	11.2	33.4	19.4	55.1	61.6	30.1	48.1	48.1	14.6	11.2	32.4
	12	19.6	33.6	10.3	D	D	D	60.1	30.2	R	R	D	D	R
2	00			58.4			55.2							
	12	13.1	7.1	38.5				60.2	30.3					
3	00			54.6			55.3	60.3						
	12	13.2	7.2	60.1										
4	00			41.2			55.4	60.4	30.4					
	12	13.3	7.3	19.3				60.5						
5	00	13.4	7.4	13.5	R	R			30.5					
	12			49.6			55.5	60.6						
6	00	13.5	7.5	55.1				41.1	30.6		18.6			
	12			37.3										
7	00	13.6	7.6	63.4				41.2						
	12			22.6			55.6	41.3	55.1					
8	00	49.1	4.1	25.2										
	12			17.3				41.4	55.2					
9	00	49.2	4.2	21.5			R	41.5						
	12			42.1					55.3					
10	00	49.3	4.3	3.2			55.5	41.6						
	12			27.4				19.1						
11	00	49.4	4.4	24.6					55.4					
	12	49.5	4.5	23.1				19.2						
12	00			8.3	D	D	55.4	19.3	55.5					
	12	49.6	4.6	20.4										
13	00			16.6				19.4						
	12	30.1	29.1	45.1			55.3	19.5	55.6					
14	00			12.2										
	12	30.2	29.2	15.4			55.2	19.6	37.1					
15	00			52.5				13.1						
	12	30.3	29.3	39.6			55.1		37.2					
16	00			62.1				13.2						
	12	30.4	29.4	56.3			30.6	13.3						
17	00			31.4					37.3					
	12	30.5	29.5	33.5	R	R	30.5	13.4						
18	00	30.6	29.6	7.5			30.4	13.5	37.4	18.6				
	12			4.6										
19	00	55.1	59.1	59.1			30.3	13.6	37.5					
	12			40.2				49.1					11.3	
20	00	55.2	59.2	64.3			30.2							
	12			47.3			30.1	49.2	37.6					
21	00	55.3	59.3	6.4				49.3						
	12			46.4			49.6		63.1					
22	00	55.4	59.4	18.5				49.4						
	12			48.5			49.5	49.5						
23	00	55.5	59.5	57.6					63.2					
	12			32.6			49.4	49.6						
24	00	55.6	59.6	28.1				30.1	63.3					
	12	37.1	40.1	44.1										
25	00			1.1			49.3	30.2	63.4					
	12	37.2	40.2	13.2				30.3						
26	00			14.2							18.5			
	12	37.3	40.3	34.2			49.2	30.4	63.5					
27	00			9.3				30.5						
	12	37.4	40.4	5.3	D	D			63.6					
28	00			26.4				30.6						
	12	37.5	40.5	11.4				55.1	22.1	18.5				

March 1981

Date	Time	☉	⊕	☾	☊	☋	☿	♀	♂	♃	♄	⛢	♆	♇
1	00	37.5	40.5	10.5	33.4	19.4	49.2	55.1	22.1	18.5	18.5	14.6	11.3	32.4
	12	37.6	40.6	58.5	D	D	R	55.2	D	R	R	D	D	R
2	00			38.6				55.3	22.2					
	12	63.1	64.1	61.1		D								
3	00	63.2	64.2	60.2				55.4	22.3					
	12			41.3				55.5						
4	00	63.3	64.3	19.4	R	R								
	12			13.6				55.6	22.4					
5	00	63.4	64.4	30.1				37.1						
	12			55.3					22.5		R			
6	00	63.5	64.5	37.4				37.2						
	12			63.6				37.3	22.6					
7	00	63.6	64.6	36.2			49.3	37.4						
	12			25.4				37.4						
8	00	22.1	47.1	17.6	33.3	19.3		37.5	36.1					
	12			51.2			49.4							
9	00	22.2	47.2	42.4				37.6	36.2					
	12			3.5				63.1		18.4				
10	00	22.3	47.3	24.1			49.5							
	12	22.4	47.4	2.3				63.2	36.3					
11	00			23.5				63.3						
	12	22.5	47.5	20.1			49.6		36.4					
12	00			16.2				63.4		18.4				
	12	22.6	47.6	35.4			30.1	63.5	36.5					
13	00			45.5										
	12	36.1	6.1	12.6	D	D		63.6						
14	00			52.2			30.2	22.1	36.6					
	12	36.2	6.2	39.3										
15	00			53.4			30.3	22.2	25.1					
	12	36.3	6.3	62.5				22.3						
16	00			56.6			30.4							
	12	36.4	6.4	33.1				22.4	25.2					
17	00			7.2	R	R	30.5	22.5		18.3				
	12	36.5	6.5	4.3			30.6		25.3					
18	00			29.3				22.6						
	12	36.6	6.6	59.4			55.1	36.1	25.4					
19	00	25.1	46.1	40.5										
	12			64.5			55.2	36.2						
20	00	25.2	46.2	47.1			55.3	36.3	25.5					
	12			6.6										
21	00	25.3	46.3	18.1			55.4	36.4	25.6					
	12			48.1				36.5						
22	00	25.4	46.4	57.2			55.5							
	12			32.2			55.6	36.6	17.1					32.3
23	00	25.5	46.5	50.3	33.2	19.2	25.1							
	12			28.3			37.1		17.2					
24	00	25.6	46.6	44.3			37.2	25.2		18.3				
	12			1.4				25.3		18.2				
25	00	17.1	18.1	43.4			37.3		17.3					
	12			14.4			37.4	25.4						
26	00	17.2	18.2	34.5			37.5	25.5	17.4					
	12			9.5										
27	00	17.3	18.3	5.5			37.6	25.6	17.5					
	12	17.4	18.4	26.6			63.1	17.1				R		
28	00			11.6			63.2							
	12	17.5	18.5	58.1				17.2	17.6					
29	00			38.1	D	D	63.3	17.3						
	12	17.6	18.6	54.2			63.4		21.1					
30	00			61.3			63.5	17.4						
	12	21.1	48.1	60.4				17.5						
31	00			41.5			63.6		21.2					
	12	21.2	48.2	19.6	R	R	22.1	17.6		18.1				

April 1981

Date	Time	☉	⊕	☾	☊	☋	☿	♀	♂	♃	♄	⛢	♆	♇
1	00	21.2	48.2	49.1	33.2	19.2	22.2	21.1	21.3	18.1	18.3	14.6	11.3	32.3
	12	21.3	48.3	30.2	R	R	22.3	D	D	R	R	R	R	R
2	00			55.4				21.2						
	12	21.4	48.4	37.5			22.4	21.3	21.4					
3	00			22.1				22.5						
	12	21.5	48.5	36.3			22.6	21.4	21.5					
4	00			25.5				36.1	21.5					
	12	21.6	48.6	21.1				36.2		21.6				
5	00			51.3	33.1	19.1		21.6						
	12	51.1	57.1	42.5				36.3	51.1		18.2			
6	00	51.2	57.2	27.1				36.4	51.1					
	12			24.3				36.5	51.2					
7	00	51.3	57.3	2.5				36.6	51.2					
	12			8.1				25.1	51.3					
8	00	51.4	57.4	20.3				25.2	51.4		46.6			
	12			16.5				25.3	51.3					
9	00	51.5	57.5	45.1				51.5						
	12			12.2				25.4	51.6	51.4				
10	00	51.6	57.6	15.4				25.5						
	12			52.5				25.6	42.1					
11	00	42.1	32.1	53.1				17.1	42.2	51.5				
	12			62.2	D	D	17.2							
12	00	42.2	32.2	56.3			17.3	42.3	51.6					
	12			31.4			17.4	42.4						
13	00	42.3	32.3	33.5	R	R	17.5							
	12			7.6			17.6	42.5	42.1					
14	00	42.4	32.4	4.6			21.1	42.6						
	12			59.1			21.2		42.2					
15	00	42.5	32.5	40.2			21.3	3.1						
	12			64.2			21.4	3.2						
16	00	42.6	32.6	47.3			21.5		42.3	46.5				
	12	3.1	50.1	6.3			21.6	3.3						
17	00			46.4	31.6	41.6	51.1	3.4	42.4					
	12	3.2	50.2	18.4			51.2							
18	00			48.4			51.3	3.5			18.1			
	12	3.3	50.3	57.5			51.4	3.6	42.5					
19	00			32.5			51.5							
	12	3.4	50.4	50.6			51.6	27.1	42.6					
20	00			28.6			42.1	27.2						
	12	3.5	50.5	44.6			42.2	3.1						
21	00			43.1			42.3	27.3						
	12	3.6	50.6	14.1	31.5	41.5	42.4	27.4						
22	00			34.1			42.5	3.2		14.5				
	12	27.1	28.1	9.2			3.1	27.5						
23	00			5.2			3.2	27.6	3.3					
	12	27.2	28.2	26.2			3.3							
24	00			11.3			3.4	24.1						
	12	27.3	28.3	10.3			3.5	24.2	3.4					
25	00			58.4			3.6							
	12	27.4	28.4	38.4			27.1	24.3	3.5	46.4				32.2
26	00			54.5			27.2	24.4						
	12	27.5	28.5	61.5			27.3							
27	00			60.6			27.5	24.5	3.6					
	12	27.6	28.6	19.1			27.6	24.6						
28	00			13.2			24.1	27.1						
	12	24.1	44.1	49.3			24.2	2.1						
29	00	24.2	44.2	30.4			24.3	2.2						
	12			55.5			24.4		27.2					
30	00	24.3	44.3	63.1			24.5	2.3						
	12			22.2			2.1		27.3					

May 1981

Date	Time	☉	⊕	☾	☊	☋	☿	♀	♂	♃	♄	♅	♆	♇
1	00	24.4	44.4	36.4	31.5	41.5	2.2	2.4	27.3	46.4	18.1	14.5	11.3	32.2
	12			25.6	R	R	2.3	2.5	D	R	R	R	R	R
2	00	24.5	44.5	21.2			2.4		27.4					
	12			51.4	31.4	41.4	2.5	2.6						
3	00	24.6	44.6	42.6			2.6	23.1	27.5					
	12			27.2			23.1				46.6		11.2	
4	00	2.1	1.1	24.4			23.3	23.2						
	12			2.6			23.4	23.3	27.6					
5	00	2.2	1.2	8.2			23.5							
	12			20.4			23.6	23.4						
6	00	2.3	1.3	16.6			8.1	23.5	24.1					
	12			45.2			8.2							
7	00	2.4	1.4	12.4			8.3	23.6	24.2					
	12			15.6			8.4	8.1		46.3				
8	00	2.5	1.5	39.2			8.5							
	12			53.3			20.1	8.2	24.3					
9	00	2.6	1.6	62.5			20.2	8.3						
	12			56.6			20.3		24.4					
10	00	23.1	43.1	33.1	D	D	20.4	8.4						
	12			7.2			20.5	8.5						
11	00	23.2	43.2	4.3	R	R	20.6		24.5					
	12			29.4			16.1	8.6						
12	00	23.3	43.3	59.4			16.2	20.1	24.6					
	12			40.5			16.3							
13	00	23.4	43.4	64.6			16.4	20.2						
	12	23.5	43.5	47.6			16.5	20.3	2.1					
14	00			46.1	31.3	41.3	16.6							
	12	23.6	43.6	18.1			35.1	20.4	2.2					
15	00			48.1				20.5						
	12	8.1	14.1	57.2			35.2							
16	00			32.2			35.3	20.6	2.3			14.4		
	12	8.2	14.2	50.2			35.4	16.1						
17	00			28.3			35.5		2.4					
	12	8.3	14.3	44.3			35.6	16.2						
18	00			1.3			45.1							
	12	8.4	14.4	43.4				16.3	2.5					
19	00			14.4			45.2	16.4						
	12	8.5	14.5	34.4	31.2	41.2	45.3							
20	00			9.5			45.4	16.5	2.6					
	12	8.6	14.6	5.5				16.6						
21	00			26.6			45.5		23.1					
	12	20.1	34.1	11.6			45.6	35.1						
22	00			10.6			12.1	35.2						
	12	20.2	34.2	38.1					23.2					
23	00			54.2			12.2	35.3						
	12	20.3	34.3	61.2			12.3	35.4	23.3					
24	00			60.3										
	12	20.4	34.4	41.3	D	D	12.4	35.5						
25	00			19.4				35.6	23.4					
	12	20.5	34.5	13.5			12.5							
26	00			49.6			12.6	45.1	23.5					
	12	20.6	34.6	55.1				45.2						
27	00			37.2	R	R	15.1							
	12	16.1	9.1	63.3				45.3	23.6					
28	00			22.5			15.2	45.4		D				
	12	16.2	9.2	36.6										
29	00			17.2			15.3	45.5	8.1					
	12	16.3	9.3	21.3				45.6						
30	00			51.5					8.2					
	12	16.4	9.4	3.1			15.4	12.1						
31	00			27.3										
	12	16.5	9.5	24.5			15.5	12.2	8.3					

June 1981

Date	Time	☉	⊕	☾	☊	☋	☿	♀	♂	♃	♄	♅	♆	♇
1	00	16.5	9.5	23.1	31.2	41.2	15.5	12.3	8.3	46.3	46.6	14.4	11.2	32.2
	12	16.6	9.6	8.3	R	R	D	D	8.4	D	R	R	R	R
2	00			20.5	31.1	41.1	15.6	12.4						
	12	35.1	5.1	35.1				12.5						
3	00	35.2	5.2	45.3					8.5					
	12			12.5				12.6						
4	00	35.3	5.3	52.1			52.1	15.1						
	12			39.3					8.6					
5	00	35.4	5.4	53.5				15.2						
	12			62.6				15.3	20.1		D			
6	00	35.5	5.5	31.2	D	D								
	12			33.3			52.2	15.4						
7	00	35.6	5.6	7.4				15.5	20.2					
	12			4.5										
8	00	45.1	26.1	29.6				15.6				14.3		
	12			40.1				52.1	20.3					32.1
9	00	45.2	26.2	64.2										
	12			47.2	R	R	R	52.2	20.4					
10	00	45.3	26.3	6.3				52.3						
	12			46.3										
11	00	45.4	26.4	18.4				52.4	20.5					
	12			48.4										
12	00	45.5	26.5	57.5				52.5	20.6				11.1	
	12			32.5				52.6						
13	00	45.6	26.6	50.5			52.1							
	12			28.6				39.1	16.1					
14	00	12.1	11.1	44.6				39.2						
	12			1.6										
15	00	12.2	11.2	14.1				39.3	16.2					
	12			34.1				39.4						
16	00	12.3	11.3	9.2			15.6		16.3					
	12			5.2				39.5						
17	00	12.4	11.4	26.2				39.6						
	12			11.3					16.4	46.4				
18	00	12.5	11.5	10.3	56.6	60.6	15.5	53.1						
	12			58.4				53.2						
19	00	12.6	11.6	38.4					16.5					
	12			54.5			15.4	53.3						
20	00	15.1	10.1	61.6				53.4	16.6					
	12			60.6										
21	00	15.2	10.2	19.1	D	D		53.5						
	12			13.2			15.3	53.6	35.1					
22	00	15.3	10.3	49.3										
	12			30.4				62.1						
23	00	15.4	10.4	55.5			15.2		35.2					
	12			37.6				62.2						
24	00	15.5	10.5	22.1				62.3	35.3					
	12			36.2			15.1							
25	00	15.6	10.6	25.3				62.4						
	12			17.5	R	R		62.5	35.4					
26	00	52.1	58.1	21.6										
	12			42.2			12.6	62.6						
27	00	52.2	58.2	3.4				56.1	35.5					
	12			27.5										
28	00	52.3	58.3	2.1				56.2						
	12			23.3			12.5	56.3	35.6					
29	00	52.4	58.4	8.5										
	12	52.5	58.5	16.1				56.4	45.1					
30	00			35.3				56.5		46.5				
	12	52.6	58.6	45.5										

July 1981

Date	Time	☉	⊕	☾	☊	☋	☿	♀	♂	♃	♄	♅	♆	♇
1	00	52.6	58.6	12.6	56.6	60.6	12.5	56.6	45.2	46.5	46.6	14.3	11.1	32.1
	12	39.1	38.1	52.2	R	R	R	31.1	D	D	D	R	R	R
2	00			39.4										D
	12	39.2	38.2	53.6				31.2	45.3					
3	00			56.1			12.4							
	12	39.3	38.3	31.3	D	D		31.3	45.4					
4	00			33.4			D	31.4						
	12	39.4	38.4	7.6										
5	00			29.1			12.5	31.5	45.5					
	12	39.5	38.5	59.2				31.6						
6	00			40.3										
	12	39.6	38.6	64.4				33.1	45.6					
7	00			47.5				33.2						
	12	53.1	54.1	6.5								14.2		
8	00			46.6				33.3	12.1		18.1			
	12	53.2	54.2	18.6			12.6	33.4						
9	00			57.1					12.2	46.6				
	12	53.3	54.3	32.1	R	R		33.5						
10	00			50.2				33.6						
	12	53.4	54.4	28.2			15.1		12.3					
11	00			44.2				7.1						
	12	53.5	54.5	1.3										
12	00			43.3			15.2	7.2	12.4					
	12	53.6	54.6	14.3				7.3						
13	00			34.4										
	12	62.1	61.1	9.4			15.3	7.4	12.5					
14	00			5.5				7.5						
	12	62.2	61.2	26.5			15.4		12.6					
15	00			11.5				7.6						
	12	62.3	61.3	10.6			15.5	4.1						
16	00			38.1					15.1					
	12	62.4	61.4	54.1			15.6	4.2		18.1				
17	00			61.2			52.1	4.3						
	12	62.5	61.5	60.3					15.2					
18	00			41.3	D	D	52.2	4.4						
	12	62.6	61.6	19.4				4.5						
19	00			13.5			52.3		15.3				26.6	
	12	56.1	60.1	49.6			52.4	4.6						
20	00			55.1			52.5		15.4					
	12	56.2	60.2	37.2				29.1						
21	00			63.4			52.6	29.2						
	12	56.3	60.3	22.5			39.1		15.5					
22	00			36.6			39.2	29.3						
	12	56.4	60.4	17.1				29.4						
23	00			21.3			39.3		15.6		18.2			
	12	56.5	60.5	51.4			39.4	29.5		18.2				
24	00			42.6			39.5	29.6						
	12	56.6	60.6	27.1			39.6		52.1					
25	00			24.3			53.1	59.1						
	12	31.1	41.1	2.5			53.2	59.2						32.2
26	00			23.6			53.3		52.2					
	12	31.2	41.2	20.2				59.3						
27	00			16.4			53.4		52.3					
	12	31.3	41.3	35.5			53.5	59.4						
28	00	31.4	41.4	12.1			53.6	59.5						
	12			15.3			62.1		52.4					
29	00	31.5	41.5	52.4			62.2	59.6						
	12			39.6			62.3	40.1						
30	00	31.6	41.6	62.1			62.4		52.5	18.3				
	12			56.3			62.6	40.2						
31	00	33.1	19.1	31.4	R	R	56.1	40.3						
	12			33.6			56.2		52.6					

August 1981

Date	Time	☉	⊕	☾	☊	☋	☿	♀	♂	♃	♄	♅	♆	♇
1	00	33.2	19.2	4.1	56.6	60.6	56.3	40.4	52.6	18.3	18.2	14.2	26.6	32.2
	12			29.2	R	R	56.4	40.5	D	D	D	R	R	D
2	00	33.3	19.3	59.3			56.5		39.1					
	12			40.4			56.6	40.6						
3	00	33.4	19.4	64.5			31.1		39.2					
	12			47.6			31.2	64.1			18.3			
4	00	33.5	19.5	46.1			31.3	64.2						
	12			18.2			31.4		39.3			D		
5	00	33.6	19.6	48.2			31.5	64.3		18.4				
	12			57.3			33.1	64.4						
6	00	7.1	13.1	32.3			33.2		39.4					
	12			50.4			33.3	64.5						
7	00	7.2	13.2	28.4			33.4	64.6						
	12			44.5			33.5		39.5					
8	00	7.3	13.3	1.5	D	D	33.6	47.1						
	12			43.5			7.1	47.2						
9	00	7.4	13.4	14.6			7.2		39.6					
	12			34.6			7.3	47.3						
10	00	7.5	13.5	9.6			7.5							
	12			26.1			7.6	47.4	53.1	18.5				
11	00	7.6	13.6	11.1			4.1	47.5						
	12			10.2			4.2		53.2					
12	00	4.1	49.1	58.2			4.3	47.6						
	12			38.3			4.4	6.1						
13	00	4.2	49.2	54.3			4.5		53.3					
	12			61.4			4.6	6.2			18.4			
14	00	4.3	49.3	60.5			29.1	6.3						
	12			41.6	R	R	29.2		53.4					
15	00	4.4	49.4	13.1			29.3	6.4						
	12			49.2			29.4							
16	00	4.5	49.5	30.3			29.5	6.5	53.5	18.6				
	12			55.4			29.6	6.6						
17	00	4.6	49.6	37.6			59.1							
	12			22.1			59.2	46.1	53.6					
18	00	29.1	30.1	36.2			59.3	46.2						
	12	29.2	30.2	25.4			59.4							
19	00			17.5			59.5	46.3	62.1					
	12	29.3	30.3	51.1			59.6	46.4						
20	00			42.2			40.1							
	12	29.4	30.4	3.4			40.2	46.5	62.2					
21	00			27.6			40.3			48.1				
	12	29.5	30.5	2.1			40.4	46.6						
22	00			23.3			40.5	18.1	62.3					
	12	29.6	30.6	8.4			40.6							
23	00			20.6	D	D	64.1	18.2			18.5			
	12	59.1	55.1	35.1			64.2	18.3	62.4					
24	00			45.3			64.3							
	12	59.2	55.2	12.4			64.4	18.4	62.5					
25	00			15.6			64.5	18.5						
	12	59.3	55.3	39.1			64.6							
26	00			53.3			47.1	18.6	62.6	48.2				
	12	59.4	55.4	62.4			47.2							
27	00			56.5				48.1						
	12	59.5	55.5	33.1	R	R	47.3	48.2	56.1					
28	00			7.2			47.4							
	12	59.6	55.6	4.3			47.5	48.3						
29	00			29.4			47.6	48.4	56.2					
	12	40.1	37.1	59.5			6.1							
30	00			40.6			6.2	48.5						
	12	40.2	37.2	47.1			6.3		56.3					
31	00			6.2				48.6		48.3				
	12	40.3	37.3	46.3			6.4	57.1			18.6			

September 1981

Date	Time	☉	⊕	☾	☊	☋	☿	♀	♂	♃	♄	♅	♆	♇
1	00	40.3	37.3	18.4	56.6	60.6	6.5	57.1	56.4	48.3	18.6	14.3	26.6	32.2
	12	40.4	37.4	48.4	R	R	6.6	57.2	D	D	D	D	R	D
2	00			57.5	56.5	60.5	46.1	57.3						
	12	40.5	37.5	32.5			46.2		56.5					
3	00			50.6				57.4						
	12	40.6	37.6	28.6			46.3	57.5					D	
4	00			1.1			46.4		56.6					32.3
	12	64.1	63.1	43.1			46.5	57.6		48.4				
5	00	64.2	63.2	14.1			46.6							
	12			34.2				32.1	31.1					
6	00	64.3	63.3	9.2			18.1	32.2						
	12			5.2			18.2							
7	00	64.4	63.4	26.3	D	D	18.3	32.3	31.2					
	12			11.3			18.4	32.4						
8	00	64.5	63.5	10.4										
	12			58.4			18.5	32.5	31.3					
9	00	64.6	63.6	38.5			18.6			48.5	48.1			
	12			54.5			48.1	32.6						
10	00	47.1	22.1	61.6				50.1	31.4					
	12			41.1	R	R	48.2							
11	00	47.2	22.2	19.2			48.3	50.2						
	12			13.3			48.4	50.3	31.5					
12	00	47.3	22.3	49.4										
	12			30.5			48.5	50.4						
13	00	47.4	22.4	55.6			48.6		31.6					
	12			63.2				50.5		48.6				
14	00	47.5	22.5	22.3			57.1	50.6						
	12			36.5			57.2		33.1					
15	00	47.6	22.6	25.6				28.1						
	12			21.2			57.3	28.2						
16	00	6.1	36.1	51.4			57.4		33.2					
	12			42.5				28.3			48.2			
17	00	6.2	36.2	27.1			57.5							
	12			24.3			57.6	28.4	33.3					
18	00	6.3	36.3	2.5	56.4	60.4		28.5		57.1				
	12	6.4	36.4	8.1			32.1							
19	00			20.2			32.2	28.6	33.4					
	12	6.5	36.5	16.4				44.1						
20	00			35.6			32.3							
	12	6.6	36.6	12.1				44.2	33.5					
21	00			15.3	D	D	32.4							
	12	46.1	25.1	52.4				44.3						
22	00			39.5			32.5	44.4	33.6					
	12	46.2	25.2	62.1			32.6			57.2				
23	00			56.2				44.5						
	12	46.3	25.3	31.3	R	R	50.1		7.1					
24	00			33.4				44.6						
	12	46.4	25.4	7.5			50.2	1.1			48.3			
25	00			4.6					7.2					
	12	46.5	25.5	59.1			50.3	1.2						
26	00			40.2				1.3						
	12	46.6	25.6	64.3			50.4		7.3					
27	00			47.4				1.4		57.3				
	12	18.1	17.1	6.5										
28	00			46.5			50.5	1.5	7.4					
	12	18.2	17.2	18.6				1.6						
29	00	18.3	17.3	57.1			50.6					14.4		
	12			32.1				43.1	7.5					
30	00	18.4	17.4	50.2	56.3	60.3								32.4
	12			28.2			28.1	43.2						

October 1981

Date	Time	☉	⊕	☾	☊	☋	☿	♀	♂	♃	♄	♅	♆	♇
1	00	18.5	17.5	44.3	56.3	60.3	28.1	43.3	7.6	57.3	48.3	14.4	26.6	32.4
	12			1.3	R	R	D	D	D	57.4	D	D	D	D
2	00	18.6	17.6	43.3				43.4			48.4			
	12			14.4			28.2		4.1					
3	00	48.1	21.1	34.4				43.5						
	12			9.4				43.6						
4	00	48.2	21.2	5.5					4.2					
	12			26.5				14.1						
5	00	48.3	21.3	11.5				14.2						
	12			10.6										
6	00	48.4	21.4	58.6				14.3	4.3	57.5				
	12			38.6	D	D	R							
7	00	48.5	21.5	61.1				14.4						
	12			60.2				14.5	4.4					
8	00	48.6	21.6	41.2	R	R								
	12			19.3				14.6						
9	00	57.1	51.1	13.4					4.5					
	12	57.2	51.2	49.5				34.1						
10	00			30.6				34.2		57.6	48.5			
	12	57.3	51.3	37.1			28.1		4.6					
11	00			63.3				34.3						
	12	57.4	51.4	22.4										
12	00			36.6	56.2	60.2	50.6	34.4	29.1					
	12	57.5	51.5	17.2				34.5						
13	00			21.3			50.5							
	12	57.6	51.6	51.5				34.6	29.2					
14	00			3.1			50.4							
	12	32.1	42.1	27.3				9.1		32.1				
15	00			24.5			50.3	9.2	29.3					
	12	32.2	42.2	23.1										
16	00			8.3			50.2	9.3						
	12	32.3	42.3	20.5										
17	00			35.1			50.1	9.4	29.4					
	12	32.4	42.4	45.3			32.6	9.5			48.6			
18	00	32.5	42.5	12.5	56.1	60.1						14.5		
	12			15.6			32.5	9.6	29.5				11.1	
19	00	32.6	42.6	39.2			32.4			32.2				
	12			53.3				5.1						
20	00	50.1	3.1	62.5			32.3		29.6					
	12			56.6			32.2	5.2						
21	00	50.2	3.2	33.1				5.3						
	12			7.2			32.1		59.1					
22	00	50.3	3.3	4.3				5.4						
	12			29.4			57.6							
23	00	50.4	3.4	59.5				5.5	59.2	32.3				
	12			40.6			57.5	5.6						32.5
24	00	50.5	3.5	64.6										
	12			6.1				26.1						
25	00	50.6	3.6	46.2			57.4		59.3		57.1			
	12			18.2				26.2						
26	00	28.1	27.1	48.3										
	12	28.2	27.2	57.4				26.3	59.4					
27	00			32.4				26.4						
	12	28.3	27.3	50.5	62.6	61.6	D			32.4				
28	00			28.5				26.5	59.5					
	12	28.4	27.4	44.5										
29	00			1.6				26.6						
	12	28.5	27.5	43.6					59.6					
30	00			14.6				11.1						
	12	28.6	27.6	9.1			57.5	11.2						
31	00			5.1										
	12	44.1	24.1	26.1				11.3	40.1					

November 1981

Date	Time	☉	⊕	☾	☊	☋	☿	♀	♂	♃	♄	♅	♆	♇
1	00	44.1	24.1	11.2	62.6	61.6	57.6	11.3	40.1	32.5	57.1	14.5	11.1	32.5
	12	44.2	24.2	10.2	R	R	D	11.4	D	D	D	D	D	D
2	00			58.2			32.1		40.2		57.2			
	12	44.3	24.3	38.3				11.5						
3	00	44.4	24.4	54.3	62.5	61.5	32.2	11.6						
	12			61.3					40.3			14.6		
4	00	44.5	24.5	60.4	D	D	32.3	10.1						
	12			41.4										
5	00	44.6	24.6	19.5			32.4	10.2	40.4	32.6				
	12			13.6	R	R	32.5							
6	00	1.1	2.1	30.1				10.3						
	12			55.2			32.6							
7	00	1.2	2.2	37.3			50.1	10.4	40.5					
	12			63.4				10.5						
8	00	1.3	2.3	22.5			50.2							
	12			25.1			50.3	10.6	40.6					
9	00	1.4	2.4	17.2			50.4							
	12	1.5	2.5	21.4				58.1		50.1				
10	00			51.6			50.5							
	12	1.6	2.6	3.2			50.6	58.2	64.1		57.3			
11	00			27.4			28.1							
	12	43.1	23.1	24.6				58.3						
12	00			23.2			28.2		64.2					
	12	43.2	23.2	8.4			28.3	58.4						
13	00			20.6			28.4							
	12	43.3	23.3	35.3	62.4	61.4	28.5	58.5	64.3					
14	00			45.5				58.6		50.2				
	12	43.4	23.4	15.1			28.6							
15	00			52.3			44.1	38.1						
	12	43.5	23.5	39.4			44.2		64.4					
16	00			53.6			44.3	38.2						
	12	43.6	23.6	56.2	D	D	44.4							
17	00	14.1	8.1	31.3				38.3	64.5					32.6
	12			33.4			44.5							
18	00	14.2	8.2	7.5			44.6	38.4						
	12			29.1			1.1			50.3				
19	00	14.3	8.3	59.2	R	R	1.2	38.5	64.6		57.4	34.1		
	12			40.3			1.3						11.2	
20	00	14.4	8.4	64.3				38.6						
	12			47.4			1.4		47.1					
21	00	14.5	8.5	6.5			1.5	54.1						
	12			46.5			1.6							
22	00	14.6	8.6	18.6			43.1	54.2						
	12			48.6			43.2		47.2					
23	00	34.1	20.1	32.1				54.3						
	12	34.2	20.2	50.1			43.3			50.4				
24	00			28.2			43.4	54.4	47.3					
	12	34.3	20.3	44.2			43.5							
25	00			1.3			43.6	54.5						
	12	34.4	20.4	43.3			14.1							
26	00			14.3	62.3	61.3	14.2		47.4					
	12	34.5	20.5	34.4				54.6						
27	00			9.4			14.3							
	12	34.6	20.6	5.4			14.4	61.1	47.5					
28	00			26.4			14.5			50.5				
	12	9.1	16.1	11.5			14.6	61.2			57.5			
29	00			10.5			34.1							
	12	9.2	16.2	58.5				61.3	47.6					
30	00	9.3	16.3	38.6			34.2							
	12			54.6			34.3	61.4						

December 1981

Date	Time	☉	⊕	☾	☊	☋	☿	♀	♂	♃	♄	♅	♆	♇
1	00	9.4	16.4	60.1	D	D	34.4	61.4	47.6	50.5	57.5	34.1	11.2	32.6
	12			41.1			34.5	D	6.1	D	D	D	D	D
2	00	9.5	16.5	19.1			34.6	61.5						
	12			13.2										
3	00	9.6	16.6	49.3			9.1	61.6	6.2	50.6				
	12			30.3			9.2							
4	00	5.1	35.1	55.4			9.3	60.1				34.2		
	12			37.5			9.4							
5	00	5.2	35.2	63.6	R	R	9.5		6.3					
	12	5.3	35.3	36.1				60.2						
6	00			25.2			9.6							
	12	5.4	35.4	17.4			5.1	60.3						
7	00			21.5			5.2		6.4					
	12	5.5	35.5	42.1			5.3							
8	00			3.3			5.4	60.4		28.1				
	12	5.6	35.6	27.5			5.5		6.5		57.6			
9	00			2.1										
	12	26.1	45.1	23.3			5.6	60.5						
10	00			8.5			26.1							
	12	26.2	45.2	16.1			26.2	60.6	6.6					
11	00			35.3			26.3							
	12	26.3	45.3	45.5			26.4							
12	00	26.4	45.4	15.1				41.1						
	12			52.3			26.5		46.1					
13	00	26.5	45.5	39.5			26.6			28.2				
	12			62.1			11.1	41.2						
14	00	26.6	45.6	56.3	D	D	11.2							
	12			31.5			11.3		46.2					
15	00	11.1	12.1	33.6									11.3	
	12			4.2			11.4	41.3						
16	00	11.2	12.2	29.3			11.5							
	12			59.4			11.6		46.3					
17	00	11.3	12.3	40.5			10.1	41.4						50.1
	12	11.4	12.4	64.6			10.2							
18	00			6.1										
	12	11.5	12.5	46.2	R	R	10.3		46.4	28.3				
19	00			18.3			10.4	41.5						
	12	11.6	12.6	48.3			10.5					34.3		
20	00			57.4			10.6							
	12	10.1	15.1	32.4			58.1		46.5					
21	00			50.5			58.2				32.1			
	12	10.2	15.2	28.5				41.6						
22	00			44.5			58.3							
	12	10.3	15.3	1.6	62.2	61.2	58.4		46.6					
23	00	10.4	15.4	43.6			58.5							
	12			14.6			58.6							
24	00	10.5	15.5	9.1			38.1	19.1		28.4				
	12			5.1			38.2							
25	00	10.6	15.6	26.1					18.1					
	12			11.2			38.3							
26	00	58.1	52.1	10.2			38.4							
	12			58.2			38.5							
27	00	58.2	52.2	38.3			38.6		18.2					
	12			54.3			54.1							
28	00	58.3	52.3	61.3	D	D	54.2	19.2						
	12			60.4										
29	00	58.4	52.4	41.4			54.3		18.3					
	12	58.5	52.5	19.5			54.4							
30	00			13.6			54.5			28.5				
	12	58.6	52.6	49.6			54.6							
31	00			55.1			61.1							
	12	38.1	39.1	37.2			61.2		18.4					

January 1982

Date	Time	☉	⊕	☾	☊	☋	☿	♀	♂	♃	♄	♅	♆	♇
1	00	38.1	39.1	63.3	62.2	61.2	D	R	18.4	28.5	32.1	34.3	11.3	50.1
	12	38.2	39.2	22.3	D	D	61.3		D	D	D	D	D	D
2	00			36.5			61.4							
	12	38.3	39.3	25.6			61.5		18.5					
3	00			21.1			61.6							
	12	38.4	39.4	51.2	R	R	60.1							
4	00	38.5	39.5	42.3			60.2							
	12			3.5										
5	00	38.6	39.6	24.1			60.3	19.1	18.6					
	12			2.2			60.4			28.6				
6	00	54.1	53.1	23.4			60.5					34.4		
	12			8.6			60.6				32.2			
7	00	54.2	53.2	16.2			41.1							
	12			35.4					48.1					
8	00	54.3	53.3	45.6			41.2							
	12			15.2			41.3							
9	00	54.4	53.4	52.4			41.4	41.6					11.4	
	12	54.5	53.5	39.6			41.5							
10	00			62.2					48.2					
	12	54.6	53.6	56.3	D	D	41.6							
11	00			31.5			19.1							
	12	61.1	62.1	7.1			19.2	41.5						
12	00			4.3										
	12	61.2	62.2	29.4			19.3		48.3					
13	00			59.6	R	R	19.4			44.1				
	12	61.3	62.3	64.1				41.4						
14	00			47.2			19.5							
	12	61.4	62.4	6.3			19.6							
15	00	61.5	62.5	46.4										
	12			18.5			13.1	41.3	48.4					
16	00	61.6	62.6	48.5			13.2							
	12			57.6										
17	00	60.1	56.1	50.1	D	D	13.3	41.2						
	12			28.1										
18	00	60.2	56.2	44.2			13.4		48.5					
	12			1.2				41.1						
19	00	60.3	56.3	43.2			13.5							
	12			14.3										
20	00	60.4	56.4	34.3				60.6						
	12			9.3			13.6							
21	00	60.5	56.5	5.4					48.6					
	12	60.6	56.6	26.4				60.5		44.2				
22	00			11.4										
	12	41.1	31.1	10.5										
23	00			58.5				60.4						
	12	41.2	31.2	38.5			R							
24	00			54.6										
	12	41.3	31.3	61.6	R	R		60.3	57.1					
25	00			41.1										
	12	41.4	31.4	19.1										
26	00			13.2			13.5							
	12	41.5	31.5	49.3				60.2						
27	00	41.6	31.6	30.4										
	12			55.4			13.4							
28	00	19.1	33.1	37.5				60.1	57.2			34.5		
	12			63.6										
29	00	19.2	33.2	36.1			13.3							
	12			25.2			13.2							R
30	00	19.3	33.3	17.4				61.6						
	12			21.5			13.1							
31	00	19.4	33.4	51.6										
	12			3.1			19.6				R			

February 1982

Date	Time	☉	⊕	☾	☊	☋	☿	♀	♂	♃	♄	♅	♆	♇
1	00	19.5	33.5	27.3	62.2	61.2	19.5	61.5	57.2	44.2	32.2	34.5	11.4	50.1
	12			24.4	R	R	R	R	57.3	44.3	R	D	D	R
2	00	19.6	33.6	2.6	D	D	19.4							
	12	13.1	7.1	8.1			19.3							
3	00			20.3										
	12	13.2	7.2	16.4			19.2	61.4						
4	00			35.6			19.1							
	12	13.3	7.3	12.2										
5	00			15.3			41.6							
	12	13.4	7.4	52.5										
6	00			53.1			41.5							
	12	13.5	7.5	62.3	R	R			57.4					
7	00			56.4			41.4							
	12	13.6	7.6	31.6										
8	00	49.1	4.1	7.2			41.3	61.3						
	12			4.3									11.5	
9	00	49.2	4.2	29.5										
	12			59.6			41.2							
10	00	49.3	4.3	64.2										
	12			47.3										
11	00	49.4	4.4	6.4				D						
	12			46.5										
12	00	49.5	4.5	18.6										
	12			57.1										
13	00	49.6	4.6	32.2			41.1							
	12			50.3			D							
14	00	30.1	29.1	28.3			41.2		57.5					
	12	30.2	29.2	44.4				61.4						
15	00			1.4										
	12	30.3	29.3	43.5										
16	00			14.5	D	D								
	12	30.4	29.4	34.5										
17	00			9.6										
	12	30.5	29.5	5.6			41.3							
18	00			26.6										
	12	30.6	29.6	11.6										
19	00			58.1				61.5						
	12	55.1	59.1	38.1			41.4							
20	00			54.2										
	12	55.2	59.2	61.2	R	R								
21	00	55.3	59.3	60.3			41.5		R					
	12			41.3				61.6						
22	00	55.4	59.4	19.4										
	12			13.5			41.6							
23	00	55.5	59.5	49.5										
	12			30.6			19.1							
24	00	55.6	59.6	37.1				60.1						
	12			63.2			19.2			R				
25	00	37.1	40.1	22.3	62.1	61.1								
	12			36.5			19.3							
26	00	37.2	40.2	25.6				60.2			32.1			
	12			21.1			19.4							
27	00	37.3	40.3	51.2										
	12	37.4	40.4	42.4			19.5	60.3						
28	00			3.5					57.4					
	12	37.5	40.5	24.1			19.6							

March 1982

Date	Time	☉	⊕	☾	☊	☋	☿	♀	♂	♃	♄	♅	♆	♇
1	00	37.5	40.5	2.2	62.1	61.1	13.1	60.3	57.4	44.3	32.1	34.5	11.5	50.1
	12	37.6	40.6	23.4	R	R	D	60.4	R	R	R	D	D	R
2	00			8.5			13.2							
	12	63.1	64.1	16.1										
3	00			35.2	D	D	13.3	60.5						
	12	63.2	64.2	45.4			13.4							
4	00			12.5										
	12	63.3	64.3	52.1			13.5	60.6						
5	00			39.2			13.6							
	12	63.4	64.4	53.4										
6	00			62.5	R	R	49.1	41.1						
	12	63.5	64.5	31.1			49.2							
7	00	63.6	64.6	33.2				41.2	57.3					
	12			7.4			49.3							
8	00	22.1	47.1	4.5			49.4							
	12			59.1				41.3						
9	00	22.2	47.2	40.2			49.5							
	12			64.3			49.6							
10	00	22.3	47.3	47.5			30.1	41.4				R		
	12			6.6										
11	00	22.4	47.4	18.1	53.6	54.6	30.2	41.5						
	12			48.2			30.3		57.2					
12	00	22.5	47.5	57.3			30.4							
	12			32.3				41.6						
13	00	22.6	47.6	50.4			30.5							
	12			28.5			30.6	19.1						
14	00	36.1	6.1	44.5			55.1							
	12	36.2	6.2	1.6				19.2						
15	00			43.6			55.2		57.1		57.6			
	12	36.3	6.3	34.1			55.3							
16	00			9.1			55.4	19.3						32.6
	12	36.4	6.4	5.2			55.5							
17	00			26.2				19.4						
	12	36.5	6.5	11.2			55.6							
18	00			10.2	D	D	37.1	19.5						
	12	36.6	6.6	58.3			37.2		48.6					
19	00			38.3			37.3	19.6						
	12	25.1	46.1	54.4			37.4			44.2				
20	00			61.4	R	R		13.1						
	12	25.2	46.2	60.4			37.5							
21	00			41.5			37.6	13.2						
	12	25.3	46.3	19.6			63.1		48.5					
22	00			13.6			63.2							
	12	25.4	46.4	30.1			63.3	13.3						
23	00	25.5	46.5	55.2	53.5	54.5	63.4							
	12			37.3			63.5	13.4						
24	00	25.6	46.6	63.4					48.4					
	12			22.5			63.6	13.5						
25	00	17.1	18.1	25.1			22.1							
	12			17.2			22.2	13.6						
26	00	17.2	18.2	21.4			22.3							
	12			51.5			22.4	49.1	48.3					
27	00	17.3	18.3	3.1			22.5							
	12			27.2			22.6	49.2						
28	00	17.4	18.4	24.4			36.1							
	12			2.6	53.4	54.4	36.2	49.3			57.5			
29	00	17.5	18.5	8.1			36.3		48.2					
	12			20.3			36.4	49.4						
30	00	17.6	18.6	16.5			36.5						R	
	12			35.6			36.6	49.5						
31	00	21.1	48.1	12.2			25.1			44.1				
	12	21.2	48.2	15.4			25.2	49.6	48.1					

April 1982

Date	Time	☉	⊕	☾	☊	☋	☿	♀	♂	♃	♄	♅	♆	♇
1	00	21.2	48.2	52.5	53.4	54.4	25.3	30.1	48.1	44.1	57.5	34.5	11.5	32.6
	12	21.3	48.3	53.1	D	D	25.4	D	R	R	R	R	R	R
2	00			62.2	R	R	25.5	30.2						
	12	21.4	48.4	56.3			25.6							
3	00			31.5			17.1	30.3	18.6					
	12	21.5	48.5	33.6			17.2							
4	00			4.1			17.3	30.4						
	12	21.6	48.6	29.3			17.4							
5	00			59.4			17.5	30.5						
	12	51.1	57.1	40.5			17.6		18.5					
6	00			64.6			21.1	30.6						
	12	51.2	57.2	6.1			21.2							
7	00			46.2			21.3	55.1						
	12	51.3	57.3	18.3			21.4							
8	00			48.4			21.5	55.2	18.4					
	12	51.4	57.4	57.5	53.3	54.3	21.6	55.3		28.6				
9	00			32.6			51.1							
	12	51.5	57.5	50.6			51.2	55.4						
10	00			44.1			51.3				57.4			
	12	51.6	57.6	1.2			51.5	55.5	18.3					
11	00	42.1	32.1	43.2			51.6							
	12			14.3			42.1	55.6						
12	00	42.2	32.2	34.3			42.2							
	12			9.3			42.3	37.1						
13	00	42.3	32.3	5.4			42.4		18.2					
	12			26.4			42.5	37.2						
14	00	42.4	32.4	11.4			42.6	37.3						
	12			10.5	53.2	54.2	3.1							
15	00	42.5	32.5	58.5			3.3	37.4						
	12			38.5			3.4							
16	00	42.6	32.6	54.6	D	D	3.5	37.5	18.1					
	12			61.6			3.6			28.5				
17	00	3.1	50.1	60.6	R	R	27.1	37.6						
	12			19.1			27.2	63.1						
18	00	3.2	50.2	13.1			27.3							
	12			49.2			27.4	63.2						
19	00	3.3	50.3	30.3			27.6		46.6					
	12			55.4			24.1	63.3						
20	00	3.4	50.4	37.5			24.2							32.5
	12			63.6			24.3	63.4						
21	00	3.5	50.5	36.1			24.4	63.5						
	12			25.2			24.5							
22	00	3.6	50.6	17.4			24.6	63.6	46.5		57.3	34.4		
	12	27.1	28.1	21.5			2.1							
23	00			42.1			2.2	22.1						
	12	27.2	28.2	3.2			2.3							
24	00			27.4			2.4	22.2		28.4				
	12	27.3	28.3	24.6			2.5	22.3						
25	00			23.2	53.1	54.1	2.6							
	12	27.4	28.4	8.4			23.1	22.4						
26	00			20.6			23.2							
	12	27.5	28.5	35.2			23.3	22.5	46.4					
27	00			45.4			23.4	22.6						
	12	27.6	28.6	12.5			23.5							
28	00			52.1			23.6	36.1						
	12	24.1	44.1	39.3			8.1							
29	00			53.4	D	D	8.2	36.2						
	12	24.2	44.2	62.6			8.3							
30	00			31.1			8.4	36.3						
	12	24.3	44.3	33.3			8.5	36.4						

May 1982

Date	Time	☉	⊕	☾	☊	☋	☿	♀	♂	♃	♄	♅	♆	♇
1	00	24.3	44.3	7.4	R	R	8.5	36.4	46.4	28.4	57.3	34.4	11.5	32.5
	12	24.4	44.4	4.5			8.6	36.5	R	28.3	R	R	R	R
2	00			59.1			20.1		46.3					
	12	24.5	44.5	40.2			20.2	36.6						
3	00			64.3			20.3	25.1						
	12	24.6	44.6	47.4										
4	00			6.5			20.4	25.2						
	12	2.1	1.1	46.5			20.5							
5	00			18.6				25.3						
	12	2.2	1.2	57.1			20.6	25.4						
6	00	2.3	1.3	32.2			16.1				57.2			
	12			50.2				25.5						
7	00	2.4	1.4	28.3	39.6	38.6	16.2							
	12			44.4			16.3	25.6						
8	00	2.5	1.5	1.4				17.1						
	12			43.5			16.4							
9	00	2.6	1.6	14.5				17.2		28.2				
	12			34.6			16.5							
10	00	23.1	43.1	9.6				17.3						
	12			5.6			16.6	17.4						
11	00	23.2	43.2	11.1										
	12			10.1			35.1	17.5						
12	00	23.3	43.3	58.1					D					
	12			38.1				17.6						
13	00	23.4	43.4	54.2	D	D	35.2	21.1						
	12			61.2										
14	00	23.5	43.5	60.2				21.2						
	12			41.3			35.3							
15	00	23.6	43.6	19.3				21.3						
	12			13.4				21.4						
16	00	8.1	14.1	49.4										
	12			30.5	R	R	35.4	21.5						
17	00	8.2	14.2	55.6						28.1		34.3		
	12			37.6				21.6						
18	00	8.3	14.3	22.1				51.1						
	12			36.2										
19	00	8.4	14.4	25.4				51.2						
	12			17.5										
20	00	8.5	14.5	21.6			35.5	51.3						
	12			42.2				51.4						
21	00	8.6	14.6	3.3									11.4	
	12			27.5	39.5	38.5	R	51.5						
22	00	20.1	34.1	2.1										
	12	20.2	34.2	23.3			35.4	51.6	46.4					
23	00			8.5				42.1						
	12	20.3	34.3	16.1							57.1			
24	00			35.3				42.2						
	12	20.4	34.4	45.5				42.3						
25	00			15.1										
	12	20.5	34.5	52.3				42.4						
26	00			39.5	D	D				50.6				
	12	20.6	34.6	62.1			35.3	42.5						
27	00			56.3				42.6						
	12	16.1	9.1	31.4										
28	00			33.6				3.1						32.4
	12	16.2	9.2	4.2					46.5					
29	00			29.3			35.2	3.2						
	12	16.3	9.3	59.4				3.3						
30	00			40.5	R	R								
	12	16.4	9.4	64.6			35.1	3.4						
31	00			6.1				3.5						
	12	16.5	9.5	46.2										

June 1982

Date	Time	☉	⊕	☾	☊	☋	☿	♀	♂	♃	♄	♅	♆	♇
1	00	16.5	9.5	18.3	39.5	38.5	35.1	3.6	46.5	50.6	57.1	34.3	11.4	32.4
	12	16.6	9.6	48.4	R	R	16.6	D	D	R	R	R	R	R
2	00			57.5				27.1	46.6					
	12	35.1	5.1	32.5				27.2						
3	00			50.6			16.5							
	12	35.2	5.2	28.6				27.3						
4	00			1.1										
	12	35.3	5.3	43.1			16.4	27.4						
5	00			14.2				27.5						
	12	35.4	5.4	34.2										
6	00			9.3				27.6	18.1					
	12	35.5	5.5	5.3			16.3	24.1						
7	00			26.3										
	12	35.6	5.6	11.4				24.2		50.5				
8	00			10.4										
	12	45.1	26.1	58.4				24.3				34.2		
9	00			38.4			16.2	24.4	18.2					
	12	45.2	26.2	54.5	D	D								
10	00			61.5				24.5						
	12	45.3	26.3	60.5				24.6						
11	00			41.6										
	12	45.4	26.4	19.6				2.1						
12	00			49.1					18.3					
	12	45.5	26.5	30.1				2.2						
13	00			55.2			16.1	2.3						
	12	45.6	26.6	37.2										
14	00			63.3			D	2.4						
	12	12.1	11.1	22.4				2.5						
15	00	12.2	11.2	36.5	R	R			18.4					
	12			25.6			16.2	2.6						
16	00	12.3	11.3	21.1										
	12			51.2				23.1						
17	00	12.4	11.4	42.3				23.2						
	12			3.5										
18	00	12.5	11.5	24.1				23.3	18.5					
	12			2.2				23.4			D			
19	00	12.6	11.6	23.4										
	12			8.6			16.3	23.5						
20	00	15.1	10.1	16.2										
	12			35.4				23.6	18.6					
21	00	15.2	10.2	45.6				8.1						
	12			15.2			16.4							
22	00	15.3	10.3	52.4				8.2						
	12			39.6	D	D		8.3						
23	00	15.4	10.4	62.2			16.5		48.1					
	12			56.4				8.4						
24	00	15.5	10.5	31.6										
	12			7.2			16.6	8.5						
25	00	15.6	10.6	4.4				8.6	48.2					
	12			29.5			35.1							
26	00	52.1	58.1	40.1				20.1					11.3	
	12			64.2			35.2	20.2						
27	00	52.2	58.2	47.3										
	12			6.5			35.3	20.3	48.3					
28	00	52.3	58.3	46.6				20.4		D				
	12			18.6	R	R	35.4							
29	00	52.4	58.4	57.1				20.5						
	12			32.2			35.5		48.4					
30	00	52.5	58.5	50.3			35.6	20.6						
	12			28.3				16.1						

July 1982

Date	Time	☉	⊕	☾	☊	☋	☿	♀	♂	♃	♄	♅	♆	♇
1	00	52.6	58.6	44.4	39.5	38.5	45.1	16.1	48.4	50.5	57.1	34.2	11.3	32.4
	12			1.4	R	R	45.2	16.2	D	D	D	R	R	R
2	00	39.1	38.1	43.5				16.3	48.5					
	12			14.5			45.3							
3	00	39.2	38.2	34.5			45.4	16.4						
	12			9.6										
4	00	39.3	38.3	5.6			45.5	16.5	48.6					
	12			26.6			45.6	16.6						
5	00	39.4	38.4	10.1			12.1							D
	12			58.1				35.1						
6	00	39.5	38.5	38.1	D	D	12.2	35.2	57.1			34.1		
	12			54.2	R	R	12.3							
7	00	39.6	38.6	61.2			12.4	35.3						
	12			60.2			12.5	35.4						
8	00	53.1	54.1	41.3			12.6		57.2					
	12			19.3			15.1	35.5						
9	00	53.2	54.2	13.3										
	12			49.4			15.2	35.6						
10	00	53.3	54.3	30.4			15.3	45.1	57.3					
	12			55.5			15.4							
11	00	53.4	54.4	37.6			15.5	45.2						
	12			63.6			15.6	45.3						
12	00	53.5	54.5	36.1			52.1		57.4					
	12			25.2			52.2	45.4						
13	00	53.6	54.6	17.3			52.3	45.5						
	12	62.1	61.1	21.4			52.4							
14	00			51.5			52.5	45.6	57.5					
	12	62.2	61.2	42.6	D	D	52.6							
15	00			27.1			39.1	12.1			57.2			
	12	62.3	61.3	24.3			39.2	12.2						
16	00			2.4			39.4		57.6					
	12	62.4	61.4	23.6			39.5	12.3						
17	00			20.2			39.6	12.4						
	12	62.5	61.5	16.3			53.1		32.1					
18	00			35.5			53.2	12.5						
	12	62.6	61.6	12.1			53.3	12.6		50.6				
19	00			15.3			53.4							
	12	56.1	60.1	52.5			53.5	15.1	32.2					
20	00			53.1	R	R	53.6							
	12	56.2	60.2	62.3			62.2	15.2						
21	00			56.5			62.3	15.3						
	12	56.3	60.3	33.1			62.4		32.3					
22	00			7.3			62.5	15.4						
	12	56.4	60.4	4.5			62.6	15.5						
23	00			59.1			56.1		32.4					
	12	56.5	60.5	40.2			56.2	15.6						
24	00			64.4			56.4	52.1						
	12	56.6	60.6	47.5	39.4	38.4	56.5							
25	00			46.1			56.6	52.2	32.5					
	12	31.1	41.1	18.2			31.1	52.3						
26	00			48.3			31.2							
	12	31.2	41.2	57.4			31.3	52.4	32.6					
27	00			32.5			31.4							
	12	31.3	41.3	50.6			31.5	52.5						
28	00			28.6	D	D	31.6	52.6						
	12	31.4	41.4	1.1			33.2		50.1					
29	00			43.1			33.3	39.1						
	12	31.5	41.5	14.2			33.4	39.2						
30	00			34.2			33.5		50.2					
	12	31.6	41.6	9.2			33.6	39.3						
31	00			5.3			7.1	39.4		28.1				
	12	33.1	19.1	26.3			7.2		50.3					

August 1982

Date	Time	☉	⊕	☾	☊	☋	☿	♀	♂	♃	♄	♅	♆	♇
1	00	33.1	19.1	11.3	39.5	38.5	7.3	39.5	50.3	28.1	57.3	34.1	11.3	32.4
	12	33.2	19.2	10.4	D	D	7.4	39.6	D	D	D	R	R	D
2	00			58.4			7.5							
	12	33.3	19.3	38.4			7.6	53.1	50.4					
3	00			54.5	R	R	4.1	53.2						
	12	33.4	19.4	61.5			4.2							
4	00			60.5			4.3	53.3	50.5					
	12	33.5	19.5	41.6	39.4	38.4	4.4							
5	00			19.6			4.5	53.4						
	12	33.6	19.6	49.1			4.6	53.5	50.6					
6	00			30.1			29.1							
	12	7.1	13.1	55.2			29.2	53.6						
7	00			37.2			29.3	62.1	28.1					
	12	7.2	13.2	63.3			29.4						11.2	
8	00	7.3	13.3	22.4			29.5	62.2						
	12			36.5			29.6	62.3						
9	00	7.4	13.4	25.6			59.1		28.2	28.2				
	12			21.1			59.2	62.4				D		
10	00	7.5	13.5	51.2			59.3	62.5						
	12			42.3			59.4		28.3					
11	00	7.6	13.6	3.4			59.5	62.6						32.5
	12			27.5			59.6	56.1						
12	00	4.1	49.1	24.6			40.1		28.4					
	12			23.2	D	D	40.2	56.2						
13	00	4.2	49.2	8.3										
	12			20.5			40.3	56.3	28.5		57.4			
14	00	4.3	49.3	16.6			40.4	56.4						
	12			45.2			40.5							
15	00	4.4	49.4	12.3			40.6	56.5	28.6					
	12			15.5			64.1	56.6						
16	00	4.5	49.5	39.1			64.2							
	12			53.3	R	R	64.3	31.1	44.1	28.3				
17	00	4.6	49.6	62.5				31.2						
	12			31.1			64.4							
18	00	29.1	30.1	33.2			64.5	31.3	44.2					
	12			7.4			64.6	31.4						
19	00	29.2	30.2	4.6			47.1							
	12			59.2				31.5						
20	00	29.3	30.3	40.4			47.2	31.6	44.3					
	12			64.5			47.3							
21	00	29.4	30.4	6.1			47.4	33.1						
	12			46.2			47.5	33.2	44.4					
22	00	29.5	30.5	18.3										
	12			48.5	39.3	38.3	47.6	33.3						
23	00	29.6	30.6	57.6			6.1		44.5					
	12			50.1			6.2	33.4		28.4				
24	00	59.1	55.1	28.2				33.5			57.5			
	12			44.2			6.3		44.6					
25	00	59.2	55.2	1.3			6.4	33.6						
	12			43.4			6.5	7.1						
26	00	59.3	55.3	14.4					1.1					
	12			34.5	D	D	6.6	7.2						
27	00	59.4	55.4	9.5			46.1	7.3						
	12	59.5	55.5	5.5					1.2					
28	00			26.6			46.2	7.4						
	12	59.6	55.6	11.6			46.3	7.5						
29	00			10.6			46.4		1.3					
	12	40.1	37.1	58.6				7.6						
30	00			54.1	R	R	46.5	4.1	1.4	28.5				
	12	40.2	37.2	61.1										
31	00			60.1			46.6	4.2						
	12	40.3	37.3	41.2			18.1	4.3	1.5					

September 1982

Date	Time	☉	⊕	☾	☊	☋	☿	♀	♂	♃	♄	♅	♆	♇
1	00	40.3	37.3	19.2	39.3	38.3	18.1	4.3	1.5	28.5	57.5	34.1	11.2	32.5
	12	40.4	37.4	13.3	R	R	18.2	4.4	D	D	D	D	R	D
2	00			49.3			18.3	4.5	1.6					
	12	40.5	37.5	30.4							57.6			
3	00			55.5			18.4	4.6						
	12	40.6	37.6	37.5				29.1	43.1					
4	00			63.6			18.5							
	12	64.1	63.1	36.1				29.2		28.6				
5	00			25.2			18.6	29.3	43.2					
	12	64.2	63.2	17.3	39.2	38.2	48.1							
6	00			21.4				29.4					D	
	12	64.3	63.3	51.5			48.2	29.5	43.3					
7	00			42.6										
	12	64.4	63.4	27.2			48.3	29.6						
8	00			24.3					43.4					
	12	64.5	63.5	2.4				59.1						
9	00			23.6			48.4	59.2						
	12	64.6	63.6	20.1					43.5					
10	00			16.2			48.5	59.3		44.1				
	12	47.1	22.1	35.4				59.4	43.6					
11	00			45.5	D	D	48.6							
	12	47.2	22.2	15.1				59.5			32.1			
12	00	47.3	22.3	52.2				59.6	14.1					
	12			39.4	R	R	57.1					34.2		
13	00	47.4	22.4	53.6				40.1						
	12			56.1				40.2	14.2					32.6
14	00	47.5	22.5	31.3			57.2							
	12			33.5				40.3						
15	00	47.6	22.6	7.6				40.4	14.3					
	12			29.2						44.2				
16	00	6.1	36.1	59.4				40.5						
	12			40.5			57.3	40.6	14.4					
17	00	6.2	36.2	47.1										
	12			6.2	39.1	38.1		64.1	14.5					
18	00	6.3	36.3	46.4				64.2						
	12			18.5										
19	00	6.4	36.4	48.6				64.3	14.6					
	12			32.1			R	64.4						
20	00	6.5	36.5	50.2							32.2			
	12			28.3				64.5	34.1	44.3				
21	00	6.6	36.6	44.4				64.6						
	12			1.5										
22	00	46.1	25.1	43.6				47.1	34.2					
	12			14.6				47.2						
23	00	46.2	25.2	9.1			57.2		34.3					
	12	46.3	25.3	5.1				47.3						
24	00			26.1				47.4						
	12	46.4	25.4	11.2			57.1		34.4					
25	00			10.2				47.5						
	12	46.5	25.5	58.2	D	D		47.6		44.4				
26	00			38.3	R	R	48.6		34.5					
	12	46.6	25.6	54.3				6.1						
27	00			61.3				6.2						
	12	18.1	17.1	60.4			48.5		34.6					
28	00			41.4				6.3			32.3			
	12	18.2	17.2	19.4	52.6	58.6	48.4	6.4	9.1					
29	00			13.5			48.3							
	12	18.3	17.3	49.6				6.5						
30	00			30.6			48.2	6.6	9.2					
	12	18.4	17.4	37.1						44.5				

October 1982

Date	Time	☉	⊕	☾	☊	☋	☿	♀	♂	♃	♄	♅	♆	♇
1	00	18.4	17.4	63.2	52.6	58.6	48.1	46.1	9.2	44.5	32.3	34.2	11.2	32.6
	12	18.5	17.5	22.3	R	R	R	46.2	9.3	D	D	D	D	D
2	00			36.4			18.6							
	12	18.6	17.6	25.5			18.5	46.3	9.4					
3	00			17.6				46.4						
	12	48.1	21.1	51.1			18.4							
4	00	48.2	21.2	42.2	52.5	58.5		46.5	9.5					
	12			3.4			18.3	46.6						
5	00	48.3	21.3	27.5			18.2			44.6			11.3	
	12			24.6				18.1	9.6					
6	00	48.4	21.4	23.2			18.1	18.2			32.4			
	12			8.3					5.1					
7	00	48.5	21.5	20.5				18.3						
	12			16.6			46.6	18.4				34.3		
8	00	48.6	21.6	45.2					5.2					
	12			12.4				18.5						50.1
9	00	57.1	51.1	15.5			46.5	18.6						
	12			39.1	D	D			5.3	1.1				
10	00	57.2	51.2	53.2	R	R		48.1						
	12			62.4				48.2	5.4					
11	00	57.3	51.3	56.5										
	12			33.1			D	48.3						
12	00	57.4	51.4	7.2				48.4	5.5					
	12			4.4										
13	00	57.5	51.5	29.5				48.5	5.6					
	12	57.6	51.6	59.6				48.6			32.5			
14	00			64.2			46.6			1.2				
	12	32.1	42.1	47.3				57.1	26.1					
15	00			6.5				57.2						
	12	32.2	42.2	46.6	52.4	58.4	18.1							
16	00			48.1				57.3	26.2					
	12	32.3	42.3	57.2				57.4						
17	00			32.3			18.2		26.3					
	12	32.4	42.4	50.4				57.5						
18	00			28.5			18.3	57.6						
	12	32.5	42.5	44.6			18.4		26.4	1.3				
19	00			43.1				32.1						
	12	32.6	42.6	14.1			18.5	32.2	26.5					
20	00			34.2										
	12	50.1	3.1	9.3	52.3	58.3	18.6	32.3						
21	00			5.3			48.1	32.4	26.6					
	12	50.2	3.2	26.3							32.6			
22	00	50.3	3.3	11.4			48.2	32.5	11.1					
	12			10.4			48.3	32.6						
23	00	50.4	3.4	58.4	D	D	48.4			1.4				
	12			38.5				50.1	11.2					
24	00	50.5	3.5	54.5			48.5	50.2						
	12			61.5			48.6							
25	00	50.6	3.6	60.6			57.1	50.3	11.3					
	12			41.6	R	R	57.2	50.4						
26	00	28.1	27.1	19.6					11.4			34.4		
	12			49.1			57.3	50.5						
27	00	28.2	27.2	30.1			57.4	50.6		1.5				
	12			55.2			57.5		11.5					
28	00	28.3	27.3	37.3			57.6	28.1						
	12			63.3			32.1	28.2	11.6					
29	00	28.4	27.4	22.4			32.2				50.1			
	12			36.5				28.3						
30	00	28.5	27.5	25.6			32.3	28.4	10.1					
	12	28.6	27.6	21.1			32.4							
31	00			51.3			32.5	28.5	10.2					
	12	44.1	24.1	42.4			32.6	28.6		1.6				

November 1982

Date	Time	☉	⊕	☽	☊	☋	☿	♀	♂	♃	♄	⚲	♆	♇
1	00	44.1	24.1	3.6	52.3	58.3	50.1	28.6	10.2	1.6	50.1	34.4	11.3	50.2
	12	44.2	24.2	24.1	R	R	50.2	44.1	10.3		D	D	D	D
2	00			2.3	52.2	58.2	50.3	44.2						
	12	44.3	24.3	23.4					10.4					
3	00			8.6			50.4	44.3						
	12	44.4	24.4	16.2			50.5	44.4						
4	00			35.4			50.6		10.5					
	12	44.5	24.5	45.5			28.1	44.5						
5	00			15.1			28.2	44.6	10.6	43.1				
	12	44.6	24.6	52.3	D	D	28.3							
6	00			39.4			28.4	1.1			50.2			
	12	1.1	2.1	53.6				1.2	58.1					
7	00	1.2	2.2	56.2			28.5							
	12			31.3			28.6	1.3	58.2					
8	00	1.3	2.3	33.5			44.1	1.4						
	12			7.6	R	R	44.2							
9	00	1.4	2.4	29.2			44.3	1.5	58.3	43.2				
	12			59.3			44.4	1.6						
10	00	1.5	2.5	40.4			44.5		58.4					
	12			64.6				43.1						
11	00	1.6	2.6	6.1			44.6	43.2				34.5		
	12			46.2			1.1		58.5					
12	00	43.1	23.1	18.3			1.2	43.3						
	12			48.4			1.3	43.4	58.6				11.4	
13	00	43.2	23.2	57.5			1.4							
	12	43.3	23.3	32.6			1.5	43.5		43.3				
14	00			28.1				43.6	38.1		50.3			
	12	43.4	23.4	44.2			1.6							
15	00			1.2			43.1	14.1	38.2					
	12	43.5	23.5	43.3			43.2	14.2						
16	00			14.4	52.1	58.1	43.3							
	12	43.6	23.6	34.4			43.4	14.3	38.3					
17	00			9.5			43.5	14.4						
	12	14.1	8.1	5.5					38.4	43.4				
18	00			26.6			43.6	14.5						
	12	14.2	8.2	11.6			14.1	14.6						
19	00			10.6			14.2		38.5					
	12	14.3	8.3	38.1	D	D	14.3	34.1						
20	00	14.4	8.4	54.1			14.4	34.2	38.6					
	12			61.1			14.5							
21	00	14.5	8.5	60.2				34.3	54.1					
	12			41.2			14.6	34.4						
22	00	14.6	8.6	19.2			34.1			43.5	50.4			
	12			13.2			34.2	34.5	54.2					
23	00	34.1	20.1	49.3			34.3	34.6						
	12			30.3			34.4		54.3					
24	00	34.2	20.2	55.4	R	R		9.1						
	12			37.4			34.5	9.2						
25	00	34.3	20.3	63.5			34.6		54.4					
	12			22.6			9.1	9.3						
26	00	34.4	20.4	25.1			9.2	9.4	54.5	43.6				50.3
	12	34.5	20.5	17.2			9.3					34.6		
27	00			21.3				9.5						
	12	34.6	20.6	51.4			9.4	9.6	54.6					
28	00			42.5			9.5							
	12	9.1	16.1	27.1			9.6	5.1	61.1					
29	00			24.2			5.1	5.2						
	12	9.2	16.2	2.4			5.2							
30	00			23.5				5.3	61.2					
	12	9.3	16.3	20.1			5.3	5.4					14.1	

December 1982

Date	Time	☉	⊕	☽	☊	☋	☿	♀	♂	♃	♄	⚲	♆	♇
1	00	9.3	16.3	16.3	52.1	58.1	5.4	5.4	61.3	14.1	50.5	34.6	11.3	50.3
	12	9.4	16.4	35.5	R	R	5.5	5.5	D	D	D	D	D	D
2	00			12.1			5.6	5.6	61.4					
	12	9.5	16.5	15.3			26.1	26.1						
3	00	9.6	16.6	52.5	D	D	26.2	26.2	61.5					
	12			53.1			26.2	26.2						
4	00	5.1	35.1	62.3			26.3	26.3						
	12			56.5			26.4		61.6	14.2				
5	00	5.2	35.2	33.1			26.5	26.4						
	12			7.2			26.6	26.5						
6	00	5.3	35.3	4.4				60.1						
	12			29.5			11.1	26.6						
7	00	5.4	35.4	40.1			11.2	11.1	60.2					
	12			64.2			11.3							
8	00	5.5	35.5	47.4	R	R	11.4	11.2						
	12	5.6	35.6	6.5			11.5	11.3	60.3					
9	00			46.6						14.3			11.5	
	12	26.1	45.1	48.1			11.6	11.4	60.4					
10	00			57.2			10.1	11.5			50.6			
	12	26.2	45.2	32.3			10.2		60.5					
11	00			50.3			10.3	11.6						
	12	26.3	45.3	28.4				10.1						
12	00			44.5			10.4		60.6				9.1	
	12	26.4	45.4	1.6			10.5	10.2						
13	00			43.6			10.6	10.3	41.1					
	12	26.5	45.5	34.1			58.1			14.4				
14	00			9.1			58.2	10.4						
	12	26.6	45.6	5.2				10.5	41.2					
15	00	11.1	12.1	26.2			58.3							
	12			11.2			58.4	10.6	41.3					
16	00	11.2	12.2	10.3			58.5	58.1						
	12			58.3	D	D	58.6		41.4					
17	00	11.3	12.3	38.3				58.2						
	12			54.4			38.1	58.3						
18	00	11.4	12.4	61.4			38.2		41.5	14.5				
	12			60.4			38.3	58.4						
19	00	11.5	12.5	41.5			38.4	58.5	41.6					
	12			19.5			38.5							
20	00	11.6	12.6	13.5				58.6						
	12	10.1	15.1	49.5			38.6	38.1	19.1		28.1			
21	00			30.6			54.1							
	12	10.2	15.2	55.6			54.2	38.2	19.2					
22	00			63.1				38.3						
	12	10.3	15.3	22.1			54.3		19.3	14.6				
23	00			36.2			54.4	38.4						
	12	10.4	15.4	25.3			54.5	38.5						
24	00			17.3	R	R	54.6		19.4					
	12	10.5	15.5	21.4				38.6						
25	00			51.5			61.1	54.1	19.5					
	12	10.6	15.6	42.6			61.2							
26	00	58.1	52.1	27.2				54.2						
	12			24.3	D	D	61.3	54.3	19.6					
27	00	58.2	52.2	2.4			61.4			34.1				
	12			23.6			61.5	54.4		13.1				
28	00	58.3	52.3	20.2				54.5			9.2			
	12			16.4			61.6			13.2				
29	00	58.4	52.4	35.6				54.6						
	12			12.2			60.1	61.1						50.4
30	00	58.5	52.5	15.4			60.2		13.3					
	12			52.6	R	R	61.2							
31	00	58.6	52.6	53.2			60.3	61.3	13.4					
	12			62.4					34.2					

1982

January 1983

Date	Time	☉	⊕	☾	☊	☋	☿	♀	♂	♃	♄	♅	♆	♇
1	00	38.1	39.1	56.6	52.1	58.1	60.4	61.4	13.5	34.2	28.1	9.2	11.5	50.4
	12	38.2	39.2	33.2	R	R	D	61.5	D	D	D	D	D	D
2	00			7.4			60.5				28.2			
	12	38.3	39.3	4.6				61.6	13.6					
3	00			59.2			60.6	60.1					11.6	
	12	38.4	39.4	40.3					49.1					
4	00			64.5				60.2						
	12	38.5	39.5	6.1				60.3						
5	00			46.2			41.1		49.2					
	12	38.6	39.6	18.3				60.4		34.3				
6	00			48.4				60.5	49.3					
	12	54.1	53.1	57.5	D	D								
7	00	54.2	53.2	32.6				60.6	49.4					
	12			28.1			R	41.1						
8	00	54.3	53.3	44.2										
	12			1.2				41.2	49.5					
9	00	54.4	53.4	43.3				41.3						
	12			14.4					49.6					
10	00	54.5	53.5	34.4			60.6	41.4						
	12			9.4				41.5		34.4				
11	00	54.6	53.6	5.5					30.1					
	12			26.5			60.5	41.6						
12	00	61.1	62.1	11.6				19.1	30.2					
	12	61.2	62.2	10.6			60.4							
13	00			58.6	R	R		19.2	30.3					
	12	61.3	62.3	38.6			60.3	19.3						
14	00			61.1			60.2							
	12	61.4	62.4	60.1				19.4	30.4					
15	00			41.1			60.1	19.5				9.3		
	12	61.5	62.5	19.2			61.6		30.5	34.5				
16	00			13.2				19.6						
	12	61.6	62.6	49.2			61.5	13.1						
17	00			30.3			61.4		30.6					
	12	60.1	56.1	55.3				13.2						
18	00	60.2	56.2	37.3			61.3	13.3	55.1					
	12			63.4			61.2				28.3			
19	00	60.3	56.3	22.4				13.4	55.2					
	12			36.5			61.1	13.5						
20	00	60.4	56.4	25.6			54.6							
	12			17.6				13.6	55.3					
21	00	60.5	56.5	51.1			54.5	49.1		34.6				
	12			42.2					55.4					
22	00	60.6	56.6	3.3			54.4	49.2						
	12			27.4	D	D		49.3	55.5					
23	00	41.1	31.1	24.5										
	12			2.6			54.3	49.4						
24	00	41.2	31.2	8.2				49.5	55.6					
	12	41.3	31.3	20.3										
25	00			16.5			54.2	49.6	37.1					
	12	41.4	31.4	35.6				30.1						
26	00			12.2										
	12	41.5	31.5	15.4				30.2	37.2					
27	00			52.6	R	R		30.3		9.1				
	12	41.6	31.6	53.2					37.3					
28	00			62.4			D	30.4						
	12	19.1	33.1	56.6				30.5	37.4					
29	00			33.2										
	12	19.2	33.2	7.5	15.6	10.6		30.6						
30	00	19.3	33.3	29.1				55.1	37.5					
	12			59.3			54.3						10.1	
31	00	19.4	33.4	40.5				55.2	37.6					
	12			64.6				55.3						

February 1983

Date	Time	☉	⊕	☾	☊	☋	☿	♀	♂	♃	♄	♅	♆	♇
1	00	19.5	33.5	6.2	15.6	10.6	54.3	55.3	37.6	9.1	28.3	9.3	10.1	50.4
	12			46.4	R	R	D	55.4	63.1	D	D	D	D	R
2	00	19.6	33.6	18.5			54.4	55.5		9.2				
	12			57.1					63.2					
3	00	13.1	7.1	32.2				55.6						
	12			50.3			54.5	37.1	63.3					
4	00	13.2	7.2	28.4										
	12			44.5			54.6	37.2						
5	00	13.3	7.3	1.5	D	D		37.3	63.4					
	12	13.4	7.4	43.6										
6	00			34.1			61.1	37.4	63.5					
	12	13.5	7.5	9.1				37.5						
7	00			5.2			61.2							
	12	13.6	7.6	26.2				37.6	63.6			9.4		
8	00			11.2			61.3	63.1						
	12	49.1	4.1	10.3					22.1					
9	00			58.3	R	R	61.4	63.2		9.3				
	12	49.2	4.2	38.3				63.3	22.2					
10	00			54.3			61.5							
	12	49.3	4.3	61.4			61.6	63.4						
11	00			60.4				63.5	22.3					
	12	49.4	4.4	41.4			60.1							
12	00	49.5	4.5	19.5				63.6	22.4					
	12			13.5			60.2	22.1			R			
13	00	49.6	4.6	49.5			60.3							
	12			30.6				22.2	22.5					
14	00	30.1	29.1	55.6			60.4	22.3						
	12			63.1					22.6					
15	00	30.2	29.2	22.1	15.5	10.5	60.5	22.4						
	12			36.2			60.6	22.5	36.1					
16	00	30.3	29.3	25.2										
	12			17.3			41.1	22.6		9.4				
17	00	30.4	29.4	21.4			41.2	36.1	36.2					
	12	30.5	29.5	51.5			41.3							
18	00			42.5				36.2	36.3					
	12	30.6	29.6	3.6			41.4	36.3						
19	00			24.1			41.5							
	12	55.1	59.1	2.2				36.4	36.4					
20	00			23.3			41.6	36.5						
	12	55.2	59.2	8.5			19.1		36.5					
21	00			20.6	D	D	19.2	36.6						
	12	55.3	59.3	35.1				25.1						
22	00			45.3			19.3		36.6					
	12	55.4	59.4	12.4			19.4	25.2						
23	00			15.6	R	R			25.1					
	12	55.5	59.5	39.2			19.5	25.3						
24	00			53.3			19.6	25.4	25.2					
	12	55.6	59.6	62.5			13.1							
25	00	37.1	40.1	31.1			13.2	25.5						
	12			33.3				25.6	25.3	9.5				
26	00	37.2	40.2	7.5			13.3							
	12			29.1			13.4	17.1	25.4					
27	00	37.3	40.3	59.3			13.5	17.2						
	12			40.5	15.4	10.4								
28	00	37.4	40.4	47.1			13.6	17.3	25.5					
	12			6.3			49.1	17.4						

March 1983

Date	Time	☉	⊕	☾	☊	☋	☿	♀	♂	♃	♄	♅	♆	♇
1	00	37.5	40.5	46.5	15.4	10.4	49.2	17.4	25.6	9.5	28.3	9.4	10.1	50.4
	12			18.6	R	R	49.3	17.5	D	D	R	D	D	R
2	00	37.6	40.6	57.2			49.4	17.6						
	12			32.3					17.1					
3	00	63.1	64.1	50.4			49.5	21.1						
	12	63.2	64.2	28.6			49.6	21.2	17.2					
4	00			1.1			30.1							
	12	63.3	64.3	43.2			30.2	21.3	17.3					
5	00			14.2			30.3	21.4						
	12	63.4	64.4	34.3										
6	00			9.4			30.4	21.5	17.4					
	12	63.5	64.5	5.4			30.5	21.6						
7	00			26.5	D	D	30.6		17.5					
	12	63.6	64.6	11.5			55.1	51.1						
8	00			10.5	R	R	55.2	51.2						
	12	22.1	47.1	58.6			55.3		17.6					50.3
9	00			38.6			55.4	51.3						
	12	22.2	47.2	54.6					21.1					
10	00			61.6			55.5	51.4						
	12	22.3	47.3	41.1			55.6	51.5		9.6	28.2			
11	00	22.4	47.4	19.1	15.3	10.3	37.1		21.2					
	12			13.1			37.2	51.6						
12	00	22.5	47.5	49.2			37.3	42.1	21.3					
	12			30.2			37.4							
13	00	22.6	47.6	55.3			37.5	42.2						
	12			37.3			37.6	42.3	21.4					
14	00	36.1	6.1	63.4			63.1							
	12			22.4			63.2	42.4	21.5					
15	00	36.2	6.2	36.5			63.3	42.5				R		
	12			25.6			63.4							
16	00	36.3	6.3	21.1	15.2	10.2	63.5	42.6	21.6					
	12			51.1			63.6	3.1						
17	00	36.4	6.4	42.2			22.1		51.1					
	12			3.3				3.2						
18	00	36.5	6.5	27.4			22.2	3.3						
	12	36.6	6.6	24.5			22.3		51.2					
19	00			2.6			22.4	3.4						
	12	25.1	46.1	8.1			22.5		51.3				10.2	
20	00			20.3			22.6	3.5						
	12	25.2	46.2	16.4			36.1	3.6	51.4					
21	00			35.5			36.2							
	12	25.3	46.3	45.6			36.4	27.1						
22	00			15.2	D	D	36.5	27.2	51.5					
	12	25.4	46.4	52.3	R	R	36.6							
23	00			39.5			25.1	27.3	51.6					
	12	25.5	46.5	53.6			25.2	27.4						
24	00			56.2			25.3							
	12	25.6	46.6	31.4			25.4	27.5	42.1					
25	00			33.5			25.5	27.6						
	12	17.1	18.1	4.1			25.6		42.2					
26	00			29.3			17.1	24.1						
	12	17.2	18.2	59.5	15.1	10.1	17.2	24.2						
27	00	17.3	18.3	64.1			17.3		42.3					
	12			47.2			17.4	24.3						
28	00	17.4	18.4	6.4			17.5		42.4	R	28.1			
	12			46.6			17.6	24.4						
29	00	17.5	18.5	48.1			21.1	24.5						
	12			57.3			21.2		42.5					
30	00	17.6	18.6	32.4			21.4	24.6						
	12			50.6			21.5	2.1	42.6					
31	00	21.1	48.1	44.1			21.6							
	12			1.2			51.1	2.2						

April 1983

Date	Time	☉	⊕	☾	☊	☋	☿	♀	♂	♃	♄	♅	♆	♇
1	00	21.2	48.2	43.3	12.6	11.6	51.2	2.3	3.1	9.6	28.1	9.4	10.2	50.3
	12			14.4	R	R	51.3	D	D	R	R	R	R	R
2	00	21.3	48.3	34.5			51.4	2.4	3.2					
	12			9.5			51.5							
3	00	21.4	48.4	5.6			51.6	2.5						
	12			11.1			42.1	2.6	3.3					
4	00	21.5	48.5	10.1	D	D	42.3							
	12			58.1			42.4	23.1	3.4					
5	00	21.6	48.6	38.2			42.5	23.2						
	12	51.1	57.1	54.2	R	R	42.6							
6	00			61.2			3.1	23.3	3.5					
	12	51.2	57.2	60.3			3.2	23.4						
7	00			41.3			3.3							
	12	51.3	57.3	19.3			3.4	23.5	3.6					
8	00			13.4			3.5							
	12	51.4	57.4	49.4			3.6	23.6	27.1					
9	00			30.4			27.1	8.1						
	12	51.5	57.5	55.5			27.2							
10	00			37.5			27.3	8.2	27.2					
	12	51.6	57.6	63.6			27.4	8.3			50.6			
11	00			36.1			27.5		27.3					
	12	42.1	32.1	25.1			27.6	8.4						
12	00			17.2			24.1	8.5						
	12	42.2	32.2	21.3	12.5	11.5	24.2		27.4					
13	00			51.4			24.3	8.6						
	12	42.3	32.3	42.5					27.5					
14	00			3.6			24.4	20.1						
	12	42.4	32.4	24.1			24.5	20.2					10.1	
15	00			2.2			24.6		27.6	9.5				
	12	42.5	32.5	23.4			2.1	20.3						50.2
16	00	42.6	32.6	8.5				20.4	24.1					
	12			20.6			2.2							
17	00	3.1	50.1	35.2			2.3	20.5						
	12			45.3			2.4		24.2					
18	00	3.2	50.2	12.5				20.6						
	12			15.6	D	D	2.5	16.1	24.3					
19	00	3.3	50.3	39.1			2.6							
	12			53.3				16.2						
20	00	3.4	50.4	62.4			23.1	16.3	24.4			9.3		
	12			56.6	R	R								
21	00	3.5	50.5	33.2			23.2	16.4						
	12			7.3					24.5					
22	00	3.6	50.6	4.5			23.3	16.5						
	12			29.6				16.6	24.6					
23	00	27.1	28.1	40.2			23.4				50.5			
	12			64.3				35.1						
24	00	27.2	28.2	47.5			23.5	35.2	2.1					
	12			6.6										
25	00	27.3	28.3	18.2				35.3	2.2					
	12			48.3	12.4	11.4	23.6							
26	00	27.4	28.4	57.5				35.4						
	12			32.6				35.5	2.3					
27	00	27.5	28.5	28.1			8.1							
	12			44.3				35.6	2.4					
28	00	27.6	28.6	1.4						9.4				
	12	24.1	44.1	43.5				45.1						
29	00			14.6				45.2	2.5					
	12	24.2	44.2	34.6										
30	00			5.1				45.3						
	12	24.3	44.3	26.2			8.2	45.4	2.6					

May 1983

Date	Time	☉	⊕	☾	☊	☋	☿	♀	♂	♃	♄	♅	♆	♇
1	00	24.3	44.3	11.2	12.4	11.4	8.2	45.4	2.6	9.4	50.5	9.3	10.1	50.2
	12	24.4	44.4	10.3	D	D	D	45.5	23.1	R	R	R	R	R
2	00			58.3			R							
	12	24.5	44.5	38.4				45.6						
3	00			54.4				12.1	23.2					
	12	24.6	44.6	61.4			8.1							
4	00			60.5				12.2	23.3					
	12	2.1	1.1	41.5										
5	00			19.5				12.3						
	12	2.2	1.2	13.6	R	R		12.4	23.4		50.4			
6	00			49.6										
	12	2.3	1.3	55.1				12.5						
7	00			37.1			23.6		23.5					
	12	2.4	1.4	63.1				12.6		9.3				
8	00			22.2				15.1	23.6					
	12	2.5	1.5	36.3										
9	00			25.3			23.5	15.2						
	12	2.6	1.6	17.4					8.1					
10	00			21.5				15.3						
	12	23.1	43.1	51.6				15.4	8.2					
11	00			3.1			23.4							
	12	23.2	43.2	27.2				15.5						
12	00			24.3					8.3					
	12	23.3	43.3	2.5	12.3	11.3	23.3	15.6						
13	00			23.6				52.1						
	12	23.4	43.4	20.2					8.4					
14	00	23.5	43.5	16.3			23.2	52.2						
	12			35.5					8.5					
15	00	23.6	43.6	45.6				52.3						
	12			15.2	D	D	23.1	52.4		9.2				
16	00	8.1	14.1	52.4					8.6					
	12			39.5				52.5				9.2		
17	00	8.2	14.2	62.1										
	12			56.2			2.6	52.6	20.1					
18	00	8.3	14.3	31.4				39.1						
	12			33.6					20.2					
19	00	8.4	14.4	4.1			2.5	39.2			50.3			
	12			29.3										
20	00	8.5	14.5	59.4	R	R		39.3	20.3					
	12			40.6										50.1
21	00	8.6	14.6	47.1				39.4						
	12			6.3				39.5	20.4					
22	00	20.1	34.1	46.4			2.4							
	12			18.5				39.6	20.5					
23	00	20.2	34.2	57.1						9.1				
	12			32.2				53.1						
24	00	20.3	34.3	50.3				53.2	20.6					
	12			28.4										
25	00	20.4	34.4	44.5				53.3						
	12			1.6					16.1					
26	00	20.5	34.5	14.1			D	53.4						
	12			34.2					16.2					
27	00	20.6	34.6	9.3				53.5						
	12			5.3				53.6						
28	00	16.1	9.1	26.4					16.3					
	12			11.4	D	D		62.1						
29	00	16.2	9.2	10.5										
	12			58.5			2.5	62.2	16.4					
30	00	16.3	9.3	38.6										
	12			54.6				62.3	16.5	34.6				
31	00	16.4	9.4	60.1										
	12			41.1				62.4						

June 1983

Date	Time	☉	⊕	☾	☊	☋	☿	♀	♂	♃	♄	♅	♆	♇
1	00	16.5	9.5	19.1	12.3	11.3	2.6	62.5	16.6	34.6	50.3	9.2	10.1	50.1
	12			13.2	D	D	D	D	D	R	R	R	R	R
2	00	16.6	9.6	49.2				62.6						
	12	35.1	5.1	30.2					35.1					
3	00			55.3			23.1	56.1						
	12	35.2	5.2	37.3					35.2					
4	00			63.3	R	R		56.2						
	12	35.3	5.3	22.4			23.2							
5	00			36.5				56.3	35.3				11.6	
	12	35.4	5.4	25.5			23.3	56.4						
6	00			17.6							50.2			
	12	35.5	5.5	51.1				56.5	35.4					
7	00			42.2			23.4			34.5				
	12	35.6	5.6	3.3				56.6						
8	00			27.4			23.5		35.5					
	12	45.1	26.1	24.5				31.1				9.1		
9	00			2.6			23.6		35.6					
	12	45.2	26.2	8.2				31.2						
10	00			20.3			8.1							
	12	45.3	26.3	16.5			8.2	31.3	45.1					
11	00			35.6										
	12	45.4	26.4	12.2			8.3	31.4						
12	00			15.4	D	D		31.5	45.2					
	12	45.5	26.5	52.6			8.4							
13	00			53.2			8.5	31.6	45.3					
	12	45.6	26.6	62.4										
14	00			56.5			8.6	33.1						
	12	12.1	11.1	33.1			20.1		45.4					
15	00			7.3				33.2		34.4				
	12	12.2	11.2	4.5			20.2							
16	00			59.1			20.3	33.3	45.5					
	12	12.3	11.3	40.2										
17	00			64.4	R	R	20.4	33.4						
	12	12.4	11.4	47.5			20.5		45.6					
18	00			46.1	D	D	20.6	33.5						
	12	12.5	11.5	18.2			16.1		12.1					
19	00			48.3				33.6						
	12	12.6	11.6	57.5			16.2							
20	00			32.6			16.3	7.1	12.2					
	12	15.1	10.1	28.1			16.4							
21	00			44.2			16.5	7.2						
	12	15.2	10.2	1.3			16.6		12.3					
22	00			43.3			35.1	7.3						
	12	15.3	10.3	14.4										
23	00			34.5			35.2	7.4	12.4					
	12	15.4	10.4	9.6			35.3			34.3				
24	00			5.6			35.4	7.5	12.5					
	12	15.5	10.5	11.1			35.5							
25	00			10.1	R	R	35.6	7.6						
	12	15.6	10.6	58.2			45.1		12.6					
26	00			38.2			45.2							
	12	52.1	58.1	54.3			45.3	4.1						
27	00			61.3			45.4		15.1					
	12	52.2	58.2	60.3			45.5	4.2						
28	00	52.3	58.3	41.4			45.6							
	12			19.4			12.1	4.3	15.2					
29	00	52.4	58.4	13.4			12.2							
	12			49.5			12.3	4.4	15.3					
30	00	52.5	58.5	30.5			12.4							
	12			55.5			12.5	4.5						

July 1983

Date	Time	☉	⊕	☾	☊	☋	☿	♀	♂	♃	♄	♅	♆	♇
1	00	52.6	58.6	37.6	12.3	11.3	15.1	4.5	15.4	34.3	50.2	9.1	11.6	50.1
	12			63.6	R	R	15.2	D	D	R	R	R	R	R
2	00	39.1	38.1	22.6			15.3	4.6			D			
	12			25.1			15.4		15.5					
3	00	39.2	38.2	17.1			15.5	29.1						
	12			21.2			15.6							
4	00	39.3	38.3	51.3	D	D	52.1	29.2	15.6			34.6		
	12			42.3			52.2			34.2				
5	00	39.4	38.4	3.4			52.4							
	12			27.5			52.5	29.3	52.1					
6	00	39.5	38.5	24.6			52.6							
	12			23.2			39.1	29.4	52.2					
7	00	39.6	38.6	8.3			39.2							
	12			20.4			39.3							D
8	00	53.1	54.1	16.6			39.5	29.5	52.3					
	12			45.1			39.6							
9	00	53.2	54.2	12.3	R	R	53.1							
	12			15.5			53.2	29.6	52.4					
10	00	53.3	54.3	39.1			53.3							
	12			53.3			53.4	59.1					11.5	
11	00	53.4	54.4	62.5			53.5		52.5					
	12			31.1			62.1							
12	00	53.5	54.5	33.3			62.2	59.2						
	12			7.5			62.3		52.6					
13	00	53.6	54.6	29.1			62.4							
	12			59.3			62.5	59.3	39.1					
14	00	62.1	61.1	40.5			62.6							
	12			47.1			56.1							
15	00	62.2	61.2	6.3			56.2	59.4	39.2					
	12			46.4			56.4							
16	00	62.3	61.3	18.6			56.5							
	12			57.1			56.6	59.5	39.3					
17	00	62.4	61.4	32.2			31.1							
	12			50.3	D	D	31.2							
18	00	62.5	61.5	28.4			31.3		39.4					
	12			44.5			31.4	59.6						
19	00	62.6	61.6	1.6			31.5							
	12			14.1			31.6		39.5					
20	00	56.1	60.1	34.2			33.1							
	12			9.2			33.2	40.1						
21	00	56.2	60.2	5.3			33.3		39.6					
	12			26.3			33.4							
22	00	56.3	60.3	11.4	R	R	33.5		53.1					
	12			10.4			33.6	40.2						
23	00	56.4	60.4	58.5			7.1							
	12			38.5			7.2		53.2					
24	00	56.5	60.5	54.6			7.3							
	12			61.6			7.4							
25	00	56.6	60.6	60.6			7.5	40.3	53.3					
	12			19.1			7.6							
26	00	31.1	41.1	13.1			4.1							
	12	31.2	41.2	49.1			4.2		53.4					
27	00			30.2			4.3				50.3			
	12	31.3	41.3	55.2	12.2	11.2	4.4							
28	00			37.2			4.5	40.4	53.5					
	12	31.4	41.4	63.3			4.6							
29	00			22.3										
	12	31.5	41.5	36.3			29.1		53.6	D				
30	00			25.4			29.2							
	12	31.6	41.6	17.4			29.3		62.1					
31	00			21.5			29.4							
	12	33.1	19.1	51.5			29.5							

August 1983

Date	Time	☉	⊕	☾	☊	☋	☿	♀	♂	♃	♄	♅	♆	♇
1	00	33.1	19.1	42.6	12.2	11.2	29.6	40.4	62.2	34.2	50.3	34.6	11.5	50.1
	12	33.2	19.2	27.1	R	R	D	D	D	D	D	R	R	D
2	00			24.2			59.1							
	12	33.3	19.3	2.3	D	D	59.2		62.3					
3	00			23.4			59.3							
	12	33.4	19.4	8.5			59.4							
4	00			20.6			59.5	R	62.4					
	12	33.5	19.5	35.1										
5	00			45.3			59.6							
	12	33.6	19.6	12.4	R	R	40.1		62.5					
6	00			15.6			40.2							
	12	7.1	13.1	39.2										
7	00			53.4			40.3		62.6					
	12	7.2	13.2	62.6			40.4							
8	00			31.2			40.5							
	12	7.3	13.3	33.4					56.1					
9	00			7.6			40.6							
	12	7.4	13.4	29.2			64.1							
10	00			59.5			64.2		56.2					
	12	7.5	13.5	64.1										
11	00			47.3			64.3	40.3						
	12	7.6	13.6	6.5	12.1	11.1	64.4		56.3					
12	00			46.6										
	12	4.1	49.1	48.2			64.5		56.4					
13	00			57.4			64.6							
	12	4.2	49.2	32.5							50.4			
14	00			50.6			47.1	40.2	56.5					
	12	4.3	49.3	44.2			47.2					D		
15	00			1.3										
	12	4.4	49.4	43.4			47.3		56.6					
16	00			14.4	D	D		40.1						
	12	4.5	49.5	34.5			47.4							
17	00			9.6			47.5		31.1					
	12	4.6	49.6	5.6										
18	00	29.1	30.1	11.1			47.6	59.6						
	12			10.1	R	R			31.2					
19	00	29.2	30.2	58.2			6.1							
	12			38.2										
20	00	29.3	30.3	54.2			6.2	59.5	31.3					
	12			61.3										
21	00	29.4	30.4	60.3			6.3							
	12			41.3				59.4	31.4					
22	00	29.5	30.5	19.4			6.4							
	12			13.4										
23	00	29.6	30.6	49.4				59.3	31.5					
	12			30.5			6.5			34.3				50.2
24	00	59.1	55.1	55.5										
	12			37.5	45.6	26.6	6.6	59.2	31.6					
25	00	59.2	55.2	63.6										
	12			22.6										
26	00	59.3	55.3	25.1			46.1	59.1	33.1					
	12			17.1							50.5			
27	00	59.4	55.4	21.2										
	12			51.2			46.2	29.6	33.2					
28	00	59.5	55.5	42.3										
	12			3.3					33.3					
29	00	59.6	55.6	27.4				29.5						
	12			24.5										
30	00	40.1	37.1	2.6			46.3		33.4					
	12			8.1				29.4						
31	00	40.2	37.2	20.2										
	12			16.3	D	D			33.5					

September 1983

Date	Time	☉	⊕	☾	☊	☋	☿	♀	♂	♃	♄	♅	♆	♇
1	00	40.3	37.3	35.4	45.6	26.6	46.3	29.4	33.5	34.3	50.5	34.6	11.5	50.2
	12			45.5	D	D	D	29.3	D	D	D	D	R	D
2	00	40.4	37.4	15.1	R	R	R		33.6					
	12			52.2										
3	00	40.5	37.5	39.4				29.2		34.4				
	12			53.5					7.1					
4	00	40.6	37.6	56.1										
	12	64.1	63.1	31.3	45.5	26.5								
5	00			33.5					7.2					
	12	64.2	63.2	4.1			46.2	29.1						
6	00			29.3							50.6			
	12	64.3	63.3	59.5					7.3					
7	00			64.1										
	12	64.4	63.4	47.4			46.1							
8	00			6.6				4.6	7.4					
	12	64.5	63.5	18.2									D	
9	00			48.3			6.6							
	12	64.6	63.6	57.5					7.5					
10	00			50.1			6.5							
	12	47.1	22.1	28.2	45.4	26.4								
11	00			44.4					7.6					
	12	47.2	22.2	1.5			6.4	4.5		34.5				
12	00			43.6										
	12	47.3	22.3	34.1			6.3		4.1					
13	00			9.2			6.2							
	12	47.4	22.4	5.2										
14	00			26.3			6.1		4.2					
	12	47.5	22.5	11.4										
15	00			10.4			47.6							
	12	47.6	22.6	58.5					4.3		28.1			
16	00			38.5			47.5	D						
	12	6.1	36.1	54.5										
17	00			61.6			47.4		4.4					
	12	6.2	36.2	60.6										
18	00	6.3	36.3	41.6			47.3							
	12			13.1					4.5					
19	00	6.4	36.4	49.1			47.2			34.6				
	12			30.1										
20	00	6.5	36.5	55.2			47.1		4.6					
	12			37.2				4.6						
21	00	6.6	36.6	63.2										
	12			22.3	45.3	26.3			29.1					
22	00	46.1	25.1	36.3			64.6							
	12			25.4										50.3
23	00	46.2	25.2	17.4					29.2					
	12			21.5								9.1		
24	00	46.3	25.3	51.6										
	12			42.6			D	29.1	29.3		28.2			
25	00	46.4	25.4	27.1										
	12			24.2						9.1				
26	00	46.5	25.5	2.3					29.4					
	12			23.3										
27	00	46.6	25.6	8.4	45.2	26.2		29.2						
	12			20.5			47.1		29.5					
28	00	18.1	17.1	16.6										
	12			45.2										
29	00	18.2	17.2	12.3	D	D	47.2		29.6					
	12	18.3	17.3	15.4				29.3						
30	00			52.5	R	R	47.3							
	12	18.4	17.4	53.1					59.1					

October 1983

Date	Time	☉	⊕	☾	☊	☋	☿	♀	♂	♃	♄	♅	♆	♇
1	00	18.4	17.4	62.2	45.2	26.2	47.3	29.3	59.1	9.1	28.2	9.1	11.5	50.3
	12	18.5	17.5	56.4	R	R	47.4	29.4	D	9.2	D	D	D	D
2	00			31.5					59.2					
	12	18.6	17.6	7.1			47.5							
3	00			4.3				29.5			28.3			
	12	48.1	21.1	29.5			47.6		59.3					
4	00			40.1			6.1							
	12	48.2	21.2	64.3				29.6						
5	00			47.5			6.2		59.4					
	12	48.3	21.3	46.1			6.3							
6	00			18.2			6.4							
	12	48.4	21.4	48.4				59.1	59.5					
7	00			57.6			6.5			9.3				
	12	48.5	21.5	50.2			6.6	59.2						
8	00			28.3	45.1	26.1	46.1		59.6					
	12	48.6	21.6	44.5			46.2							
9	00	57.1	51.1	1.6				59.3						
	12			14.1			46.3		40.1					
10	00	57.2	51.2	34.3			46.4							
	12			9.4			46.5	59.4						
11	00	57.3	51.3	5.4			46.6		40.2		28.4			
	12			26.5	D	D	18.1							
12	00	57.4	51.4	11.6			18.2	59.5						
	12			10.6			18.3		40.3	9.4				
13	00	57.5	51.5	38.1				59.6						
	12			54.1			18.4							
14	00	57.6	51.6	61.2	R	R	18.5		40.4					
	12			60.2			18.6	40.1						
15	00	32.1	42.1	41.3			48.1							
	12			19.3			48.2	40.2	40.5					
16	00	32.2	42.2	13.3			48.3							
	12			49.4			48.4	40.3				9.2		
17	00	32.3	42.3	30.4			48.5		40.6					50.4
	12			55.4			48.6			9.5				
18	00	32.4	42.4	37.5			57.1	40.4						
	12	32.5	42.5	63.5			57.2		64.1					
19	00			22.6				40.5			28.5			
	12	32.6	42.6	36.6			57.3							
20	00			17.1			57.4	40.6	64.2					
	12	50.1	3.1	21.1			57.5							
21	00			51.2			57.6							
	12	50.2	3.2	42.3	35.6	5.6	32.1	64.1						
22	00			3.3			32.2		64.3					
	12	50.3	3.3	27.4			32.3	64.2		9.6				
23	00			24.5			32.4							
	12	50.4	3.4	2.6			32.5	64.3	64.4					
24	00			8.1			32.6							
	12	50.5	3.5	20.2				64.4						
25	00			16.3			50.1		64.5					
	12	50.6	3.6	35.4			50.2	61.5						
26	00			45.5	D	D	50.3							
	12	28.1	27.1	15.1			50.4	64.6	64.6					
27	00	28.2	27.2	52.2			50.5			5.1	28.6			
	12			39.3			50.6	47.1						
28	00	28.3	27.3	53.5			28.1		47.1					
	12			62.6			28.2	47.2						
29	00	28.4	27.4	31.2			28.3							
	12			33.3	R	R		47.3	47.2					
30	00	28.5	27.5	7.5			28.4							
	12			4.6			28.5	47.4						
31	00	28.6	27.6	59.2			28.6		47.3					
	12			40.4			44.1	47.5						

November 1983

Date	Time	☉	⊕	☽	☊	☋	☿	♀	♂	♃	♄	♅	♆	♇
1	00	44.1	24.1	64.5	35.6	5.6	44.2	47.5	47.3	5.2	28.6	9.2	11.5	50.4
	12			6.1	R	R	44.3	47.6	47.4	D	D	D	D	D
2	00	44.2	24.2	46.3			44.4							
	12			18.4				6.1						
3	00	44.3	24.3	48.6			44.5		47.5					
	12	44.4	24.4	32.2			44.6	6.2			44.1	9.3		
4	00			50.3			1.1							
	12	44.5	24.5	28.5			1.2	6.3	47.6				11.6	
5	00			44.6			1.3	6.4						
	12	44.6	24.6	43.1			1.4			5.3				
6	00			14.3				6.5						
	12	1.1	2.1	34.4			1.5		6.1					
7	00			9.5			1.6	6.6						
	12	1.2	2.2	5.6	D	D	43.1							
8	00			11.1			43.2	46.1	6.2					
	12	1.3	2.3	10.2			43.3							
9	00			58.2				46.2						
	12	1.4	2.4	38.3			43.4		6.3					50.5
10	00	1.5	2.5	54.3			43.5	46.3		5.4				
	12			61.4			43.6	46.4						
11	00	1.6	2.6	60.4			14.1		6.4					
	12			41.5			14.2	46.5			44.2			
12	00	43.1	23.1	19.5										
	12			13.5			14.3	46.6	6.5					
13	00	43.2	23.2	49.6	R	R	14.4							
	12			30.6			14.5	18.1						
14	00	43.3	23.3	55.6			14.6		6.6	5.5				
	12			63.1			34.1	18.2						
15	00	43.4	23.4	22.1				18.3						
	12			36.2			34.2		46.1					
16	00	43.5	23.5	25.2			34.3	18.4						
	12			17.3			34.4							
17	00	43.6	23.6	21.3			34.5	18.5						
	12	14.1	8.1	51.4	35.5	5.5			46.2					
18	00			42.5			34.6	18.6						
	12	14.2	8.2	3.5			9.1	48.1		5.6				
19	00			27.6			9.2		46.3					
	12	14.3	8.3	2.1			9.3	48.2			44.3	9.4		
20	00			23.2			9.4							
	12	14.4	8.4	8.4				48.3	46.4					
21	00			20.5			9.5	48.4						
	12	14.5	8.5	16.6			9.6							
22	00			45.1	D	D	5.1	48.5	46.5					
	12	14.6	8.6	12.3			5.2							
23	00			15.4				48.6		26.1				
	12	34.1	20.1	52.6			5.3		46.6					
24	00	34.2	20.2	53.1			5.4	57.1						
	12			62.3			5.5	57.2						
25	00	34.3	20.3	56.4			5.6							
	12			31.6				57.3	18.1					
26	00	34.4	20.4	7.1			26.1							
	12			4.3			26.2	57.4						
27	00	34.5	20.5	29.4			26.3	57.5	18.2	26.2				
	12			59.6	R	R	26.4				44.4			
28	00	34.6	20.6	64.2				57.6						
	12			47.3			26.5		18.3					
29	00	9.1	16.1	6.5			26.6	32.1						
	12	9.2	16.2	46.6			11.1	32.2						
30	00			48.2			11.2		18.4					
	12	9.3	16.3	57.3				32.3						

December 1983

Date	Time	☉	⊕	☽	☊	☋	☿	♀	♂	♃	♄	♅	♆	♇
1	00	9.3	16.3	32.4	35.5	5.5	11.3	32.3	18.4	26.3	44.4	9.4	11.6	50.5
	12	9.4	16.4	50.6	R	R	11.4	32.4	18.5	D	D	D	D	D
2	00			44.1			11.5	32.5						
	12	9.5	16.5	1.2										
3	00			43.4			11.6	32.6					10.1	
	12	9.6	16.6	14.5			10.1		18.6					
4	00			34.6			10.2	50.1						
	12	5.1	35.1	5.1				50.2				9.5		
5	00			26.2	D	D	10.3		48.1					50.6
	12	5.2	35.2	11.2			10.4	50.3		26.4				
6	00	5.3	35.3	10.3			10.5	50.4			44.5			
	12			58.4					48.2					
7	00	5.4	35.4	38.5			10.6	50.5						
	12			54.5			58.1							
8	00	5.5	35.5	61.6				50.6						
	12			60.6			58.2	28.1	48.3					
9	00	5.6	35.6	19.1	R	R	58.3							
	12			13.1			58.4	28.2		26.5				
10	00	26.1	45.1	49.1					48.4					
	12			30.2			58.5	28.3						
11	00	26.2	45.2	55.2			58.6	28.4						
	12			37.2					48.5					
12	00	26.3	45.3	63.3			38.1	28.5						
	12	26.4	45.4	22.3				28.6						
13	00			36.3	D	D	38.2		48.6					
	12	26.5	45.5	25.4			38.3	44.1		26.6				
14	00			17.4										
	12	26.6	45.6	21.5			38.4	44.2						
15	00			51.5				44.3	57.1		44.6			
	12	11.1	12.1	42.6			38.5							
16	00			27.1				44.4						
	12	11.2	12.2	24.2			38.6	44.5	57.2					
17	00			2.3										
	12	11.3	12.3	23.4				44.6		11.1				
18	00	11.4	12.4	8.5			54.1							
	12			20.6				1.1	57.3					
19	00	11.5	12.5	35.2				1.2						
	12			45.3	R	R	54.2							
20	00	11.6	12.6	12.5				1.3	57.4			9.6		
	12			15.6				1.4						
21	00	10.1	15.1	39.2										
	12			53.4				1.5	57.5					
22	00	10.2	15.2	62.5				1.6		11.2				
	12			31.1			R							
23	00	10.3	15.3	33.3				43.1						
	12	10.4	15.4	7.5					57.6					
24	00			29.1				43.2						
	12	10.5	15.5	59.2				43.3			1.1			
25	00			40.4			54.1		32.1					
	12	10.6	15.6	64.6				43.4						
26	00			6.1				43.5		11.3				
	12	58.1	52.1	46.3			38.6							
27	00			18.4	D	D		43.6	32.2					
	12	58.2	52.2	48.6			38.5	14.1						
28	00			32.1									10.2	
	12	58.3	52.3	50.2			38.4	14.2	32.3					
29	00			28.3			38.3							
	12	58.4	52.4	44.5				14.3						
30	00	58.5	52.5	1.6			38.2	14.4	32.4	11.4				
	12			14.1			38.1							
31	00	58.6	52.6	34.2			58.6	14.5						
	12			9.3				14.6						

January 1984

Date	Time	☉	⊕	☾	☊	☋	☿	♀	♂	♃	♄	♅	♆	♇
1	00	38.1	39.1	5.3	35.5	5.5	58.5	14.6	32.5	11.4	1.1	9.6	10.2	50.6
	12			26.4	R	R	58.4	34.1	D	D	D	D	D	D
2	00	38.2	39.2	11.5				34.2						
	12			10.6			58.3		32.6					
3	00	38.3	39.3	58.6			58.2	34.3						
	12			54.1						11.5				
4	00	38.4	39.4	61.1			58.1	34.4			1.2			
	12	38.5	39.5	60.2			10.6	34.5	50.1					
5	00			41.2										
	12	38.6	39.6	19.3			10.5	34.6				5.1		
6	00			13.3				9.1	50.2					
	12	54.1	53.1	49.4										
7	00			30.4			10.4	9.2						
	12	54.2	53.2	55.4				9.3		11.6				
8	00			37.5					50.3					
	12	54.3	53.3	63.5			10.3	9.4						
9	00			22.5				9.5						
	12	54.4	53.4	36.6										
10	00	54.5	53.5	25.6				9.6	50.4					
	12			17.6										
11	00	54.6	53.6	51.1				5.1						
	12			42.1	D	D	D	5.2	50.5					
12	00	61.1	62.1	3.2						10.1				
	12			27.2				5.3						
13	00	61.2	62.2	24.3				5.4						
	12			2.4					50.6					
14	00	61.3	62.3	23.5				5.5						28.1
	12			8.6			10.4	5.6						
15	00	61.4	62.4	16.1										
	12	61.5	62.5	35.2				26.1	28.1					
16	00			45.4	R	R		26.2		10.2				
	12	61.6	62.6	12.5			10.5							
17	00			52.1				26.3	28.2		1.3			
	12	60.1	56.1	39.3			10.6	26.4						
18	00			53.5										
	12	60.2	56.2	62.6				26.5						
19	00			31.2			58.1	26.6	28.3					
	12	60.3	56.3	33.5										
20	00			4.1	35.4	5.4	58.2	11.1						
	12	60.4	56.4	29.3						10.3				
21	00			59.5			58.3	11.2	28.4					
	12	60.5	56.5	64.1				11.3						
22	00	60.6	56.6	47.3			58.4							
	12			6.4				11.4						
23	00	41.1	31.1	46.6			58.5	11.5	28.5				10.3	
	12			48.2										
24	00	41.2	31.2	57.3			58.6	11.6						
	12			32.5				10.1	28.6			5.2		
25	00	41.3	31.3	50.6			38.1			10.4				
	12			44.1	D	D	38.2	10.2						
26	00	41.4	31.4	1.3				10.3						
	12			43.4			38.3		44.1					
27	00	41.5	31.5	14.5			38.4	10.4						
	12	41.6	31.6	34.5				10.5						
28	00			9.6			38.5							
	12	19.1	33.1	26.1	R	R	38.6	10.6	44.2					
29	00			11.2				58.1						
	12	19.2	33.2	10.2			54.1			10.5				
30	00			58.3			54.2	58.2						
	12	19.3	33.3	38.3				58.3	44.3					
31	00			54.4			54.3							
	12	19.4	33.4	61.4			54.4	58.4						

February 1984

Date	Time	☉	⊕	☾	☊	☋	☿	♀	♂	♃	♄	♅	♆	♇
1	00	19.4	33.4	60.5	35.4	5.4	54.4	58.4	44.3	10.5	1.3	5.2	10.3	28.1
	12	19.5	33.5	41.5	R	R	54.5	58.5	44.4	D	D	D	D	D
2	00	19.6	33.6	19.6			54.6	58.6						
	12			13.6										
3	00	13.1	7.1	49.6	35.3	5.3	61.1	38.1		10.6				
	12			55.1			61.2	38.2	44.5					
4	00	13.2	7.2	37.1			61.3							
	12			63.1				38.3						R
5	00	13.3	7.3	22.2			61.4	38.4						
	12			36.2			61.5				1.4			
6	00	13.4	7.4	25.2			61.6	38.5	44.6					
	12			17.3				38.6						
7	00	13.5	7.5	21.3			60.1							
	12			51.3			60.2	54.1						
8	00	13.6	7.6	42.4			60.3	54.2	1.1	58.1				
	12	49.1	4.1	3.4										
9	00			27.5			60.4	54.3						
	12	49.2	4.2	24.5			60.5	54.4						
10	00			2.6	35.2	5.2	60.6		1.2					
	12	49.3	4.3	8.1	D	D	41.1	54.5						
11	00			20.2				54.6						
	12	49.4	4.4	16.3	35.3	5.3	41.2							
12	00			35.4	R	R	41.3	61.1						
	12	49.5	4.5	45.5			41.4	61.2	1.3					
13	00			12.6	35.2	5.2	41.5			58.2				
	12	49.6	4.6	52.2				61.3						
14	00			39.3			41.6	61.4						
	12	30.1	29.1	53.5			19.1		1.4					
15	00	30.2	29.2	56.1			19.2	61.5						
	12			31.3			19.3	61.6						
16	00	30.3	29.3	33.5			19.4							
	12			4.1				60.1						
17	00	30.4	29.4	29.3			19.5		1.5					
	12			59.5			19.6	60.2						
18	00	30.5	29.5	64.2			13.1	60.3		58.3				
	12			47.4			13.2							
19	00	30.6	29.6	6.6			13.3	60.4						
	12			18.2			13.4	60.5	1.6					
20	00	55.1	59.1	48.4	35.1	5.1								
	12			57.6			13.5	60.6						
21	00	55.2	59.2	50.1			13.6	41.1				5.3		
	12	55.3	59.3	28.3			49.1							
22	00			44.4			49.2	41.2	43.1					
	12	55.4	59.4	1.6			49.3	41.3						
23	00			14.1			49.4			58.4				
	12	55.5	59.5	34.2			49.5	41.4						
24	00			9.3	D	D		41.5						
	12	55.6	59.6	5.4	R	R	49.6		43.2					
25	00			26.4			30.1	41.6			R			
	12	37.1	40.1	11.5			30.2	19.1						
26	00			10.6			30.3							50.6
	12	37.2	40.2	58.6			30.4	19.2					10.4	
27	00			54.1			30.5	19.3	43.3					
	12	37.3	40.3	61.1			30.6							
28	00	37.4	40.4	60.2			55.1	19.4						
	12			41.2			55.2	19.5						
29	00	37.5	40.5	19.2			55.3			58.5				
	12			13.3			55.4	19.6	43.4					

March 1984

Date	Time	☉	⊕	☾	☊	☋	☿	♀	♂	♃	♄	♅	♆	♇
1	00	37.6	40.6	49.3	35.1	5.1	55.5	13.1	43.4	58.5	1.4	5.3	10.4	50.6
	12			30.3	R	R	55.6	D	D	D	R	D	D	R
2	00	63.1	64.1	55.4	16.6	9.6	37.1	13.2						
	12			37.4				13.3						
3	00	63.2	64.2	63.4			37.2							
	12			22.5			37.3	13.4	43.5					
4	00	63.3	64.3	36.5			37.4	13.5						
	12			25.5			37.5							
5	00	63.4	64.4	17.6			37.6	13.6						
	12			21.6			63.1							
6	00	63.5	64.5	42.1	16.5	9.5	63.2	49.1		58.6				
	12	63.6	64.6	3.1			63.3	49.2	43.6					
7	00			27.2			63.4							
	12	22.1	47.1	24.2			63.5	49.3						
8	00			2.3			63.6	49.4						
	12	22.2	47.2	23.3			22.1							
9	00			8.4			22.2	49.5						
	12	22.3	47.3	20.5			22.4	49.6						
10	00			16.5	D	D	22.5		14.1					
	12	22.4	47.4	35.6			22.6	30.1						
11	00			12.1	R	R	36.1	30.2						
	12	22.5	47.5	15.2			36.2							
12	00			52.4			36.3	30.3						
	12	22.6	47.6	39.5			36.4	30.4		38.1				
13	00			62.1			36.5							
	12	36.1	6.1	56.2			36.6	30.5						
14	00	36.2	6.2	31.4			25.1	30.6	14.2					
	12			33.6			25.2							
15	00	36.3	6.3	4.2			25.3	55.1						
	12			29.4			25.4	55.2			1.3			
16	00	36.4	6.4	59.6			25.5							
	12			64.2			25.6	55.3						
17	00	36.5	6.5	47.4			17.1	55.4						
	12			6.6	16.4	9.4	17.2							
18	00	36.6	6.6	18.3			17.3	55.5	14.3					
	12			48.5			17.4	55.6				R		
19	00	25.1	46.1	32.1			17.5							
	12			50.3			21.1	37.1						
20	00	25.2	46.2	28.4			21.2	37.2		38.2				
	12			44.6			21.3							
21	00	25.3	46.3	43.2			21.4	37.3						
	12			14.3			21.5	37.4						
22	00	25.4	46.4	34.4			21.6							
	12	25.5	46.5	9.5	D	D	51.1	37.5						
23	00			5.6			51.2	37.6						
	12	25.6	46.6	11.1			51.3		14.4					
24	00			10.2			51.4	63.1						
	12	17.1	18.1	58.3	R	R	51.5							
25	00			38.3				63.2						
	12	17.2	18.2	54.4			51.6	63.3						
26	00			61.4			42.1							
	12	17.3	18.3	60.5			42.2	63.4						
27	00			41.5			42.3	63.5						
	12	17.4	18.4	19.6			42.4							
28	00			13.6			42.5	63.6						
	12	17.5	18.5	49.6			42.6	22.1						
29	00			55.1						38.3				
	12	17.6	18.6	37.1			3.1	22.2						
30	00			63.1	16.3	9.3	3.2	22.3						
	12	21.1	48.1	22.2			3.3							
31	00	21.2	48.2	36.2				22.4						
	12			25.2			3.4	22.5						

April 1984

Date	Time	☉	⊕	☾	☊	☋	☿	♀	♂	♃	♄	♅	♆	♇
1	00	21.3	48.3	17.3	16.3	9.3	3.5	22.5	14.4	38.3	1.3	5.3	10.4	50.6
	12			21.3	R	R	D	22.6	D	D	R	R	D	R
2	00	21.4	48.4	51.3			3.6	36.1	14.5					
	12			42.4										
3	00	21.5	48.5	3.4			27.1	36.2					R	
	12			27.5				36.3						
4	00	21.6	48.6	24.5			27.2							
	12			2.6				36.4			1.2			
5	00	51.1	57.1	8.1			27.3	36.5						
	12			20.1										
6	00	51.2	57.2	16.2				36.6	R					
	12			35.3	D	D	27.4	25.1						
7	00	51.3	57.3	45.4										
	12			12.5				25.2						
8	00	51.4	57.4	15.6			27.5	25.3						
	12			39.1										
9	00	51.5	57.5	53.2				25.4						
	12	51.6	57.6	62.4	R	R		25.5	14.4	38.4				
10	00			56.5										50.5
	12	42.1	32.1	31.6				25.6						
11	00			7.2				17.1						
	12	42.2	32.2	4.4	16.2	9.2	27.6							
12	00			29.6			R	17.2						
	12	42.3	32.3	40.1			27.5							
13	00			64.3				17.3						
	12	42.4	32.4	47.5				17.4						
14	00			46.1										
	12	42.5	32.5	18.3				17.5				5.2		
15	00			48.5				17.6						
	12	42.6	32.6	32.1										
16	00			50.3				21.1						
	12	3.1	50.1	28.5			27.4	21.2						
17	00			1.1										
	12	3.2	50.2	43.3				21.3						
18	00			14.4				21.4						
	12	3.3	50.3	34.5			27.3		14.3		1.1			
19	00			5.1	D	D		21.5						
	12	3.4	50.4	26.2				21.6						
20	00			11.3			27.2							
	12	3.5	50.5	10.4				51.1						
21	00	3.6	50.6	58.5				51.2						
	12			38.6			27.1							
22	00	27.1	28.1	54.6				51.3						
	12			60.1				51.4						
23	00	27.2	28.2	41.1			3.6							
	12			19.2	R	R		51.5	14.2					
24	00	27.3	28.3	13.2			3.5	51.6						
	12			49.3										
25	00	27.4	28.4	30.3				42.1						
	12			55.3			3.4	42.2						
26	00	27.5	28.5	37.4										
	12			63.4				42.3						
27	00	27.6	28.6	22.4			3.3	42.4						
	12			36.5					14.1					
28	00	24.1	44.1	25.5				42.5						
	12			17.5			3.2	42.6						
29	00	24.2	44.2	21.6										
	12			51.6				3.1						
30	00	24.3	44.3	3.1						R				
	12			27.1			3.1	3.2	43.6					

May 1984

Date	Time	☉	⊕	☾	☊	☋	☿	♀	♂	♃	♄	♅	♆	♇
1	00	24.4	44.4	24.2	16.1	9.1	3.1	3.3	43.6	38.4	1.1	5.2	10.4	50.5
	12			2.3	R	R	R	D	R	R	44.6	R	R	R
2	00	24.5	44.5	23.3				3.4						
	12			8.4				3.5						
3	00	24.6	44.6	20.5										
	12			16.6	D	D		3.6	43.5					
4	00	2.1	1.1	45.1				27.1						
	12	2.2	1.2	12.2			42.6							
5	00			15.3				27.2						
	12	2.3	1.3	52.4				27.3						
6	00			39.5			D							
	12	2.4	1.4	53.6				27.4	43.4					
7	00			56.1			3.1	27.5						
	12	2.5	1.5	31.3	16.2	9.2								
8	00			33.4				27.6						
	12	2.6	1.6	7.6	R	R		24.1						
9	00			29.1										
	12	23.1	43.1	59.3				24.2	43.3					
10	00			40.5	16.1	9.1		24.3						
	12	23.2	43.2	64.6									10.3	
11	00			6.2			3.2	24.4						
	12	23.3	43.3	46.4				24.5						
12	00			18.5					43.2					
	12	23.4	43.4	57.1				24.6						
13	00			32.3			3.3	2.1						
	12	23.5	43.5	50.5										
14	00			28.6				2.2			44.5			50.4
	12	23.6	43.6	1.2			3.4		43.1			5.1		
15	00			43.4				2.3						
	12	8.1	14.1	14.5				2.4						
16	00			9.1			3.5							
	12	8.2	14.2	5.2	D	D		2.5						
17	00			26.3			3.6	2.6	1.6					
	12	8.3	14.3	11.4										
18	00			10.5				23.1						
	12	8.4	14.4	58.6			27.1	23.2						
19	00			54.1										
	12	8.5	14.5	61.2			27.2	23.3	1.5					
20	00			60.3				23.4						
	12	8.6	14.6	41.3			27.3			38.3				
21	00			19.4				23.5						
	12	20.1	34.1	13.4			27.4	23.6						
22	00	20.2	34.2	49.5			27.5							
	12			30.5				8.1	1.4					
23	00	20.3	34.3	55.6	R	R	27.6	8.2						
	12			37.6										
24	00	20.4	34.4	63.6			24.1	8.3						
	12			36.1			24.2	8.4						
25	00	20.5	34.5	25.1										
	12			17.1			24.3	8.5	1.3					
26	00	20.6	34.6	21.2			24.4	8.6						
	12			51.2										
27	00	16.1	9.1	42.3			24.5	20.1						
	12			3.3			24.6	20.2			44.4			
28	00	16.2	9.2	27.4	D	D								
	12			24.4			2.1	20.3	1.2					
29	00	16.3	9.3	2.5			2.2							
	12			23.6			2.3	20.4						
30	00	16.4	9.4	20.1				20.5						
	12			16.2			2.4							
31	00	16.5	9.5	35.3	R	R	2.5	20.6						
	12			45.4			2.6	16.1						

June 1984

Date	Time	☉	⊕	☾	☊	☋	☿	♀	♂	♃	♄	♅	♆	♇
1	00	16.6	9.6	12.5	16.1	9.1	23.1	16.1	1.1	38.3	44.4	5.1	10.3	50.4
	12			15.6	R	R	D	16.2	R	38.2	R	R	R	R
2	00	35.1	5.1	39.1			23.2	16.3						
	12			53.3			23.3							
3	00	35.2	5.2	62.4			23.4	16.4						
	12			56.5			23.5	16.5						
4	00	35.3	5.3	33.1			23.6							
	12			7.2			8.1	16.6						
5	00	35.4	5.4	4.4				35.1	44.6					
	12			29.5			8.2							
6	00	35.5	5.5	40.1			8.3	35.2						
	12			64.3			8.4	35.3						
7	00	35.6	5.6	47.4	D	D	8.5					9.6		
	12			6.6			8.6	35.4						
8	00	45.1	26.1	18.1			20.1	35.5						
	12			48.3			20.2							
9	00	45.2	26.2	57.5			20.3	35.6						
	12			32.6			20.4	45.1						
10	00	45.3	26.3	28.2			20.5							
	12			44.3			20.6	45.2	44.5	38.1				
11	00	45.4	26.4	1.5			16.1	45.3						
	12			43.6			16.2							
12	00	45.5	26.5	34.1			16.3	45.4						
	12			9.3	R	R	16.4							
13	00	45.6	26.6	5.4			16.5	45.5			44.3			
	12	12.1	11.1	26.5			16.6	45.6						
14	00			11.6			35.1							
	12	12.2	11.2	58.1			35.3	12.1						
15	00			38.2			35.4	12.2						
	12	12.3	11.3	54.3			35.5							
16	00			61.4			35.6	12.3						
	12	12.4	11.4	60.5			45.1	12.4						
17	00			41.5			45.2							
	12	12.5	11.5	19.6			45.3	12.5						
18	00			13.6			45.4	12.6						
	12	12.6	11.6	30.1			45.6			58.6			10.2	
19	00			55.1			12.1	15.1						
	12	15.1	10.1	37.2			12.2	15.2						
20	00			63.2			12.3		D					
	12	15.2	10.2	22.2			12.4	15.3						
21	00			36.3			12.5	15.4						
	12	15.3	10.3	25.3	D	D	15.1							
22	00			17.3			15.2	15.5						
	12	15.4	10.4	21.4			15.3	15.6						
23	00			51.4			15.4							
	12	15.5	10.5	42.5			15.5	52.1						
24	00			3.5			15.6	52.2						
	12	15.6	10.6	27.6			52.2							
25	00			24.6			52.3	52.3						
	12	52.1	58.1	23.1			52.4	52.4						
26	00			8.2			52.5			58.5				
	12	52.2	58.2	20.3			52.6	52.5						
27	00			16.4	R	R	39.1							
	12	52.3	58.3	35.5			39.2	52.6						
28	00			45.6			39.4	39.1						
	12	52.4	58.4	15.1			39.5							
29	00			52.2			39.6	39.2						
	12	52.5	58.5	39.4			53.1	39.3	44.6					
30	00			53.5			53.2							
	12	52.6	58.6	56.1			53.3	39.4						

July 1984

Date	Time	☉	⊕	☾	☊	☋	☿	♀	♂	♃	♄	♅	♆	♇
1	00	52.6	58.6	31.3	16.1	9.1	53.4	39.5	44.6	58.5	44.3	9.5	10.2	50.4
	12	39.1	38.1	33.4	R	R	53.5	D	D	R	R	R	R	R
2	00			7.6			53.6	39.6						
	12	39.2	38.2	29.2			62.2	53.1						
3	00			59.3			62.3							
	12	39.3	38.3	40.5			62.4	53.2		58.4				
4	00			47.1			62.5	53.3						
	12	39.4	38.4	6.2			62.6							
5	00			46.4			56.1	53.4						
	12	39.5	38.5	18.6			56.2	53.5	1.1					
6	00			57.1	D	D	56.3							
	12	39.6	38.6	32.3			56.4	53.6						
7	00			50.4			56.5	62.1						
	12	53.1	54.1	28.5			56.6							
8	00			1.1			31.1	62.2						
	12	53.2	54.2	43.2			31.2	62.3						
9	00			14.3			31.3							
	12	53.3	54.3	34.5			31.4	62.4						D
10	00			9.6	R	R	31.5	62.5	1.2					
	12	53.4	54.4	26.1			31.6							
11	00			11.2				62.6		58.3				
	12	53.5	54.5	10.3			33.1	56.1						
12	00	53.6	54.6	58.4			33.2							
	12			38.5			33.3	56.2						
13	00	62.1	61.1	54.5			33.4							
	12			61.6			33.5	56.3	1.3		D			
14	00	62.2	61.2	41.1	20.6	34.6	33.6	56.4						
	12			19.1			7.1							
15	00	62.3	61.3	13.2			7.2	56.5						
	12			49.3				56.6						
16	00	62.4	61.4	30.3			7.3							
	12			55.3			7.4	31.1	1.4					
17	00	62.5	61.5	37.4			7.5	31.2						
	12			63.4			7.6							
18	00	62.6	61.6	22.5				31.3						
	12			36.5			4.1	31.4						
19	00	56.1	60.1	25.5			4.2			58.2				
	12			17.6			4.3	31.5	1.5					
20	00	56.2	60.2	21.6			4.4	31.6						
	12			51.6										
21	00	56.3	60.3	3.1			4.5	33.1						
	12			27.1	D	D	4.6	33.2						
22	00	56.4	60.4	24.2			29.1							
	12			2.2				33.3	1.6					
23	00	56.5	60.5	23.3			29.2	33.4						
	12			8.3			29.3							
24	00	56.6	60.6	20.4				33.5						
	12			16.5	R	R	29.4	33.6						
25	00	31.1	41.1	35.6			29.5		43.1					
	12			12.1				7.1						
26	00	31.2	41.2	15.3			29.6	7.2					10.1	
	12			52.4			59.1							
27	00	31.3	41.3	39.5				7.3	43.2					
	12			62.1			59.2	7.4						
28	00	31.4	41.4	56.3						58.1				
	12			31.4	20.5	34.5	59.3	7.5						
29	00	31.5	41.5	33.6			59.4							
	12			4.2				7.6	43.3					
30	00	31.6	41.6	29.4			59.5	4.1						
	12			59.6										
31	00	33.1	19.1	64.2			59.6	4.2						
	12			47.4				4.3						

August 1984

Date	Time	☉	⊕	☾	☊	☋	☿	♀	♂	♃	♄	♅	♆	♇
1	00	33.2	19.2	6.6	20.5	34.5	40.1	4.3	43.4	58.1	44.3	9.5	10.1	50.4
	12			18.2	R	R	D	4.4	D	R	D	R	R	D
2	00	33.3	19.3	48.3			40.2	4.5						
	12			57.5										
3	00	33.4	19.4	50.1			40.3	4.6	43.5					
	12			28.2				29.1						
4	00	33.5	19.5	44.3			40.4							
	12			1.5	D	D		29.2						
5	00	33.6	19.6	43.6			40.5	29.3	43.6					
	12			34.1										
6	00	7.1	13.1	9.2	R	R		29.4						
	12	7.2	13.2	5.3			40.6	29.5						
7	00			26.4					14.1					
	12	7.3	13.3	11.5				29.6						
8	00			10.6			64.1	59.1		10.6				
	12	7.4	13.4	38.1										
9	00			54.2				59.2	14.2					
	12	7.5	13.5	61.2				59.3						
10	00			60.3	20.4	34.4	64.2							
	12	7.6	13.6	41.4				59.4						
11	00			19.4				59.5	14.3					
	12	4.1	49.1	13.5										
12	00			49.5				59.6						
	12	4.2	49.2	30.6				40.1						
13	00			55.6					14.4		44.4			
	12	4.3	49.3	63.1			64.3	40.2						
14	00			22.1										
	12	4.4	49.4	36.1	20.3	34.3		40.3	14.5					
15	00			25.2			R	40.4						
	12	4.5	49.5	17.2										
16	00			21.2				40.5						
	12	4.6	49.6	51.3				40.6	14.6					
17	00			42.3			64.2							
	12	29.1	30.1	3.3				64.1						
18	00			27.4				64.2						
	12	29.2	30.2	24.4					34.1			D		
19	00			2.4				64.3						
	12	29.3	30.3	23.5				64.4						
20	00			8.6	D	D	64.1		34.2					
	12	29.4	30.4	20.6	R	R		64.5						
21	00			35.1				64.6						
	12	29.5	30.5	45.2			40.6							
22	00			12.3				47.1	34.3					
	12	29.6	30.6	15.4				47.2						
23	00			52.5			40.5							
	12	59.1	55.1	53.1				47.3	34.4					
24	00			62.2				47.4						
	12	59.2	55.2	56.4			40.4							
25	00			31.5				47.5	34.5					
	12	59.3	55.3	7.1			40.3	47.6						
26	00			4.3										
	12	59.4	55.4	29.5	20.2	34.2	40.2	6.1						
27	00	59.5	55.5	40.1				6.2	34.6					
	12			64.4			40.1							
28	00	59.6	55.6	47.6				6.3						
	12			46.2			59.6		9.1		44.5			
29	00	40.1	37.1	18.4				6.4						
	12			48.6			59.5	6.5						
30	00	40.2	37.2	32.2					9.2	D				
	12			50.3			59.4	6.6						
31	00	40.3	37.3	28.5				46.1						
	12			1.1					9.3					

September 1984

Date	Time	☉	⊕	☾	☊	☋	☿	♀	♂	♃	♄	⇧	♆	⚷
1	00	40.4	37.4	43.2	20.2	34.2	59.3	46.2	9.3	10.6	44.5	9.5	10.1	50.4
	12			14.4	R	R	D	46.3	D	D	D	D	R	D
2	00	40.5	37.5	34.5	D	D	59.2							50.5
	12			9.6	R	R		46.4	9.4					
3	00	40.6	37.6	26.1				46.5						
	12			11.2			59.1							
4	00	64.1	63.1	10.3				46.6	9.5					
	12			58.4			18.1							
5	00	64.2	63.2	38.5										
	12			54.5				18.2	9.6					
6	00	64.3	63.3	61.6				18.3						
	12			60.6	20.1	34.1	29.6							
7	00	64.4	63.4	19.1				18.4	5.1					
	12			13.1			D	18.5						
8	00	64.5	63.5	49.2										
	12			30.2			59.1	18.6	5.2					
9	00	64.6	63.6	55.3				48.1						
	12			37.3										
10	00	47.1	22.1	63.4				48.2	5.3		44.6	D		
	12	47.2	22.2	22.4				48.3						
11	00			36.4			59.2							
	12	47.3	22.3	25.5	8.6	14.6		48.4	5.4					
12	00			17.5										
	12	47.4	22.4	21.5			59.3	48.5						
13	00			51.6				48.6	5.5					
	12	47.5	22.5	42.6			59.4							
14	00			3.6				57.1						
	12	47.6	22.6	24.1			59.5	57.2	5.6					
15	00			2.1										
	12	6.1	36.1	23.1			59.6	57.3						
16	00			8.2				57.4	26.1					
	12	6.2	36.2	20.2	D	D	40.1							
17	00			16.3			40.2	57.5						
	12	6.3	36.3	35.4				57.6	26.2					
18	00			45.4			40.3							
	12	6.4	36.4	12.5	R	R	40.4	32.1						
19	00			15.6			40.5	32.2	26.3					
	12	6.5	36.5	39.1										
20	00			53.2			40.6	32.3						
	12	6.6	36.6	62.4			64.1	32.4	26.4		1.1			
21	00			56.5			64.2			58.1				
	12	46.1	25.1	33.1			64.3	32.5						
22	00			7.2			64.4	32.6	26.5					
	12	46.2	25.2	4.4			64.5							
23	00	46.3	25.3	29.6			64.6	50.1	26.6					
	12			40.2				50.2						
24	00	46.4	25.4	64.4	8.5	14.5	47.1							
	12			47.6			47.2	50.3	11.1					
25	00	46.5	25.5	46.3			47.3							
	12			18.5			47.4	50.4						
26	00	46.6	25.6	57.1			47.5	50.5	11.2					
	12			32.3			47.6							
27	00	18.1	17.1	50.5			6.1	50.6						
	12			44.1			6.2	28.1	11.3					
28	00	18.2	17.2	1.3			6.3							
	12			43.4			6.4	28.2						
29	00	18.3	17.3	14.6	D	D	6.5	28.3	11.4					
	12			9.1			6.6				1.2			
30	00	18.4	17.4	5.3			46.1	28.4	11.5					50.6
	12			26.4			46.2	28.5						

October 1984

Date	Time	☉	⊕	☾	☊	☋	☿	♀	♂	♃	♄	⇧	♆	⚷
1	00	18.5	17.5	11.5	8.5	14.5	46.3	28.5	11.5	58.1	1.2	9.5	10.1	50.6
	12			10.6	D	D	46.4	28.6	11.6	D	D	D	D	D
2	00	18.6	17.6	38.1	R	R	46.5	44.1						
	12			54.2			46.6		58.2					
3	00	48.1	21.1	61.3			18.1	44.2	10.1					
	12	48.2	21.2	60.3			18.2	44.3						
4	00			41.4								9.6		
	12	48.3	21.3	19.4			18.3	44.4	10.2					
5	00			13.5			18.4	44.5						
	12	48.4	21.4	49.5			18.5		10.3					
6	00			30.6			18.6	44.6						
	12	48.5	21.5	55.6			48.1							
7	00			37.6			48.2	1.1	10.4					
	12	48.6	21.6	22.1			48.3	1.2						
8	00			36.1	8.4	14.4	48.4							
	12	57.1	51.1	25.1			48.5	1.3	10.5		1.3			
9	00			17.2			48.6	1.4						
	12	57.2	51.2	21.2			57.1		10.6					
10	00			51.2			57.2	1.5						
	12	57.3	51.3	42.3			57.3	1.6						
11	00			3.3			57.4		58.1	58.3				
	12	57.4	51.4	27.3			57.5	43.1						
12	00			24.4				43.2						
	12	57.5	51.5	2.4			57.6		58.2					
13	00	57.6	51.6	23.5			32.1	43.3						
	12			8.5	D	D	32.2	43.4						
14	00	32.1	42.1	20.6			32.3		58.3					
	12			16.6			32.4	43.5						
15	00	32.2	42.2	45.1			32.5	43.6	58.4					
	12			12.2			32.6							
16	00	32.3	42.3	15.2			50.1	14.1						
	12			52.3			50.2	14.2	58.5					
17	00	32.4	42.4	39.4							1.4			
	12			53.5			50.3	14.3	58.6					
18	00	32.5	42.5	62.6	R	R	50.4			58.4				
	12			31.2			50.5	14.4						
19	00	32.6	42.6	33.3			50.6	14.5	38.1					
	12			7.4			28.1							
20	00	50.1	3.1	4.6			28.2	14.6						
	12			59.2				34.1	38.2					
21	00	50.2	3.2	40.3			28.3							
	12	50.3	3.3	64.5			28.4	34.2	38.3					
22	00			6.1			28.5	34.3						
	12	50.4	3.4	46.3			28.6							
23	00			18.5			44.1	34.4	38.4					
	12	50.5	3.5	57.1			44.2	34.5						
24	00			32.4										28.1
	12	50.6	3.6	50.6			44.3	34.6	38.5	58.5			10.2	
25	00			44.2			44.4	9.1			1.5	5.1		
	12	28.1	27.1	1.4			44.5		38.6					
26	00			43.5			44.6	9.2						
	12	28.2	27.2	34.1	D	D	1.1							
27	00			9.3				9.3	54.1					
	12	28.3	27.3	5.4			1.2	9.4						
28	00			26.6			1.3		54.2					
	12	28.4	27.4	10.1			1.4	9.5						
29	00			58.2			1.5	9.6						
	12	28.5	27.5	38.3			1.6		54.3					
30	00	28.6	27.6	54.4			5.1							
	12			61.5			43.1	5.2	54.4	58.6				
31	00	44.1	24.1	60.6			43.2							
	12			19.1			43.3	5.3						

November 1984

Date/Time	☉	⊕	☾	☊	⯝	☿	♀	♂	♃	♄	⛢	♆	♇
1 00	44.2	24.2	13.1	R	R	43.4	5.4	54.5	58.6	1.5	5.1	10.2	28.1
12			49.2	D	D	D	D	D	D	D	D	D	D
2 00	44.3	24.3	30.2			43.5	5.5			1.6			
12			55.3			43.6	5.6	54.6					
3 00	44.4	24.4	37.3				14.1						
12			63.3			14.2	26.1	61.1					
4 00	44.5	24.5	22.4				14.3	26.2					
12			36.4										
5 00	44.6	24.6	25.4			14.4	26.3	61.2	38.1				
12	1.1	2.1	17.5			14.5							
6 00			21.5			14.6	26.4	61.3					
12	1.2	2.2	51.5				26.5						
7 00			42.6			34.1							
12	1.3	2.3	3.6			34.2	26.6	61.4					
8 00			27.6			34.3	11.1						
12	1.4	2.4	2.1					61.5					
9 00			23.1			34.4	11.2						
12	1.5	2.5	8.2			34.5	11.3						
10 00			20.2	D	D	34.6		61.6		43.1			
12	1.6	2.6	16.3			9.1	11.4		38.2				
11 00			35.4				11.5	60.1					
12	43.1	23.1	45.4			9.2					5.2		
12 00			12.5			9.3	11.6						
12	43.2	23.2	15.6			9.4		60.2					
13 00	43.3	23.3	39.1				10.1						
12			53.2			9.5	10.2	60.3					
14 00	43.4	23.4	62.3			9.6							
12			56.4			5.1	10.3						
15 00	43.5	23.5	31.5				10.4	60.4					
12			33.6			5.2			38.3				
16 00	43.6	23.6	4.2			5.3	10.5	60.5					
12			29.3	R	R		10.6						28.2
17 00	14.1	8.1	59.5			5.4							
12			40.6			5.5	58.1	60.6		43.2			
18 00	14.2	8.2	47.2			5.6	58.2						
12			6.4					41.1					
19 00	14.3	8.3	46.5			26.1	58.3						
12	14.4	8.4	48.1			26.2							
20 00			57.3	D	D		58.4	41.2					
12	14.5	8.5	32.5			26.3	58.5		38.4				
21 00			28.1			26.4		41.3					
12	14.6	8.6	44.3				58.6						
22 00			1.4			26.5	38.1						
12	34.1	20.1	43.6			26.6		41.4					
23 00			34.2	R	R		38.2						
12	34.2	20.2	9.4			11.1	38.3	41.5					
24 00			5.5										
12	34.3	20.3	11.1			11.2	38.4						
25 00			10.2			11.3		41.6	38.5				
12	34.4	20.4	58.4				38.5			43.3		10.3	
26 00	34.5	20.5	38.5			11.4	38.6	19.1					
12			54.6										
27 00	34.6	20.6	60.1			11.5	54.1				5.3		
12			41.2				54.2	19.2					
28 00	9.1	16.1	19.3			11.6							
12			13.3				54.3	19.3					
29 00	9.2	16.2	49.4			10.1	54.4						
12			30.4						38.6				
30 00	9.3	16.3	55.5				54.5	19.4					
12			37.5	D	D	10.2							

December 1984

Date/Time	☉	⊕	☾	☊	⯝	☿	♀	♂	♃	♄	⛢	♆	♇
1 00	9.4	16.4	63.6	8.4	14.4	10.2	54.6	19.5	38.6	43.3	5.3	10.3	28.2
12			22.6	D	D	D	61.1	D	D	D	D	D	D
2 00	9.5	16.5	36.6			10.3							
12	9.6	16.6	17.1				61.2	19.6					
3 00			21.1				61.3						
12	5.1	35.1	51.1				13.1		43.4				
4 00			42.2				61.4	54.1					
12	5.2	35.2	3.2				61.5						
5 00			27.2			R		13.2					
12	5.3	35.3	24.3				61.6						
6 00			2.3					13.3					
12	5.4	35.4	23.4				60.1						
7 00			8.4	R	R		60.2						
12	5.5	35.5	20.5					13.4					
8 00	5.6	35.6	16.6			10.2	60.3						
12			45.1				60.4	13.5	54.2				
9 00	26.1	45.1	12.1										
12			15.2			10.1	60.5	13.6					
10 00	26.2	45.2	52.3										
12			39.4			11.6	60.6						
11 00	26.3	45.3	53.6				41.1	49.1					
12			56.1	8.3	14.3	11.5							
12 00	26.4	45.4	31.2			11.4	41.2	49.2		43.5			
12			33.3				41.3		54.3		5.4		
13 00	26.5	45.5	7.4			11.3							
12			4.6			11.2	41.4	49.3					28.3
14 00	26.6	45.6	59.1										
12	11.1	12.1	40.3			11.1	41.5	49.4					
15 00			64.4				26.6	41.6					
12	11.2	12.2	47.6				26.5						
16 00			46.1	D	D		19.1	49.5					
12	11.3	12.3	18.3				26.4	19.2					
17 00			48.4				26.3		49.6	54.4			
12	11.4	12.4	57.6				19.3						
18 00			50.2				26.2						
12	11.5	12.5	28.3				26.1	19.4	30.1				
19 00			44.5				19.5						
12	11.6	12.6	1.6				5.6	30.2					
20 00	10.1	15.1	14.2				19.6						
12			34.4	R	R	5.5			43.6				
21 00	10.2	15.2	9.5				13.1	30.3	54.5			10.4	
12			26.1				13.2						
22 00	10.3	15.3	11.2			5.4		30.4					
12			10.3				13.3						
23 00	10.4	15.4	58.5				13.4	30.5					
12			38.6										
24 00	10.5	15.5	61.1				13.5						
12			60.2					30.6					
25 00	10.6	15.6	41.3			D	13.6		54.6				
12	58.1	52.1	19.4				49.1	55.1					
26 00			13.5										
12	58.2	52.2	49.6				49.2						
27 00			30.6				55.2						
12	58.3	52.3	37.1				49.3						
28 00			63.1			5.5	49.4	55.3			5.5		
12	58.4	52.4	22.2										
29 00			36.2				49.5	61.1					
12	58.5	52.5	25.2			5.6		55.4					
30 00			17.3				49.6			14.1			
12	58.6	52.6	21.3	D	D		30.1	55.5					
31 00			51.3			26.1							
12	38.1	39.1	42.4				30.2						

1984

January 1985

Date	Time	☉	⊕	☾	☊	☋	☿	♀	♂	♃	♄	♅	♆	♇
1	00	38.2	39.2	3.4	8.3	14.3	26.2	30.2	55.6	61.1	14.1	5.5	10.4	28.3
	12			27.4	D	D	D	30.3	D	D	D	D	D	D
2	00	38.3	39.3	24.5				30.4	37.1	61.2				
	12			2.5			26.3							
3	00	38.4	39.4	23.6				30.5						
	12			8.6	R	R	26.4		37.2					
4	00	38.5	39.5	16.1			26.5	30.6						
	12			35.2				55.1	37.3					
5	00	38.6	39.6	45.3			26.6							
	12			12.4				55.2	37.4					
6	00	54.1	53.1	15.5			11.1							
	12	54.2	53.2	52.6				55.3		61.3				
7	00			53.1			11.2	55.4	37.5					
	12	54.3	53.3	62.2	8.2	14.2	11.3							
8	00			56.3				55.5	37.6					
	12	54.4	53.4	31.5			11.4							
9	00			33.6			11.5	55.6			14.2			
	12	54.5	53.5	4.2				37.1	63.1					
10	00			29.3			11.6							
	12	54.6	53.6	59.5			10.1	37.2	63.2	61.4				
11	00			64.1										
	12	61.1	62.1	47.2			10.2	37.3						
12	00	61.2	62.2	6.4			10.3		63.3					
	12			46.5				37.4						
13	00	61.3	62.3	48.1			10.4	37.5	63.4					
	12			57.3			10.5							
14	00	61.4	62.4	32.4	D	D	10.6	37.6				5.6		
	12			50.6					63.5	61.5				
15	00	61.5	62.5	44.1			58.1	63.1						
	12			1.2			58.2		63.6				10.5	
16	00	61.6	62.6	43.4				63.2						
	12			14.5	R	R	58.3							
17	00	60.1	56.1	9.1			58.4	63.3	22.1					
	12	60.2	56.2	5.2			58.5	63.4						
18	00			26.3					22.2					
	12	60.3	56.3	11.4			58.6	63.5		61.6				
19	00			10.6			38.1							
	12	60.4	56.4	38.1			38.2	63.6	22.3					
20	00			54.2	8.1	14.1								
	12	60.5	56.5	61.3			38.3	22.1	22.4		14.3			
21	00			60.4			38.4							
	12	60.6	56.6	41.5			38.5	22.2	22.5					
22	00			19.6			38.6	22.3						
	12	41.1	31.1	49.1						60.1				
23	00			30.1			54.1	22.4	22.6					
	12	41.2	31.2	55.2			54.2							
24	00	41.3	31.3	37.3			54.3	22.5	36.1					
	12			63.3			54.4							
25	00	41.4	31.4	22.4	23.6	43.6		22.6						
	12			36.4			54.5		36.2					
26	00	41.5	31.5	25.4			54.6	36.1						
	12			17.5			61.1		36.3	60.2				
27	00	41.6	31.6	21.5			61.2	36.2						
	12			51.5										
28	00	19.1	33.1	42.6			61.3	36.3	36.4					
	12			3.6			61.4							
29	00	19.2	33.2	27.6			61.5	36.4	36.5					
	12	19.3	33.3	2.1	D	D	61.6							
30	00			23.1				36.5						
	12	19.4	33.4	8.1	R	R	60.1	36.6	36.6	60.3				
31	00			20.2			60.2							
	12	19.5	33.5	16.3			60.3	25.1	25.1					

February 1985

Date	Time	☉	⊕	☾	☊	☋	☿	♀	♂	♃	♄	♅	♆	♇
1	00	19.5	33.5	35.3	23.6	43.6	60.4	25.1	25.1	60.3	14.3	5.6	10.5	28.3
	12	19.6	33.6	45.4	R	R	60.5	25.2	D	D	D	D	D	D
2	00			12.5			60.6		25.2					
	12	13.1	7.1	15.6				25.3						
3	00			39.1			41.1		25.3					
	12	13.2	7.2	53.2			41.2			60.4		26.1		
4	00			62.4			41.3	25.4						
	12	13.3	7.3	56.5			41.4		25.4		14.4			
5	00	13.4	7.4	33.1			41.5	25.5						
	12			7.2	23.5	43.5	41.6		25.5					
6	00	13.5	7.5	4.4				25.6						
	12			29.6			19.1							R
7	00	13.6	7.6	40.1			19.2	17.1	25.6					
	12			64.3			19.3			60.5				
8	00	49.1	4.1	47.5			19.4	17.2	17.1					
	12			46.1			19.5							
9	00	49.2	4.2	18.3			19.6	17.3						
	12			48.5			13.1		17.2					
10	00	49.3	4.3	57.6			13.2	17.4						
	12	49.4	4.4	50.2					17.3					
11	00			28.4			13.3							
	12	49.5	4.5	44.5			13.4	17.5		60.6				
12	00			43.1			13.5		17.4					
	12	49.6	4.6	14.2			13.6	17.6						
13	00			34.3			49.1		17.5					
	12	30.1	29.1	9.5			49.2	21.1						
14	00			5.6			49.3						10.6	
	12	30.2	29.2	11.1			49.4		17.6					
15	00			10.2			49.5	21.2						
	12	30.3	29.3	58.3			49.6		21.1	41.1				
16	00			38.4			30.1	21.3						
	12	30.4	29.4	54.5	23.4	43.4	30.2							
17	00	30.5	29.5	61.6			30.3		21.2					
	12			41.1				21.4						
18	00	30.6	29.6	19.2			30.4		21.3					
	12			13.2			30.5							
19	00	55.1	59.1	49.3			30.6	21.5						
	12			30.4			55.1		21.4					
20	00	55.2	59.2	55.4			55.2	21.6		41.2				
	12			37.5			55.3		21.5					
21	00	55.3	59.3	63.5	23.3	43.3	55.4							
	12			22.6			55.5	51.1						
22	00	55.4	59.4	36.6			55.6		21.6					
	17			17.1			37.1							
23	00	55.5	59.5	21.1			37.2	51.2	51.1					
	12	55.6	59.6	51.1			37.3							
24	00			42.2			37.4			41.3				
	12	37.1	40.1	3.2			37.5	51.3	51.2					
25	00			27.2			37.6							
	12	37.2	40.2	24.3			63.1		51.3					
26	00			2.3			63.2							
	12	37.3	40.3	23.3	D	D	63.3	51.4						
27	00			8.4			63.4		51.4					
	12	37.4	40.4	20.4			63.5							
28	00			16.4	R	R	63.6							
	12	37.5	40.5	35.5			22.1	51.5	51.5	41.4				

March 1985

Date	Time	☉	⊕	☾	☊	☋	☿	♀	♂	♃	♄	♅	♆	♇
1	00	37.5	40.5	45.6	23.3	43.3	22.2	51.5	51.5	41.4	14.4	26.1	10.6	28.3
	12	37.6	40.6	12.6	R	R	22.3	D	51.6	D	D	D	D	R
2	00			52.1			22.4							
	12	63.1	64.1	39.2			22.5	51.6						
3	00	63.2	64.2	53.3			22.6		42.1					
	12			62.5			36.1							
4	00	63.3	64.3	56.6			36.2		42.2					
	12			33.1	23.2	43.2	36.3							
5	00	63.4	64.4	7.3			36.4	42.1		41.5				
	12			4.5			36.5		42.3					
6	00	63.5	64.5	59.1			36.6							
	12			40.2			25.1		42.4					
7	00	63.6	64.6	64.4			25.2							
	12			47.6			25.3							
8	00	22.1	47.1	46.3			25.4		42.5		R			
	12			18.5			25.5	42.2						
9	00	22.2	47.2	57.1			25.6		42.6					
	12			32.3			17.1			41.6				
10	00	22.3	47.3	50.5			17.2							
	12	22.4	47.4	28.6			17.3		3.1					
11	00			1.2			17.4							
	12	22.5	47.5	43.4	D	D								
12	00			14.5			17.5		3.2					
	12	22.6	47.6	9.1			17.6							
13	00			5.2			21.1		3.3			26.2		
	12	36.1	6.1	26.4			21.2							
14	00			11.5	R	R		R		19.1				
	12	36.2	6.2	10.6			21.3		3.4					
15	00			38.1			21.4							
	12	36.3	6.3	54.2					3.5					
16	00			61.3			21.5							
	12	36.4	6.4	60.4										
17	00			41.4	23.1	43.1	21.6		3.6					
	12	36.5	6.5	19.5			51.1							
18	00	36.6	6.6	13.6					27.1					
	12			49.6										
19	00	25.1	46.1	55.1			51.2			19.2				
	12			37.2				42.1	27.2					
20	00	25.2	46.2	63.2			51.3							
	12			22.2										
21	00	25.3	46.3	36.3					27.3					
	12			25.3			51.4							
22	00	25.4	46.4	17.4					27.4					
	12			21.4				51.6						
23	00	25.5	46.5	51.4								R		
	12			42.5					27.5					
24	00	25.6	46.6	3.5	2.6	1.6				19.3				
	12			27.5					27.6					
25	00	17.1	18.1	24.5			R	51.5						
	12			2.6										
26	00	17.2	18.2	23.6	D	D			24.1					
	12	17.3	18.3	8.6										
27	00			16.1				51.4						
	12	17.4	18.4	35.1					24.2					
28	00			45.2	23.1	43.1								
	12	17.5	18.5	12.2			51.3		24.3					
29	00			15.3				51.3						
	12	17.6	18.6	52.4						19.4				
30	00			39.4	R	R			24.4					
	12	21.1	48.1	53.5			51.2	51.2						
31	00			62.6					24.5					
	12	21.2	48.2	31.1	2.6	1.6								

April 1985

Date	Time	☉	⊕	☾	☊	☋	☿	♀	♂	♃	♄	♅	♆	♇
1	00	21.2	48.2	33.3	2.6	1.6	51.1	51.1	24.5	19.4	14.4	26.2	10.6	28.3
	12	21.3	48.3	7.4	R	R	R	R	24.6	D	R	R	D	R
2	00			4.6			21.6							
	12	21.4	48.4	59.1				21.6						
3	00			40.3					2.1			26.1		
	12	21.5	48.5	64.5			21.5							
4	00			6.1				21.5	2.2	19.5				
	12	21.6	48.6	46.3			21.4							
5	00	51.1	57.1	18.5										28.2
	12			57.1			21.3	21.4	2.3				R	
6	00	51.2	57.2	32.3										
	12			50.6										
7	00	51.3	57.3	44.2			21.2	21.3	2.4					
	12			1.4										
8	00	51.4	57.4	43.6	D	D	21.1		2.5					
	12			34.1				21.2			14.3			
9	00	51.5	57.5	9.3										
	12			5.5			17.6		2.6	19.6				
10	00	51.6	57.6	26.6				21.1						
	12			10.2										
11	00	42.1	32.1	58.3			17.5		23.1					
	12			38.4										
12	00	42.2	32.2	54.5				17.6	23.2					
	12			61.6	R	R								
13	00	42.3	32.3	41.1			17.4							
	12			19.2					23.3					
14	00	42.4	32.4	13.3				17.5						
	12			49.3										
15	00	42.5	32.5	30.4					23.4					
	12	42.6	32.6	55.4										
16	00			37.5					23.5	13.1				
	12	3.1	50.1	63.5				17.4						
17	00			22.6										
	12	3.2	50.2	36.6			D		23.6					
18	00			25.6										
	12	3.3	50.3	21.1										
19	00			51.1					8.1					
	12	3.4	50.4	42.1				17.3						
20	00			3.2					8.2					
	12	3.5	50.5	27.2										
21	00			24.2										
	12	3.6	50.6	2.3					8.3					
22	00			23.3	D	D	17.5							
	12	27.1	28.1	8.3										
23	00			20.4					8.4	13.2				
	12	27.2	28.2	16.4										
24	00			35.4			17.6		8.5					
	12	27.3	28.3	45.5							14.2			
25	00			12.5										
	12	27.4	28.4	15.6				D	8.6					
26	00			39.1			21.1							
	12	27.5	28.5	53.1										
27	00			62.2			21.2		20.1					
	12	27.6	28.6	56.3										
28	00	24.1	44.1	31.4					20.2					
	12			33.5	R	R	21.3							
29	00	24.2	44.2	7.6										
	12			29.2			21.4		20.3					
30	00	24.3	44.3	59.3										
	12			40.5			21.5							

May 1985

Date	Time	☉	⊕	☾	☊	☋	☿	♀	♂	♃	♄	♅	♆	♇
1	00	24.4	44.4	64.6	2.6	1.6	21.5	17.3	20.4	13.2	14.2	26.1	10.6	28.2
	12			6.2	R	R	21.6	17.4	D	13.3	R	R	R	R
2	00	24.5	44.5	46.4					20.5					
	12			18.6			51.1							
3	00	24.6	44.6	57.2										
	12			32.4			51.2		20.6					
4	00	2.1	1.1	50.6										
	12			44.2			51.3	17.5						
5	00	2.2	1.2	1.4			51.4		16.1					
	12			43.6	D	D								
6	00	2.3	1.3	34.2			51.5							
	12			9.4					16.2					
7	00	2.4	1.4	5.6			51.6	17.6						
	12			11.2			42.1		16.3					
8	00	2.5	1.5	10.4							14.1			
	12			58.5			42.2							
9	00	2.6	1.6	38.6	R	R	42.3		16.4					28.1
	12			61.2				21.1						
10	00	23.1	43.1	60.3			42.4							
	12			41.4			42.5		16.5					
11	00	23.2	43.2	19.5			42.6							
	12			13.6				21.2						
12	00	23.3	43.3	49.6	D	D	3.1		16.6	13.4				
	12	23.4	43.4	55.1			3.2					5.6		
13	00			37.2			3.3	21.3	35.1					
	12	23.5	43.5	63.2										
14	00			22.2			3.4							
	12	23.6	43.6	36.3			3.5	21.4	35.2					
15	00			25.3			3.6							
	12	8.1	14.1	17.4			27.1							
16	00			21.4				21.5	35.3					
	12	8.2	14.2	51.4			27.2							
17	00			42.4			27.3		35.4					
	12	8.3	14.3	3.5			27.4	21.6						
18	00			27.5			27.5							
	12	8.4	14.4	24.5			27.6		35.5					
19	00			2.6			24.1	51.1						
	12	8.5	14.5	23.6	R	R	24.2							
20	00			8.6					35.6					
	12	8.6	14.6	16.1			24.3	51.2			43.6			
21	00			35.1			24.4							
	12	20.1	34.1	45.2			24.5		45.1					
22	00			12.2			24.6	51.3						
	12	20.2	34.2	15.3			2.1							
23	00			52.4			2.2	51.4	45.2					
	12	20.3	34.3	39.4			2.3							
24	00			53.5			2.4		45.3					
	12	20.4	34.4	62.6			2.5	51.5						
25	00			31.1			2.6							
	12	20.5	34.5	33.2			23.1	51.6	45.4					
26	00			7.3			23.2							
	12	20.6	34.6	4.4			23.3							
27	00			29.5			23.4	42.1	45.5					
	12	16.1	9.1	59.6			23.5							
28	00			64.2	D	D	23.6	42.2					10.5	
	12	16.2	9.2	47.3			8.1		45.6					
29	00			6.5			8.2	42.3						
	12	16.3	9.3	46.6			8.3		12.1					
30	00			48.2			8.5	42.4						
	12	16.4	9.4	57.4			8.6							
31	00			32.6			20.1		12.2					
	12	16.5	9.5	28.2			20.2	42.5						

June 1985

Date	Time	☉	⊕	☾	☊	☋	☿	♀	♂	♃	♄	♅	♆	♇
1	00	16.6	9.6	44.3	2.6	1.6	20.3	42.5	12.2	13.4	43.6	5.6	10.5	28.1
	12			1.5	D	D	20.4	42.6	12.3	D	R	R	R	R
2	00	35.1	5.1	14.1	R	R	20.5							
	12			34.3			20.6	3.1			43.5			
3	00	35.2	5.2	9.5			16.2		12.4					
	12			26.1			16.3	3.2						
4	00	35.3	5.3	11.3			16.4							
	12			10.5			16.5	3.3	12.5					
5	00	35.4	5.4	58.6			16.6			R				
	12			54.2			35.1	3.4	12.6			5.5		
6	00	35.5	5.5	61.3			35.3							
	12			60.4	2.5	1.5	35.4							
7	00	35.6	5.6	41.6			35.5	3.5	15.1					
	12			13.1			35.6							
8	00	45.1	26.1	49.2			45.1	3.6						
	12			30.3			45.2		15.2					
9	00	45.2	26.2	55.3			45.4	27.1						
	12			37.4			45.5							
10	00	45.3	26.3	63.5			45.6	27.2	15.3					
	12			22.5	D	D	12.1							
11	00	45.4	26.4	36.5			12.2	27.3						
	12			25.6			12.3		15.4					
12	00	45.5	26.5	17.6			12.5	27.4						
	12			51.1			12.6		15.5					
13	00	45.6	26.6	42.1			15.1	27.5						
	12			3.1			15.2							
14	00	12.1	11.1	27.1			15.3	27.6	15.6					
	12			24.2			15.4	24.1						
15	00	12.2	11.2	2.2			15.5							
	12			23.2	R	R	15.6	24.2	52.1					
16	00	12.3	11.3	8.3			52.2							
	12			20.3			52.3	24.3						
17	00	12.4	11.4	16.4			52.4		52.2		43.4			
	12			35.4			52.5	24.4						
18	00	12.5	11.5	45.5			52.6							
	12			12.5			39.1	24.5	52.3					
19	00	12.6	11.6	15.6			39.2							
	12			39.1			39.3	24.6						
20	00	15.1	10.1	53.2			39.4		52.4					
	12			62.3			39.5	2.1						
21	00	15.2	10.2	56.3			39.6		52.5					
	12			31.4			53.1	2.2						
22	00	15.3	10.3	33.6			53.2							
	12			4.1			53.3	2.3	52.6					
23	00	15.4	10.4	29.2			53.4	2.4						
	12			59.3			53.5							
24	00	15.5	10.5	40.4			53.6	2.5	39.1					
	12			64.6			62.1							
25	00	15.6	10.6	6.1			62.2	2.6						
	12			46.2			62.3		39.2					
26	00	52.1	58.1	18.4	D	D	62.4	23.1						50.6
	12	52.2	58.2	48.6			62.5							
27	00			32.1			62.6	23.2	39.3					
	12	52.3	58.3	50.3										
28	00			28.4			56.1	23.3						
	12	52.4	58.4	44.6			56.2	23.4	39.4			5.4		
29	00			43.2	R	R	56.3			13.3				
	12	52.5	58.5	14.3			56.4	23.5	39.5					
30	00			34.5			56.5							
	12	52.6	58.6	5.1				23.6						

July 1985

Date	Time	☉	⊕	☾	☊	☋	☿	♀	♂	♃	♄	♅	♆	♇
1	00	52.6	58.6	26.3	2.5	1.5	56.6	23.6	39.6	13.3	43.4	5.4	10.5	50.6
	12	39.1	38.1	11.4	R	R	31.1	8.1	D	R	R	R	R	R
2	00			10.6	2.4	1.4	31.2							
	12	39.2	38.2	38.2			31.3	8.2	53.1					
3	00			54.3				8.3					10.4	
	12	39.3	38.3	61.4			31.4							
4	00			60.6			31.5	8.4	53.2					
	12	39.4	38.4	19.1			31.6							
5	00			13.2				8.5						
	12	39.5	38.5	49.3			33.1		53.3					
6	00			30.4			33.2	8.6						
	12	39.6	38.6	55.5			33.3	20.1						
7	00			37.6					53.4					
	12	53.1	54.1	22.1			33.4	20.2						
8	00			36.1			33.5							
	12	53.2	54.2	25.2				20.3	53.5					
9	00			17.2			33.6							
	12	53.3	54.3	21.2			7.1	20.4	53.6		43.3			
10	00			51.3				20.5		13.2				
	12	53.4	54.4	42.3	D	D	7.2							
11	00			3.3				20.6	62.1					
	12	53.5	54.5	27.4			7.3							
12	00			24.4				16.1						
	12	53.6	54.6	2.4	R	R	7.4		62.2					D
13	00			23.5			7.5	16.2						
	12	62.1	61.1	8.5				16.3						
14	00			20.6			7.6		62.3					
	12	62.2	61.2	16.6				16.4						
15	00			45.1			4.1							
	12	62.3	61.3	12.1				16.5	62.4					
16	00			15.2	2.3	1.3	4.2	16.6						
	12	62.4	61.4	52.3										
17	00			39.3				35.1	62.5					
	12	62.5	61.5	53.4			4.3							
18	00			62.5				35.2						
	12	62.6	61.6	56.6			4.4	35.3	62.6	13.1				
19	00			33.2										
	12	56.1	60.1	7.3				35.4						
20	00			4.4			4.5		56.1					
	12	56.2	60.2	29.5				35.5						
21	00			40.1										
	12	56.3	60.3	64.2	2.2	1.2	4.6	35.6	56.2					
22	00			47.4				45.1						
	12	56.4	60.4	6.5					56.3					
23	00			18.1				45.2						
	12	56.5	60.5	48.2										
24	00			57.4			29.1	45.3	56.4					
	12	56.6	60.6	32.5				45.4						
25	00	31.1	41.1	28.1	D	D								
	12			44.2				45.5	56.5					
26	00	31.2	41.2	1.4	R	R					D			
	12			43.5				45.6		19.6				
27	00	31.3	41.3	34.1				12.1	56.6					
	12			9.2										
28	00	31.4	41.4	5.4				12.2						
	12			26.5			R		31.1					
29	00	31.5	41.5	10.1				12.3						28.1
	12			58.2				12.4						
30	00	31.6	41.6	38.4					31.2					
	12			54.5				12.5						
31	00	33.1	19.1	61.6								5.3		
	12			41.2				12.6	31.3					

August 1985

Date	Time	☉	⊕	☾	☊	☋	☿	♀	♂	♃	♄	♅	♆	♇
1	00	33.2	19.2	19.3	2.2	1.2	29.1	15.1	31.3	19.6	43.3	5.3	10.4	28.1
	12			13.4	2.1	1.1	4.6	D	D	R	D	R	R	D
2	00	33.3	19.3	49.5				15.2	31.4					
	12			30.6				15.3		19.5				
3	00	33.4	19.4	37.1										
	12			63.2			4.5	15.4	31.5					
4	00	33.5	19.5	22.2										
	12			36.3				15.5						
5	00	33.6	19.6	25.4				15.6	31.6					
	12			17.4			4.4							
6	00	7.1	13.1	21.5				52.1						
	12			51.5			4.3		33.1					
7	00	7.2	13.2	42.5				52.2						
	12			3.6				52.3	33.2					
8	00	7.3	13.3	27.6			4.2							
	12			24.6				52.4						
9	00	7.4	13.4	2.6			4.1		33.3					
	12			8.1				52.5						
10	00	7.5	13.5	20.1				52.6		19.4				
	12			16.2			7.6		33.4					
11	00	7.6	13.6	35.2				39.1						
	12			45.3			7.5	39.2			43.4			
12	00	4.1	49.1	12.3					33.5					
	12			15.4			7.4	39.3						
13	00	4.2	49.2	52.5	24.6	44.6								
	12			39.5				39.4	33.6					
14	00	4.3	49.3	53.6			7.3	39.5						
	12			56.1										
15	00	4.4	49.4	31.3				39.6	7.1				10.3	
	12			33.4			7.2	53.1						
16	00	4.5	49.5	7.5										
	12			29.1				53.2	7.2					
17	00	4.6	49.6	59.2			7.1			19.3				
	12	29.1	30.1	40.4				53.3						
18	00			64.5				53.4	7.3					
	12	29.2	30.2	6.1	24.5	44.5								
19	00			46.3				53.5						
	12	29.3	30.3	18.4					7.4					
20	00			48.6				53.6						
	12	29.4	30.4	32.2			33.6	62.1						
21	00			50.3			D		7.5					
	12	29.5	30.5	28.5				62.2						
22	00			44.6	D	D	7.1	62.3						
	12	29.6	30.6	43.2					7.6					
23	00			14.3				62.4						
	12	59.1	55.1	34.5	R	R		62.5				D		
24	00			9.6					4.1					
	12	59.2	55.2	26.2				62.6						
25	00			11.3			7.2			19.2				
	12	59.3	55.3	10.5				56.1	4.2					
26	00			58.6				56.2						
	12	59.4	55.4	54.1			7.3							
27	00			61.2				56.3	4.3					
	12	59.5	55.5	60.3				56.4						
28	00			41.5			7.4		4.4					
	12	59.6	55.6	19.6				56.5						
29	00			49.1			7.5							
	12	40.1	37.1	30.2				56.6	4.5					
30	00			55.2	24.4	44.4	7.6	31.1						
	12	40.2	37.2	37.3			4.1							
31	00			63.4				31.2	4.6					
	12	40.3	37.3	22.5			4.2	31.3						

September 1985

Date	Time	☉	⊕	☾	☊	☋	☿	♀	♂	♃	♄	♅	♆	♇
1	00	40.3	37.3	36.5	24.4	44.4	4.3	31.3	4.6	19.2	43.4	5.3	10.3	28.1
	12	40.4	37.4	25.6	R	R	D	31.4	29.1	R	D	D	R	D
2	00			17.6			4.4	31.5						
	12	40.5	37.5	51.1			4.5				43.5			
3	00	40.6	37.6	42.1			4.6	31.6	29.2					
	12			3.1			29.1			19.1				
4	00	64.1	63.1	27.2				33.1						
	12			24.2			29.2	33.2	29.3					
5	00	64.2	63.2	2.2	D	D	29.3							
	12			23.3			29.4	33.3						
6	00	64.3	63.3	8.3			29.5	33.4	29.4					
	12			20.3			29.6							
7	00	64.4	63.4	16.4			59.1	33.5						
	12			35.4			59.2	33.6	29.5					
8	00	64.5	63.5	45.4	R	R	59.3							
	12			12.5			59.4	7.1						
9	00	64.6	63.6	15.6			59.5		29.6					
	12			52.6			59.6	7.2						
10	00	47.1	22.1	53.1				7.3						
	12			62.2			40.1		59.1					
11	00	47.2	22.2	56.3			40.2	7.4						
	12			31.4			40.3	7.5						28.2
12	00	47.3	22.3	33.5			40.4		59.2					
	12			4.1			40.5	7.6					D	
13	00	47.4	22.4	29.2	24.3	44.3	40.6	4.1						
	12			59.4			64.1		59.3					
14	00	47.5	22.5	40.5			64.3	4.2						
	12			47.1			64.4	4.3						
15	00	47.6	22.6	6.3			64.5		59.4			5.4		
	12			46.5			64.6	4.4						
16	00	6.1	36.1	18.6			47.1			41.6	43.6			
	12			57.2			47.2	4.5	59.5					
17	00	6.2	36.2	32.4			47.3	4.6						
	12	6.3	36.3	50.6			47.4							
18	00			44.2			47.5	29.1	59.6					
	12	6.4	36.4	1.4	D	D	47.6	29.2						
19	00			43.6			6.1							
	12	6.5	36.5	34.1			6.2	29.3	40.1					
20	00			9.3			6.3	29.4						
	12	6.6	36.6	5.4			6.4							
21	00			26.6			6.5	29.5	40.2					
	12	46.1	25.1	10.1	R	R	6.6	29.6						
22	00			58.3										
	12	46.2	25.2	38.4			46.1	59.1	40.3					
23	00			54.5			46.2	59.2						
	12	46.3	25.3	61.6			46.3							
24	00			41.1			46.4	59.3	40.4					
	12	46.4	25.4	19.2			46.5							
25	00			13.3			46.6	59.4						
	12	46.5	25.5	49.4			18.1	59.5	40.5					
26	00			30.5			18.2							
	12	46.6	25.6	55.6			18.3	59.6						
27	00			37.6			18.4	40.1	40.6					
	12	18.1	17.1	22.1			18.5				14.1			
28	00	18.2	17.2	36.1			18.6	40.2						
	12			25.2	24.2	44.2	48.1	40.3	64.1					
29	00	18.3	17.3	17.2			48.2							
	12			21.3			48.3	40.4						
30	00	18.4	17.4	51.3			48.4	40.5	64.2					
	12			42.4										

October 1985

Date	Time	☉	⊕	☾	☊	☋	☿	♀	♂	♃	♄	♅	♆	♇
1	00	18.5	17.5	3.4	24.2	44.2	48.5	40.6	64.2	41.6	14.1	5.4	10.3	28.2
	12			27.4	R	R	48.6	64.1	64.3	R	D	D	D	D
2	00	18.6	17.6	24.5	D	D	57.1							
	12			2.5			57.2	64.2	64.4					
3	00	48.1	21.1	23.5			57.3	64.3						
	12			8.6			57.4			D				
4	00	48.2	21.2	20.6			57.5	64.4	64.5					
	12			16.6			57.6	64.5						
5	00	48.3	21.3	35.6										
	12			12.1			32.1	64.6	64.6					
6	00	48.4	21.4	15.1			32.2							
	12			52.2			32.3	47.1						
7	00	48.5	21.5	39.2			32.4	47.2	47.1					
	12			53.3	R	R	32.5				14.2			
8	00	48.6	21.6	62.4			32.6	47.3						28.3
	12	57.1	51.1	56.5			50.1	47.4	47.2					
9	00			31.6										
	12	57.2	51.2	7.1			50.2	47.5						
10	00			4.2			50.3	47.6	47.3					
	12	57.3	51.3	29.3			50.4						10.4	
11	00			59.5			50.5	6.1						
	12	57.4	51.4	40.6			50.6	6.2	47.4					
12	00			47.2										
	12	57.5	51.5	6.4			28.1	6.3						
13	00			46.6			28.2	6.4	47.5					
	12	57.6	51.6	48.1			28.3							
14	00			57.3			28.4	6.5						
	12	32.1	42.1	32.6				6.6	47.6					
15	00			28.2			28.5							
	12	32.2	42.2	44.4	D	D	28.6	46.1				5.5		
16	00			1.6			44.1	46.2	6.1					
	12	32.3	42.3	14.2			44.2				14.3			
17	00	32.4	42.4	34.4				46.3						
	12			9.5			44.3	46.4	6.2					
18	00	32.5	42.5	26.1			44.4							
	12			11.3			44.5	46.5						
19	00	32.6	42.6	10.5			44.6	46.6	6.3					
	12			58.6										
20	00	50.1	3.1	54.1			1.1	18.1						
	12			61.3			1.2	18.2	6.4					
21	00	50.2	3.2	60.4	R	R	1.3			19.1				
	12			41.5			1.4	18.3						
22	00	50.3	3.3	19.6				18.4	6.5					
	12			49.1			1.5							
23	00	50.4	3.4	30.2			1.6	18.5						
	12			55.2			43.1	18.6	6.6					
24	00	50.5	3.5	37.3										
	12			63.4			43.2	48.1						
25	00	50.6	3.6	22.4			43.3	48.2	46.1		14.4			
	12	28.1	27.1	36.5			43.4							
26	00			25.5				48.3						
	12	28.2	27.2	17.6			43.5	48.4	46.2					
27	00			21.6			43.6							
	12	28.3	27.3	51.6				48.5						
28	00			3.1			14.1	48.6	46.3					
	12	28.4	27.4	27.1			14.2							
29	00			24.1			14.3	57.1						
	12	28.5	27.5	2.2	D	D		57.2	46.4					
30	00			23.2			14.4							
	12	28.6	27.6	8.2			14.5	57.3						
31	00			20.2				57.4	46.5					
	12	44.1	24.1	16.3			14.6							28.4

November 1985

Date	Time	☉	⊕	☾	☊	☋	☿	♀	♂	♃	♄	♅	♆	♇
1	00	44.1	24.1	35.3	24.2	44.2	34.1	57.5	46.5	19.1	14.4	5.5	10.4	28.4
	12	44.2	24.2	45.3	D	D	D	57.6	46.6	D	D	D	D	D
2	00	44.3	24.3	12.4	R	R	34.2							
	12			15.4			34.3	32.1		19.2	14.5			
3	00	44.4	24.4	52.5				32.2	18.1					
	12			39.5			34.4							
4	00	44.5	24.5	53.6			34.5	32.3				5.6		
	12			62.6				32.4	18.2					
5	00	44.6	24.6	31.1			34.6							
	12			33.2			9.1	32.5						
6	00	1.1	2.1	7.3	D	D		32.6	18.3					
	12			4.4			9.2							
7	00	1.2	2.2	29.5				50.1						
	12			59.6			9.3	50.2	18.4					
8	00	1.3	2.3	64.2										
	12			47.3			9.4	50.3						
9	00	1.4	2.4	6.5			9.5	50.4	18.5					
	12	1.5	2.5	46.6										
10	00			48.2			9.6	50.5						
	12	1.6	2.6	57.4				50.6	18.6		14.6			
11	00			32.6										
	12	43.1	23.1	28.2			5.1	28.1		19.3				
12	00			44.4	R	R		28.2	48.1					
	12	43.2	23.2	1.6			5.2							
13	00			14.2				28.3						
	12	43.3	23.3	34.5				28.4	48.2					
14	00			5.1			5.3							
	12	43.4	23.4	26.3				28.5						
15	00			11.5				28.6	48.3					
	12	43.5	23.5	10.6			5.4							
16	00	43.6	23.6	38.2				44.1						
	12			54.4				44.2	48.4					
17	00	14.1	8.1	61.5										
	12			41.1				44.3						
18	00	14.2	8.2	19.2				44.4	48.5					
	12			13.3						19.4	34.1		10.5	
19	00	14.3	8.3	49.4			R	44.5						
	12			30.5	D	D		44.6	48.6					
20	00	14.4	8.4	55.6										
	12			37.6				1.1				26.1		
21	00	14.5	8.5	22.1				1.2	57.1					
	12			36.2										
22	00	14.6	8.6	25.2			5.3	1.3						
	12	34.1	20.1	17.2				1.4	57.2					
23	00			21.3										
	12	34.2	20.2	51.3			5.2	1.5						
24	00			42.3				1.6	57.3					
	12	34.3	20.3	3.4			5.1							28.5
25	00			27.4				43.1		19.5				
	12	34.4	20.4	24.4	R	R	9.6	43.2	57.4					
26	00			2.5										
	12	34.5	20.5	23.5			9.5	43.3			34.2			
27	00			8.5			9.4	43.4	57.5					
	12	34.6	20.6	20.6			9.3							
28	00			16.6				43.5						
	12	9.1	16.1	35.6			9.2	43.6	57.6					
29	00	9.2	16.2	12.1			9.1							
	12			15.1				14.1						
30	00	9.3	16.3	52.2			34.6	14.2	32.1					
	12			39.2			34.5							

December 1985

Date	Time	☉	⊕	☾	☊	☋	☿	♀	♂	♃	♄	♅	♆	♇
1	00	9.4	16.4	53.3	24.2	44.2	34.4	14.3	32.1	19.6	34.2	26.1	10.5	28.5
	12			62.3	R	R	R	14.4	32.2	D	D	D	D	D
2	00	9.5	16.5	56.4			34.3							
	12			31.5				14.5						
3	00	9.6	16.6	33.5			34.2	14.6	32.3					
	12			7.6			34.1							
4	00	5.1	35.1	29.1				34.1			34.3			
	12			59.2				34.2	32.4					
5	00	5.2	35.2	40.3			14.6							
	12	5.3	35.3	64.4	D	D		34.3						
6	00			47.5				34.4	32.5					
	12	5.4	35.4	46.1			14.5			13.1		26.2		
7	00			18.2				34.5						
	12	5.5	35.5	48.4				34.6	32.6					
8	00			57.5										
	12	5.6	35.6	50.1			D	9.1						
9	00			28.3				9.2	50.1					
	12	26.1	45.1	44.5	R	R								
10	00			43.1				9.3						
	12	26.2	45.2	14.3				9.4	50.2					
11	00	26.3	45.3	34.5			14.6							
	12			5.1				9.5						
12	00	26.4	45.4	26.3				9.6	50.3	13.2	34.4			
	12			11.5	24.1	44.1								
13	00	26.5	45.5	58.1			34.1	5.1						
	12			38.3				5.2	50.4					
14	00	26.6	45.6	54.5										
	12			61.6			34.2	5.3						
15	00	11.1	12.1	41.2				5.4	50.5				10.6	
	12			19.3			34.3							
16	00	11.2	12.2	13.5				5.5						
	12			49.6			34.4	5.6						
17	00	11.3	12.3	55.1					50.6	13.3				
	12	11.4	12.4	37.2			34.5	26.1						
18	00			63.3				26.2						
	12	11.5	12.5	22.4			34.6		28.1					
19	00			36.4			9.1	26.3						
	12	11.6	12.6	25.5	D	D		26.4						
20	00			17.5			9.2		28.2					
	12	10.1	15.1	21.6				26.5			34.5			
21	00			51.6			9.3	26.6						
	12	10.2	15.2	42.6			9.4		28.3	13.4		26.3		
22	00			27.1				11.1						
	12	10.3	15.3	24.1			9.5	11.2						
23	00	10.4	15.4	2.1	R	R	9.6		28.4					28.6
	12			23.1				11.3						
24	00	10.5	15.5	8.2			5.1	11.4						
	12			20.2			5.2		28.5					
25	00	10.6	15.6	16.2				11.5						
	12			35.3			5.3	11.6						
26	00	58.1	52.1	45.3			5.4	10.1	28.6					
	12			12.4			5.5			13.5				
27	00	58.2	52.2	15.4				10.2						
	12			52.5	27.6	28.6	5.6	10.3	44.1					
28	00	58.3	52.3	39.5			26.1							
	12	58.4	52.4	53.6				10.4						
29	00			56.1			26.2	10.5	44.2		34.6			
	12	58.5	52.5	31.1			26.3							
30	00			33.2			26.4	10.6						
	12	58.6	52.6	7.3				58.1	44.3					
31	00			4.4			26.5			13.6				
	12	38.1	39.1	29.5			26.6	58.2						

January 1986

Date	Time	☉	⊕	☾	☊	☋	☿	♀	♂	♃	♄	♅	♆	♇
1	00	38.1	39.1	59.6	27.6	28.6	11.1	58.3	44.4	13.6	34.6	26.3	10.6	28.6
	12	38.2	39.2	64.1	R	R	11.2	D	D	D	D	D	D	D
2	00			47.2				58.4						
	12	38.3	39.3	6.3			11.3	58.5	44.5					
3	00			46.4			11.4							
	12	38.4	39.4	18.6	27.5	28.5	11.5	58.6						
4	00	38.5	39.5	57.1	D	D		38.1	44.6	49.1				
	12			32.2			11.6							
5	00	38.6	39.6	50.4			10.1	38.2						
	12			28.5	27.6	28.6	10.2	38.3	1.1					
6	00	54.1	53.1	1.1	27.5	28.5	10.3							
	12			43.3	R	R		38.4				26.4		
7	00	54.2	53.2	14.5			10.4	38.5	1.2		9.1			
	12			34.6			10.5							
8	00	54.3	53.3	5.2			10.6	38.6						
	12			26.4			58.1	54.1	1.3	49.2				
9	00	54.4	53.4	11.6									58.1	
	12	54.5	53.5	58.2			58.2	54.2						
10	00			38.4			58.3	54.3						
	12	54.6	53.6	54.5			58.4		1.4					
11	00			60.1			58.5	54.4						
	12	61.1	62.1	41.3				54.5						
12	00			19.4			58.6		1.5					
	12	61.2	62.2	13.6			38.1	54.6		49.3				
13	00			30.1	27.4	28.4	38.2	61.1						
	12	61.3	62.3	55.2			38.3		1.6					
14	00			37.3			38.4	61.2						
	12	61.4	62.4	63.4				61.3						
15	00	61.5	62.5	22.5			38.5		43.1					
	12			36.6			38.6	61.4						
16	00	61.6	62.6	17.1			54.1	61.5						
	12			21.1			54.2		43.2					
17	00	60.1	56.1	51.2			54.3	61.6		49.4	9.2			
	12			42.2				60.1						
18	00	60.2	56.2	3.3	D	D	54.4		43.3					
	12			27.3			54.5	60.2						
19	00	60.3	56.3	24.3	R	R	54.6	60.3						
	12			2.4			61.1		43.4					
20	00	60.4	56.4	23.4			61.2	60.4						
	12	60.5	56.5	8.4			61.3	60.5						
21	00			20.4					43.5	49.5				
	12	60.6	56.6	16.5			61.4	60.6						
22	00			35.5			61.5	41.1						
	12	41.1	31.1	45.6			61.6		43.6					
23	00			12.6			60.1	41.2						
	12	41.2	31.2	52.1			60.2	41.3						
24	00			39.1			60.3							
	12	41.3	31.3	53.2	27.3	28.3		41.4	14.1			26.5		
25	00			62.3			60.4	41.5		49.6				
	12	41.4	31.4	56.3			60.5							
26	00			31.4			60.6	41.6	14.2					
	12	41.5	31.5	33.5			41.1	19.1						
27	00	41.6	31.6	7.6			41.2							
	12			29.1			41.3	19.2	14.3					
28	00	19.1	33.1	59.2			41.4	19.3			9.3			
	12			40.3			41.5							
29	00	19.2	33.2	64.5	27.2	28.2		19.4	14.4	30.1				
	12			47.6			41.6	19.5						
30	00	19.3	33.3	46.1			19.1							
	12			18.2			19.2	19.6	14.5					
31	00	19.4	33.4	48.4			19.3	13.1						
	12			57.5			19.4							

February 1986

Date	Time	☉	⊕	☾	☊	☋	☿	♀	♂	♃	♄	♅	♆	♇
1	00	19.5	33.5	32.6	27.2	28.2	19.5	13.2	14.6	30.1	9.3	26.5	58.1	28.6
	12	19.6	33.6	28.2	R	R	19.6	13.3	D	D	D	D	D	D
2	00			44.3	D	D	13.1			30.2				
	12	13.1	7.1	1.5	R	R	13.2	13.4	34.1					
3	00			43.6			13.3	13.5						
	12	13.2	7.2	34.2			13.4							
4	00			9.4			13.5	13.6						
	12	13.3	7.3	5.5				49.1	34.2					
5	00			11.1			13.6							
	12	13.4	7.4	10.2			49.1	49.2					58.2	
6	00			58.4			49.2	49.3	34.3	30.3				
	12	13.5	7.5	38.6			49.3							
7	00			61.1			49.4	49.4						
	12	13.6	7.6	60.3			49.5	49.5	34.4					
8	00	49.1	4.1	41.4			49.6	49.6						
	12			19.6			30.1							
9	00	49.2	4.2	49.1	27.1	28.1	30.2	30.1	34.5					R
	12			30.2			30.3	30.2		30.4				
10	00	49.3	4.3	55.4			30.4							
	12			37.5			30.5	30.3	34.6		9.4			
11	00	49.4	4.4	63.6			30.6	30.4						
	12			36.1			55.1							
12	00	49.5	4.5	25.2			55.2	30.5						
	12			17.2			55.3	30.6	9.1					
13	00	49.6	4.6	21.3			55.4							
	12			51.4			55.5	55.1		30.5				
14	00	30.1	29.1	42.4			55.6	55.2	9.2					
	12	30.2	29.2	3.5			37.1							
15	00			27.5	D	D	37.2	55.3						
	12	30.3	29.3	24.5			37.3	55.4	9.3					
16	00			2.6			37.4					26.6		
	12	30.4	29.4	23.6			37.5	55.5						
17	00			8.6	R	R	37.6	55.6	9.4					
	12	30.5	29.5	16.1						30.6				
18	00			35.1			63.1	37.1						
	12	30.6	29.6	45.1			63.2	37.2						
19	00			12.2			63.3		9.5					
	12	55.1	59.1	15.2			63.4	37.3						
20	00			52.3			63.5	37.4						
	12	55.2	59.2	39.3			63.6		9.6					
21	00	55.3	59.3	53.4	3.6	50.6	22.1	37.5						
	12			62.4			22.2	37.6		55.1				
22	00	55.4	59.4	56.5			22.3		5.1					
	12			31.6				63.1						
23	00	55.5	59.5	7.1			22.4	63.2						
	12			4.2			22.5		5.2					
24	00	55.6	59.6	29.3			22.6	63.3						
	12			59.5			36.1	63.4						
25	00	37.1	40.1	40.6										
	12			47.1			36.2	63.5	5.3	55.2				
26	00	37.2	40.2	6.3			36.3	63.6						
	12			46.4			36.4							
27	00	37.3	40.3	18.6				22.1	5.4					
	12	37.4	40.4	57.1			36.5	22.2						
28	00			32.3										
	12	37.5	40.5	50.4			36.6	22.3	5.5					

March 1986

Date	Time	☉	⊕	☾	☊	☋	☿	♀	♂	♃	♄	♅	♆	♇
1	00	37.5	40.5	28.6	D	D	36.6	22.4	5.5	55.2	9.4	26.6	58.2	28.6
	12	37.6	40.6	1.1			25.1	D	D	55.3	D	D	D	R
2	00			43.3				22.5						
	12	63.1	64.1	14.5			25.2	22.6	5.6					
3	00			34.6										
	12	63.2	64.2	5.2				36.1						
4	00			26.3	R	R	25.3	36.2	26.1		9.5			
	12	63.3	64.3	11.5										
5	00			10.6				36.3		55.4				
	12	63.4	64.4	38.2				36.4	26.2					
6	00			54.3	3.5	50.5	25.4							
	12	63.5	64.5	61.4				36.5						
7	00	63.6	64.6	60.6				36.6						
	12			19.1			R		26.3					
8	00	22.1	47.1	13.2				25.1						
	12			49.4				25.2						
9	00	22.2	47.2	30.5					26.4	55.5				
	12			55.6			25.3	25.3						
10	00	22.3	47.3	63.1										
	12			22.2				25.4						
11	00	22.4	47.4	36.3				25.5	26.5					
	12			25.3										
12	00	22.5	47.5	17.4			25.2	25.6						
	12			21.5				17.1	26.6					
13	00	22.6	47.6	51.5			25.1			55.6				
	12			42.6				17.2						
14	00	36.1	6.1	3.6	D	D		17.3						
	12	36.2	6.2	24.1			36.6		11.1					
15	00			2.1				17.4						
	12	36.3	6.3	23.2			36.5	17.5						
16	00			8.2					11.2					
	12	36.4	6.4	20.2			36.4	17.6						
17	00			16.3				21.1		37.1				
	12	36.5	6.5	35.3			36.3							
18	00			45.3				21.2	11.3					
	12	36.6	6.6	12.4			36.2	21.3						
19	00			15.4	R	R								
	12	25.1	46.1	52.4			36.1	21.4	11.4		R			
20	00			39.5				21.5						
	12	25.2	46.2	53.5			22.6							
21	00			62.6				21.6		37.2				
	12	25.3	46.3	31.1			22.5	51.1	11.5					
22	00	25.4	46.4	33.2										
	12			7.3				51.2						
23	00	25.5	46.5	4.4			22.4	51.3	11.6					
	12			29.5										
24	00	25.6	46.6	59.6				51.4					58.3	
	12			64.1			22.3	51.5						
25	00	17.1	18.1	47.3	3.4	50.4			10.1					
	12			6.4				51.6		37.3				
26	00	17.2	18.2	46.6			22.2	42.1						
	12			48.2										
27	00	17.3	18.3	57.3				42.2	10.2					
	12			32.5				42.3						
28	00	17.4	18.4	28.1	D	D						R		
	12			44.3				42.4	10.3					
29	00	17.5	18.5	1.5				42.5						
	12			43.6						37.4				
30	00	17.6	18.6	34.2			22.1	42.6						
	12			9.4			D	3.1	10.4					
31	00	21.1	48.1	5.6			22.2							28.5
	12	21.2	48.2	11.1				3.2						

April 1986

Date	Time	☉	⊕	☾	☊	☋	☿	♀	♂	♃	♄	♅	♆	♇
1	00	21.2	48.2	10.3	3.4	50.4	22.2	3.3	10.4	37.4	9.5	26.6	58.3	28.5
	12	21.3	48.3	58.4	D	D	D	D	10.5	D	R	R	D	R
2	00			38.6	R	R		3.4						
	12	21.4	48.4	61.1				3.5		37.5				
3	00			60.2										
	12	21.5	48.5	41.4				3.6	10.6					
4	00			19.5			22.3	27.1						
	12	21.6	48.6	13.6							9.4			
5	00			30.1				27.2	58.1					
	12	51.1	57.1	55.2				27.3						
6	00			37.3			22.4							
	12	51.2	57.2	63.4				27.4						
7	00			22.5					58.2	37.6				
	12	51.3	57.3	36.5				27.5						
8	00			25.6			22.5	27.6					R	
	12	51.4	57.4	21.1										
9	00			51.1			22.6	24.1	58.3					
	12	51.5	57.5	42.2				24.2						
10	00	51.6	57.6	3.2										
	12			27.3	D	D	36.1	24.3						
11	00	42.1	32.1	24.3				24.4	58.4					
	12			2.4			36.2			63.1				
12	00	42.2	32.2	23.4				24.5						
	12			8.4			36.3	24.6						
13	00	42.3	32.3	20.5					58.5					
	12			16.5			36.4	2.1						
14	00	42.4	32.4	35.5				2.2						
	12			45.6			36.5							
15	00	42.5	32.5	12.6				2.3						
	12			15.6			36.6	2.4	58.6					
16	00	42.6	32.6	39.1			25.1			63.2				
	12			53.1				2.5						
17	00	3.1	50.1	62.2			25.2	2.6						
	12			56.2	R	R			38.1					
18	00	3.2	50.2	31.3			25.3	23.1						
	12			33.3			25.4	23.2						
19	00	3.3	50.3	7.4										
	12			4.5			25.5	23.3	38.2					
20	00	3.4	50.4	29.6			25.6	23.4						
	12			40.1	D	D				63.3				
21	00	3.5	50.5	64.2			17.1	23.5						
	12	3.6	50.6	47.4			17.2							
22	00			6.5				23.6	38.3					
	12	27.1	28.1	18.1			17.3	8.1					58.2	
23	00			48.3			17.4							
	12	27.2	28.2	57.4				8.2						
24	00			32.6			17.5	8.3	38.4					
	12	27.3	28.3	28.2	R	R	17.6							
25	00			44.4			21.1	8.4		63.4				
	12	27.4	28.4	1.6				8.5						
26	00			14.2			21.2							
	12	27.5	28.5	34.4			21.3	8.6	38.5					
27	00			9.6			21.4	20.1			9.3			
	12	27.6	28.6	26.2			21.5							
28	00			11.4				20.2						
	12	24.1	44.1	10.6			21.6	20.3						
29	00			38.2			51.1		38.6					
	12	24.2	44.2	54.3			51.2	20.4						
30	00			61.5			51.3	20.5		63.5				
	12	24.3	44.3	60.6			51.4							

May 1986

Date	Time	☉	⊕	☾	☊	☋	☿	♀	♂	♃	♄	♅	♆	♇
1	00	24.3	44.3	19.1	3.4	50.4	51.4	20.6	38.6	63.5	9.3	26.6	58.2	28.5
	12	24.4	44.4	13.3	D	D	51.5	D	54.1	D	R	R	R	R
2	00			49.4			51.6	16.1						
	12	24.5	44.5	30.5			42.1	16.2						
3	00			55.6			42.2							
	12	24.6	44.6	63.1			42.3	16.3						
4	00			22.2			42.4	16.4	54.2					
	12	2.1	1.1	36.2			42.5							28.4
5	00	2.2	1.2	25.3			42.6	16.5		63.6				
	12			17.4			3.1	16.6						
6	00	2.3	1.3	21.4										
	12			51.5			3.2	35.1	54.3					
7	00	2.4	1.4	42.5			3.3	35.2						
	12			3.5	R	R	3.4							
8	00	2.5	1.5	27.6			3.5	35.3				26.5		
	12			24.6			3.6	35.4						
9	00	2.6	1.6	23.1			27.1							
	12			8.1			27.2	35.5	54.4					
10	00	23.1	43.1	20.1			27.3							
	12			16.1			27.4	35.6		22.1				
11	00	23.2	43.2	35.2			27.5	45.1						
	12			45.2			27.6				9.2			
12	00	23.3	43.3	12.2			24.1	45.2						
	12			15.3			24.2	45.3						
13	00	23.4	43.4	52.3			24.3		54.5					
	12			39.3			24.5	45.4						
14	00	23.5	43.5	53.4			24.6	45.5						
	12			62.4			2.1							
15	00	23.6	43.6	56.5			2.2	45.6						
	12			31.5			2.3	12.1						
16	00	8.1	14.1	33.6			2.4		54.6					
	12			4.1			2.5	12.2		22.2				
17	00	8.2	14.2	29.1			2.6							
	12			59.2	D	D	23.1	12.3						
18	00	8.3	14.3	40.3			23.2	12.4						
	12			64.4			23.4							
19	00	8.4	14.4	47.5			23.5	12.5						
	12			46.1			23.6	12.6						
20	00	8.5	14.5	18.2			8.1		61.1					
	12			48.4			8.2	15.1						
21	00	8.6	14.6	57.5			8.3	15.2						
	12	20.1	34.1	50.1			8.4							
22	00			28.3	R	R	8.6	15.3						
	12	20.2	34.2	44.5			20.1	15.4		22.3				
23	00			43.1			20.2							
	12	20.3	34.3	14.3			20.3	15.5						
24	00			34.5			20.4							
	12	20.4	34.4	5.1			20.5	15.6			9.1			
25	00			26.3			16.1	52.1	61.2					
	12	20.5	34.5	11.6			16.2							
26	00			58.2			16.3	52.2						
	12	20.6	34.6	38.4			16.4	52.3						
27	00			54.5			16.5							
	12	16.1	9.1	60.1			16.6	52.4						
28	00			41.3			35.2	52.5						
	12	16.2	9.2	19.4			35.3							
29	00			13.6			35.4	52.6						
	12	16.3	9.3	30.1			35.5			22.4				
30	00			55.2			35.6	39.1						
	12	16.4	9.4	37.3			45.1	39.2						
31	00			63.4	D	D	45.2							
	12	16.5	9.5	22.5			45.4	39.3	61.3					

June 1986

Date	Time	☉	⊕	☾	☊	☋	☿	♀	♂	♃	♄	♅	♆	♇
1	00	16.5	9.5	36.6	3.4	50.4	45.5	39.4	61.3	22.4	9.1	26.5	58.2	28.4
	12	16.6	9.6	25.6	D	D	45.6	D	D	D	R	R	R	R
2	00			21.1			12.1	39.5						
	12	35.1	5.1	51.1			12.2	39.6						
3	00			42.2			12.3					26.4		
	12	35.2	5.2	3.2			12.4	53.1						
4	00			27.3	R	R	12.5							
	12	35.3	5.3	24.3			12.6	53.2						
5	00			2.3			15.1	53.3						
	12	35.4	5.4	23.4			15.2							
6	00			8.4			15.3	53.4		22.5	34.6			
	12	35.5	5.5	20.4			15.4	53.5						
7	00			16.5	3.3	50.3	15.5							
	12	35.6	5.6	35.5			15.6	53.6						
8	00			45.5			52.1	62.1						
	12	45.1	26.1	12.6			52.2							
9	00			15.6			52.3	62.2	R					
	12	45.2	26.2	52.6			52.4							
10	00			53.1			52.5	62.3						
	12	45.3	26.3	62.1			52.6	62.4						
11	00			56.2			39.1							
	12	45.4	26.4	31.2			39.2	62.5						
12	00	45.5	26.5	33.3				62.6						
	12			7.3			39.3						58.1	
13	00	45.6	26.6	4.4			39.4	56.1						
	12			29.5			39.5							28.3
14	00	12.1	11.1	59.5			39.6	56.2						
	12			40.6			53.1	56.3						
15	00	12.2	11.2	47.1										
	12			6.2	D	D	53.2	56.4						
16	00	12.3	11.3	46.3			53.3	56.5		22.6				
	12			18.4			53.4							
17	00	12.4	11.4	48.6				56.6						
	12			32.1			53.5	31.1						
18	00	12.5	11.5	50.3	R	R	53.6		61.2					
	12			28.4			62.1	31.2						
19	00	12.6	11.6	44.6										
	12			43.2			62.2	31.3			34.5			
20	00	15.1	10.1	14.4	3.2	50.2	62.3	31.4						
	12			34.6										
21	00	15.2	10.2	5.2			62.4	31.5						
	12			26.4			62.5	31.6						
22	00	15.3	10.3	11.6										
	12			58.2			62.6	33.1						
23	00	15.4	10.4	38.5										
	12			61.1			56.1	33.2						
24	00	15.5	10.5	60.3			56.2	33.3						
	12			41.4					61.1					
25	00	15.6	10.6	19.6			56.3	33.4						
	12			49.2										
26	00	52.1	58.1	30.3			56.4	33.5				26.3		
	12			55.5				33.6						
27	00	52.2	58.2	37.6			56.5							
	12			22.1				7.1						
28	00	52.3	58.3	36.2			56.6	7.2						
	12			25.3										
29	00	52.4	58.4	17.3			31.1	7.3	54.6					
	12			21.4	D	D								
30	00	52.5	58.5	51.5				7.4						
	12			42.5			31.2	7.5						

July 1986

Date	Time	☉	⊕	☾	☊	☋	☿	♀	♂	♃	♄	♅	♆	♇
1	00	52.6	58.6	3.5	R	R	31.2	7.5	54.6	36.1	34.5	26.3	58.1	28.3
	12			27.6			D	7.6	R	D	R	R	R	R
2	00	39.1	38.1	24.6			31.3	4.1						
	12			23.1	3.1	50.1								
3	00	39.2	38.2	8.1				4.2	54.5					
	12			20.1			31.4							
4	00	39.3	38.3	16.1				4.3						
	12			35.2				4.4						
5	00	39.4	38.4	45.2										
	12			12.2				4.5						
6	00	39.5	38.5	15.3			31.5				34.4			
	12			52.3				4.6	54.4					
7	00	39.6	38.6	39.4				29.1						
	12			53.4										
8	00	53.1	54.1	62.4				29.2						
	12			56.5	42.6	32.6								
9	00	53.2	54.2	31.6				29.3						
	12			33.6				29.4	54.3					
10	00	53.3	54.3	4.1			R							
	12	53.4	54.4	29.1				29.5						
11	00			59.2				29.6						
	12	53.5	54.5	40.3										
12	00			64.4				59.1						
	12	53.6	54.6	47.5										
13	00			6.6				59.2	54.2	R				
	12	62.1	61.1	18.1				59.3						
14	00			48.2			31.4							
	12	62.2	61.2	57.3				59.4						
15	00			32.4	D	D								
	12	62.3	61.3	50.6	R	R		59.5						D
16	00			44.1				59.6	54.1					
	12	62.4	61.4	1.3			31.3							
17	00			43.4				40.1						
	12	62.5	61.5	14.6										
18	00			9.2				40.2					10.6	
	12	62.6	61.6	5.4			31.2	40.3						
19	00			26.6										
	12	56.1	60.1	10.2	42.5	32.5		40.4	38.6					
20	00			58.4			31.1							
	12	56.2	60.2	38.6				40.5						
21	00			61.2				40.6						
	12	56.3	60.3	60.4			56.6							
22	00			41.5				64.1						
	12	56.4	60.4	13.1			56.5							
23	00			49.3				64.2	38.5			26.2		
	12	56.5	60.5	30.5				64.3						
24	00			55.6			56.4							
	12	56.6	60.6	63.1				64.4						
25	00			22.3						22.6				
	12	31.1	41.1	36.4			56.3	64.5						
26	00			25.5										
	12	31.2	41.2	17.6	42.4	32.4		64.6						
27	00			21.6			56.2	47.1	38.4					
	12	31.3	41.3	42.1										
28	00			3.2	D	D		47.2						
	12	31.4	41.4	27.2			56.1							
29	00			24.2	R	R		47.3						
	12	31.5	41.5	2.3				47.4						
30	00			23.3										
	12	31.6	41.6	8.4			62.6	47.5						
31	00			20.4										
	12	33.1	19.1	16.4				47.6						

August 1986

Date	Time	☉	⊕	☾	☊	☋	☿	♀	♂	♃	♄	♅	♆	♇
1	00	33.1	19.1	35.4	42.4	32.4	62.6	47.6	38.3	22.6	34.4	26.2	10.6	28.3
	12	33.2	19.2	45.5	R	R	R	6.1	R	R	R	R	R	D
2	00			12.5				6.2						
	12	33.3	19.3	15.6										
3	00			52.6				6.3						
	12	33.4	19.4	39.6			D							
4	00			62.1				6.4						
	12	33.5	19.5	56.1				6.5						
5	00			31.2										
	12	33.6	19.6	33.3	42.3	32.3		6.6						
6	00	7.1	13.1	7.3										
	12			4.4			56.1	46.1						
7	00	7.2	13.2	29.5										
	12			59.6				46.2			D			
8	00	7.3	13.3	64.1				46.3						
	12			47.1			56.2							
9	00	7.4	13.4	6.2				46.4		22.5				
	12			46.3										
10	00	7.5	13.5	18.5			56.3	46.5						
	12			48.6										
11	00	7.6	13.6	32.1			56.4	46.6						
	12			50.2	D	D								
12	00	4.1	49.1	28.3				18.1						
	12			44.5			56.5	18.2	D					
13	00	4.2	49.2	1.6			56.6							
	12			14.2	R	R		18.3						
14	00	4.3	49.3	34.3			31.1							
	12			9.5				18.4						
15	00	4.4	49.4	26.1			31.2							
	12			11.2			31.3	18.5						28.4
16	00	4.5	49.5	10.4			31.4							
	12			58.6				18.6						
17	00	4.6	49.6	54.2			31.5	48.1						
	12			61.3			31.6							
18	00	29.1	30.1	60.5	42.2	32.2	33.1	48.2						
	12			19.1										
19	00	29.2	30.2	13.3			33.2	48.3		22.4				
	12			49.4			33.3							
20	00	29.3	30.3	30.6			33.4	48.4						
	12			37.1			33.5							
21	00	29.4	30.4	63.3			33.6	48.5						
	12			22.4			7.1							
22	00	29.5	30.5	36.5			7.2	48.6						
	12			25.6			7.3							
23	00	29.6	30.6	21.1			7.4	57.1						
	12			51.2			7.5	57.2						
24	00	59.1	55.1	42.3	D	D	7.6		38.4					
	12			3.3			4.1	57.3						
25	00	59.2	55.2	27.4			4.2							
	12			24.5			4.3	57.4						
26	00	59.3	55.3	2.5			4.4							
	12	59.4	55.4	23.5			4.5	57.5						
27	00			8.6			4.6			22.3				
	12	59.5	55.5	20.6	R	R	29.1	57.6						
28	00			35.1			29.2					D		
	12	59.6	55.6	45.1			29.3	32.1						
29	00			12.1			29.4		38.5					
	12	40.1	37.1	15.1			29.5	32.2						
30	00			52.2			29.6							
	12	40.2	37.2	39.2			59.1	32.3						
31	00			53.3			59.2							
	12	40.3	37.3	62.3			59.3	32.4						

September 1986

Date	Time	☉	⊕	☾	☊	☋	☿	♀	♂	♃	♄	♅	♆	♇
1	00	40.3	37.3	56.4	42.2	32.2	59.4	32.4	38.5	22.3	34.4	26.2	10.6	28.4
	12	40.4	37.4	31.4	R	R	59.5	32.5	D	R	D	D	R	D
2	00			33.5	42.1	32.1	59.6		38.6					
	12	40.5	37.5	7.6			40.1	32.6						
3	00			29.1			40.2							
	12	40.6	37.6	59.1			40.3	50.1		22.2				
4	00			40.2			40.5							
	12	64.1	63.1	64.3			40.6	50.2						
5	00			47.5			64.1							
	12	64.2	63.2	6.6			64.2	50.3	54.1					
6	00			18.1			64.3							
	12	64.3	63.3	48.2			64.4	50.4						
7	00			57.3			64.5							
	12	64.4	63.4	32.5	D	D	64.6							
8	00			50.6			47.1	50.5						
	12	64.5	63.5	44.2			47.2		54.2		34.5			
9	00			1.3			47.3	50.6						
	12	64.6	63.6	43.4			47.4							
10	00	47.1	22.1	14.6			47.5	28.1						
	12			9.1			47.6			22.1				
11	00	47.2	22.2	5.3			6.1	28.2	54.3					
	12			26.5	R	R	6.2							
12	00	47.3	22.3	11.6			6.3							
	12			58.2				28.3						
13	00	47.4	22.4	38.3			6.4							
	12			54.5			6.5	28.4	54.4					
14	00	47.5	22.5	60.1			6.6							
	12			41.2			46.1	28.5						
15	00	47.6	22.6	19.4			46.2						D	
	12			13.5			46.3							
16	00	6.1	36.1	30.1			46.4	28.6	54.5					
	12			55.2			46.5							
17	00	6.2	36.2	37.3			46.6	44.1						
	12			63.5			18.1			63.6				
18	00	6.3	36.3	22.6			18.2							
	12			25.1			18.3	44.2	54.6					
19	00	6.4	36.4	17.2										
	12			21.3			18.4	44.3						
20	00	6.5	36.5	51.4			18.5							
	12			42.5	D	D	18.6		61.1					
21	00	6.6	36.6	3.5			48.1	44.4						28.5
	12			27.6			48.2							
22	00	46.1	25.1	24.6			48.3							
	12			23.1			48.4	44.5	61.2					
23	00	46.2	25.2	8.1										
	12	46.3	25.3	20.2			48.5	44.6			34.6			
24	00			16.2			48.6							
	12	46.4	25.4	35.3			57.1		61.3					
25	00			45.3			57.2	1.1		63.5				
	12	46.5	25.5	12.3			57.3							
26	00			15.4			57.4							
	12	46.6	25.6	52.4	R	R		1.2	61.4					
27	00			39.4			57.5							
	12	18.1	17.1	53.5			57.6							
28	00			62.5			32.1							
	12	18.2	17.2	56.6			32.2	1.3	61.5					
29	00			31.6										
	12	18.3	17.3	7.1			32.3							
30	00			4.2			32.4	1.4						
	12	18.4	17.4	29.2			32.5		61.6					

October 1986

Date	Time	☉	⊕	☾	☊	☋	☿	♀	♂	♃	♄	♅	♆	♇
1	00	18.4	17.4	59.3	42.1	32.1	32.6	1.4	61.6	63.5	34.6	26.2	10.6	28.5
	12	18.5	17.5	40.4	R	R	D	D	R	R	D	D	D	D
2	00			64.5			50.1	1.5				26.3		
	12	18.6	17.6	47.6			50.2		60.1					
3	00			46.2			50.3			63.4				
	12	48.1	21.1	18.3			50.4							
4	00	48.2	21.2	48.4										
	12			57.6			50.5	1.6	60.2					
5	00	48.3	21.3	50.1	D	D	50.6							
	12			28.3			28.1				9.1			
6	00	48.4	21.4	44.5					60.3					
	12			1.6			28.2							
7	00	48.5	21.5	14.2			28.3	43.1						
	12			34.4			28.4							
8	00	48.6	21.6	9.5					60.4					
	12			26.1			28.5							
9	00	57.1	51.1	11.3			28.6							
	12			10.4			44.1		60.5					
10	00	57.2	51.2	58.6										
	12			54.2			44.2	43.2						
11	00	57.3	51.3	61.3	R	R	44.3		60.6					
	12			60.5										
12	00	57.4	51.4	41.6			44.4							
	12			13.1			44.5			63.3				
13	00	57.5	51.5	49.3					41.1					
	12	57.6	51.6	30.4			44.6							
14	00			55.5			1.1							
	12	32.1	42.1	37.6					41.2					
15	00			22.1	D	D	1.2							
	12	32.2	42.2	36.2			1.3							
16	00			25.3				R	41.3		9.2			28.6
	12	32.3	42.3	17.4			1.4							
17	00			21.5			1.5							
	12	32.4	42.4	51.6										
18	00			3.1	R	R	1.6		41.4					
	12	32.5	42.5	27.1			43.1							
19	00			24.2										
	12	32.6	42.6	2.3			43.2		41.5					
20	00			23.3										
	12	50.1	3.1	8.4			43.3							
21	00			20.4					41.6					
	12	50.2	3.2	16.4			43.4	43.1						
22	00	50.3	3.3	35.5										
	12			45.5			43.5		19.1					
23	00	50.4	3.4	12.5										
	12			15.6			43.6							
24	00	50.5	3.5	52.6					19.2					
	12			39.6			14.1	1.6						
25	00	50.6	3.6	62.1										
	12			56.1			14.2		19.3		9.3			
26	00	28.1	27.1	31.2	D	D								
	12			33.2			14.3							
27	00	28.2	27.2	7.3				1.5	19.4	63.2		26.4		
	12			4.3										
28	00	28.3	27.3	29.4			14.4							
	12			59.5					19.5					
29	00	28.4	27.4	40.6				1.4						
	12	28.5	27.5	47.1			14.5							
30	00			6.2					19.6					
	12	28.6	27.6	46.3										
31	00			18.4				1.3						
	12	44.1	24.1	48.6					13.1					

November 1986

Date	Time	☉	⊕	☾	☊	☋	☿	♀	♂	♃	♄	♅	♆	♇
1	00	44.1	24.1	32.1	R	R	14.5	1.3	13.1	63.2	9.3	26.4	10.6	28.6
	12	44.2	24.2	50.3			D	1.2	D	R	D	D	D	D
2	00			28.5					13.2					
	12	44.3	24.3	44.6			R							
3	00			43.2				1.1						
	12	44.4	24.4	14.4					13.3		9.4			
4	00			34.6										
	12	44.5	24.5	5.2										
5	00			26.4				44.6	13.4					
	12	44.6	24.6	11.6	51.6	57.6								
6	00	1.1	2.1	58.2			14.4							
	12			38.4				44.5	13.5					
7	00	1.2	2.2	54.5										
	12			60.1			14.3							
8	00	1.3	2.3	41.2				44.4	13.6					
	12			19.4			14.2			D				44.1
9	00	1.4	2.4	13.5	D	D								
	12			30.1			14.1	44.3	49.1					
10	00	1.5	2.5	55.2										
	12			37.3			43.6						58.1	
11	00	1.6	2.6	63.4			43.5	44.2	49.2					
	12			22.5										
12	00	43.1	23.1	36.6			43.4				9.5			
	12			17.1			43.3		49.3					
13	00	43.2	23.2	21.2			43.2	44.1						
	12	43.3	23.3	51.2										
14	00			42.3	R	R	43.1		49.4			26.5		
	12	43.4	23.4	3.4			1.6							
15	00			27.4				28.6						
	12	43.5	23.5	24.5			1.5		49.5					
16	00			2.5			1.4							
	12	43.6	23.6	23.6					49.6					
17	00			8.6			1.3	28.5						
	12	14.1	8.1	16.1										
18	00			35.1			1.2		30.1					
	12	14.2	8.2	45.1										
19	00			12.2			1.1							
	12	14.3	8.3	15.2					30.2					
20	00	14.4	8.4	52.2				28.4			9.6			
	12			39.3										
21	00	14.5	8.5	53.3					30.3					
	12			62.3			44.6			63.3				
22	00	14.6	8.6	56.4										
	12			31.4			D		30.4					
23	00	34.1	20.1	33.4										
	12			7.5										
24	00	34.2	20.2	4.5			1.1		30.5					
	12			29.6										
25	00	34.3	20.3	40.1	D	D			30.6					
	12			64.1										
26	00	34.4	20.4	47.2										
	12	34.5	20.5	6.3			1.2	D	55.1					
27	00			46.4										
	12	34.6	20.6	18.5			1.3							
28	00			57.1					55.2		5.1			
	12	9.1	16.1	32.2	R	R								
29	00			50.4			1.4							
	12	9.2	16.2	28.5					55.3					
30	00			1.1			1.5							
	12	9.3	16.3	43.3					55.4			26.6		

December 1986

Date	Time	☉	⊕	☾	☊	☋	☿	♀	♂	♃	♄	♅	♆	♇
1	00	9.3	16.3	14.5	51.6	57.6	1.6	28.4	55.4	63.3	5.1	26.6	58.1	44.1
	12	9.4	16.4	9.1	R	R	43.1	D	D	D	D	D	D	D
2	00	9.5	16.5	5.3	51.5	57.5			55.5					
	12			26.5			43.2							
3	00	9.6	16.6	10.1				28.5						44.2
	12			58.3			43.3		55.6					
4	00	5.1	35.1	38.6			43.4							
	12			61.2										
5	00	5.2	35.2	60.3			43.5		37.1					
	12			41.5			43.6			63.4				
6	00	5.3	35.3	13.1				28.6	37.2		5.2			
	12			49.3			14.1							
7	00	5.4	35.4	30.4			14.2							
	12			55.5			14.3		37.3					
8	00	5.5	35.5	63.1										
	12	5.6	35.6	22.2	D	D	14.4	44.1						
9	00			36.3			14.5		37.4				58.2	
	12	26.1	45.1	25.4			14.6							
10	00			17.4										
	12	26.2	45.2	21.5			34.1	44.2	37.5					
11	00			51.6	R	R	34.2							
	12	26.3	45.3	42.6			34.3		37.6					
12	00			27.1										
	12	26.4	45.4	24.2			34.4	44.3						
13	00			2.2			34.5		63.1					
	12	26.5	45.5	23.2			34.6				5.3			
14	00	26.6	45.6	8.3				44.4						
	12			20.3			9.1		63.2					
15	00	11.1	12.1	16.4			9.2			63.5				
	12			35.4	51.4	57.4	9.3	44.5	63.3					
16	00	11.2	12.2	45.4			9.4					11.1		
	12			12.5										
17	00	11.3	12.3	15.5			9.5	44.6	63.4					
	12			52.5			9.6							
18	00	11.4	12.4	39.6			5.1							
	12			53.6			5.2	1.1	63.5					
19	00	11.5	12.5	62.6										
	12			31.1			5.3							
20	00	11.6	12.6	33.1	51.3	57.3	5.4	1.2	63.6					
	12	10.1	15.1	7.1			5.5							
21	00			4.2			5.6	1.3	22.1					
	12	10.2	15.2	29.2										
22	00			59.3			26.1				5.4			
	12	10.3	15.3	40.3			26.2	1.4	22.2	63.6				
23	00			64.4			26.3							
	12	10.4	15.4	47.5			26.4	1.5						
24	00			6.5			26.5		22.3					
	12	10.5	15.5	46.6	D	D								
25	00			48.1			26.6	1.6	22.4					
	12	10.6	15.6	57.2			11.1							
26	00	58.1	52.1	32.4	R	R	11.2	43.1						
	12			50.5			11.3		22.5					
27	00	58.2	52.2	28.6										
	12			1.2			11.4	43.2						
28	00	58.3	52.3	43.4			11.5		22.6					
	12			14.5			11.6	43.3						
29	00	58.4	52.4	9.1			10.1		36.1	22.1				
	12			5.3			10.2	43.4						
30	00	58.5	52.5	26.6							5.5			
	12			10.2			10.3	43.5	36.2					
31	00	58.6	52.6	58.4			10.4							
	12	38.1	39.1	38.6	51.2	57.2	10.5	43.6				11.2		

January 1987

Date/Time	☉	⊕	☽	☊	☋	☿	♀	♂	♃	♄	⚷	♆	♇
1 00	38.1	39.1	61.2	51.2	57.2	10.6	43.6	36.3	22.1	5.5	11.2	58.2	44.2
12	38.2	39.2	60.4	R	R	58.1	14.1		D	D	D	D	D
2 00			41.6					36.4					
12	38.3	39.3	13.2			58.2							
3 00			49.4			58.3	14.2					58.3	44.3
12	38.4	39.4	30.6			58.4		36.5					
4 00			37.2			58.5	14.3		22.2				
12	38.5	39.5	63.3			58.6							
5 00			22.4				14.4	36.6					
12	38.6	39.6	36.6			38.1							
6 00			17.1			38.2	14.5						
12	54.1	53.1	21.1			38.3		25.1					
7 00	54.2	53.2	51.2			38.4	14.6						
12			42.3			38.5		25.2		5.6			
8 00	54.3	53.3	3.4			38.6	34.1						
12			27.4										
9 00	54.4	53.4	24.5			54.1	34.2	25.3					
12			2.5			54.2			22.3				
10 00	54.5	53.5	23.6			54.3	34.3						
12			8.6			54.4	34.4	25.4					
11 00	54.6	53.6	20.6			54.5							
12			35.1	51.1	57.1	54.6	34.5	25.5					
12 00	61.1	62.1	45.1			61.1							
12	61.2	62.2	12.1				34.6						
13 00			15.2			61.2		25.6					
12	61.3	62.3	52.2			61.3	9.1						
14 00			39.2			61.4							
12	61.4	62.4	53.3			61.5	9.2	17.1	22.4				
15 00			62.3			61.6							
12	61.5	62.5	56.3	21.6	48.6	60.1	9.3	17.2					
16 00			31.4			60.2							
12	61.6	62.6	33.4				9.4			26.1			
17 00			7.5			60.3		17.3			11.3		
12	60.1	56.1	4.5			60.4	9.5						
18 00	60.2	56.2	29.6			60.5	9.6						
12			59.6			60.6		17.4					
19 00	60.3	56.3	64.1			41.1	5.1						
12			47.1			41.2		17.5	22.5				
20 00	60.4	56.4	6.2			41.3	5.2						
12			46.3			41.4							
21 00	60.5	56.5	18.4			41.5	5.3	17.6					
12			48.5			41.6							
22 00	60.6	56.6	57.5	D	D		5.4						
12			50.1			19.1	5.5	21.1					
23 00	41.1	31.1	28.2	R	R	19.2							
12	41.2	31.2	44.3			19.3	5.6	21.2					
24 00			1.4			19.4							
12	41.3	31.3	43.6			19.5	26.1		22.6				
25 00			34.1			19.6		21.3					
12	41.4	31.4	9.3			13.1	26.2						
26 00			5.5			13.2	26.3			26.2			
12	41.5	31.5	11.1			13.3		21.4					
27 00			10.3	21.5	48.5	13.4	26.4						
12	41.6	31.6	58.5			13.5		21.5					
28 00			54.1			13.6	26.5						
12	19.1	33.1	61.3										
29 00			60.5			49.1	26.6	21.6	36.1			58.4	
12	19.2	33.2	19.1			49.2	11.1						
30 00	19.3	33.3	13.3			49.3							
12			49.5			49.4	11.2	51.1					
31 00	19.4	33.4	55.1			49.5							
12			37.3			49.6	11.3						

February 1987

Date/Time	☉	⊕	☽	☊	☋	☿	♀	♂	♃	♄	⚷	♆	♇
1 00	19.5	33.5	63.4	21.5	48.5	30.1	11.4	51.2	36.1	26.2	11.3	58.4	44.3
12			22.6	R	R	30.2		D	D	D	D	D	D
2 00	19.6	33.6	25.1			30.3	11.5	51.3					
12			17.2			30.4			36.2				
3 00	13.1	7.1	21.3				11.6						
12			51.4	D	D	30.5		51.4					
4 00	13.2	7.2	42.5			30.6	10.1						
12	13.3	7.3	3.6			55.1	10.2						
5 00			24.1			55.2		51.5			11.4		
12	13.4	7.4	2.1			55.3	10.3						
6 00			23.2	R	R	55.4		51.6		26.3			
12	13.5	7.5	8.2				10.4						
7 00			20.3			55.5	10.5		36.3				
12	13.6	7.6	16.3			55.6		42.1					
8 00			35.4			37.1	10.6						
12	49.1	4.1	45.4	21.4	48.4								
9 00			12.4			37.2	58.1	42.2					
12	49.2	4.2	15.5			37.3	58.2						
10 00			52.5			37.4		42.3					
12	49.3	4.3	39.5				58.3						
11 00	49.4	4.4	53.6			37.5			36.4				
12			62.6				58.4	42.4					
12 00	49.5	4.5	56.6			37.6	58.5						R
12			33.1			63.1							
13 00	49.6	4.6	7.1				58.6	42.5					
12			4.2										
14 00	30.1	29.1	29.2			63.2	38.1						
12			59.3				38.2	42.6					
15 00	30.2	29.2	40.4	21.3	48.3	63.3							
12			64.4				38.3	3.1	36.5				
16 00	30.3	29.3	47.5										
12			6.6				38.4						
17 00	30.4	29.4	46.6			63.4	38.5	3.2					
12	30.5	29.5	48.1										
18 00			57.2	D	D		38.6						
12	30.6	29.6	32.3					3.3		26.4			
19 00			50.4		R	54.1							
12	55.1	59.1	28.5			54.2	3.4	36.6					
20 00			1.1										
12	55.2	59.2	43.2			54.3							
21 00			14.3			63.3	54.4	3.5					
12	55.3	59.3	34.5	R	R								
22 00			9.6				54.5						
12	55.4	59.4	26.2					3.6					
23 00			11.3			63.2	54.6						
12	55.5	59.5	10.5				61.1		25.1				
24 00	55.6	59.6	38.1			63.1		27.1					
12			54.3				61.2						
25 00	37.1	40.1	61.4			37.6	61.3	27.2					
12			60.6										
26 00	37.2	40.2	19.2			37.5	61.4						
12			13.4					27.3					
27 00	37.3	40.3	49.6			37.4	61.5						
12			55.2				61.6	25.2					
28 00	37.4	40.4	37.3			37.3		27.4					
12			63.5				60.1						

1987

March 1987

Date	Time	☉	⊕	☾	☊	☋	☿	♀	♂	♃	♄	♅	♆	♇
1	00	37.5	40.5	36.1	21.3	48.3	37.2	60.1	27.5	25.2	26.4	11.4	58.4	44.3
	12			25.2	R	R	R	60.2	D	D	D	D	D	R
2	00	37.6	40.6	17.3			37.1	60.3						
	12			21.5	D	D	55.6		27.6					
3	00	63.1	64.1	51.6				60.4						
	12	63.2	64.2	3.1			55.5	60.5		25.3				
4	00			27.2					24.1			11.5	58.5	
	12	63.3	64.3	24.3			55.4	60.6						
5	00			2.3										
	12	63.4	64.4	23.4			55.3	41.1	24.2					
6	00			8.4				41.2						
	12	63.5	64.5	20.5					24.3					
7	00			16.5			55.2	41.3						
	12	63.6	64.6	35.6	R	R		41.4		25.4				
8	00			45.6					24.4					
	12	22.1	47.1	15.1			55.1	41.5						
9	00			52.1							26.5			
	12	22.2	47.2	39.1				41.6	24.5					
10	00	22.3	47.3	53.2				19.1						
	12			62.2										
11	00	22.4	47.4	56.2				19.2	24.6					
	12			31.3			30.6	19.3		25.5				
12	00	22.5	47.5	33.3					2.1					
	12			7.4				19.4						
13	00	22.6	47.6	4.4			D							
	12			29.5				19.5	2.2					
14	00	36.1	6.1	59.5				19.6						
	12			40.6										
15	00	36.2	6.2	47.1			55.1	13.1	2.3					
	12			6.2				13.2		25.6				
16	00	36.3	6.3	46.3										
	12			18.4				13.3	2.4					
17	00	36.4	6.4	48.5	D	D		13.4						
	12			57.6					2.5					
18	00	36.5	6.5	50.1			55.2	13.5						
	12	36.6	6.6	28.2										
19	00			44.3				13.6	2.6	17.1				
	12	25.1	46.1	1.5				49.1						
20	00			43.6			55.3							
	12	25.2	46.2	34.1				49.2	23.1					
21	00			9.3				49.3						
	12	25.3	46.3	5.4			55.4							
22	00			26.6				49.4	23.2					
	12	25.4	46.4	10.1			55.5	49.5						
23	00			58.3	R	R			23.3	17.2				
	12	25.5	46.5	38.4				49.6						
24	00			54.6			55.6							
	12	25.6	46.6	60.2				30.1	23.4					
25	00			41.3			37.1	30.2						
	12	17.1	18.1	19.5										44.2
26	00			49.1			37.2	30.3	23.5					
	12	17.2	18.2	30.2				30.4						
27	00	17.3	18.3	55.4			37.3			17.3				
	12			37.5				30.5	23.6					
28	00	17.4	18.4	22.1			37.4							
	12			36.2			37.5	30.6						
29	00	17.5	18.5	25.3				55.1	8.1					
	12			17.5			37.6							
30	00	17.6	18.6	21.6	D	D		55.2	8.2					
	12			42.1			63.1	55.3						
31	00	21.1	48.1	3.2			63.2			17.4				
	12			27.3				55.4	8.3		R			

April 1987

Date	Time	☉	⊕	☾	☊	☋	☿	♀	♂	♃	♄	♅	♆	♇
1	00	21.2	48.2	24.4	21.3	48.3	63.3	55.5	8.3	17.4	26.5	11.5	58.5	44.2
	12			2.5	D	D	D	D	D	D	R	R	D	R
2	00	21.3	48.3	23.6	R	R	63.4	55.6	8.4					
	12			8.6			63.5	37.1						
3	00	21.4	48.4	16.1										
	12			35.1			63.6	37.2	8.5	17.5				
4	00	21.5	48.5	45.2			22.1							
	12	21.6	48.6	12.2			22.2	37.3	8.6					
5	00			15.3				37.4						
	12	51.1	57.1	52.3			22.3							
6	00			39.3			22.4	37.5	20.1					
	12	51.2	57.2	53.4	D	D		37.6						
7	00			62.4			22.5							
	12	51.3	57.3	56.4			22.6	63.1	20.2	17.6				
8	00			31.5			36.1	63.2						
	12	51.4	57.4	33.5										
9	00			7.6			36.2	63.3	20.3					
	12	51.5	57.5	4.6			36.3							
10	00			59.1			36.4	63.4						
	12	51.6	57.6	40.1			36.5	63.5	20.4				R	
11	00			64.2										
	12	42.1	32.1	47.3			36.6	63.6	20.5	21.1				
12	00			6.4			25.1	22.1						
	12	42.2	32.2	46.5			25.2							
13	00			18.6			25.3	22.2	20.6					
	12	42.3	32.3	57.1	R	R		22.3						
14	00			32.2			25.4							
	12	42.4	32.4	50.3			25.5	22.4	16.1					
15	00	42.5	32.5	28.5			25.6	22.5						
	12			44.6			17.1			21.2				
16	00	42.6	32.6	43.2			17.2	22.6	16.2					
	12			14.3			17.3							
17	00	3.1	50.1	34.5			17.4	36.1						
	12			9.6				36.2	16.3					
18	00	3.2	50.2	26.2			17.5							
	12			11.4			17.6	36.3						
19	00	3.3	50.3	10.5			21.1	36.4	16.4					
	12			38.1			21.2			21.3				
20	00	3.4	50.4	54.3			21.3	36.5	16.5					
	12			61.4			21.4	36.6						
21	00	3.5	50.5	60.6	D	D	21.5							
	12			19.1			21.6	25.1	16.6					
22	00	3.6	50.6	13.3			51.1	25.2						
	12			49.4			51.2							
23	00	27.1	28.1	30.6			51.3	25.3	35.1		26.4			
	12			37.1			51.4			21.4				
24	00	27.2	28.2	63.2			51.5	25.4						
	12			22.4			51.6	25.5	35.2					
25	00	27.3	28.3	36.5			42.1							
	12			25.6			42.2	25.6						
26	00	27.4	28.4	21.1			42.3	17.1	35.3					
	12			51.2	R	R	42.4							
27	00	27.5	28.5	42.3			42.5	17.2						
	12	27.6	28.6	3.4			42.6	17.3	35.4	21.5				
28	00			27.5			3.1							
	12	24.1	44.1	24.6			3.2	17.4	35.5					
29	00			23.1			3.3	17.5						
	12	24.2	44.2	8.2	21.2	48.2	3.4							
30	00			20.2			3.5	17.6	35.6					
	12	24.3	44.3	16.3			3.6					11.4		44.1

May 1987

Date	Time	☉	⊕	☾	☊	☋	☿	♀	♂	♃	♄	♅	♆	♇
1	00	24.3	44.3	35.3	21.2	48.2	27.1	21.1	35.6	21.5	26.4	11.4	58.5	44.1
	12	24.4	44.4	45.4	R	R	27.2	21.2	45.1	21.6	R	R	R	R
2	00			12.4			27.3							
	12	24.5	44.5	15.5			27.5	21.3						
3	00			52.5			27.6	21.4	45.2					
	12	24.6	44.6	39.5			24.1							
4	00			53.6			24.2	21.5						
	12	2.1	1.1	62.6			24.3	21.6	45.3					
5	00			56.6			24.4							
	12	2.2	1.2	33.1			24.5	51.1		51.1				
6	00			7.1			2.1	51.2	45.4					
	12	2.3	1.3	4.2	D	D	2.2							
7	00			29.2			2.3	51.3	45.5					
	12	2.4	1.4	59.2			2.4							
8	00			40.3			2.5	51.4						
	12	2.5	1.5	64.4			2.6	51.5	45.6					
9	00			47.4			23.1							
	12	2.6	1.6	6.5			23.3	51.6						
10	00			46.6			23.4	42.1	12.1	51.2				
	12	23.1	43.1	48.1			23.5							
11	00			57.2	R	R	23.6	42.2						
	12	23.2	43.2	32.4			8.1	42.3	12.2					
12	00	23.3	43.3	50.5			8.2							
	12			28.6			8.4	42.4			26.3			
13	00	23.4	43.4	1.2			8.5	42.5	12.3					
	12			43.4			8.6							
14	00	23.5	43.5	14.5			20.1	42.6		51.3				
	12			9.1			20.2		12.4					
15	00	23.6	43.6	5.3			20.3	3.1						
	12			26.5			20.4	3.2						
16	00	8.1	14.1	10.1			20.5		12.5					
	12			58.3			16.1	3.3						
17	00	8.2	14.2	38.4			16.2	3.4						
	12			54.6			16.3		12.6					
18	00	8.3	14.3	60.2			16.4	3.5						
	12			41.4			16.5	3.6	15.1	51.4			58.4	
19	00	8.4	14.4	19.5			16.6							
	12			49.1	21.1	48.1	35.1	27.1						
20	00	8.5	14.5	30.2			35.2	27.2	15.2					
	12			55.4	D	D	35.3							
21	00	8.6	14.6	37.5			35.4	27.3						
	12			63.6	21.2	48.2	35.5	27.4	15.3					
22	00	20.1	34.1	36.2			35.6							
	12			25.3			45.1	27.5						
23	00	20.2	34.2	17.4			45.2		15.4	51.5				
	12			21.5	R	R	45.3	27.6						
24	00	20.3	34.3	51.6			45.4	24.1						
	12			3.1			45.5		15.5					
25	00	20.4	34.4	27.1	21.1	48.1	45.6	24.2						
	12			24.2			12.1	24.3						
26	00	20.5	34.5	2.3					15.6					
	12			23.4			12.2	24.4			26.2			
27	00	20.6	34.6	8.4			12.3	24.5						
	12			20.5			12.4		52.1	51.6				
28	00	16.1	9.1	16.5			12.5	24.6						
	12			35.6			12.6	2.1						
29	00	16.2	9.2	45.6			15.1		52.2					
	12			15.1				2.2						
30	00	16.3	9.3	52.1			15.2	2.3	52.3			11.3		
	12			39.2			15.3							
31	00	16.4	9.4	53.2			15.4	2.4						
	12	16.5	9.5	62.2	17.6	18.6			52.4					

June 1987

Date	Time	☉	⊕	☾	☊	☋	☿	♀	♂	♃	♄	♅	♆	♇
1	00	16.5	9.5	56.3	17.6	18.6	15.5	2.5	52.4	42.1	26.2	11.3	58.4	44.1
	12	16.6	9.6	31.3	R	R	15.6	2.6	D	D	R	R	R	R
2	00			33.3					52.5					
	12	35.1	5.1	7.4			52.1	23.1						
3	00			4.4			52.2	23.2						
	12	35.2	5.2	29.4					52.6					
4	00			59.5			52.3	23.3						
	12	35.3	5.3	40.5			52.4	23.4						
5	00			64.6	D	D			39.1					
	12	35.4	5.4	47.6			52.5	23.5						
6	00			46.1				23.6		42.2				28.6
	12	35.5	5.5	18.2			52.6		39.2					
7	00			48.3	R	R	39.1	8.1						
	12	35.6	5.6	57.4				8.2						
8	00			32.5			39.2		39.3					
	12	45.1	26.1	50.6				8.3			26.1			
9	00			44.2										
	12	45.2	26.2	1.3			39.3	8.4	39.4					
10	00			43.5				8.5						
	12	45.3	26.3	14.6			39.4							
11	00			9.2				8.6	39.5	42.3				
	12	45.4	26.4	5.4			39.5	20.1						
12	00			26.6										
	12	45.5	26.5	10.2				20.2	39.6					
13	00			58.4			39.6	20.3						
	12	45.6	26.6	38.6	17.5	18.5			53.1					
14	00			61.3				20.4						
	12	12.1	11.1	60.5			53.1	20.5						
15	00			41.6					53.2					
	12	12.2	11.2	13.2				20.6						
16	00			49.4				16.1		42.4				
	12	12.3	11.3	30.6					53.3					
17	00			37.1			53.2	16.2						
	12	12.4	11.4	63.3				16.3						
18	00			22.4					53.4					
	12	12.5	11.5	36.5	D	D		16.4						
19	00			17.1										
	12	12.6	11.6	21.2	R	R		16.5	53.5					
20	00			51.3				16.6						
	12	15.1	10.1	42.3										
21	00			3.4				35.1	53.6					
	12	15.2	10.2	27.5			R	35.2			5.6			
22	00			24.6						42.5				
	12	15.3	10.3	2.6				35.3	62.1			11.2		
23	00			8.1				35.4						
	12	15.4	10.4	20.2										
24	00			16.2				35.5	62.2					
	12	15.5	10.5	35.2				35.6						
25	00			45.3	17.4	18.4								
	12	15.6	10.6	12.3				45.1	62.3					
26	00	52.1	58.1	15.4			53.1	45.2						
	12			52.4									58.3	
27	00	52.2	58.2	39.5				45.3	62.4					
	12			53.5				45.4						
28	00	52.3	58.3	62.5						42.6				
	12			56.5			39.6	45.5	62.5					
29	00	52.4	58.4	31.6										
	12			33.6	17.3	18.3		45.6						
30	00	52.5	58.5	7.6			39.5	12.1	62.6					
	12			29.1										

July 1987

Date	Time	☉	⊕	☾	☊	☋	☿	♀	♂	♃	♄	♅	♆	♇
1	00	52.6	58.6	59.1	17.3	18.3	39.5	12.2	62.6	42.6	5.6	11.2	58.3	28.6
	12			40.2	R	R	R	12.3	56.1	D	R	R	R	R
2	00	39.1	38.1	64.2			39.4							
	12			47.2				12.4	56.2					
3	00	39.2	38.2	6.3				12.5						
	12			46.4			39.3							
4	00	39.3	38.3	18.4	D	D		12.6	56.3					
	12			48.5	R	R		15.1		3.1				
5	00	39.4	38.4	57.6			39.2							
	12			50.1				15.2	56.4		5.5			
6	00	39.5	38.5	28.2				15.3						
	12			44.3			39.1							
7	00	39.6	38.6	1.4				15.4	56.5					
	12			43.6				15.5						
8	00	53.1	54.1	34.2			52.6							
	12			9.3				15.6	56.6					
9	00	53.2	54.2	5.5				52.1						
	12			11.1										
10	00	53.3	54.3	10.3			52.5	52.2	31.1					
	12			58.5										
11	00	53.4	54.4	54.2	17.2	18.2		52.3						
	12			61.4				52.4	31.2					
12	00	53.5	54.5	60.6						3.2				
	12			19.2				52.5						
13	00	53.6	54.6	13.4				52.6	31.3					
	12			49.6			52.4							
14	00	62.1	61.1	55.2				39.1						
	12			37.4				39.2	31.4					
15	00	62.2	61.2	63.5										
	12			36.1			D	39.3						
16	00	62.3	61.3	25.2				39.4	31.5					
	12			17.4	D	D								
17	00	62.4	61.4	21.5				39.5				11.1		
	12			51.6				39.6	31.6					
18	00	62.5	61.5	3.1	R	R	52.5							
	12			27.2				53.1						D
19	00	62.6	61.6	24.3				53.2	33.1					
	12			2.3										
20	00	56.1	60.1	23.4				53.3						
	12			8.4			52.6	53.4	33.2	3.3				
21	00	56.2	60.2	20.5										
	12			16.5				53.5						
22	00	56.3	60.3	35.6				53.6	33.3					
	12			45.6			39.1							
23	00	56.4	60.4	15.1	17.1	18.1		62.1			5.4			
	12			52.1			39.2		33.4					
24	00	56.5	60.5	39.1				62.2						
	12	56.6	60.6	53.2				62.3						
25	00			62.2			39.3		33.5					
	12	31.1	41.1	56.2				62.4						
26	00			31.3			39.4	62.5						
	12	31.2	41.2	33.3					33.6					
27	00			7.3			39.5	62.6						
	12	31.3	41.3	4.4			39.6	56.1	7.1					
28	00			29.4										
	12	31.4	41.4	59.4			53.1	56.2						
29	00			40.5	25.6	46.6		56.3	7.2					
	12	31.5	41.5	64.5			53.2							
30	00			47.6			53.3	56.4						
	12	31.6	41.6	6.6			53.4	56.5	7.3					
31	00			18.1	D	D								
	12	33.1	19.1	48.1			53.5	56.6						

August 1987

Date	Time	☉	⊕	☾	☊	☋	☿	♀	♂	♃	♄	♅	♆	♇
1	00	33.1	19.1	57.2	25.6	46.6	53.6	31.1	7.4	3.3	5.4	11.1	58.3	28.6
	12	33.2	19.2	32.3	D	D	62.1	D	D	D	R	R	R	D
2	00			50.4				31.2		3.4				
	12	33.3	19.3	28.5			62.2	31.3	7.5					
3	00			44.6	R	R	62.3						58.2	
	12	33.4	19.4	43.1			62.4	31.4						
4	00			14.2			62.5	31.5	7.6					
	12	33.5	19.5	34.4			62.6							
5	00			9.5			56.1	31.6						
	12	33.6	19.6	26.1			56.2	33.1	4.1					
6	00			11.3			56.3							
	12	7.1	13.1	10.4			56.4	33.2						
7	00			58.6			56.5	33.3	4.2					
	12	7.2	13.2	54.2			56.6							
8	00			61.5			31.1	33.4						
	12	7.3	13.3	41.1			31.2		4.3					
9	00			19.3			31.3	33.5						
	12	7.4	13.4	13.5			31.4	33.6						
10	00			30.1			31.5		4.4					
	12	7.5	13.5	55.3			31.6	7.1						
11	00			37.5			33.1	7.2						
	12	7.6	13.6	22.1			33.2		4.5					
12	00			36.3			33.3	7.3						
	12	4.1	49.1	25.4			33.4	7.4						
13	00			17.6	D	D	33.5		4.6					
	12	4.2	49.2	51.1			33.6	7.5						
14	00			42.2			7.1	7.6						
	12	4.3	49.3	3.3			7.2		29.1					
15	00			27.4			7.4	4.1						
	12	4.4	49.4	24.5			7.5	4.2						
16	00			2.6			7.6		29.2					
	12	4.5	49.5	8.1	R	R	4.1	4.3						
17	00	4.6	49.6	20.1			4.2	4.4						
	12			16.2			4.3		29.3					
18	00	29.1	30.1	35.3			4.4	4.5						
	12			45.3			4.5	4.6						
19	00	29.2	30.2	12.3			4.6		29.4					
	12			15.4			29.1	29.1			D			
20	00	29.3	30.3	52.4			29.2	29.2		R				
	12			39.4			29.3		29.5					
21	00	29.4	30.4	53.5	25.5	46.5	29.4	29.3						
	12			62.5			29.6	29.4						
22	00	29.5	30.5	56.5			59.1		29.6					
	12			31.6			59.2	29.5						
23	00	29.6	30.6	33.6			59.3	29.6						
	12			7.6			59.4		59.1					
24	00	59.1	55.1	29.1			59.5	59.1						
	12			59.1			59.6	59.2	59.2					
25	00	59.2	55.2	40.2			40.1							
	12			64.2			40.2	59.3						
26	00	59.3	55.3	47.3			40.3	59.4	59.3					
	12			6.3			40.4							
27	00	59.4	55.4	46.4			40.5	59.5						
	12			18.4	D	D	40.6	59.6	59.4					
28	00	59.5	55.5	48.5			64.1							
	12			57.6			64.2	40.1						44.1
29	00	59.6	55.6	32.6			64.3	40.2	59.5					
	12			28.1			64.4							
30	00	40.1	37.1	44.2			64.5	40.3						
	12			1.3			64.6	40.4	59.6					
31	00	40.2	37.2	43.4			47.1							
	12			14.6			47.2	40.5						

September 1987

Date	Time	☉	⊕	☾	☊	☋	☿	♀	♂	♃	♄	♅	♆	♇
1	00	40.3	37.3	9.1	25.5	46.5	47.2	40.5	40.1	3.4	5.4	11.1	58.2	44.1
	12			5.2	R	R	47.3	40.6	D	R	D	R	R	D
2	00	40.4	37.4	26.4			47.4	64.1				D		
	12			11.5			47.5		40.2					
3	00	40.5	37.5	58.1			47.6	64.2						
	12	40.6	37.6	38.3			6.1	64.3						
4	00			54.4			6.2		40.3					
	12	64.1	63.1	61.6			6.3	64.4						
5	00			41.2			6.4	64.5						
	12	64.2	63.2	19.4			6.5		40.4					
6	00			13.6			6.6	64.6						
	12	64.3	63.3	30.2				47.1						
7	00			55.4			46.1		40.5	3.3				
	12	64.4	63.4	37.6			46.2	47.2						
8	00			22.2			46.3	47.3						
	12	64.5	63.5	36.3			46.4		40.6					
9	00			25.5	D	D	46.5	47.4						
	12	64.6	63.6	21.1			46.6	47.5						
10	00			51.2			18.1		64.1					
	12	47.1	22.1	42.4				47.6						
11	00			3.5			18.2	6.1						
	12	47.2	22.2	27.6			18.3		64.2					
12	00			2.1			18.4	6.2						
	12	47.3	22.3	23.2			18.5	6.3						
13	00			8.3					64.3					
	12	47.4	22.4	20.4			18.6	6.4						
14	00			16.4			48.1	6.5						
	12	47.5	22.5	35.5			48.2		64.4					
15	00			45.6	R	R	48.3	6.6						
	12	47.6	22.6	12.6				46.1			5.5			
16	00			15.6			48.4		64.5					
	12	6.1	36.1	39.1			48.5	46.2						
17	00	6.2	36.2	53.1			48.6	46.3						
	12			62.1			57.1		64.6				D	
18	00	6.3	36.3	56.2				46.4						
	12			31.2			57.2	46.5						
19	00	6.4	36.4	33.2			57.3		47.1					
	12			7.3			57.4	46.6		3.2				
20	00	6.5	36.5	4.3				18.1	47.2					
	12			29.4			57.5							
21	00	6.6	36.6	59.4			57.6	18.2						
	12			40.4			32.1	18.3	47.3					
22	00	46.1	25.1	64.5										
	12			47.6			32.2	18.4						
23	00	46.2	25.2	6.6			32.3	18.5	47.4					
	12			18.1	D	D								
24	00	46.3	25.3	48.2			32.4	18.6						
	12			57.2			32.5	48.1	47.5					
25	00	46.4	25.4	32.3										
	12			50.4			32.6	48.2						
26	00	46.5	25.5	28.5	R	R	50.1	48.3	47.6					
	12			44.6										
27	00	46.6	25.6	43.1			50.2	48.4						
	12			14.2			50.3	48.5	6.1					
28	00	18.1	17.1	34.3										
	12	18.2	17.2	9.5			50.4	48.6		3.1				
29	00			5.6			50.5	57.1	6.2					
	12	18.3	17.3	11.1										44.2
30	00			10.3			50.6	57.2						
	12	18.4	17.4	58.4	D	D	28.1	57.3	6.3					

October 1987

Date	Time	☉	⊕	☾	☊	☋	☿	♀	♂	♃	♄	♅	♆	♇
1	00	18.4	17.4	38.6	25.5	46.5	28.1	57.3	6.3	3.1	5.5	11.1	58.2	44.2
	12	18.5	17.5	61.2	D	D	28.2	57.4	D	R	D	D	D	D
2	00			60.3				57.5	6.4					
	12	18.6	17.6	41.5			28.3				5.6			
3	00			13.1				57.6						
	12	48.1	21.1	49.2			28.4	32.1	6.5					
4	00			30.4			28.5							
	12	48.2	21.2	55.6				32.2						
5	00			63.1			28.6	32.3	6.6					
	12	48.3	21.3	22.3										
6	00			36.5			44.1	32.4		42.6				
	12	48.4	21.4	25.6	R	R		32.5	46.1					
7	00			21.2										
	12	48.5	21.5	51.3			44.2	32.6						
8	00			42.5				50.1	46.2					
	12	48.6	21.6	3.6			44.3							
9	00	57.1	51.1	24.1				50.2						
	12			2.3			44.4	50.3	46.3					
10	00	57.2	51.2	23.4										
	12			8.5				50.4	46.4					
11	00	57.3	51.3	20.5			44.5	50.5						
	12			16.6										
12	00	57.4	51.4	45.1				50.6	46.5					
	12			12.2				28.1						
13	00	57.5	51.5	15.2			44.6			42.5				
	12			52.3				28.2	46.6					
14	00	57.6	51.6	39.3				28.3						
	12			53.3										
15	00	32.1	42.1	62.4	D	D		28.4	18.1		26.1			
	12			56.4				28.5						
16	00	32.2	42.2	31.4										
	12			33.5				28.6	18.2					
17	00	32.3	42.3	7.5			R	44.1				11.2		
	12	32.4	42.4	4.5										
18	00			29.6				44.2	18.3					
	12	32.5	42.5	59.6				44.3						
19	00			64.1										
	12	32.6	42.6	47.1				44.4	18.4					
20	00			6.2						42.4				
	12	50.1	3.1	46.2			44.5	44.5						
21	00			18.3	R	R		44.6	18.5					
	12	50.2	3.2	48.4										
22	00			57.5			44.4	1.1						
	12	50.3	3.3	32.6				1.2	18.6					
23	00			28.1										
	12	50.4	3.4	44.2			44.3	1.3						
24	00			1.3				1.4	48.1					44.3
	12	50.5	3.5	43.4			44.2							
25	00			14.6			44.1	1.5						
	12	50.6	3.6	9.1				1.6	48.2					
26	00	28.1	27.1	5.3			28.6				26.2			
	12			26.4			28.5	43.1	48.3					
27	00	28.2	27.2	11.6	25.4	46.4		43.2		42.3				
	12			58.1			28.4							
28	00	28.3	27.3	38.3			28.3	43.3	48.4					
	12			54.4				43.4						
29	00	28.4	27.4	61.6			28.2							
	12			41.1			28.1	43.5	48.5					
30	00	28.5	27.5	19.3	D	D		43.6						
	12			13.4			50.6							
31	00	28.6	27.6	49.6				14.1	48.6					
	12			55.1			50.5	14.2					58.3	

November 1987

Date	Time	☉	⊕	☾	☊	☋	☿	♀	♂	♃	♄	♅	♆	♇
1	00	44.1	24.1	37.3	25.4	46.4	50.4	14.2	48.6	42.3	26.2	11.2	58.3	44.3
	12			63.4	D	D	R	14.3	57.1	R	D	D	D	D
2	00	44.2	24.2	22.6			50.3	14.4						
	12	44.3	24.3	25.1										
3	00			17.3	R	R		14.5	57.2					
	12	44.4	24.4	21.4			50.2	14.6		42.2				
4	00			51.5										
	12	44.5	24.5	3.1				34.1	57.3		26.3			
5	00			27.2				34.2						
	12	44.6	24.6	24.3										
6	00			2.4				34.3	57.4					
	12	1.1	2.1	23.5			D	34.4						
7	00			8.6										
	12	1.2	2.2	16.1				34.5	57.5			11.3		
8	00			35.2				34.6						
	12	1.3	2.3	45.3					57.6					
9	00			12.3				9.1						
	12	1.4	2.4	15.4			50.3	9.2						
10	00	1.5	2.5	52.4					32.1					
	12			39.5				9.3						
11	00	1.6	2.6	53.5			50.4	9.4						
	12			62.6					32.2	42.1				
12	00	43.1	23.1	56.6				9.5						
	12			31.6			50.5	9.6						
13	00	43.2	23.2	7.1					32.3					
	12			4.1			50.6	5.1			26.4			
14	00	43.3	23.3	29.1	D	D	28.1	5.2						
	12			59.2					32.4					
15	00	43.4	23.4	40.2			28.2	5.3						
	12			64.2				5.4						
16	00	43.5	23.5	47.3			28.3		32.5					
	12	43.6	23.6	6.4			28.4	5.5						44.4
17	00			46.4	R	R		5.6						
	12	14.1	8.1	18.5			28.5		32.6					
18	00			48.6			28.6	26.1						
	12	14.2	8.2	32.1				26.2						
19	00			50.2			44.1		50.1					
	12	14.3	8.3	28.3	25.3	46.3	44.2	26.3						
20	00			44.4			44.3	26.4						
	12	14.4	8.4	1.5					50.2					
21	00			14.1			44.4	26.5						
	12	14.5	8.5	34.2			44.5	26.6	50.3	51.6				
22	00			9.4			44.6				26.5			
	12	14.6	8.6	5.5				11.1						
23	00	34.1	20.1	11.1			1.1	11.2	50.4					
	12			10.3			1.2							
24	00	34.2	20.2	58.4			1.3	11.3						
	12			38.6			1.4	11.4	50.5					
25	00	34.3	20.3	61.2								11.4		
	12			60.4			1.5	11.5						
26	00	34.4	20.4	41.5			1.6	11.6	50.6					
	12			13.1	25.2	46.2	43.1							
27	00	34.5	20.5	49.3			43.2	10.1						
	12			30.4				10.2	28.1					
28	00	34.6	20.6	55.6			43.3							
	12			63.1	D	D	43.4	10.3						
29	00	9.1	16.1	22.2			43.5	10.4	28.2					
	12	9.2	16.2	36.4			43.6							
30	00			25.5	R	R		10.5			26.6			
	12	9.3	16.3	17.6			14.1	10.6	28.3					

December 1987

Date	Time	☉	⊕	☾	☊	☋	☿	♀	♂	♃	♄	♅	♆	♇
1	00	9.3	16.3	51.1	25.2	46.2	14.2	10.6	28.3	51.6	26.6	11.4	58.3	44.4
	12	9.4	16.4	42.3	R	R	14.3	58.1	28.4	R	D	D	D	D
2	00			3.4			14.4	58.2						
	12	9.5	16.5	27.5			14.5						58.4	
3	00			24.6				58.3	28.5					
	12	9.6	16.6	23.1			14.6	58.4						
4	00			8.2			34.1							
	12	5.1	35.1	20.3			34.2	58.5	28.6					
5	00			16.3			34.3	58.6						
	12	5.2	35.2	35.4			34.4							
6	00	5.3	35.3	45.5				38.1	44.1					
	12			12.5			34.5	38.2						
7	00	5.4	35.4	15.6	25.1	46.1	34.6							
	12			39.1			9.1	38.3	44.2					
8	00	5.5	35.5	53.1			9.2	38.4			11.1			
	12			62.1			9.3							
9	00	5.6	35.6	56.2				38.5	44.3					
	12			31.2			9.4							
10	00	26.1	45.1	33.3			9.5	38.6						
	12			7.3			9.6	54.1	44.4	51.5				
11	00	26.2	45.2	4.3			5.1					11.5		
	12	26.3	45.3	29.3			5.2	54.2	44.5					44.5
12	00			59.4				54.3						
	12	26.4	45.4	40.4			5.3							
13	00			64.4			5.4	54.4	44.6					
	12	26.5	45.5	47.5	D	D	5.5	54.5						
14	00			6.5			5.6							
	12	26.6	45.6	46.6	R	R	26.1	54.6	1.1					
15	00			18.6				61.1						
	12	11.1	12.1	57.1			26.2							
16	00			32.2			26.3	61.2	1.2	D	11.2			
	12	11.2	12.2	50.3			26.4	61.3						
17	00			28.4			26.5							
	12	11.3	12.3	44.5			26.6	61.4	1.3					
18	00	11.4	12.4	1.6	36.6	6.6		61.5						
	12			14.2			11.1							
19	00	11.5	12.5	34.3			11.2	61.6	1.4					
	12			9.5			11.3	60.1						
20	00	11.6	12.6	26.1			11.4							
	12			11.2			11.5	60.2	1.5					
21	00	10.1	15.1	10.4				60.3		51.6				
	12			58.6			11.6		1.6					
22	00	10.2	15.2	54.2			10.1	60.4						
	12			61.4			10.2	60.5						
23	00	10.3	15.3	60.6	36.5	6.5	10.3		43.1					
	12	10.4	15.4	19.2			10.4	60.6						
24	00			13.4			10.5	41.1			11.3			
	12	10.5	15.5	49.6					43.2					
25	00			55.2			10.6	41.2						
	12	10.6	15.6	37.3			58.1	41.3						
26	00			63.5			58.2		43.3					
	12	58.1	52.1	22.6			58.3	41.4				11.6		
27	00			25.2	D	D	58.4	41.5						
	12	58.2	52.2	17.3	R	R			43.4					
28	00			21.4			58.5	41.6					58.5	
	12	58.3	52.3	51.5			58.6	19.1						
29	00	58.4	52.4	42.6			38.1		43.5					
	12			27.2			38.2	19.2						
30	00	58.5	52.5	24.2			38.3	19.3	43.6					
	12			2.3			38.4							
31	00	58.6	52.6	23.4				19.4						
	12			8.5			38.5	19.5	14.1					

January 1988

Date	Time	☉	⊕	☾	☊	☋	☿	♀	♂	♃	♄	♅	♆	♇
1	00	38.1	39.1	20.6	36.5	6.5	38.6	19.5	14.1	51.6	11.4	11.6	58.5	44.5
	12			16.6	R	R	54.1	19.6	D	D	D	D	D	D
2	00	38.2	39.2	45.1			54.2		14.2					
	12			12.2			54.3	13.1						
3	00	38.3	39.3	15.2	36.4	6.4	54.4	13.2						
	12	38.4	39.4	52.3			54.5		14.3					
4	00			39.3				13.3						
	12	38.5	39.5	53.4			54.6	13.4						
5	00			62.4			61.1		14.4					
	12	38.6	39.6	56.4			61.2	13.5						
6	00			31.5			61.3	13.6						
	12	54.1	53.1	33.5			61.4		14.5					
7	00			7.5			61.5	49.1						
	12	54.2	53.2	4.6	36.3	6.3	61.6	49.2	14.6					
8	00			29.6										
	12	54.3	53.3	59.6			60.1	49.3						
9	00			64.1			60.2	49.4	34.1	42.1	11.5			
	12	54.4	53.4	47.1			60.3							
10	00	54.5	53.5	6.1			60.4	49.5						
	12			46.2	D	D	60.5	49.6	34.2					
11	00	54.6	53.6	18.2			60.6							
	12			48.3			41.1	30.1				10.1		
12	00	61.1	62.1	57.3				30.2	34.3					
	12			32.4	R	R	41.2							
13	00	61.2	62.2	50.5			41.3	30.3						
	12			28.5			41.4	30.4	34.4					
14	00	61.3	62.3	44.6			41.5							
	12			43.1			41.6	30.5	34.5					
15	00	61.4	62.4	14.3			19.1							
	12	61.5	62.5	34.4			19.2	30.6						44.6
16	00			9.6				55.1	34.6					
	12	61.6	62.6	26.1			19.3							
17	00			11.3			19.4	55.2						
	12	60.1	56.1	10.5			19.5	55.3	9.1		11.6			
18	00			38.1			19.6							
	12	60.2	56.2	54.3			13.1	55.4		42.2				
19	00			61.5			13.2	55.5	9.2					
	12	60.3	56.3	41.1										
20	00			19.3			13.3	55.6						
	12	60.4	56.4	13.5	36.2	6.2	13.4	37.1	9.3					
21	00	60.5	56.5	30.1			13.5							
	12			55.3				37.2	9.4					
22	00	60.6	56.6	37.5			13.6	37.3					58.6	
	12			22.1			49.1							
23	00	41.1	31.1	36.3	D	D	49.2	37.4	9.5					
	12			25.5				37.5						
24	00	41.2	31.2	17.6			49.3							
	12			51.2			49.4	37.6	9.6					
25	00	41.3	31.3	42.3										
	12			3.4			49.5	63.1						
26	00	41.4	31.4	27.5	R	R	49.6	63.2	5.1					
	12			24.6						42.3	10.1			
27	00	41.5	31.5	23.1			30.1	63.3						
	12	41.6	31.6	8.2				63.4	5.2					
28	00			20.3			30.2							
	12	19.1	33.1	16.3				63.5	5.3			10.2		
29	00			35.4			30.3	63.6						
	12	19.2	33.2	45.4										
30	00			12.5				22.1	5.4					
	12	19.3	33.3	15.6			30.4	22.2						
31	00			52.6										
	12	19.4	33.4	39.6				22.3	5.5					

February 1988

Date	Time	☉	⊕	☾	☊	☋	☿	♀	♂	♃	♄	♅	♆	♇
1	00	19.4	33.4	62.1	36.2	6.2	30.4	22.3	5.5	42.3	10.1	10.2	58.6	44.6
	12	19.5	33.5	56.1	R	R	D	22.4	D	D	D	D	D	D
2	00	19.6	33.6	31.1				22.5	5.6					
	12			33.2			R			42.4				
3	00	13.1	7.1	7.2				22.6						
	12			4.2	36.1	6.1		36.1	26.1					
4	00	13.2	7.2	29.3										
	12			59.3				36.2	26.2					
5	00	13.3	7.3	40.3				36.3			10.2			
	12			64.4			30.3							
6	00	13.4	7.4	47.4				36.4	26.3					
	12			6.4	D	D		36.5						
7	00	13.5	7.5	46.5			30.2							
	12			18.5				36.6	26.4					
8	00	13.6	7.6	48.6			30.1							
	12	49.1	4.1	57.6				25.1		42.5				
9	00			50.1			49.6	25.2	26.5					
	12	49.2	4.2	28.1										
10	00			44.2			49.5	25.3						
	12	49.3	4.3	1.3			49.4	25.4	26.6					
11	00			43.4	R	R								
	12	49.4	4.4	14.5			49.3	25.5	11.1					
12	00			34.6			49.2							
	12	49.5	4.5	5.1				25.6						
13	00			26.3			49.1	17.1	11.2					
	12	49.6	4.6	11.4										
14	00	30.1	29.1	10.6			13.6	17.2		42.6				
	12			38.2			13.5	17.3	11.3					
15	00	30.2	29.2	54.3										R
	12			61.5			13.4	17.4			10.3			
16	00	30.3	29.3	41.1				17.5	11.4					
	12			19.4			13.3							
17	00	30.4	29.4	13.6				17.6						
	12			30.2			13.2		11.5					
18	00	30.5	29.5	55.4				21.1						
	12			37.6				21.2	11.6			10.3		
19	00	30.6	29.6	22.2			13.1							
	12			36.4	D	D		21.3		3.1				
20	00	55.1	59.1	25.6				21.4	10.1					
	12	55.2	59.2	21.2										
21	00			51.3			19.6	21.5					38.1	
	12	55.3	59.3	42.5					10.2					
22	00			3.6				21.6						
	12	55.4	59.4	24.2				51.1						
23	00			2.3					10.3					
	12	55.5	59.5	23.4				51.2						
24	00			8.5			D							
	12	55.6	59.6	20.6				51.3	10.4	3.2				
25	00			16.6	R	R		51.4						
	12	37.1	40.1	45.1					10.5					
26	00			12.2				51.5						
	12	37.2	40.2	15.2				51.6						
27	00			52.3					10.6					
	12	37.3	40.3	39.3			13.1	42.1						
28	00	37.4	40.4	53.4										
	12			62.4				42.2	58.1		10.4			
29	00	37.5	40.5	56.4				42.3						
	12			31.5			13.2			3.3				

March 1988

Date	Time	☉	⊕	☾	☊	☋	☿	♀	♂	♃	♄	♅	♆	♇
1	00	37.6	40.6	33.5	36.1	6.1	13.2	42.4	58.2	3.3	10.4	10.3	38.1	44.6
	12			7.5	R	R	D	D	D	D	D	D	D	R
2	00	63.1	64.1	4.5			13.3	42.5	58.3					
	12			29.6				42.6						
3	00	63.2	64.2	59.6										
	12			40.6			13.4	3.1	58.4					
4	00	63.3	64.3	47.1										
	12			6.1	D	D	13.5	3.2						
5	00	63.4	64.4	46.2				3.3	58.5	3.4				
	12	63.5	64.5	18.2			13.6							
6	00			48.2				3.4						
	12	63.6	64.6	57.3					58.6					
7	00			32.4			49.1	3.5						
	12	22.1	47.1	50.4				3.6						
8	00			28.5			49.2		38.1					
	12	22.2	47.2	44.6			49.3	27.1						
9	00			1.6					38.2					
	12	22.3	47.3	14.1			49.4	27.2		3.5				
10	00			34.2				27.3						
	12	22.4	47.4	9.3			49.5		38.3					
11	00			5.4				27.4						
	12	22.5	47.5	26.6	R	R	49.6							
12	00			10.1			30.1	27.5	38.4					
	12	22.6	47.6	58.2				27.6						
13	00	36.1	6.1	38.4			30.2							
	12			54.5	D	D		24.1	38.5					
14	00	36.2	6.2	60.1			30.3			3.6				
	12			41.3			30.4	24.2	38.6					
15	00	36.3	6.3	19.5										
	12			49.1			30.5	24.3						
16	00	36.4	6.4	30.3			30.6	24.4	54.1					
	12			55.5							10.5			44.5
17	00	36.5	6.5	63.1			55.1	24.5						
	12			22.3			55.2		54.2					
18	00	36.6	6.6	36.5	R	R	55.3	24.6						
	12			25.6				2.1		27.1				
19	00	25.1	46.1	21.2			55.4		54.3					
	12			51.4			55.5	2.2						
20	00	25.2	46.2	42.6										
	12			27.1			55.6	2.3	54.4					
21	00	25.3	46.3	24.3			37.1							
	12	25.4	46.4	2.4			37.2	2.4	54.5					
22	00			23.6			37.3	2.5						
	12	25.5	46.5	20.1						27.2				
23	00			16.2			37.4	2.6	54.6					
	12	25.6	46.6	35.3			37.5							
24	00			45.4			37.6	23.1						
	12	17.1	18.1	12.4					61.1					
25	00			15.5			63.1	23.2						
	12	17.2	18.2	52.5	D	D	63.2							
26	00			39.6			63.3	23.3	61.2					
	12	17.3	18.3	53.6			63.4	23.4		27.3				
27	00			56.1			63.5		61.3					
	12	17.4	18.4	31.1				23.5						
28	00			33.1			63.6							
	12	17.5	18.5	7.2			22.1	23.6	61.4					
29	00			4.2			22.2							
	12	17.6	18.6	29.2			22.3	8.1						
30	00	21.1	48.1	59.3			22.4		61.5					
	12			40.3			22.5	8.2						
31	00	21.2	48.2	64.3						27.4				
	12			47.4			22.6	8.3	61.6					

April 1988

Date	Time	☉	⊕	☾	☊	☋	☿	♀	♂	♃	♄	♅	♆	♇
1	00	21.3	48.3	6.4	R	R	36.1	8.4	61.6	27.4	10.5	10.3	38.1	44.5
	12			46.4			36.2	D	D	D	D	D	D	R
2	00	21.4	48.4	18.5			36.3	8.5	60.1					
	12			48.6			36.4							
3	00	21.5	48.5	57.6			36.5	8.6	60.2					
	12			50.1			36.6							
4	00	21.6	48.6	28.1			25.1	20.1		27.5				
	12			44.2			25.2		60.3					
5	00	51.1	57.1	1.3			25.3	20.2				R		
	12			43.4										
6	00	51.2	57.2	14.5			25.4	20.3	60.4					
	12			34.6			25.5							
7	00	51.3	57.3	5.1			25.6	20.4						
	12			26.2			17.1		60.5					
8	00	51.4	57.4	11.3			17.2	20.5		27.6				
	12			10.5			17.3		60.6					
9	00	51.5	57.5	58.6			17.4	20.6						
	12	51.6	57.6	54.1			17.5							
10	00			61.3	D	D	17.6	16.1	41.1					
	12	42.1	32.1	60.4			21.1							
11	00			41.6			21.2	16.2						
	12	42.2	32.2	13.1			21.3		41.2		R			
12	00			49.3			21.4	16.3		24.1			R	
	12	42.3	32.3	30.5			21.5							
13	00			37.1			21.6	16.4	41.3					
	12	42.4	32.4	63.2			51.2							
14	00			22.4			51.3	16.5						
	12	42.5	32.5	36.6	R	R	51.4		41.4					
15	00			17.2			51.5	16.6						
	12	42.6	32.6	21.3			51.6		41.5					
16	00			51.5			42.1			24.2				
	12	3.1	50.1	3.1			42.2	35.1						
17	00			27.2			42.3		41.6					
	12	3.2	50.2	24.4			42.4	35.2						
18	00			2.5			42.5							
	12	3.3	50.3	8.1	22.6	47.6	42.6	35.3	19.1					
19	00			20.2			3.1							
	12	3.4	50.4	16.3			3.3	35.4						
20	00	3.5	50.5	35.4			3.4		19.2	24.3				
	12			45.5			3.5	35.5						
21	00	3.6	50.6	12.6			3.6							
	12			52.1			27.1		19.3					
22	00	27.1	28.1	39.1			27.2	35.6						
	12			53.2			27.3		19.4					
23	00	27.2	28.2	62.3			27.5	45.1						
	12			56.3			27.6							
24	00	27.3	28.3	31.3	D	D	24.1		19.5	24.4				
	12			33.4			24.2	45.2						
25	00	27.4	28.4	7.4			24.3							44.4
	12			4.4			24.4	45.3	19.6					
26	00	27.5	28.5	29.5			24.5							
	12			59.5			2.1							
27	00	27.6	28.6	40.5			2.2	45.4	13.1					
	12			64.6			2.3							
28	00	24.1	44.1	47.6			2.4	45.5		24.5				
	12			6.6	R	R	2.5		13.2					
29	00	24.2	44.2	18.1			2.6							
	12			48.1			23.1	45.6						
30	00	24.3	44.3	57.2			23.2		13.3					
	12			32.3			23.3							

May 1988

Date	Time	☉	⊕	☾	☊	☋	☿	♀	♂	♃	♄	♅	♆	♇
1	00	24.4	44.4	50.3	22.6	47.6	23.4	12.1	13.4	24.5	10.5	10.3	38.1	44.4
	12			28.4	R	R	23.6	D	D	24.6	R	R	R	R
2	00	24.5	44.5	44.5			8.1							
	12			1.6			8.2	12.2	13.5					
3	00	24.6	44.6	14.1			8.3							
	12	2.1	1.1	34.2			8.4							
4	00			9.3			8.5	12.3	13.6					
	12	2.2	1.2	5.5			8.6							
5	00			26.6	22.5	47.5	20.1							
	12	2.3	1.3	10.1			20.2	12.4	49.1	2.1				
6	00			58.3			20.3							
	12	2.4	1.4	38.4			20.4							
7	00			54.5			20.5		49.2					
	12	2.5	1.5	60.1				12.5			10.4			
8	00			41.2			20.6							
	12	2.6	1.6	19.4			16.1		49.3					
9	00			13.5			16.2							
	12	23.1	43.1	30.1	D	D	16.3	12.6	49.4	2.2				
10	00			55.2			16.4							
	12	23.2	43.2	37.4			16.5							
11	00			63.6					49.5					
	12	23.3	43.3	36.1	R	R	16.6							
12	00			25.3			35.1	15.1						
	12	23.4	43.4	17.4			35.2		49.6					
13	00			21.6			35.3							
	12	23.5	43.5	42.1						2.3				
14	00			3.3			35.4		30.1					
	12	23.6	43.6	27.4			35.5	15.2						
15	00			24.6										
	12	8.1	14.1	23.1			35.6		30.2					
16	00			8.2			45.1							
	12	8.2	14.2	20.4										
17	00			16.5			45.2		30.3					
	12	8.3	14.3	35.6						2.4				
18	00			12.1	22.4	47.4	45.3							
	12	8.4	14.4	15.2			45.4	15.3	30.4					
19	00			52.3										
	12	8.5	14.5	39.3			45.5							
20	00	8.6	14.6	53.4					30.5					
	12			62.4			45.6							
21	00	20.1	34.1	56.5										
	12			31.5					30.6	2.5				
22	00	20.2	34.2	33.6			12.1							
	12			7.6										
23	00	20.3	34.3	4.6			12.2	R	55.1					
	12			59.1										
24	00	20.4	34.4	40.1	D	D			55.2			10.2		
	12			64.1			12.3							
25	00	20.5	34.5	47.2										
	12			6.2	R	R			55.3	2.6	10.3			
26	00	20.6	34.6	46.2										
	12			18.3			12.4							
27	00	16.1	9.1	48.3				15.2	55.4					
	12			57.4										
28	00	16.2	9.2	32.5										
	12			50.5					55.5					
29	00	16.3	9.3	28.6			12.5							
	12			1.1						23.1				
30	00	16.4	9.4	43.2	22.3	47.3			55.6					44.3
	12			14.3				15.1						
31	00	16.5	9.5	34.5										
	12			9.6					37.1					

June 1988

Date	Time	☉	⊕	☾	☊	☋	☿	♀	♂	♃	♄	♅	♆	♇
1	00	16.6	9.6	26.1	22.3	47.3	R	15.1	37.1	23.1	10.3	10.2	38.1	44.3
	12			11.3	R	R		R	D	D	R	R	R	R
2	00	35.1	5.1	10.4					37.2					
	12			58.6				12.6		23.2				
3	00	35.2	5.2	54.1										
	12			61.3					37.3					
4	00	35.3	5.3	60.5									58.6	
	12			41.6			12.4	12.5						
5	00	35.4	5.4	13.2	22.2	47.2			37.4					
	12			49.4										
6	00	35.5	5.5	30.5				12.4						
	12			37.1					37.5	23.3				
7	00	35.6	5.6	63.2										
	12			22.4			12.3							
8	00	45.1	26.1	36.5				12.3						
	12			17.1					37.6		10.2			
9	00	45.2	26.2	21.2										
	12			51.3			12.2	12.2						
10	00	45.3	26.3	42.5					63.1					
	12	45.4	26.4	3.6										
11	00			24.1				12.1		23.4				
	12	45.5	26.5	2.3			12.1		63.2					
12	00			23.4										
	12	45.6	26.6	8.5				45.6						
13	00			20.6			45.6		63.3					
	12	12.1	11.1	35.1										
14	00			45.2				45.5						
	12	12.2	11.2	12.3			45.5		63.4					
15	00			15.4	22.1	47.1				23.5				
	12	12.3	11.3	52.5				45.4						
16	00			39.5					63.5					
	12	12.4	11.4	53.6			45.4							
17	00			56.1				45.3				10.1		
	12	12.5	11.5	31.1					63.6					
18	00			33.2										
	12	12.6	11.6	7.2			45.3	45.2						
19	00			4.2										
	12	15.1	10.1	29.3					22.1	23.6				
20	00			59.3										
	12	15.2	10.2	40.3			45.2	45.1						
21	00			64.4					22.2					
	12	15.3	10.3	47.4	D	D					10.1			
22	00			6.4										
	12	15.4	10.4	46.5	R	R		35.6	22.3					
23	00			18.5										
	12	15.5	10.5	48.5										
24	00			57.6						8.1				
	12	15.6	10.6	32.6				35.5	22.4					
25	00			28.1			D							
	12	52.1	58.1	44.2										
26	00			1.3					22.5					
	12	52.2	58.2	43.4										
27	00			14.5	63.6	64.6		35.4						
	12	52.3	58.3	34.6					22.6					
28	00			5.2						8.2				
	12	52.4	58.4	26.3										
29	00			11.5										
	12	52.5	58.5	10.6			45.3		36.1					
30	00			38.2										
	12	52.6	58.6	54.4										

July 1988

Date	Time	☉	⊕	☾	☊	☋	☿	♀	♂	♃	♄	♅	♆	♇
1	00	52.6	58.6	61.5	63.6	64.6	45.3	35.3	36.2	8.2	10.1	10.1	58.6	44.3
	12	39.1	38.1	41.1	R	R	45.4	R	D	D	R	R	R	R
2	00			19.3										
	12	39.2	38.2	13.5										
3	00			30.1					36.3	8.3				
	12	39.3	38.3	55.3			45.5							
4	00			37.4										
	12	39.4	38.4	63.6	D	D	45.6				11.6			
5	00			36.2				D	36.4					
	12	39.5	38.5	25.3										
6	00			17.5			12.1							
	12	39.6	38.6	21.6	R	R			36.5					
7	00			42.2			12.2							
	12	53.1	54.1	3.3						8.4				
8	00			27.4			12.3							
	12	53.2	54.2	24.5			12.4	35.4	36.6					
9	00	53.3	54.3	2.6	63.5	64.5								
	12			8.2			12.5							
10	00	53.4	54.4	20.3									58.5	
	12			16.3			12.6		25.1			11.6		
11	00	53.5	54.5	35.4			15.1							
	12			45.5										
12	00	53.6	54.6	12.6			15.2							
	12			52.1			15.3		25.2	8.5				
13	00	62.1	61.1	39.1				35.5						
	12			53.2			15.4							
14	00	62.2	61.2	62.3			15.5							
	12			56.3			15.6		25.3					
15	00	62.3	61.3	31.4			52.1							
	12			33.4										
16	00	62.4	61.4	7.4	63.4	64.4	52.2	35.6						
	12			4.5			52.3		25.4					
17	00	62.5	61.5	29.5			52.4							
	12			59.5			52.5			8.6				
18	00	62.6	61.6	40.6			52.6	45.1						
	12			64.6	D	D	39.1		25.5		11.5			
19	00	56.1	60.1	47.6			39.2							
	12			46.1			39.3							
20	00	56.2	60.2	18.1				45.2						
	12			48.1			39.4							D
21	00	56.3	60.3	57.2			39.5		25.6					
	12			32.2			39.6							
22	00	56.4	60.4	50.3			53.1	45.3						
	12			28.3	R	R	53.2							
23	00	56.5	60.5	44.4			53.4		17.1	20.1				
	12			1.5			53.5	45.4						
24	00	56.6	60.6	43.6			53.6							
	12			34.1			62.1							
25	00	31.1	41.1	9.2			62.2							
	12			5.3			62.3	45.5	17.2					
26	00	31.2	41.2	26.4			62.4							
	12			11.6			62.5							
27	00	31.3	41.3	58.1			62.6	45.6						
	12			38.3			56.1							
28	00	31.4	41.4	54.5			56.2	12.1	17.3					
	12			60.1			56.3			20.2				
29	00	31.5	41.5	41.3			56.5							
	12			19.5			56.6	12.2						
30	00	31.6	41.6	49.1			31.1							
	12			30.3			31.2							
31	00	33.1	19.1	55.5			31.3	12.3	17.4					
	12			63.1			31.4							

August 1988

Date	Time	☉	⊕	☾	☊	☋	☿	♀	♂	♃	♄	♅	♆	♇
1	00	33.2	19.2	22.3	D	D	31.5	12.3	17.4	20.2	11.5	11.6	58.5	44.3
	12			36.5			31.6	12.4	D	D	R	R	R	D
2	00	33.3	19.3	25.6			33.2							
	12			21.2			33.3	12.5	17.5					
3	00	33.4	19.4	51.4			33.4							
	12			42.5			33.5							
4	00	33.5	19.5	27.1			33.6	12.6		20.3				
	12			24.2			7.1							
5	00	33.6	19.6	2.3	R	R	7.2	15.1						
	12	7.1	13.1	23.4			7.3							
6	00			8.5			7.4	15.2	17.6					
	12	7.2	13.2	20.6			7.5							
7	00			35.1			4.1				11.4			
	12	7.3	13.3	45.2			4.2	15.3						
8	00			12.3			4.3							
	12	7.4	13.4	15.4			4.4	15.4						
9	00			52.4			4.5							
	12	7.5	13.5	39.5			4.6	15.5						
10	00			53.5			29.1		21.1					
	12	7.6	13.6	62.6			29.2			20.4				
11	00			56.6			29.3	15.6				11.5		
	12	4.1	49.1	33.1	63.3	64.3	29.4							
12	00			7.1			29.5	52.1						
	12	4.2	49.2	4.1			29.6							
13	00			29.2			59.1	52.2						
	12	4.3	49.3	59.2			59.2							
14	00			40.2			59.3	52.3						
	12	4.4	49.4	64.3			59.4		21.2					
15	00			47.3	D	D	59.5	52.4						
	12	4.5	49.5	6.3			59.6							
16	00			46.3			40.1	52.5						
	12	4.6	49.6	18.4			40.2							
17	00			48.4			40.3	52.6						
	12	29.1	30.1	57.4			40.4							
18	00			32.5			40.5	39.1		20.5				
	12	29.2	30.2	50.5										
19	00			28.6			40.6	39.2						
	12	29.3	30.3	44.6			64.1							
20	00			43.1			64.2	39.3						
	12	29.4	30.4	14.2	63.4	64.4	64.3							
21	00			34.3	R	R	64.4	39.4						
	12	29.5	30.5	9.4	63.3	64.3	64.5							
22	00			5.5			64.6	39.5					58.4	
	12	29.6	30.6	26.6			47.1							
23	00			10.1			47.2	39.6						
	12	59.1	55.1	58.3					21.3					
24	00			38.4			47.3	53.1						
	12	59.2	55.2	54.6			47.4							
25	00	59.3	55.3	60.2			47.5	53.2						
	12			41.4			47.6							
26	00	59.4	55.4	19.6			6.1	53.3						
	12			49.2										
27	00	59.5	55.5	30.4			6.2	53.4	R					
	12			55.6			6.3			20.6				
28	00	59.6	55.6	63.2			6.4	53.5						
	12			22.4	D	D	6.5							
29	00	40.1	37.1	36.6				53.6						
	12			17.2			6.6							
30	00	40.2	37.2	21.4			46.1	62.1						
	12			51.6			46.2	62.2	21.2		D			
31	00	40.3	37.3	3.2			46.3							
	12			27.3				62.3						

September 1988

Date/Time	☉	⊕	☾	☊	☋	☿	♀	♂	♃	♄	⛢	♆	♇
1 00	40.4	37.4	24.5	63.3	64.3	46.4	62.3	21.2	20.6	11.4	11.5	58.4	44.3
12			2.6	D	D	46.5	62.4	R	D	D	R	R	D
2 00	40.5	37.5	8.1			46.6							
12			20.3				62.5						
3 00	40.6	37.6	16.4			18.1							
12			35.5	R	R	18.2	62.6						
4 00	64.1	63.1	45.6			18.3							
12			12.6				56.1						
5 00	64.2	63.2	52.1			18.4	56.2						
12			39.2			18.5					D		
6 00	64.3	63.3	53.2				56.3						
12			62.3	D	D	18.6							
7 00	64.4	63.4	56.3			48.1	56.4						
12			31.4										44.4
8 00	64.5	63.5	33.4			48.2	56.5	21.1					
12			7.4			48.3	56.6						
9 00	64.6	63.6	4.5										
12	47.1	22.1	29.5			48.4	31.1		16.1				
10 00			59.5			48.5							
12	47.2	22.2	40.5				31.2						
11 00			64.6	R	R	48.6							
12	47.3	22.3	47.6			57.1	31.3						
12 00			6.6				31.4						
12	47.4	22.4	18.1			57.2							
13 00			48.1				31.5	17.6					
12	47.5	22.5	57.1			57.3							
14 00			32.2				31.6						
12	47.6	22.6	50.2			57.4							
15 00			28.3			57.5	33.1						
12	6.1	36.1	44.3				33.2						
16 00			1.4			57.6							
12	6.2	36.2	43.4				33.3	17.5					
17 00			14.5			32.1							
12	6.3	36.3	34.6				33.4						
18 00			5.1			32.2							
12	6.4	36.4	26.2				33.5						
19 00			11.3				33.6				D		
12	6.5	36.5	10.4	D	D	32.3							
20 00			58.5				7.1	17.4					
12	6.6	36.6	38.6			32.4							
21 00			61.2				7.2						
12	46.1	25.1	60.3				7.3						
22 00	46.2	25.2	41.5			32.5							
12			13.1				7.4						
23 00	46.3	25.3	49.3						11.5				
12			30.4			32.6	7.5	17.3					
24 00	46.4	25.4	55.6				7.6						
12			63.3										
25 00	46.5	25.5	22.5	R	R		4.1		R				
12			25.1			50.1							
26 00	46.6	25.6	17.3				4.2						
12			21.5				4.3	17.2					
27 00	18.1	17.1	42.1										
12			3.3				4.4						
28 00	18.2	17.2	27.5										
12			24.6				4.5						
29 00	18.3	17.3	23.2			R	4.6						
12			8.3										
30 00	18.4	17.4	20.5				29.1	17.1					
12			16.6										

October 1988

Date/Time	☉	⊕	☾	☊	☋	☿	♀	♂	♃	♄	⛢	♆	♇
1 00	18.5	17.5	45.1	63.3	64.3	50.1	29.2	17.1	16.1	11.5	11.6	58.4	44.4
12			12.2	R	R		29.3	R	R	D	D	D	D
2 00	18.6	17.6	15.3										
12	48.1	21.1	52.4			32.6	29.4						
3 00			39.5	D	D		25.6						
12	48.2	21.2	53.5				29.5						
4 00			62.6				29.6						
12	48.3	21.3	56.6			32.5							
5 00			33.1				59.1						
12	48.4	21.4	7.1			32.4	59.2						
6 00			4.1										
12	48.5	21.5	29.2			32.3	59.3	25.5					44.5
7 00			59.2										
12	48.6	21.6	40.2			32.2	59.4						
8 00			64.2				59.5						
12	57.1	51.1	47.3	R	R	32.1							
9 00			6.3				59.6						
12	57.2	51.2	46.3			57.6							
10 00			18.4			57.5	40.1	20.6					
12	57.3	51.3	48.4				40.2	25.4					
11 00			57.5			57.4							
12	57.4	51.4	32.5			57.3	40.3				11.6		
12 00	57.5	51.5	50.5				40.4						
12			28.6			57.2							
13 00	57.6	51.6	1.1				40.5						
12			43.1			57.1							
14 00	32.1	42.1	14.2				48.6	40.6					
12			34.3				64.1						
15 00	32.2	42.2	9.3				48.5		25.3				
12			5.4				64.2						
16 00	32.3	42.3	26.5				64.3						
12			11.6				48.4					58.5	
17 00	32.4	42.4	58.1				64.4						
12			38.2	63.2	64.2								
18 00	32.5	42.5	54.4				48.3	64.5					
12			61.5				64.6						
19 00	32.6	42.6	60.6	D	D					D			
12			19.2				47.1						
20 00	50.1	3.1	13.3				47.2						
12	50.2	3.2	49.5		D								
21 00			30.6	63.3	64.3		47.3						
12	50.3	3.3	37.2				47.4						
22 00			63.4	R	R								
12	50.4	3.4	22.6				47.5	25.2					
23 00			25.2				48.4		20.5				
12	50.5	3.5	17.4	63.2	64.2		47.6						
24 00			21.6				6.1						
12	50.6	3.6	42.2							10.1			
25 00			3.3				48.5	6.2					
12	28.1	27.1	27.5					6.3					
26 00			2.1				48.6						
12	28.2	27.2	23.3					6.4					
27 00			8.5				57.1	6.5					
12	28.3	27.3	20.6										
28 00			35.1				57.2	6.6					
12	28.4	27.4	45.3				57.3		D				
29 00	28.5	27.5	12.4					46.1					
12			15.5				57.4	46.2			10.1		
30 00	28.6	27.6	52.6				57.5						
12			53.1					46.3					
31 00	44.1	24.1	62.2				57.6	46.4					44.6
12			56.2				32.1						

1988

November 1988

Date	Time	☉	⊕	☾	☊	☋	☿	♀	♂	♃	♄	♅	♆	♇
1	00	44.2	24.2	31.3	63.2	64.2	32.1	46.5	25.2	20.5	10.1	10.1	58.5	44.6
	12			33.3	D	D	32.2	46.6	D	20.4	D	D	D	D
2	00	44.3	24.3	7.4			32.3							
	12			4.4			32.4	18.1						
3	00	44.4	24.4	29.4				18.2						
	12			59.5			32.5		25.3					
4	00	44.5	24.5	40.5			32.6	18.3			10.2			
	12			64.5	R	R	50.1							
5	00	44.6	24.6	47.5			50.2	18.4						
	12	1.1	2.1	6.6			50.3	18.5						
6	00			46.6										
	12	1.2	2.2	18.6			50.4	18.6						
7	00			57.1	63.1	64.1	50.5	48.1						
	12	1.3	2.3	32.1			50.6							
8	00			50.2			28.1	48.2						
	12	1.4	2.4	28.2			28.2	48.3						
9	00			44.3						20.3				
	12	1.5	2.5	1.4			28.3	48.4						
10	00			43.4			28.4	48.5						
	12	1.6	2.6	14.5			28.5							
11	00			34.6			28.6	48.6	25.4					
	12	43.1	23.1	5.1			44.1	57.1						
12	00	43.2	23.2	26.2										
	12			11.3	37.6	40.6	44.2	57.2						
13	00	43.3	23.3	10.4			44.3	57.3						
	12			58.5			44.4							
14	00	43.4	23.4	38.6			44.5	57.4			10.3			
	12			61.2			44.6							
15	00	43.5	23.5	60.3			1.1	57.5						
	12			41.4				57.6						
16	00	43.6	23.6	19.5			1.2		25.5					
	12			49.1			1.3	32.1		20.2				
17	00	14.1	8.1	30.2	D	D	1.4	32.2						
	12			55.4			1.5							
18	00	14.2	8.2	37.5			1.6	32.3						
	12			22.1	R	R	43.1	32.4				10.2		
19	00	14.3	8.3	36.2										
	12	14.4	8.4	25.4			43.2	32.5						
20	00			17.6			43.3	32.6	25.6					
	12	14.5	8.5	51.2			43.4							
21	00			42.3			43.5	50.1						
	12	14.6	8.6	3.5			43.6	50.2						
22	00			24.1			14.1							
	12	34.1	20.1	2.2				50.3						
23	00			23.4			14.2	50.4	17.1		10.4			
	12	34.2	20.2	8.6	37.5	40.5	14.3			20.1				1.1
24	00			16.1			14.4	50.5						
	12	34.3	20.3	35.3			14.5	50.6					58.6	
25	00	34.4	20.4	45.4			14.6							
	12			12.5			34.1	28.1						
26	00	34.5	20.5	15.6				28.2						
	12			39.1			34.2		17.2					
27	00	34.6	20.6	53.2			34.3	28.3						
	12			62.3			34.4	28.4						
28	00	9.1	16.1	56.4			34.5							
	12			31.5			34.6	28.5						
29	00	9.2	16.2	33.5				28.6	17.3					
	12			7.6			9.1							
30	00	9.3	16.3	4.6			9.2	44.1		8.6				
	12			29.6			9.3	44.2						

December 1988

Date	Time	☉	⊕	☾	☊	☋	☿	♀	♂	♃	♄	♅	♆	♇
1	00	9.4	16.4	40.1	37.5	40.5	9.4	44.2	17.3	8.6	10.4	10.2	58.6	1.1
	12	9.5	16.5	64.1	R	R	9.5	44.3	D	R	10.5	D	D	D
2	00			47.1					17.4					
	12	9.6	16.6	6.2			9.6	44.4						
3	00			46.2			5.1	44.5						
	12	5.1	35.1	18.2			5.2							
4	00			48.3	37.4	40.4	5.3	44.6						
	12	5.2	35.2	57.3			5.4	1.1	17.5					
5	00			32.3								10.3		
	12	5.3	35.3	50.4			5.5	1.2						
6	00			28.4			5.6	1.3						
	12	5.4	35.4	44.5			26.1							
7	00			1.6			26.2	1.4	17.6					
	12	5.5	35.5	14.1			26.3	1.5		8.5				
8	00	5.6	35.6	34.2										
	12			9.3			26.4	1.6						
9	00	26.1	45.1	5.4			26.5	43.1	21.1					
	12			26.5	37.3	40.3	26.6				10.6			
10	00	26.2	45.2	11.6			11.1	43.2						
	12			58.1			11.2	43.3						
11	00	26.3	45.3	38.2										
	12			54.4			11.3	43.4	21.2					
12	00	26.4	45.4	61.5			11.4	43.5						
	12			41.1			11.5							
13	00	26.5	45.5	19.2			11.6	43.6						
	12	26.6	45.6	13.3			10.1	14.1	21.3					
14	00			49.5			10.2							
	12	11.1	12.1	30.6				14.2						
15	00			37.2			10.3	14.3						
	12	11.2	12.2	63.3	D	D	10.4			8.4				
16	00			22.5			10.5	14.4	21.4					
	12	11.3	12.3	36.6	R	R	10.6	14.5						
17	00			17.2			58.1							
	12	11.4	12.4	21.3				14.6			58.1			
18	00			51.5			58.2	34.1	21.5					
	12	11.5	12.5	3.1			58.3							
19	00			27.2			58.4	34.2						
	12	11.6	12.6	24.3			58.5	34.3						1.2
20	00	10.1	15.1	2.5			58.6		21.6					
	12			23.6	37.2	40.2		34.4						
21	00	10.2	15.2	20.2			38.1	34.5				10.4	38.1	
	12			16.3			38.2							
22	00	10.3	15.3	35.4			38.3	34.6	51.1					
	12			45.6			38.4	9.1						
23	00	10.4	15.4	15.1			38.5							
	12			52.2			38.6	9.2						
24	00	10.5	15.5	39.3				9.3	51.2					
	12			53.4			54.1			8.3				
25	00	10.6	15.6	62.5			54.2	9.4						
	12	58.1	52.1	56.6			54.3	9.5			58.2			
26	00			31.6	37.1	40.1	54.4		51.3					
	12	58.2	52.2	7.1			54.5	9.6						
27	00			4.1				5.1						
	12	58.3	52.3	29.2			54.6		51.4					
28	00			59.2			61.1	5.2						
	12	58.4	52.4	40.3	D	D	61.2	5.3						
29	00			64.3			61.3							
	12	58.5	52.5	47.3			61.4	5.4	51.5					
30	00			6.4				5.5						
	12	58.6	52.6	46.4			61.5							
31	00	38.1	39.1	18.4			61.6	5.6						
	12			48.4	R	R	60.1	26.1	51.6					

January 1989

Date	Time	☉	⊕	☾	☊	☋	☿	♀	♂	♃	♄	♅	♆	♇
1	00	38.2	39.2	57.5	37.1	40.1	60.2	26.1	51.6	8.3	58.2	10.4	38.1	1.2
	12			32.5	R	R	D	26.2	D	R	D	D	D	D
2	00	38.3	39.3	50.6			60.3	26.3						
	12			28.6			60.4		42.1		58.3			
3	00	38.4	39.4	1.1			60.5	26.4						
	12			43.1				26.5						
4	00	38.5	39.5	14.2			60.6		42.2					
	12			34.3			41.1	26.6						
5	00	38.6	39.6	9.4			41.2	11.1						
	12	54.1	53.1	5.5								10.5		
6	00			26.6			41.3	11.2	42.3					
	12	54.2	53.2	10.2			41.4	11.3						
7	00			58.3										
	12	54.3	53.3	38.4			41.5	11.4	42.4	8.2				
8	00			54.6			41.6	11.5						
	12	54.4	53.4	60.2										
9	00			41.3	55.6	59.6	19.1	11.6						
	12	54.5	53.5	19.5				10.1	42.5					
10	00			13.6			19.2							
	12	54.6	53.6	30.2				10.2			58.4			
11	00			55.4			19.3	10.3	42.6					
	12	61.1	62.1	37.6	D	D								
12	00	61.2	62.2	22.1				10.4						
	12			36.3			19.4	10.5						
13	00	61.3	62.3	25.5					3.1					
	12			17.6				10.6						
14	00	61.4	62.4	51.2			19.5	58.1						
	12			42.3					3.2					
15	00	61.5	62.5	3.5	R	R		58.2					38.2	
	12			27.6				58.3						
16	00	61.6	62.6	2.1										
	12			23.3			R	58.4	3.3					
17	00	60.1	56.1	8.4				58.5						
	12	60.2	56.2	20.5										
18	00			16.6				58.6	3.4					
	12	60.3	56.3	45.1			19.4	38.1			58.5			
19	00			12.3										
	12	60.4	56.4	15.4				38.2						
20	00			52.5			19.3	38.3	3.5					
	12	60.5	56.5	39.5						D				
21	00			53.6				38.4						
	12	60.6	56.6	56.1			19.2	38.5	3.6			10.6		
22	00			31.2										
	12	41.1	31.1	33.2			19.1	38.6						
23	00	41.2	31.2	7.3			41.6	54.1	27.1					
	12			4.3										
24	00	41.3	31.3	29.4			41.5	54.2						
	12			59.4			41.4	54.3						
25	00	41.4	31.4	40.5	D	D			27.2					
	12			64.5			41.3	54.4						
26	00	41.5	31.5	47.5			41.2	54.5						
	12			6.6					27.3					
27	00	41.6	31.6	46.6			41.1	54.6			58.6			
	12			18.6			60.6	61.1						
28	00	19.1	33.1	57.1					27.4					
	12			32.1			60.5	61.2						
29	00	19.2	33.2	50.1				61.3						
	12	19.3	33.3	28.2			60.4							
30	00			44.2			60.3	61.4	27.5					
	12	19.4	33.4	1.3	R	R		61.5						
31	00			43.3										
	12	19.5	33.5	14.4			60.2	61.6	27.6					

February 1989

Date	Time	☉	⊕	☾	☊	☋	☿	♀	♂	♃	♄	♅	♆	♇
1	00	19.5	33.5	34.5	55.6	59.6	60.2	60.1	27.6	8.2	58.6	10.6	38.2	1.2
	12	19.6	33.6	9.5	R	R	60.1	D	D	D	D	D	D	D
2	00			5.6				60.2	24.1					1.3
	12	13.1	7.1	11.1				60.3		8.3				
3	00			10.3										
	12	13.2	7.2	58.4			61.6	60.4	24.2					
4	00	13.3	7.3	38.5				60.5						
	12			61.1										
5	00	13.4	7.4	60.3				60.6			38.1			
	12			41.4				41.1	24.3					
6	00	13.5	7.5	19.6			D							
	12			49.2				41.2						
7	00	13.6	7.6	30.4				41.3	24.4					
	12			55.6	D	D								
8	00	49.1	4.1	63.2				41.4						
	12			22.4			60.1	41.5	24.5					
9	00	49.2	4.2	36.6								58.1		
	12			17.1				41.6						
10	00	49.3	4.3	21.3				19.1	24.6					
	12	49.4	4.4	51.5										
11	00			3.1			60.2	19.2						
	12	49.5	4.5	27.2				19.3	2.1				38.3	
12	00			24.4										
	12	49.6	4.6	2.5			60.3	19.4						
13	00			8.1	R	R		19.5						
	12	30.1	29.1	20.2					2.2					
14	00			16.3			60.4	19.6						
	12	30.2	29.2	35.4				13.1			38.2			
15	00			45.5			60.5		2.3					
	12	30.3	29.3	12.6				13.2						
16	00			52.1				13.3						
	12	30.4	29.4	39.2			60.6		2.4	8.4				R
17	00	30.5	29.5	53.3				13.4						
	12			62.3			41.1	13.5						
18	00	30.6	29.6	56.4					2.5					
	12			31.5			41.2	13.6						
19	00	55.1	59.1	33.5			41.3	49.1						
	12			7.6					2.6					
20	00	55.2	59.2	4.6			41.4	49.2						
	12			59.1				49.3						
21	00	55.3	59.3	40.1	D	D	41.5		23.1					
	12			64.1				49.4						
22	00	55.4	59.4	47.2			41.6	49.5						
	12			6.2			19.1		23.2					
23	00	55.5	59.5	46.2				49.6						
	12	55.6	59.6	18.3			19.2	30.1						
24	00			48.3	R	R								
	12	37.1	40.1	57.3			19.3	30.2	23.3					
25	00			32.4			19.4	30.3			38.3			
	12	37.2	40.2	50.1										
26	00			28.4			19.5	30.4	23.4	8.5				
	12	37.3	40.3	44.5			19.6	30.5						
27	00			1.5										
	12	37.4	40.4	43.6			13.1	30.6	23.5					
28	00			14.6			13.2	55.1						
	12	37.5	40.5	9.1			13.3							

March 1989

Date	Time	☉	⊕	☾	☊	☋	☿	♀	♂	♃	♄	♅	♆	♇
1	00	37.5	40.5	5.1	D	D	13.3	55.2	23.6	8.5	38.3	58.1	38.3	1.3
	12	37.6	40.6	26.2			13.4	55.3	D	D	D	D	D	R
2	00	63.1	64.1	11.3			13.5							
	12			10.4				55.4	8.1					
3	00	63.2	64.2	58.5			13.6	55.5						
	12			54.1			49.1							1.2
4	00	63.3	64.3	61.2			49.2	55.6	8.2					
	12			60.3				37.1						
5	00	63.4	64.4	41.5			49.3							
	12			13.1			49.4	37.2	8.3	8.6		58.2		
6	00	63.5	64.5	49.2			49.5	37.3						
	12			30.4			49.6							
7	00	63.6	64.6	55.6	R	R		37.4	8.4					
	12			63.2			30.1	37.5						
8	00	22.1	47.1	22.5			30.2							
	12			25.1			30.3	37.6	8.5					
9	00	22.2	47.2	17.3				63.1			38.4			
	12	22.3	47.3	21.5			30.4							
10	00			42.1			30.5	63.2						
	12	22.4	47.4	3.3			30.6	63.3	8.6					
11	00			27.5			55.1							
	12	22.5	47.5	24.6	55.5	59.5	55.2	63.4						
12	00			23.2				63.5	20.1	20.1				
	12	22.6	47.6	8.4			55.3							
13	00			20.5			55.4	63.6						
	12	36.1	6.1	16.6			55.5	22.1	20.2					
14	00			45.2			55.6							
	12	36.2	6.2	12.3	D	D	37.1	22.2						
15	00			15.4			37.2	22.3	20.3					
	12	36.3	6.3	52.5										
16	00			39.6			37.3	22.4						
	12	36.4	6.4	53.6			37.4	22.5	20.4					
17	00	36.5	6.5	56.1			37.5							
	12			31.2			37.6	22.6						
18	00	36.6	6.6	33.2	55.6	59.6	63.1	36.1	20.5					
	12			7.3			63.2			20.2				
19	00	25.1	46.1	4.3			63.3	36.2						
	12			29.3			63.4	36.3	20.6					
20	00	25.2	46.2	59.4			63.5							
	12			40.4	R	R		36.4						
21	00	25.3	46.3	64.4			63.6	36.5	16.1					
	12			47.5			22.1							
22	00	25.4	46.4	6.5			22.2	36.6						
	12			46.5	55.5	59.5	22.3	25.1	16.2					
23	00	25.5	46.5	18.6			22.4							
	12			48.6			22.5	25.2						
24	00	25.6	46.6	57.6			22.6	25.3	16.3	20.3				
	12			50.1			36.1							
25	00	17.1	18.1	28.1			36.2	25.4						
	12	17.2	18.2	44.1			36.3	25.5	16.4		38.5			
26	00			1.2			36.4							
	12	17.3	18.3	43.2			36.5	25.6						
27	00			14.3			36.6	17.1	16.5					
	12	17.4	18.4	34.3			25.1							
28	00			9.4			25.2	17.2						
	12	17.5	18.5	5.4			25.3	17.3	16.6					
29	00			26.5			25.4						38.4	
	12	17.6	18.6	11.6			25.5	17.4		20.4				
30	00			58.1			25.6	17.5	35.1					
	12	21.1	48.1	38.2	D	D	17.1							
31	00			54.3			17.2	17.6						
	12	21.2	48.2	61.4			17.3	21.1						

April 1989

Date	Time	☉	⊕	☾	☊	☋	☿	♀	♂	♃	♄	♅	♆	♇
1	00	21.2	48.2	60.5	55.5	59.5	17.4	21.1	35.2	20.4	38.5	58.2	38.4	1.2
	12	21.3	48.3	19.1	D	D	17.5	21.2	D	D	D	D	D	R
2	00			13.2			21.1	21.3						
	12	21.4	48.4	49.4			21.2		35.3					
3	00			30.5			21.3	21.4						
	12	21.5	48.5	37.1	R	R	21.4	21.5		20.5				
4	00	21.6	48.6	63.3			21.5		35.4					
	12			22.5			21.6	21.6						
5	00	51.1	57.1	25.1			51.1	51.1						
	12			17.3			51.2		35.5					
6	00	51.2	57.2	21.5			51.3	51.2						
	12			42.1			51.4	51.3						
7	00	51.3	57.3	3.4			51.5		35.6					
	12			27.6			42.1	51.4						
8	00	51.4	57.4	2.2			42.2	51.5						
	12			23.4			42.3		45.1	20.6				
9	00	51.5	57.5	8.5			42.4	51.6						
	12			16.1	55.4	59.4	42.5	42.1				R		
10	00	51.6	57.6	35.3			42.6		45.2					
	12			45.4			3.1	42.2						
11	00	42.1	32.1	12.5			3.2	42.3						
	12			52.1			3.3		45.3					
12	00	42.2	32.2	39.2			3.5	42.4						
	12			53.3			3.6							
13	00	42.3	32.3	62.3	D	D	27.1	42.5	45.4	16.1				
	12			56.4			27.2	42.6						
14	00	42.4	32.4	31.5			27.3						R	
	12	42.5	32.5	33.5			27.4	3.1	45.5					
15	00			7.6			27.5	3.2						
	12	42.6	32.6	4.6			27.6							
16	00			59.1			24.1	3.3	45.6					
	12	3.1	50.1	40.1	R	R	24.2	3.4						
17	00			64.1			24.3							
	12	3.2	50.2	47.2			24.4	3.5	12.1					
18	00			6.2			24.5	3.6		16.2				
	12	3.3	50.3	46.2			24.6							
19	00			18.2			2.1	27.1	12.2					
	12	3.4	50.4	48.3			2.2	27.2						
20	00			57.3			2.3							
	12	3.5	50.5	32.3			2.4	27.3	12.3					1.1
21	00			50.4			2.5	27.4						
	12	3.6	50.6	28.4			2.6							
22	00			44.5			23.1	27.5	12.4					
	12	27.1	28.1	1.5			23.2	27.6		16.3				
23	00			43.5			23.3				R			
	12	27.2	28.2	14.6	55.3	59.3		24.1	12.5					
24	00			9.1			23.4	24.2						
	12	27.3	28.3	5.1			23.5							
25	00			26.2			23.6	24.3	12.6					
	12	27.4	28.4	11.3			8.1	24.4						
26	00			10.3										
	12	27.5	28.5	58.4			8.2	24.5	15.1	16.4				
27	00	27.6	28.6	38.5			8.3	24.6						
	12			54.6										
28	00	24.1	44.1	60.1			8.4	2.1	15.2					
	12			41.2			8.5	2.2						
29	00	24.2	44.2	19.3	D	D								
	12			13.5			8.6	2.3	15.3					
30	00	24.3	44.3	49.6			20.1	2.4						
	12			55.2									38.3	

May 1989

Date	Time	☉	⊕	☾	☊	☋	☿	♀	♂	♃	♄	♅	♆	♇
1	00	24.4	44.4	37.3	R	R	20.2	2.5	15.4	16.5	38.5	58.2	38.3	1.1
	12			63.5			D	2.6	D	D	R	R	R	R
2	00	24.5	44.5	36.1			20.3							
	12			25.2				23.1	15.5					
3	00	24.6	44.6	17.4			20.4	23.2						
	12			21.6										
4	00	2.1	1.1	42.2				23.3	15.6					
	12			3.4			20.5							
5	00	2.2	1.2	27.6				23.4						
	12			2.2	55.2	59.2		23.5	52.1	16.6				
6	00	2.3	1.3	23.4			20.6							
	12			8.6				23.6						
7	00	2.4	1.4	16.2				8.1	52.2					
	12			35.4			16.1							
8	00	2.5	1.5	45.5				8.2						
	12			15.1				8.3	52.3					
9	00	2.6	1.6	52.2										
	12			39.4				8.4		35.1				
10	00	23.1	43.1	53.5				8.5						
	12			62.6			16.2		52.4					
11	00	23.2	43.2	56.6				8.6						
	12	23.3	43.3	33.1				20.1						
12	00			7.2					52.5					
	12	23.4	43.4	4.2			R	20.2						
13	00			29.3	D	D		20.3						
	12	23.5	43.5	59.3	R	R			52.6	35.2				
14	00			40.4				20.4						
	12	23.6	43.6	64.4				20.5						
15	00			47.4			16.1		39.1					
	12	8.1	14.1	6.5				20.6				58.1		
16	00			46.5				16.1						
	12	8.2	14.2	18.5					39.2					
17	00			48.6				16.2						
	12	8.3	14.3	57.6	55.1	59.1		16.3						
18	00			32.6			20.6		39.3	35.3				
	12	8.4	14.4	28.1				16.4						
19	00			44.1				16.5						
	12	8.5	14.5	1.2					39.4					
20	00			43.2				16.6						
	12	8.6	14.6	14.3			20.5							
21	00			34.3				35.1	39.5					
	12	20.1	34.1	9.4				35.2						
22	00			5.5	30.6	29.6	20.4			35.4				
	12	20.2	34.2	26.5				35.3	39.6		38.4			
23	00			11.6				35.4						
	12	20.3	34.3	58.1										
24	00			38.2			20.3	35.5	53.1					
	12	20.4	34.4	54.3				35.6						44.6
25	00			61.4										
	12	20.5	34.5	60.5			20.2	45.1	53.2					
26	00			41.6				45.2		35.5				
	12	20.6	34.6	13.1										
27	00			49.2			20.1	45.3	53.3					
	12	16.1	9.1	30.4				45.4						
28	00			55.5	D	D								
	12	16.2	9.2	63.1	R	R		45.5	53.4					
29	00			22.2			8.6	45.6						
	12	16.3	9.3	36.4										
30	00	16.4	9.4	25.5				12.1	53.5	35.6				
	12			21.1				12.2						
31	00	16.5	9.5	51.3			8.5							
	12			42.5				12.3	53.6					

June 1989

Date	Time	☉	⊕	☾	☊	☋	☿	♀	♂	♃	♄	♅	♆	♇
1	00	16.6	9.6	3.6	30.6	29.6	8.5	12.4	53.6	35.6	38.4	58.1	38.3	44.6
	12			24.2	R	R	R	D	D	D	R	R	R	R
2	00	35.1	5.1	2.4				12.5	62.1					
	12			23.6	30.5	29.5								
3	00	35.2	5.2	20.2				12.6		45.1				
	12			16.3				15.1	62.2					
4	00	35.3	5.3	35.5			8.4							
	12			12.1				15.2						
5	00	35.4	5.4	15.2				15.3	62.3					
	12			52.4			D							
6	00	35.5	5.5	39.5				15.4						
	12			53.6				15.5	62.4					
7	00	35.6	5.6	56.1			8.5			45.2				
	12			31.2				15.6						
8	00	45.1	26.1	33.3				52.1	62.5					
	12			7.4							38.3			
9	00	45.2	26.2	4.4				52.2						
	12			29.5	D	D		52.3	62.6					
10	00	45.3	26.3	59.6										
	12			40.6				52.4						
11	00	45.4	26.4	64.6			8.6	52.5	56.1	45.3				
	12			6.1	R	R								
12	00	45.5	26.5	46.1				52.6				10.6		
	12			18.1				39.1	56.2					
13	00	45.6	26.6	48.2			20.1							
	12			57.2				39.2						
14	00	12.1	11.1	32.2					56.3					
	12			50.3	30.4	29.4	20.2	39.3						
15	00	12.2	11.2	28.3				39.4		45.4				
	12			44.4					56.4					
16	00	12.3	11.3	1.4			20.3	39.5						
	12			43.5				39.6						
17	00	12.4	11.4	14.5			20.4		56.5					
	12			34.6				53.1						
18	00	12.5	11.5	5.1			20.5	53.2						
	12			26.1					56.6					
19	00	12.6	11.6	11.2			20.6	53.3					38.2	
	12			10.3				53.4		45.5				
20	00	15.1	10.1	58.4			16.1		31.1					
	12			38.5	30.3	29.3		53.5						
21	00	15.2	10.2	54.6			16.2	53.6						
	12			60.1					31.2					
22	00	15.3	10.3	41.3			16.3	62.1						
	12			19.4			16.4	62.2			38.2			
23	00	15.4	10.4	13.5					31.3					
	12			49.6			16.5	62.3		45.6				
24	00	15.5	10.5	55.2	D	D	16.6							
	12	15.6	10.6	37.3				62.4	31.4					
25	00			63.5			35.1	62.5						
	12	52.1	58.1	22.6			35.2							
26	00			25.2			35.3	62.6	31.5					
	12	52.2	58.2	17.3	R	R		56.1						
27	00			21.5			35.4							
	12	52.3	58.3	51.6			35.5	56.2	31.6	12.1				
28	00			3.2			35.6	56.3						
	12	52.4	58.4	27.4										
29	00			24.5			45.1	56.4	33.1					
	12	52.5	58.5	23.1			45.2	56.5						
30	00			8.2			45.3							
	12	52.6	58.6	20.4			45.4	56.6	33.2					

July 1989

Date	Time	☉	⊕	☾	☊	☋	☿	♀	♂	♃	♄	♅	♆	♇
1	00	52.6	58.6	16.6	30.3	29.3	45.5	31.1	33.2	12.1	38.2	10.6	38.2	44.6
	12	39.1	38.1	45.1	R	R	45.6	D	D	12.2	R	R	R	R
2	00			12.3				31.2	33.3					
	12	39.2	38.2	15.4			12.1	31.3						
3	00			52.5			12.2							
	12	39.3	38.3	53.1			12.3	31.4	33.4					
4	00			62.2			12.4							
	12	39.4	38.4	56.3			12.5	31.5						
5	00			31.4			12.6	31.6	33.5			10.5		
	12	39.5	38.5	33.5			15.1			12.3	38.1			
6	00			7.6			15.2	33.1						
	12	39.6	38.6	4.6			15.3	33.2	33.6					
7	00			59.1	D	D	15.4							
	12	53.1	54.1	40.1			15.5	33.3						
8	00			64.2			15.6	33.4	7.1					
	12	53.2	54.2	47.2			52.2							
9	00			6.3			52.3	33.5						
	12	53.3	54.3	46.3			52.4	33.6	7.2					
10	00			18.3			52.5			12.4				
	12	53.4	54.4	48.4			52.6	7.1						
11	00			57.4			39.1	7.2	7.3					
	12	53.5	54.5	32.4	R	R	39.2							
12	00			50.5			39.3	7.3						
	12	53.6	54.6	28.5			39.4		7.4					
13	00			44.6			39.6	7.4						
	12	62.1	61.1	1.6			53.1	7.5						
14	00			14.1	30.2	29.2	53.2		7.5	12.5				
	12	62.2	61.2	34.1			53.3	7.6						
15	00			9.2			53.4	4.1						
	12	62.3	61.3	5.3			53.5		7.6					
16	00			26.3			53.6	4.2						
	12	62.4	61.4	11.4			62.2	4.3						
17	00			10.5			62.3		4.1					
	12	62.5	61.5	58.6			62.4	4.4						
18	00			54.1			62.5	4.5						
	12	62.6	61.6	61.3			62.6		4.2	12.6	58.6			
19	00			60.4			56.1	4.6						
	12	56.1	60.1	41.5			56.2							
20	00			13.1			56.4	29.1	4.3					
	12	56.2	60.2	49.2			56.5	29.2						
21	00			30.4	D	D	56.6							
	12	56.3	60.3	55.5			31.1	29.3	4.4					
22	00			63.1			31.2	29.4						
	12	56.4	60.4	22.3			31.3							
23	00	56.5	60.5	36.4			31.4	29.5	4.5	15.1				
	12			25.6			31.5	29.6						D
24	00	56.6	60.6	21.1			31.6							
	12			51.3			33.1	59.1	4.6				38.1	
25	00	31.1	41.1	42.5			33.3	59.2						
	12			3.6			33.4							
26	00	31.2	41.2	24.2	R	R	33.5	59.3	29.1					
	12			2.3			33.6							
27	00	31.3	41.3	23.5			7.1	59.4						
	12			8.6			7.2	59.5	29.2	15.2				
28	00	31.4	41.4	16.2			7.3							
	12			35.3			7.4	59.6						
29	00	31.5	41.5	45.4			7.5	40.1	29.3					
	12			12.6			7.6							
30	00	31.6	41.6	52.1			4.1	40.2						
	12			39.2			4.2	40.3	29.4					
31	00	33.1	19.1	53.3			4.3							
	12			62.4			4.4	40.4				10.4		

August 1989

Date	Time	☉	⊕	☾	☊	☋	☿	♀	♂	♃	♄	♅	♆	♇
1	00	33.2	19.2	56.5	30.2	29.2	4.5	40.5	29.5	15.3	58.6	10.4	38.1	44.6
	12			31.6	R	R	4.6	D	D	D	R	R	R	D
2	00	33.3	19.3	7.1			29.1	40.6			58.5			
	12			4.2			29.2		29.6					
3	00	33.4	19.4	29.2	D	D	29.3	64.1						
	12			59.3			29.4	64.2						
4	00	33.5	19.5	40.4					59.1					
	12			64.4			29.5	64.3						
5	00	33.6	19.6	47.5			29.6	64.4						
	12			6.5			59.1		59.2	15.4				
6	00	7.1	13.1	46.5			59.2	64.5						
	12			18.6			59.3	64.6						
7	00	7.2	13.2	48.6			59.4		59.3					
	12			57.6			59.5	47.1						
8	00	7.3	13.3	50.1			59.6	47.2						
	12			28.1					59.4					
9	00	7.4	13.4	44.1			40.1	47.3						
	12			1.2			40.2							
10	00	7.5	13.5	43.2	R	R	40.3	47.4	59.5					
	12			14.3			40.4	47.5		15.5				
11	00	7.6	13.6	34.3			40.5							
	12			9.4			40.6	47.6	59.6					
12	00	4.1	49.1	5.4				6.1						
	12			26.5			64.1							
13	00	4.2	49.2	11.6			64.2	6.2	40.1					
	12			58.1			64.3	6.3						
14	00	4.3	49.3	38.2			64.4							
	12			54.3				6.4	40.2					
15	00	4.4	49.4	61.4			64.5							
	12	4.5	49.5	60.6			64.6	6.5		15.6				
16	00			19.1			47.1	6.6	40.3					
	12	4.6	49.6	13.3										
17	00			49.4			47.2	46.1						
	12	29.1	30.1	30.6	D	D	47.3	46.2	40.4					
18	00			37.2			47.4							
	12	29.2	30.2	63.3				46.3						
19	00			22.5	R	R	47.5	46.4	40.5					
	12	29.3	30.3	25.1			47.6							
20	00			17.3				46.5						
	12	29.4	30.4	21.5			6.1		40.6	52.1				
21	00			42.1			6.2	46.6						
	12	29.5	30.5	3.2				18.1						
22	00			27.4			6.3		64.1					
	12	29.6	30.6	24.6			6.4	18.2			58.4			
23	00			23.1				18.3						
	12	59.1	55.1	8.3			6.5		64.2					
24	00			20.4	D	D	6.6	18.4						
	12	59.2	55.2	16.6					64.3					
25	00			45.1			46.1	18.5						
	12	59.3	55.3	12.2				18.6						
26	00			15.3			46.2		64.4	52.2				
	12	59.4	55.4	52.5			46.3	48.1						
27	00			39.6				48.2						
	12	59.5	55.5	62.1			46.4		64.5					
28	00			56.1				48.3						
	12	59.6	55.6	31.2			46.5	48.4						
29	00			33.3					64.6					
	12	40.1	37.1	7.4			46.6	48.5						
30	00			4.4										
	12	40.2	37.2	29.5	R	R	18.1	48.6	47.1					
31	00			59.6				57.1						
	12	40.3	37.3	40.6			18.2			52.3				

September 1989

Date	Time	☉	⊕	☾	☊	☋	☿	♀	♂	♃	♄	♅	♆	♇
1	00	40.3	37.3	47.1	30.2	29.2	18.2	57.2	47.2	52.3	58.4	10.4	38.1	44.6
	12	40.4	37.4	6.1	R	R	18.3	57.3	D	D	R	R	R	D
2	00	40.5	37.5	46.1										
	12			18.2			18.4	57.4	47.3					
3	00	40.6	37.6	48.2										
	12			57.2				57.5						
4	00	64.1	63.1	32.3			18.5	57.6	47.4					
	12			50.3										
5	00	64.2	63.2	28.3				32.1						
	12			44.4			18.6	32.2	47.5					
6	00	64.3	63.3	1.4										
	12			43.4				32.3		52.4				
7	00	64.4	63.4	14.5					47.6					
	12			34.5			48.1	32.4						
8	00	64.5	63.5	9.6				32.5						
	12			5.6	D	D			6.1					
9	00	64.6	63.6	11.1				32.6						
	12			10.2				50.1						
10	00	47.1	22.1	58.2					6.2					
	12			38.3			48.2	50.2				D		
11	00	47.2	22.2	54.4										
	12			61.6				50.3	6.3		D			
12	00	47.3	22.3	41.1			R	50.4						
	12			19.2										
13	00	47.4	22.4	13.4				50.5	6.4					
	12			49.5			48.1	50.6		52.5				
14	00	47.5	22.5	55.1	R	R			6.5					
	12			37.3				28.1						
15	00	47.6	22.6	63.5										
	12			36.1				28.2	6.6					
16	00	6.1	36.1	25.3				28.3						
	12	6.2	36.2	17.5			18.6							
17	00			51.1				28.4	46.1					
	12	6.3	36.3	42.3				28.5						
18	00			3.5			18.5							1.1
	12	6.4	36.4	24.1				28.6	46.2					
19	00			2.3										
	12	6.5	36.5	23.4	30.1	29.1	18.4	44.1						
20	00			8.6				44.2	46.3					
	12	6.6	36.6	16.2			18.3							
21	00			35.3				44.3		52.6				
	12	46.1	25.1	45.5			18.2		46.4				D	
22	00			12.6				44.4						
	12	46.2	25.2	52.1	D	D	18.1	44.5						
23	00			39.2					46.5					
	12	46.3	25.3	53.3			46.6	44.6						
24	00			62.4			46.5	1.1						
	12	46.4	25.4	56.5					46.6					
25	00			31.6			46.4	1.2						
	12	46.5	25.5	7.1										
26	00			4.1			46.3	1.3	18.1					
	12	46.6	25.6	29.2	R	R		1.4						
27	00			59.2			46.2							
	12	18.1	17.1	40.3			46.1	1.5	18.2					
28	00	18.2	17.2	64.3										
	12			47.4			6.6	1.6	18.3					
29	00	18.3	17.3	6.4				43.1						
	12			46.4										
30	00	18.4	17.4	18.5			6.5	43.2	18.4	39.1				
	12			48.5				43.3						

October 1989

Date	Time	☉	⊕	☾	☊	☋	☿	♀	♂	♃	♄	♅	♆	♇
1	00	18.5	17.5	57.5	30.1	29.1	6.5	43.3	18.4	39.1	58.4	10.4	38.1	1.1
	12			32.6	R	R	6.4	43.4	18.5	D	58.5	D	D	D
2	00	18.6	17.6	50.6										
	12			28.6				43.5						
3	00	48.1	21.1	1.1				43.6	18.6					
	12			43.1										
4	00	48.2	21.2	14.1			D	14.1						
	12			34.2					48.1					
5	00	48.3	21.3	9.2				14.2						
	12			5.3				14.3						
6	00	48.4	21.4	26.3					48.2					
	12			11.4	49.6	4.6		14.4						
7	00	48.5	21.5	10.4			6.5							
	12	48.6	21.6	58.5				14.5	48.3					
8	00			38.6				14.6						
	12	57.1	51.1	54.6	D	D	6.6							
9	00			60.1				34.1	48.4					
	12	57.2	51.2	41.2			46.1							
10	00			19.4				34.2	48.5					
	12	57.3	51.3	13.5			46.2	34.3						
11	00			49.6										
	12	57.4	51.4	55.2	R	R	46.3	34.4	48.6					
12	00			37.4										
	12	57.5	51.5	63.5			46.4	34.5						
13	00			36.1			46.5	34.6	57.1	39.2				
	12	57.6	51.6	25.3										
14	00			17.5			46.6	9.1						
	12	32.1	42.1	51.1			18.1		57.2					
15	00			42.4				9.2						
	12	32.2	42.2	3.6			18.2							1.2
16	00			24.2			18.3	9.3	57.3					
	12	32.3	42.3	2.4			18.4	9.4						
17	00	32.4	42.4	23.6			18.5							
	12			20.2				9.5	57.4					
18	00	32.5	42.5	16.4			18.6							
	12			35.6			48.1	9.6	57.5					
19	00	32.6	42.6	12.1			48.2	5.1						
	12			15.3			48.3							
20	00	50.1	3.1	52.4			48.4	5.2	57.6			10.5		
	12			39.5										
21	00	50.2	3.2	62.1			48.5	5.3			58.6			
	12			56.2			48.6	5.4	32.1					
22	00	50.3	3.3	31.2	D	D	57.1							
	12			33.3			57.2	5.5						
23	00	50.4	3.4	7.4			57.3		32.2					
	12			4.5			57.4	5.6						
24	00	50.5	3.5	29.5	R	R	57.5							
	12			59.6				26.1	32.3					
25	00	50.6	3.6	40.6	49.5	4.5	57.6	26.2						
	12	28.1	27.1	64.6			32.1							
26	00			6.1			32.2	26.3	32.4					
	12	28.2	27.2	46.1			32.3							
27	00			18.2			32.4	26.4	32.5					
	12	28.3	27.3	48.2			32.5							
28	00			57.2			32.6	26.5						
	12	28.4	27.4	32.3			50.1	26.6	32.6					
29	00			50.3			50.2							
	12	28.5	27.5	28.3				11.1		R				
30	00			44.3			50.3		50.1					
	12	28.6	27.6	1.4			50.4	11.2						
31	00			43.4	49.4	4.4	50.5							
	12	44.1	24.1	14.5			50.6	11.3	50.2					

November 1989

Date	Time	☉	⊕	☾	☊	☋	☿	♀	♂	♃	♄	♅	♆	♇
1	00	44.1	24.1	34.5	49.4	4.4	28.1	11.3	50.2	39.2	58.6	10.5	38.1	1.2
	12	44.2	24.2	9.5	R	R	28.2	11.4	D	R	D	D	D	D
2	00	44.3	24.3	5.6			28.3	11.5	50.3					
	12			26.6			28.4							
3	00	44.4	24.4	10.1				11.6						
	12			58.1			28.5		50.4		38.1			
4	00	44.5	24.5	38.2			28.6	10.1						
	12			54.3			44.1		50.5					
5	00	44.6	24.6	61.3			44.2	10.2						
	12			60.4			44.3							
6	00	1.1	2.1	41.5			44.4	10.3	50.6					
	12			19.6			44.5	10.4						
7	00	1.2	2.2	49.1	D	D								
	12			30.2	R	R	44.6	10.5	28.1					
8	00	1.3	2.3	55.4			1.1							1.3
	12	1.4	2.4	37.5			1.2	10.6						
9	00			22.1			1.3		28.2					
	12	1.5	2.5	36.2			1.4	58.1						
10	00			25.4			1.5							
	12	1.6	2.6	17.6	49.3	4.3		58.2	28.3					
11	00			51.2			1.6							
	12	43.1	23.1	42.4			43.1	58.3	28.4					
12	00			3.6			43.2					10.6		
	12	43.2	23.2	24.2			43.3	58.4						
13	00			2.5			43.4		28.5					
	12	43.3	23.3	8.1			43.5	58.5						
14	00			20.3										
	12	43.4	23.4	16.5			43.6	58.6	28.6	39.1	38.2			
15	00			45.1			14.1	38.1						
	12	43.5	23.5	12.3			14.2							
16	00	43.6	23.6	15.4	49.2	4.2	14.3	38.2	44.1					
	12			52.6			14.4						38.2	
17	00	14.1	8.1	53.1				38.3	44.2					
	12			62.3			14.5							
18	00	14.2	8.2	56.4			14.6	38.4						
	12			31.5			34.1		44.3					
19	00	14.3	8.3	33.6			34.2	38.5						
	12			4.1			34.3							
20	00	14.4	8.4	29.1	D	D			44.4					
	12			59.2	R	R	34.4	38.6						
21	00	14.5	8.5	40.3			34.5							
	12			64.3			34.6	54.1	44.5					
22	00	14.6	8.6	47.4			9.1							
	12	34.1	20.1	6.4			9.2	54.2	44.6					
23	00			46.4										
	12	34.2	20.2	18.5			9.3	54.3						
24	00			48.5			9.4		1.1					
	12	34.3	20.3	57.5			9.5	54.4			38.3			
25	00			32.6			9.6							
	12	34.4	20.4	50.6			5.1	54.5	1.2					
26	00			28.6										
	12	34.5	20.5	1.1			5.2	54.6						
27	00			43.1	49.1	4.1	5.3		1.3					
	12	34.6	20.6	14.1			5.4			52.6				
28	00			34.2			5.5	61.1	1.4					
	12	9.1	16.1	9.2			5.6							
29	00	9.2	16.2	5.3				61.2						
	12			26.3			26.1		1.5					
30	00	9.3	16.3	11.4			26.2	61.3						
	12			10.4			26.3					58.1		

December 1989

Date	Time	☉	⊕	☾	☊	☋	☿	♀	♂	♃	♄	♅	♆	♇
1	00	9.4	16.4	58.5	49.1	4.1	26.4	61.3	1.6	52.6	38.3	58.1	38.2	1.3
	12			38.6	13.6	7.6	D	61.4	D	R	D	D	D	D
2	00	9.5	16.5	54.6			26.5							1.4
	12			60.1			26.6	61.5	43.1					
3	00	9.6	16.6	41.2			11.1							
	12			19.3			11.2	61.6	43.2		38.4			
4	00	5.1	35.1	13.4			11.3							
	12	5.2	35.2	49.5	D	D								
5	00			30.6			11.4	60.1	43.3					
	12	5.3	35.3	37.1			11.5							
6	00			63.2			11.6							
	12	5.4	35.4	22.4	R	R	10.1	60.2	43.4	52.5				
7	00			36.5										
	12	5.5	35.5	17.1			10.2	60.3						
8	00			21.2			10.3		43.5					
	12	5.6	35.6	51.4			10.4							
9	00			42.6			10.5	60.4	43.6					
	12	26.1	45.1	27.2										
10	00			24.4			10.6							
	12	26.2	45.2	2.6			58.1	60.5	14.1					
11	00	26.3	45.3	8.2			58.2							
	12			20.4			58.3							
12	00	26.4	45.4	16.5					14.2		38.5			
	12			45.1			58.4	60.6						
13	00	26.5	45.5	12.3			58.5		14.3					
	12			15.5			58.6							
14	00	26.6	45.6	39.1	13.5	7.5		41.1		52.4				
	12			53.2			38.1		14.4					
15	00	11.1	12.1	62.4			38.2						38.3	
	12			56.5			38.3							
16	00	11.2	12.2	31.6				41.2	14.5					
	12	11.3	12.3	7.1			38.4					58.2		
17	00			4.2	D	D	38.5							
	12	11.4	12.4	29.3			38.6		14.6					
18	00			59.4				41.3						
	12	11.5	12.5	40.5			54.1		34.1					
19	00			64.5			54.2							
	12	11.6	12.6	47.6										
20	00			6.6			54.3		34.2		38.6			
	12	10.1	15.1	18.1	R	R	54.4	41.4						
21	00			48.1										
	12	10.2	15.2	57.1			54.5		34.3	52.3				
22	00			32.2			54.6							
	12	10.3	15.3	50.2					34.4					
23	00	10.4	15.4	28.2			61.1							
	12			44.3										
24	00	10.5	15.5	1.3			61.2	41.5	34.5					
	12			43.3										
25	00	10.6	15.6	14.4			61.3							
	12			34.4					34.6					
26	00	58.1	52.1	9.5			61.4							
	12			5.5					9.1					
27	00	58.2	52.2	26.6			61.5							
	12			10.1										
28	00	58.3	52.3	58.1					9.2		54.1			
	12	58.4	52.4	38.2	13.4	7.4				52.2				
29	00			54.3			61.6							
	12	58.5	52.5	61.4				R	9.3					1.5
30	00			60.5										
	12	58.6	52.6	41.6					9.4					
31	00			13.1			R							
	12	38.1	39.1	49.2	D	D								

January 1990

Date	Time	☉	⊕	☾	☋	☊	☿	♀	♂	♃	♄	⛢	♆	♇
1	00	38.1	39.1	30.3	13.4	7.4	61.6	41.5	9.5	52.2	54.1	58.3	38.3	1.5
	12	38.2	39.2	55.4	D	D	R	R	D	R	D	D	D	D
2	00			37.5										
	12	38.3	39.3	63.6			61.5		9.6					
3	00	38.4	39.4	36.2										
	12			25.3					5.1					
4	00	38.5	39.5	17.4			61.4							
	12			21.6	R	R		41.4		52.1				
5	00	38.6	39.6	42.1			61.3		5.2		54.2			
	12			3.3										
6	00	54.1	53.1	27.5			61.2							
	12			24.6					5.3					
7	00	54.2	53.2	23.2			61.1							
	12			8.4			54.6	41.3	5.4					
8	00	54.3	53.3	20.6			54.5							
	12	54.4	53.4	35.1			54.5							
9	00			45.3			54.4		5.5				38.4	
	12	54.5	53.5	12.5				41.2						
10	00			15.6			54.3							
	12	54.6	53.6	39.2			54.2		5.6					
11	00			53.3			54.1							
	12	61.1	62.1	62.5				41.1	26.1	15.6				
12	00			56.6			38.6							
	12	61.2	62.2	33.1			38.5							
13	00			7.3					26.2		54.3			
	12	61.3	62.3	4.4	D	D	38.4	60.6						
14	00			29.5										
	12	61.4	62.4	59.6			38.3		26.3					
15	00	61.5	62.5	40.6				60.5						
	12			47.1			38.2		26.4					
16	00	61.6	62.6	6.2										
	12			46.2				60.4						
17	00	60.1	56.1	18.3					26.5			58.4		
	12			48.3			38.1							
18	00	60.2	56.2	57.4				60.3	26.6					
	12			32.4										
19	00	60.3	56.3	50.4	R	R								
	12			28.5				60.2	11.1	15.5				
20	00	60.4	56.4	44.5										
	12	60.5	56.5	1.5			D							
21	00			43.6					11.2		54.4			
	12	60.6	56.6	14.6				60.1						
22	00			34.6					11.3					
	12	41.1	31.1	5.1										
23	00			26.1			61.6							
	12	41.2	31.2	11.2					11.4					
24	00			10.3			38.2							
	12	41.3	31.3	58.3				61.5						
25	00			38.4					11.5					
	12	41.4	31.4	54.5			38.3							
26	00	41.5	31.5	61.6					11.6					
	12			41.1				61.4						
27	00	41.6	31.6	19.2			38.4							
	12			13.3					10.1					
28	00	19.1	33.1	49.5	D	D		61.3						
	12			30.6			38.5		10.2					
29	00	19.2	33.2	37.1							15.4	54.5		
	12			63.3			38.6							
30	00	19.3	33.3	22.4					10.3					
	12			36.6				54.1	61.2					
31	00	19.4	33.4	17.1										
	12			21.3				54.2	10.4					

February 1990

Date	Time	☉	⊕	☾	☋	☊	☿	♀	♂	♃	♄	⛢	♆	♇
1	00	19.5	33.5	51.4	13.4	7.4	54.2	61.2	10.4	15.4	54.5	58.4	38.4	1.5
	12	19.6	33.6	42.6	D	D	54.3	R	10.5	R	D	D	D	D
2	00			27.1										
	12	13.1	7.1	24.3			54.4	61.1						
3	00			2.4	R	R			10.6			58.5		
	12	13.2	7.2	23.6			54.5							
4	00			20.1			54.6		58.1				38.5	
	12	13.3	7.3	16.3										
5	00			35.5				61.1						
	12	13.4	7.4	45.6					58.2					
6	00			15.1	D	D		61.2						
	12	13.5	7.5	52.3				61.3			54.6			
7	00	13.6	7.6	39.4					58.3					
	12			53.6				61.4						
8	00	49.1	4.1	56.1				61.5		58.4				
	12			31.2				D						
9	00	49.2	4.2	33.3				61.6						
	12			7.4	R	R	60.1			58.5				
10	00	49.3	4.3	4.5				60.2						
	12			29.6				60.2		58.6				
11	00	49.4	4.4	40.1				60.3						
	12			64.2				60.4						
12	00	49.5	4.5	47.3					38.1					
	12			6.3				60.5		15.3				
13	00	49.6	4.6	46.4				60.6						
	12	30.1	29.1	18.4					38.2					
14	00			48.5				41.1						
	12	30.2	29.2	57.5				41.2	38.3					
15	00			32.6				41.3	61.2					
	12	30.3	29.3	50.6							61.1			
16	00			44.1				41.4	38.4					
	12	30.4	29.4	1.1				41.5						
17	00			43.1				41.6	38.5					
	12	30.5	29.5	14.2				19.1						
18	00			34.2	D	D		61.3						
	12	30.6	29.6	9.2				19.2	38.6					
19	00			5.3				19.3						
	12	55.1	59.1	26.3				19.4		54.1				R
20	00	55.2	59.2	11.4										
	12			10.4				19.5	61.4					
21	00	55.3	59.3	58.5				19.6		54.2				
	12			38.6				13.1						
22	00	55.4	59.4	61.1				13.2						
	12			60.2					61.5	54.3				
23	00	55.5	59.5	41.3				13.3						
	12			19.4				13.4		54.4			58.6	
24	00	55.6	59.6	13.5	R	R		13.5						
	12			49.6				13.6	61.6			61.2		
25	00	37.1	40.1	55.2				49.1		54.5	D			
	12			37.3										
26	00	37.2	40.2	63.5				49.2	60.1	54.6				
	12	37.3	40.3	22.6				49.3						
27	00			25.2				49.4						
	12	37.4	40.4	17.4				49.5		61.1				
28	00			21.6				49.6	60.2					
	12	37.5	40.5	42.1				30.1		61.2				

March 1990

Date	Time	☉	⊕	☾	☊	☋	☿	♀	♂	♃	♄	♅	♆	♇
1	00	37.5	40.5	3.3	13.4	7.4	30.2	60.2	61.2	15.3	61.2	58.6	38.5	1.5
	12	37.6	40.6	27.5	R	R	D	60.3	D	D	D	D	D	R
2	00			2.1			30.3		61.3					
	12	63.1	64.1	23.2			30.4							
3	00			8.4			30.5	60.4	61.4					
	12	63.2	64.2	20.6			30.6							
4	00			35.1			55.1	60.5						
	12	63.3	64.3	45.3	D	D	55.2		61.5					
5	00			12.4			55.3							
	12	63.4	64.4	15.5			55.4	60.6	61.6					
6	00	63.5	64.5	39.1			55.5							
	12			53.2										
7	00	63.6	64.6	62.3			55.6	41.1	60.1		61.3			
	12			56.4			37.1							
8	00	22.1	47.1	31.5			37.2	41.2						
	12			33.6			37.3		60.2					
9	00	22.2	47.2	4.1	R	R	37.4							
	12			29.2			37.5	41.3	60.3	15.4				
10	00	22.3	47.3	59.3			37.6						38.6	
	12			40.4			63.1	41.4						
11	00	22.4	47.4	64.4			63.2		60.4					
	12			47.5			63.3	41.5						
12	00	22.5	47.5	6.6			63.4		60.5					
	12			46.6			63.5							
13	00	22.6	47.6	48.1	13.3	7.3	63.6	41.6						
	12	36.1	6.1	57.1			22.1		60.6					
14	00			32.2			22.2	19.1						
	12	36.2	6.2	50.2			22.3		41.1					
15	00			28.2			22.4	19.2						
	12	36.3	6.3	44.3			22.5							
16	00			1.3			22.6	19.3	41.2					
	12	36.4	6.4	43.3			36.1							
17	00			14.4			36.2		41.3					
	12	36.5	6.5	34.4			36.3	19.4						
18	00			9.4			36.4							
	12	36.6	6.6	5.5			36.5	19.5	41.4					
19	00			26.5			36.6				61.4			
	12	25.1	46.1	11.6			25.1	19.6	41.5					
20	00			10.6	D	D	25.2							
	12	25.2	46.2	38.1			25.3	13.1						
21	00			54.1			25.4		41.6					
	12	25.3	46.3	61.2			25.6	13.2						
22	00	25.4	46.4	60.3			17.1		19.1					
	12			41.4			17.2	13.3						
23	00	25.5	46.5	19.5			17.3							
	12			13.6	R	R	17.4	13.4	19.2					
24	00	25.6	46.6	30.1			17.5							
	12			55.3			17.6	13.5	19.3	15.5				
25	00	17.1	18.1	37.4			21.1							
	12			63.6			21.2	13.6						
26	00	17.2	18.2	36.2			21.3		19.4					
	12			25.4			21.4	49.1						
27	00	17.3	18.3	17.5			21.5		19.5					
	12			51.1			21.6	49.2						
28	00	17.4	18.4	42.3			51.2							
	12			3.5			51.3	49.3	19.6					
29	00	17.5	18.5	24.1	13.2	7.2	51.4							
	12			2.3			51.5	49.4	13.1					
30	00	17.6	18.6	23.5			51.6							
	12	21.1	48.1	20.1			42.1	49.5				38.1		
31	00			16.3			42.2		13.2					
	12	21.2	48.2	35.5			42.3	49.6						

April 1990

Date	Time	☉	⊕	☾	☊	☋	☿	♀	♂	♃	♄	♅	♆	♇
1	00	21.2	48.2	45.6	13.2	7.2	42.4	30.1	13.2	15.5	61.4	38.1	38.6	1.5
	12	21.3	48.3	15.2	R	R	42.5	D	13.3	D	D	D	D	R
2	00			52.3			42.6	30.2						
	12	21.4	48.4	39.5	D	D	3.1		13.4					
3	00			53.6			3.2	30.3		15.6	61.5			
	12	21.5	48.5	56.1			3.3							
4	00			31.2			3.4	30.4	13.5					
	12	21.6	48.6	33.3			3.5							
5	00			7.4	R	R	3.6	30.5	13.6					
	12	51.1	57.1	4.5			27.1							
6	00			29.5				30.6						
	12	51.2	57.2	59.6			27.2		49.1					
7	00			64.1			27.3	55.1						
	12	51.3	57.3	47.1			27.4	55.2	49.2					
8	00			6.2			27.5							
	12	51.4	57.4	46.3				55.3						
9	00	51.5	57.5	18.3			27.6		49.3					
	12			48.3			24.1	55.4						
10	00	51.6	57.6	57.4			24.2		49.4					
	12			32.4				55.5		52.1				
11	00	42.1	32.1	50.5	13.1	7.1	24.3							
	12			28.5			24.4	55.6	49.5					
12	00	42.2	32.2	44.5				37.1						
	12			1.6			24.5		49.6					
13	00	42.3	32.3	43.6				37.2						
	12			14.6			24.6							
14	00	42.4	32.4	9.1				37.3	30.1			R		
	12			5.1			2.1							
15	00	42.5	32.5	26.1				37.4	30.2					
	12			11.2			2.2	37.5						1.4
16	00	42.6	32.6	10.2										
	12			58.3	19.6	33.6	2.3	37.6	30.3					
17	00	3.1	50.1	38.3									R	
	12			54.4				63.1	30.4	52.2				
18	00	3.2	50.2	61.4			2.4							
	12			60.5	D	D		63.2						
19	00	3.3	50.3	41.6				63.3	30.5					
	12			13.1	R	R								
20	00	3.4	50.4	49.2				63.4	30.6					
	12	3.5	50.5	30.3			2.5							
21	00			55.4				63.5						
	12	3.6	50.6	37.5					55.1					
22	00			22.1				63.6						
	12	27.1	28.1	36.3				22.1	55.2					
23	00			25.4										
	12	27.2	28.2	17.6			R	22.2						
24	00			51.2					55.3	52.3				
	12	27.3	28.3	42.4				22.3						
25	00			3.6				22.4	55.4					
	12	27.4	28.4	24.3										
26	00			2.5				22.5						
	12	27.5	28.5	8.1					55.5					
27	00			20.3			2.4	22.6						
	12	27.6	28.6	16.5	19.5	33.5			55.6					
28	00			45.1				36.1						
	12	24.1	44.1	12.3				36.2				58.6		
29	00			15.5					37.1					
	12	24.2	44.2	52.6			2.3	36.3		52.4				
30	00			53.2					37.2					
	12	24.3	44.3	62.3				36.4						

May 1990

Date	Time	☉	⊕	☾	☊	☋	☿	♀	♂	♃	♄	♅	♆	♇
1	00	24.3	44.3	56.4	19.5	33.5	2.2	36.5	37.2	52.4	61.5	58.6	38.6	1.4
	12	24.4	44.4	31.5	R	R	R	D	37.3	D	D	R	R	R
2	00			33.6				36.6						
	12	24.5	44.5	4.1					37.4					
3	00			29.2			2.1	25.1						
	12	24.6	44.6	59.3				25.2						
4	00	2.1	1.1	40.4					37.5					
	12			64.4			24.6	25.3						
5	00	2.2	1.2	47.5					37.6	52.5	R			
	12			6.5				25.4						
6	00	2.3	1.3	46.6			24.5	25.5						
	12			18.6					63.1					
7	00	2.4	1.4	57.1				25.6						
	12			32.1			24.4		63.2					
8	00	2.5	1.5	50.2				17.1						
	12			28.2	19.4	33.4		17.2						
9	00	2.6	1.6	44.2			24.3		63.3					
	12			1.3				17.3						
10	00	23.1	43.1	43.3					63.4					
	12			14.3			24.2	17.4		52.6				
11	00	23.2	43.2	34.4				17.5						
	12			9.4					63.5					
12	00	23.3	43.3	5.4				17.6						
	12			26.5					63.6					
13	00	23.4	43.4	11.5			24.1	21.1						
	12			10.5	19.3	33.3		21.2						
14	00	23.5	43.5	58.6					22.1					
	12			38.6				21.3						
15	00	23.6	43.6	61.1					22.2					
	12			60.1				21.4		39.1				
16	00	8.1	14.1	41.2				21.5						
	12			19.3					22.3					
17	00	8.2	14.2	13.3	D	D		21.6						
	12			49.4			D		22.4					
18	00	8.3	14.3	30.5	R	R		51.1						
	12			55.6				51.2						
19	00	8.4	14.4	63.2					22.5					
	12	8.5	14.5	22.3				51.3						1.3
20	00			36.4				51.4						
	12	8.6	14.6	25.6					22.6	39.2				
21	00			21.2				51.5						
	12	20.1	34.1	51.3			24.2		36.1					
22	00			42.5				51.6						
	12	20.2	34.2	27.1				42.1						
23	00			24.3					36.2					
	12	20.3	34.3	2.5				42.2						
24	00			8.2			24.3		36.3					
	12	20.4	34.4	20.4				42.3						
25	00			16.6				42.4		39.3				
	12	20.5	34.5	45.2	19.2	33.2	24.4		36.4				38.5	
26	00			12.4				42.5						
	12	20.6	34.6	15.6				42.6	36.5					
27	00			39.2			24.5							
	12	16.1	9.1	53.3				3.1						
28	00			62.5					36.6					
	12	16.2	9.2	31.1			24.6	3.2						
29	00			33.2				3.3	25.1					
	12	16.3	9.3	7.3	D	D	2.1							
30	00			4.4				3.4		39.4				
	12	16.4	9.4	29.5			2.2		25.2					
31	00			59.6				3.5						
	12	16.5	9.5	64.1	R	R	2.3	3.6	25.3					

June 1990

Date	Time	☉	⊕	☾	☊	☋	☿	♀	♂	♃	♄	♅	♆	♇
1	00	16.5	9.5	47.1	19.2	33.2	2.3	3.6	25.3	39.4	61.5	58.6	38.5	1.3
	12	16.6	9.6	6.2	R	R	2.4	27.1	D	D	R	R	R	R
2	00			46.3				27.2	25.4					
	12	35.1	5.1	18.3			2.5							
3	00			48.4			2.6	27.3						
	12	35.2	5.2	57.4					25.5	39.5				
4	00			32.4			23.1	27.4						
	12	35.3	5.3	50.5				27.5	25.6					
5	00			28.5			23.2					58.5		
	12	35.4	5.4	44.5			23.3	27.6						
6	00			1.6				24.1	17.1					
	12	35.5	5.5	43.6			23.4							
7	00			14.6			23.5	24.2	17.2		61.4			
	12	35.6	5.6	9.1	19.1	33.1								
8	00			5.1			23.6	24.3		39.6				
	12	45.1	26.1	26.1			8.1	24.4	17.3					
9	00			11.2			8.2							
	12	45.2	26.2	10.2				24.5	17.4					
10	00			58.3			8.3	24.6						
	12	45.3	26.3	38.3			8.4							
11	00	45.4	26.4	54.4			8.5	2.1	17.5					
	12			61.4			8.6							
12	00	45.5	26.5	60.5				2.2		53.1				
	12			41.5			20.1	2.3	17.6					
13	00	45.6	26.6	19.6	D	D	20.2							
	12			49.1			20.3	2.4	21.1					
14	00	12.1	11.1	30.2			20.4	2.5						
	12			55.3			20.5							
15	00	12.2	11.2	37.4			20.6	2.6	21.2					
	12			63.5										
16	00	12.3	11.3	22.6			16.1	23.1	21.3					
	12			25.1	R	R	16.2	23.2		53.2				
17	00	12.4	11.4	17.3			16.3							
	12			21.4			16.4	23.3	21.4					
18	00	12.5	11.5	51.6			16.5	23.4						
	12			3.1			16.6							
19	00	12.6	11.6	27.3			35.1	23.5	21.5					
	12			24.5			35.2							
20	00	15.1	10.1	23.1			35.3	23.6	21.6					
	12			8.3			35.4	8.1						
21	00	15.2	10.2	20.5			35.5			53.3				
	12			35.1			35.6	8.2	51.1					
22	00	15.3	10.3	45.3			45.1	8.3						
	12			12.5			45.2							
23	00	15.4	10.4	52.1			45.3	8.4	51.2					
	12			39.3			45.5				61.3			
24	00	15.5	10.5	53.5			45.6	8.5	51.3					
	12			62.6	41.6	31.6	12.1	8.6						
25	00	15.6	10.6	31.2			12.2			53.4				
	12			33.3	D	D	12.3	20.1	51.4					
26	00	52.1	58.1	7.5			12.4	20.2						
	12			4.6	19.1	33.1	12.5							
27	00	52.2	58.2	59.1			12.6	20.3	51.5					
	12			40.2			15.2	20.4						
28	00	52.3	58.3	64.3			15.3		51.6					
	12			47.4			15.4	20.5						
29	00	52.4	58.4	6.5			15.5							
	12			46.5			15.6	20.6	42.1	53.5		58.4		
30	00	52.5	58.5	18.6	R	R	52.1	16.1						
	12			48.6			52.2							

July 1990

Date	Time	☉	⊕	☾	☊	⚷	☿	♀	♂	♃	♄	⚴	♆	♇
1	00	52.6	58.6	32.1	19.1	33.1	52.4	16.2	42.2	53.5	61.3	58.4	38.5	1.3
	12			50.1	R	R	52.5	16.3	D	D	R	R	R	R
2	00	39.1	38.1	28.2			52.6		42.3					
	12			44.2			39.1	16.4						1.2
3	00	39.2	38.2	1.2	41.6	31.6	39.2							
	12			43.3			39.3	16.5	42.4	53.6			38.4	
4	00	39.3	38.3	14.3			39.5	16.6						
	12			34.3			39.6							
5	00	39.4	38.4	9.4			53.1	35.1	42.5					
	12			5.4			53.2	35.2						
6	00	39.5	38.5	26.4			53.3		42.6					
	12			11.5			53.4	35.3						
7	00	39.6	38.6	10.5			53.5	35.4			61.2			
	12			58.6			62.1		3.1	62.1				
8	00	53.1	54.1	38.6			62.2	35.5						
	12	53.2	54.2	61.1			62.3							
9	00			60.2			62.4	35.6	3.2					
	12	53.3	54.3	41.2			62.5	45.1						
10	00			19.3	D	D	62.6							
	12	53.4	54.4	13.4			56.1	45.2	3.3					
11	00			49.5			56.2	45.3						
	12	53.5	54.5	30.6			56.3		3.4					
12	00			55.6			56.4	45.4		62.2				
	12	53.6	54.6	63.2			56.5	45.5						
13	00			22.3			56.6		3.5					
	12	62.1	61.1	36.4			31.2	45.6						
14	00			25.5			31.3							
	12	62.2	61.2	17.6			31.4	12.1	3.6					
15	00			51.2			31.5	12.2						
	12	62.3	61.3	42.3	R	R	31.6							
16	00			3.5			33.1	12.3	27.1	62.3				
	12	62.4	61.4	27.6			33.2	12.4						
17	00			2.2			33.3		27.2					
	12	62.5	61.5	23.4			33.4	12.5						
18	00			8.5				12.6						
	12	62.6	61.6	16.1			33.5		27.3					
19	00			35.3			33.6	15.1						
	12	56.1	60.1	45.5			7.1	15.2		61.1				
20	00			15.1			7.2		27.4					
	12	56.2	60.2	52.2			7.3	15.3		62.4				
21	00			39.4			7.4							
	12	56.3	60.3	53.6			7.5	15.4	27.5					
22	00			56.2			7.6	15.5						
	12	56.4	60.4	31.3			4.1							
23	00			33.5	D	D	4.2	15.6	27.6			58.3		
	12	56.5	60.5	7.6			4.3	52.1						
24	00			29.1										
	12	56.6	60.6	59.3			4.4	52.2	24.1	62.5				
25	00			40.4			4.5	52.3						
	12	31.1	41.1	64.5			4.6							
26	00			47.6			29.1	52.4	24.2					
	12	31.2	41.2	6.6			29.2	52.5						D
27	00			18.1										
	12	31.3	41.3	48.2			29.3	52.6	24.3					
28	00			57.2			29.4							
	12	31.4	41.4	32.3			29.5	39.1	24.4	62.6				
29	00			50.3			29.6	39.2						
	12	31.5	41.5	28.4										
30	00			44.4	R	R	59.1	39.3	24.5					
	12	31.6	41.6	1.5			59.2	39.4						
31	00			43.5	D	D	59.3							
	12	33.1	19.1	14.5				39.5	24.6					

August 1990

Date	Time	☉	⊕	☾	☊	⚷	☿	♀	♂	♃	♄	⚴	♆	♇
1	00	33.1	19.1	34.6	41.6	31.6	59.4	39.6	24.6	62.6	61.1	58.3	38.4	1.2
	12	33.2	19.2	9.6	D	D	59.5	D	D	D	54.6	R	R	D
2	00			5.6			59.6	53.1	2.1	56.1				
	12	33.3	19.3	11.1			53.2							
3	00			10.1			40.1							
	12	33.4	19.4	58.2			40.2	53.3	2.2					
4	00	33.5	19.5	38.2										
	12			54.3			40.3	53.4						
5	00	33.6	19.6	61.3			40.4	53.5	2.3					
	12			60.4										
6	00	7.1	13.1	41.5			40.5	53.6		56.2				
	12			19.6	R	R	40.6	62.1						
7	00	7.2	13.2	49.1				2.4						
	12			30.2			64.1	62.2						
8	00	7.3	13.3	55.3				62.3						
	12			37.4			64.2		2.5					
9	00	7.4	13.4	63.5			64.3	62.4						
	12			22.6				62.5						
10	00	7.5	13.5	25.2			64.4		2.6				38.3	
	12			17.3				62.6		56.3				
11	00	7.6	13.6	21.4			64.5	56.1						
	12			51.6				23.1						
12	00	4.1	49.1	3.1			64.6	56.2						
	12			27.3				56.3						
13	00	4.2	49.2	24.4			47.1	23.2						
	12			2.6				56.4						
14	00	4.3	49.3	8.1	D	D	47.2							
	12			20.3				56.5	23.3					
15	00	4.4	49.4	16.5			47.3	56.6		56.4				
	12			35.6										
16	00	4.5	49.5	12.2				31.1						
	12			15.4			47.4	31.2	23.4			54.5		
17	00	4.6	49.6	52.5										
	12			53.1			47.5	31.3						
18	00	29.1	30.1	62.2				31.4	23.5					
	12			56.4										1.3
19	00	29.2	30.2	31.5			47.6	31.5		56.5				
	12			33.6	R	R		31.6	23.6					
20	00	29.3	30.3	4.2										
	12			29.3			33.1							
21	00	29.4	30.4	59.4			6.1	33.2						
	12			40.5				8.1						
22	00	29.5	30.5	64.6				33.3						
	12			6.1				33.4						
23	00	29.6	30.6	46.2				8.2						
	12			18.3				33.5		56.6				
24	00	59.1	55.1	48.4				33.6						
	12	59.2	55.2	57.4				8.3						
25	00			32.5			7.1							
	12	59.3	55.3	50.5			6.2							
26	00			28.6			6.1	7.2						
	12	59.4	55.4	44.6			R	7.3	8.4					
27	00			43.1								58.2		
	12	59.5	55.5	14.1				7.4						
28	00			34.1				7.5	31.1					
	12	59.6	55.6	9.2	D	D		8.5						
29	00			5.2				7.6						
	12	40.1	37.1	26.2				4.1						
30	00			11.3			47.6	8.6						
	12	40.2	37.2	10.3				4.2						
31	00			58.4				4.3						
	12	40.3	37.3	38.4										

September 1990

Date	Time	☉	⊕	☾	☊	☋	☿	♀	♂	♃	♄	♅	♆	♇
1	00	40.3	37.3	54.5	41.6	31.6	47.5	4.4	20.1	31.1	54.5	58.2	38.3	1.3
	12	40.4	37.4	61.5	D	D	R	4.5	D	D	R	R	R	D
2	00			60.6						31.2				
	12	40.5	37.5	19.1	R	R	47.4	4.6						
3	00			13.2				29.1	20.2					
	12	40.6	37.6	49.3			47.3							
4	00			30.4				29.2						
	12	64.1	63.1	55.5			47.2	29.3						
5	00			37.6					20.3					
	12	64.2	63.2	22.2			47.1	29.4						
6	00			36.3				29.5						
	12	64.3	63.3	25.5			64.6			31.3				
7	00			17.6				29.6	20.4					
	12	64.4	63.4	51.2			64.5	59.1						
8	00			42.3										
	12	64.5	63.5	3.5	41.5	31.5	64.4	59.2						
9	00	64.6	63.6	24.1				59.3	20.5		54.4			
	12			2.2			64.3							
10	00	47.1	22.1	23.4				59.4						
	12			8.6			64.2	59.5						
11	00	47.2	22.2	16.1					20.6					
	12			35.3			64.1	59.6		31.4				
12	00	47.3	22.3	45.4	D	D		40.1						
	12			12.6										
13	00	47.4	22.4	52.1			40.6	40.2	16.1					
	12			39.3										
14	00	47.5	22.5	53.4				40.3						
	12			62.6			40.5	40.4						
15	00	47.6	22.6	31.1								D		
	12			33.2	R	R		40.5	16.2					
16	00	6.1	36.1	7.3				40.6						
	12			4.4						31.5				
17	00	6.2	36.2	29.6				64.1						
	12			40.1				64.2						
18	00	6.3	36.3	64.2			D		16.3					
	12			47.3				64.3						
19	00	6.4	36.4	6.3				64.4						
	12			46.4										
20	00	6.5	36.5	18.5				64.5						
	12			48.6				64.6	16.4					
21	00	6.6	36.6	57.6			40.6							
	12			50.1				47.1		31.6				
22	00	46.1	25.1	28.2				47.2						
	12	46.2	25.2	44.2			64.1							
23	00			1.3	41.4	31.4		47.3	16.5					
	12	46.3	25.3	43.3			64.2	47.4			D			
24	00			14.3									D	
	12	46.4	25.4	34.4			64.3	47.5						
25	00			9.4				47.6						
	12	46.5	25.5	5.4			64.4							
26	00			26.5				6.1	16.6					
	12	46.6	25.6	11.5			64.5	6.2						
27	00			10.5			64.6			33.1				
	12	18.1	17.1	58.6	D	D		6.3						
28	00			38.6			47.1	6.4						1.4
	12	18.2	17.2	61.1			47.2							
29	00			60.1			47.3	6.5						
	12	18.3	17.3	41.2				6.6	35.1					
30	00			19.3	R	R	47.4							
	12	18.4	17.4	13.3			47.5	46.1						

October 1990

Date	Time	☉	⊕	☾	☊	☋	☿	♀	♂	♃	♄	♅	♆	♇
1	00	18.4	17.4	49.4	41.4	31.4	47.6	46.2	35.1	33.1	54.4	58.2	38.3	1.4
	12	18.5	17.5	30.5	R	R	6.1	D	D	D	D	D	D	D
2	00			37.1			6.2	46.3						
	12	18.6	17.6	63.2			6.3	46.4						
3	00	48.1	21.1	22.3					35.2	33.2				
	12			36.5			6.4	46.5				58.3		
4	00	48.2	21.2	25.6			6.5	46.6						
	12			21.2			6.6							
5	00	48.3	21.3	51.4			46.1	18.1						
	12			42.6			46.2	18.2						
6	00	48.4	21.4	27.2	41.3	31.3	46.3							
	12			24.3			46.4	18.3						
7	00	48.5	21.5	2.5			46.5	18.4						
	12			8.1			46.6		35.3					
8	00	48.6	21.6	20.3			18.1	18.5			54.5			
	12			16.5			18.2	18.6						
9	00	57.1	51.1	45.1						33.3				
	12			12.2			18.3	48.1						
10	00	57.2	51.2	15.4			18.4	48.2						
	12			52.5			18.5							
11	00	57.3	51.3	53.1			18.6	48.3						
	12			62.2	D	D	48.1	48.4						
12	00	57.4	51.4	56.4			48.2							
	12	57.5	51.5	31.5	R	R	48.3	48.5						
13	00			33.6			48.4	48.6						
	12	57.6	51.6	4.1			48.5							
14	00			29.2			48.6	57.1	35.4					
	12	32.1	42.1	59.3			57.1	57.2						
15	00			40.4			57.2							
	12	32.2	42.2	64.5			57.3	57.3						
16	00			47.6			57.4	57.4		33.4				
	12	32.3	42.3	6.6										
17	00			18.1			57.5	57.5						
	12	32.4	42.4	48.2	41.2	31.2	57.6	57.6						
18	00			57.2			32.1							
	12	32.5	42.5	32.3			32.2	32.1						
19	00			50.4			32.3	32.2						
	12	32.6	42.6	28.4			32.4							
20	00			44.5			32.5	32.3						
	12	50.1	3.1	1.5			32.6	32.4						
21	00	50.2	3.2	43.5			50.1		R					
	12			14.6			50.2	32.5						
22	00	50.3	3.3	34.6	41.1	31.1		32.6						
	12			9.6			50.3							
23	00	50.4	3.4	26.1			50.4	50.1						
	12			11.1			50.5	50.2		33.5				
24	00	50.5	3.5	10.1			50.6							1.5
	12			58.2			28.1	50.3						
25	00	50.6	3.6	38.2			28.2	50.4						
	12			54.2			28.3							
26	00	28.1	27.1	61.3			28.4	50.5						
	12			60.3				50.6						
27	00	28.2	27.2	41.4			28.5							
	12			19.4			28.6	28.1						
28	00	28.3	27.3	13.5			44.1	28.2	35.3					
	12			49.6			44.2							
29	00	28.4	27.4	55.1			44.3	28.3						
	12	28.5	27.5	37.2			44.4	28.4						
30	00			63.3										
	12	28.6	27.6	22.4			44.5	28.5			54.6			
31	00			36.6			44.6	28.6						
	12	44.1	24.1	17.1			1.1							

November 1990

Date	Time	☉	⊕	☾	☊	☋	☿	♀	♂	♃	♄	♅	♆	♇
1	00	44.1	24.1	21.3	41.1	31.1	1.2	44.1	35.3	33.5	54.6	58.3	38.3	1.5
	12	44.2	24.2	51.5	R	R	1.3	44.2	R	D	D	D	D	D
2	00			3.1			1.4			33.6				
	12	44.3	24.3	27.3	60.6	56.6		44.3						
3	00			24.5			1.5	44.4						
	12	44.4	24.4	23.1			1.6		35.2					
4	00			8.3			43.1	44.5						
	12	44.5	24.5	20.5			43.2	44.6						
5	00			35.1			43.3							
	12	44.6	24.6	45.3				1.1				58.4		
6	00	1.1	2.1	12.5			43.4	1.2						
	12			52.1			43.5						38.4	
7	00	1.2	2.2	39.3			43.6	1.3						
	12			53.4			14.1	1.4	35.1					
8	00	1.3	2.3	62.6										
	12			31.1	D	D	14.2	1.5						
9	00	1.4	2.4	33.3			14.3	1.6						
	12			7.4			14.4							
10	00	1.5	2.5	4.5	R	R	14.5	43.1						
	12			29.6			14.6	43.2						
11	00	1.6	2.6	40.1					16.6					
	12			64.2			34.1	43.3						
12	00	43.1	23.1	47.3			34.2	43.4						
	12	43.2	23.2	6.3			34.3							
13	00			46.4			34.4	43.5			61.1			
	12	43.3	23.3	18.5	60.5	56.5		43.6						
14	00			48.5			34.5		16.5					
	12	43.4	23.4	57.6			34.6	14.1						
15	00			32.6			9.1	14.2						
	12	43.5	23.5	28.1			9.2							
16	00			44.1				14.3		7.1				
	12	43.6	23.6	1.2			9.3	14.4						1.6
17	00			43.2			9.4		16.4					
	12	14.1	8.1	14.2			9.5	14.5						
18	00			34.3			9.6	14.6						
	12	14.2	8.2	9.3	60.4	56.4								
19	00	14.3	8.3	5.3			5.1	34.1						
	12			26.4			5.2	34.2	16.3					
20	00	14.4	8.4	11.4			5.3							
	12			10.4				34.3						
21	00	14.5	8.5	58.4			5.4	34.4						
	12			38.5			5.5							
22	00	14.6	8.6	54.5			5.6	34.5	16.2					
	12			61.6			26.1	34.6						
23	00	34.1	20.1	60.6	D	D		9.1						
	12			41.6			26.2							
24	00	34.2	20.2	13.1			26.3	9.2						
	12			49.1			26.4	9.3	16.1		61.2			
25	00	34.3	20.3	30.2										
	12	34.4	20.4	55.3			26.5	9.4				58.5		
26	00			37.4	R	R	26.6	9.5						
	12	34.5	20.5	63.5			11.1							
27	00			22.6				9.6	20.6					
	12	34.6	20.6	25.1			11.2	5.1						
28	00			17.2			11.3							
	12	9.1	16.1	21.4			11.4	5.2						
29	00			51.6				5.3						
	12	9.2	16.2	3.1			11.5		20.5					
30	00			27.3			11.6	5.4						
	12	9.3	16.3	24.5				5.5		R				

December 1990

Date	Time	☉	⊕	☾	☊	☋	☿	♀	♂	♃	♄	♅	♆	♇
1	00	9.3	16.3	23.1	60.4	56.4	10.1	5.5	20.5	7.1	61.2	58.5	38.4	1.6
	12	9.4	16.4	8.3	R	R	10.2	5.6	R	R	D	D	D	D
2	00	9.5	16.5	20.6	60.3	56.3		26.1	20.4					
	12			35.2			10.3							
3	00	9.6	16.6	45.4			10.4	26.2						
	12			12.6				26.3						
4	00	5.1	35.1	52.2			10.5							
	12			39.4			10.6	26.4	20.3		61.3			
5	00	5.2	35.2	53.6				26.5						
	12			56.2			58.1							
6	00	5.3	35.3	31.3	D	D		26.6						
	12			33.5			58.2	11.1						
7	00	5.4	35.4	7.6										
	12			29.2			58.3	11.2	20.2					
8	00	5.5	35.5	59.3				11.3						
	12	5.6	35.6	40.4			58.4						38.5	
9	00			64.5				11.4						
	12	26.1	45.1	47.6	R	R	58.5	11.5						
10	00			46.1										
	12	26.2	45.2	18.1				11.6	20.1					43.1
11	00			48.2			58.6	10.1						
	12	26.3	45.3	57.3										
12	00			32.3				10.2						
	12	26.4	45.4	50.4			38.1	10.3				58.6		
13	00			28.4										
	12	26.5	45.5	44.4				10.4			61.4			
14	00	26.6	45.6	1.5				10.5	8.6					
	12			43.5										
15	00	11.1	12.1	14.5			R	10.6		33.6				
	12			34.6				58.1						
16	00	11.2	12.2	9.6										
	12			5.6				58.2						
17	00	11.3	12.3	11.1				58.3						
	12			10.1			58.6							
18	00	11.4	12.4	58.1	60.2	56.2		58.4	8.5					
	12			38.2				58.5						
19	00	11.5	12.5	54.2			58.5							
	12	11.6	12.6	61.2				58.6						
20	00			60.3	D	D	58.4	38.1						
	12	10.1	15.1	41.3										
21	00			19.4			58.3	38.2						
	12	10.2	15.2	13.4				38.3						
22	00			49.5			58.2				61.5			
	12	10.3	15.3	30.5			58.1	38.4						
23	00			55.6				38.5						
	12	10.4	15.4	63.1	60.3	56.3	10.6							
24	00			22.2			10.5	38.6	8.4					
	12	10.5	15.5	36.3			10.4	54.1						
25	00			25.4										
	12	10.6	15.6	17.5	R	R	10.3	54.2						
26	00	58.1	52.1	21.6			10.2	54.3						
	12			42.2										
27	00	58.2	52.2	3.3	60.2	56.2	10.1	54.4						
	12			27.5			11.6	54.5						
28	00	58.3	52.3	24.6										
	12			23.2			11.5	54.6		33.5		38.1		
29	00	58.4	52.4	8.4				61.1						
	12			20.6			11.4							
30	00	58.5	52.5	35.2				61.2						
	12			45.4			11.3	61.3			61.6			
31	00	58.6	52.6	12.6										
	12	38.1	39.1	52.2				61.4						

January 1991

Date	Time	☉	⊕	☾	☊	☋	☿	♀	♂	♃	♄	♅	♆	♇
1	00	38.1	39.1	39.4	60.2	56.2	11.2	61.5	8.4	33.5	61.6	38.1	38.5	43.1
	12	38.2	39.2	62.1	R	R	R	D	R	R	D	D	D	D
2	00			56.2	D	D		61.6	D					
	12	38.3	39.3	31.4				60.1						
3	00			33.6									38.6	
	12	38.4	39.4	4.2				60.2						
4	00			29.3			D	60.3						
	12	38.5	39.5	59.5										
5	00			40.6				60.4						
	12	38.6	39.6	47.1				60.5						
6	00	54.1	53.1	6.2										
	12			46.3				60.6						
7	00	54.2	53.2	18.4				41.1		33.4				
	12			48.5			11.3				60.1			
8	00	54.3	53.3	57.5	R	R		41.2						
	12			32.6				41.3						
9	00	54.4	53.4	28.1			11.4							
	12			44.1				41.4						43.2
10	00	54.5	53.5	1.1				41.5						
	12			43.2			11.5		8.5					
11	00	54.6	53.6	14.2				41.6						
	12	61.1	62.1	34.2			11.6	19.1						
12	00			9.3										
	12	61.2	62.2	5.3				19.2						
13	00			26.3			10.1	19.3				38.2		
	12	61.3	62.3	11.4										
14	00			10.4			10.2	19.4						
	12	61.4	62.4	58.4			10.3	19.5						
15	00			38.5						33.3				
	12	61.5	62.5	54.5			10.4	19.6			60.2			
16	00			61.5				13.1						
	12	61.6	62.6	60.6	D	D	10.5							
17	00			41.6				13.2	8.6					
	12	60.1	56.1	13.1			10.6	13.3						
18	00	60.2	56.2	49.2			58.1							
	12			30.2				13.4						
19	00	60.3	56.3	55.3	R	R	58.2	13.5						
	12			37.4			58.3							
20	00	60.4	56.4	63.5				13.6						
	12			22.5			58.4	49.1						
21	00	60.5	56.5	36.6										
	12			17.1			58.5	49.2						
22	00	60.6	56.6	21.2			58.6	49.3	20.1					
	12			51.4			38.1			33.2				
23	00	41.1	31.1	42.5				49.4			60.3			
	12	41.2	31.2	3.6			38.2	49.5						
24	00			24.2	D	D	38.3							
	12	41.3	31.3	2.3				49.6						
25	00			23.5			38.4	30.1						
	12	41.4	31.4	8.6			38.5							
26	00			16.2				30.2	20.2					
	12	41.5	31.5	35.4			38.6	30.3						
27	00			45.6			54.1							
	12	41.6	31.6	15.1			54.2	30.4						
28	00			52.3				30.5						
	12	19.1	33.1	39.5			54.3						54.1	
29	00	19.2	33.2	62.1			54.4	30.6	20.3					
	12			56.3	R	R	54.5	55.1		33.1		38.3		
30	00	19.3	33.3	31.5										
	12			7.1			54.6	55.2						
31	00	19.4	33.4	4.2			61.1	55.3			60.4			
	12			29.4			61.2							

February 1991

Date	Time	☉	⊕	☾	☊	☋	☿	♀	♂	♃	♄	♅	♆	♇
1	00	19.5	33.5	59.6	60.2	56.2	61.3	55.4	20.3	33.1	60.4	38.3	54.1	43.2
	12			64.1	R	R	D	55.5	20.4	R	D	D	D	D
2	00	19.6	33.6	47.2			61.4							
	12			6.4			61.5	55.6						
3	00	13.1	7.1	46.5			61.6	37.1						
	12			18.6										
4	00	13.2	7.2	57.1			60.1	37.2						
	12	13.3	7.3	32.1			60.2	37.3	20.5					
5	00			50.2			60.3							
	12	13.4	7.4	28.3			60.4	37.4		31.6				
6	00			44.3				37.5						
	12	13.5	7.5	1.4			60.5							
7	00			43.4	D	D	60.6	37.6	20.6					
	12	13.6	7.6	14.5			41.1	63.1						
8	00			34.5			41.2				60.5			
	12	49.1	4.1	9.5			41.3	63.2						
9	00			5.6				63.3						
	12	49.2	4.2	26.6			41.4							
10	00			11.6			41.5	63.4	16.1					
	12	49.3	4.3	10.6			41.6	63.5						
11	00	49.4	4.4	38.1			19.1							
	12			54.1			19.2	63.6						
12	00	49.5	4.5	61.2				22.1						
	12			60.2			19.3		16.2					
13	00	49.6	4.6	41.3	R	R	19.4	22.2		31.5				
	12			19.3			19.5	22.3						
14	00	30.1	29.1	13.4			19.6							
	12			49.4			13.1	22.4						
15	00	30.2	29.2	30.5			13.2	22.5	16.3					
	12			55.6			13.3							
16	00	30.3	29.3	63.1				22.6						
	12			22.2			13.4	36.1			60.6			
17	00	30.4	29.4	36.3			13.5		16.4			38.4		
	12	30.5	29.5	25.4			13.6	36.2						
18	00			17.5			49.1	36.3						
	12	30.6	29.6	21.6			49.2							
19	00			42.2			49.3	36.4						
	12	55.1	59.1	3.3			49.4	36.5	16.5					
20	00			27.4			49.5							
	12	55.2	59.2	24.6			49.6	36.6						
21	00			23.1			30.1	25.1		31.4				
	12	55.3	59.3	8.3										
22	00			20.4	D	D	30.2	25.2	16.6					
	12	55.4	59.4	16.6			30.3	25.3						R
23	00			45.1			30.4							
	12	55.5	59.5	12.3			30.5	25.4						
24	00	55.6	59.6	15.4			30.6	25.5	35.1					
	12			52.6			55.1							
25	00	37.1	40.1	53.2			55.2	25.6			41.1			
	12			62.3			55.3							
26	00	37.2	40.2	56.5	R	R	55.4	17.1	35.2					
	12			33.1			55.5	17.2						
27	00	37.3	40.3	7.2			55.6						54.2	
	12			4.4			37.1	17.3						
28	00	37.4	40.4	29.5			37.2	17.4						
	12			40.1			37.3		35.3					

March 1991

Date	Time	☉	⊕	☾	☊	☋	☿	♀	♂	♃	♄	♅	♆	♇
1	00	37.5	40.5	64.2	60.2	56.2	37.4	17.5	35.3	31.4	41.1	38.4	54.2	43.2
	12			47.3	R	R	37.5	17.6	D	R	D	D	D	R
2	00	37.6	40.6	6.5	60.1	56.1	37.6							
	12	63.1	64.1	46.6			63.1	21.1	35.4	31.3				
3	00			48.1			63.2	21.2						
	12	63.2	64.2	57.2			63.3							
4	00			32.3			63.4	21.3						
	12	63.3	64.3	50.4			63.5	21.4	35.5					
5	00			28.4			63.6							
	12	63.4	64.4	44.5			22.1	21.5						
6	00			1.6			22.2	21.6			41.2			
	12	63.5	64.5	43.6			22.3		35.6					
7	00			34.1			22.4	51.1						
	12	63.6	64.6	9.1			22.5	51.2						
8	00			5.1			22.6							
	12	22.1	47.1	26.2	D	D	36.1	51.3	45.1					
9	00			11.2			36.2	51.4						
	12	22.2	47.2	10.2			36.3							
10	00	22.3	47.3	58.3			36.4	51.5						
	12			38.3			36.5		45.2					
11	00	22.4	47.4	54.3			36.6	51.6						
	12			61.4			25.1	42.1						
12	00	22.5	47.5	60.4	R	R	25.2							
	12			41.5			25.4	42.2	45.3					
13	00	22.6	47.6	19.5			25.5	42.3				38.5		
	12			13.6			25.6							
14	00	36.1	6.1	30.1			17.1	42.4						
	12			55.1			17.2	42.5	45.4					
15	00	36.2	6.2	37.2			17.3							
	12			63.3			17.4	42.6						
16	00	36.3	6.3	22.4			17.5	3.1	45.5		41.3			
	12			36.6	61.6	62.6	17.6			31.2				
17	00	36.4	6.4	17.1			21.1	3.2						
	12	36.5	6.5	21.2			21.2	3.3						
18	00			51.4			21.3		45.6					
	12	36.6	6.6	42.5				3.4						
19	00			3.6			21.4							
	12	25.1	46.1	24.2			21.5	3.5						
20	00			2.3			21.6	3.6	12.1					
	12	25.2	46.2	23.5			51.1							
21	00			20.1			51.2	27.1						
	12	25.3	46.3	16.2			51.3	27.2						
22	00			35.4			51.4		12.2					
	12	25.4	46.4	45.5				27.3						
23	00			15.1			51.5	27.4						
	12	25.5	46.5	52.2	D	D	51.6		12.3					
24	00			39.4			42.1	27.5						
	12	25.6	46.6	53.5				27.6						
25	00			56.1	R	R	42.2							
	12	17.1	18.1	31.2			42.3	24.1	12.4					
26	00	17.2	18.2	33.4				24.2						
	12			7.5			42.4							
27	00	17.3	18.3	4.6				24.3						
	12			59.2			42.5		12.5		41.4			
28	00	17.4	18.4	40.3				24.4						
	12			64.4	61.5	62.5	42.6	24.5						
29	00	17.5	18.5	47.6					12.6					
	12			46.1			3.1	24.6						
30	00	17.6	18.6	18.2				2.1						
	12			48.3			3.2							
31	00	21.1	48.1	57.4				2.2	15.1	D				
	12			32.5				2.3						

April 1991

Date	Time	☉	⊕	☾	☊	☋	☿	♀	♂	♃	♄	♅	♆	♇
1	00	21.2	48.2	50.5	61.5	62.5	3.2	2.3	15.1	31.2	41.4	38.5	54.2	43.2
	12			28.6	R	R	3.3	2.4	15.2	D	D	D	D	R
2	00	21.3	48.3	1.1										
	12			43.2	61.4	62.4		2.5						
3	00	21.4	48.4	14.2				2.6						
	12			34.3					15.3					
4	00	21.5	48.5	9.3				23.1						
	12	21.6	48.6	5.3				23.2						
5	00			26.4			R							
	12	51.1	57.1	11.4				23.3	15.4					
6	00			10.4				23.4						
	12	51.2	57.2	58.5										
7	00			38.5				23.5	15.5					
	12	51.3	57.3	54.5	D	D								
8	00			61.6	R	R		23.6						
	12	51.4	57.4	60.6				8.1						
9	00			41.6			3.2		15.6					43.1
	12	51.5	57.5	13.1				8.2						
10	00			49.2				8.3						
	12	51.6	57.6	30.2			3.1		52.1		41.5			
11	00			55.3				8.4						
	12	42.1	32.1	37.4										
12	00			63.5				8.5						
	12	42.2	32.2	22.6			42.6	8.6	52.2					
13	00			25.1										
	12	42.3	32.3	17.3			42.5	20.1						
14	00			21.4	61.3	62.3		20.2	52.3	31.3				
	12	42.4	32.4	51.6										
15	00	42.5	32.5	3.1			42.4	20.3						
	12			27.3					52.4					
16	00	42.6	32.6	24.5			42.3	20.4						
	12			2.6				20.5						
17	00	3.1	50.1	8.2										
	12			20.4			42.2	20.6	52.5					
18	00	3.2	50.2	16.6				16.1						
	12			45.1								R		
19	00	3.3	50.3	12.3			42.1	16.2	52.6					
	12			15.5									R	
20	00	3.4	50.4	52.6				16.3						
	12			53.2			51.6	16.4						
21	00	3.5	50.5	62.3	D	D			39.1					
	12			56.5				16.5						
22	00	3.6	50.6	31.6	R	R	51.5	16.6						
	12			7.2					39.2					
23	00	27.1	28.1	4.3				35.1						
	12			29.4										
24	00	27.2	28.2	59.5			51.4	35.2	39.3					
	12			64.1				35.3						
25	00	27.3	28.3	47.2	61.2	62.2								
	12			6.3				35.4						
26	00	27.4	28.4	46.4				35.5	39.4					
	12	27.5	28.5	18.5										
27	00			48.6				35.6						
	12	27.6	28.6	57.6					39.5					
28	00			50.1				45.1						
	12	24.1	44.1	28.2			D	45.2		31.4				
29	00			44.3					39.6					
	12	24.2	44.2	1.3				45.3						
30	00			43.4	61.1	62.1								
	12	24.3	44.3	14.4				45.4						

May 1991

Date	Time	☉	⊕	☾	☊	☋	☿	♀	♂	♃	♄	♅	♆	♇
1	00	24.3	44.3	34.5	61.1	62.1	51.4	45.5	53.1	31.4	41.5	38.5	54.2	43.1
	12	24.4	44.4	9.5	R	R	D	D	D	D	D	R	R	R
2	00			5.6				45.6						
	12	24.5	44.5	26.6					53.2					
3	00			11.6				12.1						
	12	24.6	44.6	58.1			51.5	12.2			41.6			
4	00			38.1					53.3					
	12	2.1	1.1	54.1				12.3						
5	00			61.1	D	D								
	12	2.2	1.2	60.2			51.6	12.4						
6	00			41.2				12.5	53.4					
	12	2.3	1.3	19.3										
7	00			13.3			42.1	12.6						
	12	2.4	1.4	49.4	R	R			53.5					
8	00			30.4				15.1		31.5				
	12	2.5	1.5	55.5			42.2	15.2						
9	00			37.6					53.6					
	12	2.6	1.6	63.6			42.3	15.3						
10	00			36.1										
	12	23.1	43.1	25.3				15.4						
11	00	23.2	43.2	17.4			42.4	15.5	62.1					
	12			21.5										
12	00	23.3	43.3	42.1			42.5	15.6						
	12			3.2					62.2					
13	00	23.4	43.4	27.4	54.6	53.6	42.6	52.1						
	12			24.6				52.2						
14	00	23.5	43.5	23.2			3.1		62.3					
	12			8.4				52.3						1.6
15	00	23.6	43.6	20.6			3.2							
	12			35.2			3.3	52.4	62.4					
16	00	8.1	14.1	45.4				52.5		31.6				
	12			12.6			3.4							
17	00	8.2	14.2	52.1				52.6						
	12			39.3			3.5		62.5		R			
18	00	8.3	14.3	53.5			3.6	39.1						
	12			56.1	D	D		39.2						
19	00	8.4	14.4	31.2			27.1		62.6					
	12			33.4			27.2	39.3						
20	00	8.5	14.5	7.6										
	12			29.1			27.3	39.4	56.1					
21	00	8.6	14.6	59.2	R	R	27.4							
	12			40.3			27.5	39.5						
22	00	20.1	34.1	64.5				39.6	56.2					
	12			47.6			27.6							
23	00	20.2	34.2	46.1			24.1	53.1		33.1				
	12			18.1			24.2							
24	00	20.3	34.3	48.2				53.2	56.3					
	12			57.3			24.3							
25	00	20.4	34.4	32.4			24.4	53.3						
	12			50.5			24.5	53.4	56.4					
26	00	20.5	34.5	28.5			24.6							
	12			44.6	54.5	53.5		53.5				38.4		
27	00	20.6	34.6	1.6			2.1		56.5					
	12			14.1			2.2	53.6						
28	00	16.1	9.1	34.1			2.3							
	12			9.2			2.4	62.1	56.6					
29	00	16.2	9.2	5.2			2.5	62.2						
	12	16.3	9.3	26.2			2.6			33.2				
30	00			11.3				62.3	31.1					
	12	16.4	9.4	10.3			23.1							
31	00			58.3			23.2	62.4			41.5			
	12	16.5	9.5	38.4			23.3							

June 1991

Date	Time	☉	⊕	☾	☊	☋	☿	♀	♂	♃	♄	♅	♆	♇
1	00	16.5	9.5	54.4	54.5	53.5	23.4	62.5	31.2	33.2	41.5	38.4	54.2	1.6
	12	16.6	9.6	61.4	D	D	23.5	D	D	D	R	R	R	R
2	00			60.5			23.6	62.6						
	12	35.1	5.1	41.5			8.1	56.1	31.3					
3	00			19.5			8.2							
	12	35.2	5.2	13.6			8.3	56.2						
4	00			49.6			8.4		31.4					
	12	35.3	5.3	55.1			8.5	56.3		33.3				
5	00			37.1			8.6							
	12	35.4	5.4	63.2			20.1	56.4	31.5					
6	00			22.3	R	R	20.2							
	12	35.5	5.5	36.3			20.3	56.5						
7	00			25.4			20.4		31.6					
	12	35.6	5.6	17.6			20.5	56.6						
8	00			51.1			16.1							
	12	45.1	26.1	42.2			16.2	31.1	33.1					
9	00			3.4			16.3	31.2						
	12	45.2	26.2	27.5			16.4							
10	00			2.1			16.5	31.3		33.4				
	12	45.3	26.3	23.3			16.6		33.2					
11	00			8.5			35.1	31.4						
	12	45.4	26.4	16.1			35.2							
12	00			35.3			35.3	31.5	33.3				54.1	
	12	45.5	26.5	45.5			35.5							
13	00			15.1			35.6	31.6						
	12	45.6	26.6	52.3			45.1		33.4					
14	00			39.5			45.2	33.1						
	12	12.1	11.1	62.1	D	D	45.3							
15	00			56.3			45.4	33.2	33.5					
	12	12.2	11.2	31.5			45.6			33.5				
16	00			7.1			12.1	33.3						
	12	12.3	11.3	4.2			12.2		33.6					
17	00			29.4			12.3	33.4						
	12	12.4	11.4	59.5			12.4							
18	00			64.1			12.5	33.5	7.1					
	12	12.5	11.5	47.2			15.1							
19	00			6.3			15.2	33.6						
	12	12.6	11.6	46.4	R	R	15.3		7.2					
20	00			18.5			15.4	7.1						
	12	15.1	10.1	48.6			15.5			33.6				
21	00			32.1			15.6	7.2						
	12	15.2	10.2	50.1			52.2		7.3					1.5
22	00			28.2			52.3	7.3						
	12	15.3	10.3	44.3			52.4					38.3		
23	00			1.3			52.5	7.4	7.4					
	12	15.4	10.4	43.4			52.6							
24	00	15.5	10.5	14.4			39.1				41.4			
	12			34.4			39.2	7.5	7.5					
25	00	15.6	10.6	9.5			39.3							
	12			5.5			39.5	7.6		7.1				
26	00	52.1	58.1	26.6			39.6		7.6					
	12			11.6			53.1	4.1						
27	00	52.2	58.2	10.6			53.2							
	12			58.6			53.3	4.2	4.1					
28	00	52.3	58.3	54.1			53.4							
	12			61.1	D	D	53.5	4.3						
29	00	52.4	58.4	60.1			53.6		4.2					
	12			41.2			62.1							
30	00	52.5	58.5	19.2			62.2	4.4						
	12			13.2			62.3		4.3	7.2				

July 1991

Date	Time	☉	⊕	☾	☊	☋	☿	♀	♂	♃	♄	♅	♆	♇
1	00	52.6	58.6	49.3	54.5	53.5	62.4	4.5	4.3	7.2	41.4	38.3	54.1	1.5
	12			30.3	D	D	62.5	D	D	D	R	R	R	R
2	00	39.1	38.1	55.4			62.6		4.4					
	12			37.4			56.1	4.6						
3	00	39.2	38.2	63.5			56.2							
	12			22.6			56.3	29.1	4.5					
4	00	39.3	38.3	36.6			56.4							
	12			17.1			56.5							
5	00	39.4	38.4	21.2			56.6	29.2	4.6	7.3				
	12			51.3	R	R	31.1							
6	00	39.5	38.5	42.4			31.2	29.3						
	12			3.6										
7	00	39.6	38.6	24.1			31.3		29.1					
	12			2.3			31.4	29.4						
8	00	53.1	54.1	23.4			31.5							
	12			8.6			31.6		29.2					
9	00	53.2	54.2	16.2			33.1	29.5			41.3			
	12			35.4			33.2			7.4				
10	00	53.3	54.3	45.6			33.3	29.6	29.3					
	12			15.2										
11	00	53.4	54.4	52.4			33.4							
	12			39.6	D	D	33.5	59.1	29.4					
12	00	53.5	54.5	62.2			33.6							
	12			56.4	R	R	7.1							
13	00	53.6	54.6	31.6				59.2	29.5					
	12			7.2			7.2							
14	00	62.1	61.1	4.4			7.3							
	12			29.6			7.4		29.6	7.5				
15	00	62.2	61.2	40.1				59.3						
	12			64.3			7.5							
16	00	62.3	61.3	47.4			7.6		59.1			38.2		
	12			6.6				59.4						
17	00	62.4	61.4	18.1			4.1							
	12			48.2			4.2		59.2					
18	00	62.5	61.5	57.3			4.3						38.6	
	12			32.4				59.5		7.6				
19	00	62.6	61.6	50.5	D	D	4.4		59.3					
	12			28.5			4.5							
20	00	56.1	60.1	44.6										
	12			1.6			4.6		59.4					
21	00	56.2	60.2	14.1				59.6						
	12			34.1			29.1							
22	00	56.3	60.3	9.2			29.2		59.5					
	12	56.4	60.4	5.2							41.2			
23	00			26.2			29.3			4.1				
	12	56.5	60.5	11.3				40.1	59.6					
24	00			10.3			29.4							
	12	56.6	60.6	58.3										
25	00			38.4			29.5		40.1					
	12	31.1	41.1	54.4										
26	00			61.4	R	R	29.6							
	12	31.2	41.2	60.4					40.2					
27	00			41.5			59.1	40.2						
	12	31.3	41.3	19.5						4.2				
28	00			13.6			59.2		40.3					
	12	31.4	41.4	49.6										
29	00			55.1										D
	12	31.5	41.5	37.1			59.3		40.4					
30	00			63.2										
	12	31.6	41.6	22.2	54.4	53.4	59.4							
31	00			36.3					40.5					
	12	33.1	19.1	25.4										

August 1991

Date	Time	☉	⊕	☾	☊	☋	☿	♀	♂	♃	♄	♅	♆	♇
1	00	33.1	19.1	17.5	54.4	53.4	59.5	40.2	40.5	4.3	41.2	38.2	38.6	1.5
	12	33.2	19.2	21.6	R	R	D	R	40.6	D	R	R	R	D
2	00			42.1										
	12	33.3	19.3	3.2										
3	00			27.3			59.6		64.1					
	12	33.4	19.4	24.4	D	D								
4	00			2.5							41.1			
	12	33.5	19.5	8.1					64.2					
5	00			20.2						4.4				
	12	33.6	19.6	16.4										
6	00			35.6					64.3					
	12	7.1	13.1	12.1			40.1							
7	00			15.3										
	12	7.2	13.2	52.5				40.1	64.4					
8	00			53.1			R							
	12	7.3	13.3	62.3	R	R								
9	00			56.5					64.5					
	12	7.4	13.4	33.1						4.5				
10	00			7.3			59.6							
	12	7.5	13.5	4.5				59.6	64.6					
11	00			59.1										
	12	7.6	13.6	40.2								38.1		
12	00			64.4					47.1					
	12	4.1	49.1	47.6										
13	00			46.1			59.5	59.5						
	12	4.2	49.2	18.3					47.2					
14	00			48.4						4.6				
	12	4.3	49.3	57.5										
15	00	4.4	49.4	32.6			59.4	59.4	47.3					
	12			28.1										
16	00	4.5	49.5	44.2										
	12			1.2			59.3		47.4					
17	00	4.6	49.6	43.3				59.3						
	12			14.4	D	D	59.2				60.6			
18	00	29.1	30.1	34.4					47.5	29.1				
	12			9.4				59.2						
19	00	29.2	30.2	5.5			59.1							
	12			26.5					47.6					
20	00	29.3	30.3	11.5			29.6	59.1						
	12			10.6										
21	00	29.4	30.4	58.6			29.5		6.1					
	12			38.6				29.6						
22	00	29.5	30.5	61.1	R	R	29.4							
	12			60.1					6.2	29.2				
23	00	29.6	30.6	41.1				29.5						
	12			19.2			29.3							
24	00	59.1	55.1	13.2					6.3					
	12			49.3			29.2	29.4						
25	00	59.2	55.2	30.3										
	12			55.4			29.1		6.4					
26	00	59.3	55.3	37.4				29.3						
	12			63.5						29.3				
27	00	59.4	55.4	22.6			4.6		6.5					
	12			25.1										
28	00	59.5	55.5	17.2				29.2						
	12			21.2	54.3	53.3			6.6					
29	00	59.6	55.6	51.3			4.5							
	12			42.4				29.1						
30	00	40.1	37.1	3.6					46.1				38.5	
	12			24.1										
31	00	40.2	37.2	2.2				4.6		29.4				
	12			23.3					46.2					

September 1991

Date/Time	☉	⊕	☽	☊	☋	☿	♀	♂	♃	♄	⇧	♆	♇
1 00	40.3	37.3	8.5	54.3	53.3	D	4.6	46.2	29.4	60.6	38.1	38.5	1.5
12			20.6	R	R		R	46.3	D	R	R	R	D
2 00	40.4	37.4	35.1	D	D	4.5							
12	40.5	37.5	45.3							60.5			
3 00			12.4				46.4						
12	40.6	37.6	15.6			4.6							1.6
4 00			39.2										
12	64.1	63.1	53.3	R	R		4.4	46.5	29.5				
5 00			62.5										
12	64.2	63.2	31.1			29.1							
6 00			33.3					46.6					
12	64.3	63.3	7.4			29.2							
7 00			4.6										
12	64.4	63.4	59.2				18.1						
8 00			40.4			29.3	4.3						
12	64.5	63.5	64.5			29.4			29.6				
9 00			6.1				18.2						
12	64.6	63.6	46.2			29.5							
10 00			18.4										
12	47.1	22.1	48.5			29.6	18.3						
11 00			57.6	54.2	53.2	59.1							
12	47.2	22.2	50.2										
12 00			28.3			59.2	18.4						
12	47.3	22.3	44.4			59.3							
13 00			1.4			59.4			59.1				
12	47.4	22.4	43.5			59.5	D	18.5					
14 00			14.6										
12	47.5	22.5	34.6			59.6	18.6						
15 00			5.1			40.1							
12	47.6	22.6	26.1			40.2							
16 00	6.1	36.1	11.1	D	D	40.3		48.1					
12			10.2			40.4							
17 00	6.2	36.2	58.2			40.5							
12			38.2			40.6		48.2	59.2				
18 00	6.3	36.3	54.3	R	R	64.1							
12			61.3			64.2							
19 00	6.4	36.4	60.3				48.3						
12			41.4			64.3	4.4				D		
20 00	6.5	36.5	19.4			64.4							
12			13.5			64.5	48.4						
21 00	6.6	36.6	49.5			64.6							
12			30.6			47.1							
22 00	46.1	25.1	55.6			47.2	48.5	59.3					
12			63.1			47.3							
23 00	46.2	25.2	22.2			47.4	4.5						
12			36.3	54.1	53.1	47.5		48.6					
24 00	46.3	25.3	25.4			47.6							
12			17.5			6.1							
25 00	46.4	25.4	21.6			6.2		57.1					
12			42.1			6.3	4.6						
26 00	46.5	25.5	3.2			6.4		57.2					
12			27.3			6.5			59.4		D		
27 00	46.6	25.6	24.4			6.6							
12	18.1	17.1	2.6			46.1	29.1	57.3					
28 00			8.1			46.2							
12	18.2	17.2	20.3			46.3							
29 00			16.4			46.4		57.4					
12	18.3	17.3	35.5			46.5	29.2						
30 00			12.1			46.6							
12	18.4	17.4	15.2			18.1		57.5					

October 1991

Date/Time	☉	⊕	☽	☊	☋	☿	♀	♂	♃	♄	⇧	♆	♇
1 00	18.4	17.4	52.4	54.1	53.1	18.2	29.2	57.5	59.4	60.5	38.1	38.5	1.6
12	18.5	17.5	39.5	D	D	18.3	29.3	D	59.5	R	D	D	D
2 00			62.1	R	R	18.4		57.6					
12	18.6	17.6	56.2			18.5							
3 00			31.4			18.6	29.4						
12	48.1	21.1	33.6	38.6	39.6	48.1		32.1					
4 00			4.1			48.2							
12	48.2	21.2	29.3			48.3	29.5	32.2					
5 00			59.4										
12	48.3	21.3	40.6			48.4					D		
6 00			47.1			48.5	29.6	32.3	59.6				
12	48.4	21.4	6.3			48.6							
7 00			46.4			57.1							
12	48.5	21.5	18.6			57.2	59.1	32.4					43.1
8 00	48.6	21.6	57.1			57.3							
12			32.2			57.4	59.2						
9 00	57.1	51.1	50.3			57.5		32.5					
12			28.4	38.5	39.5	57.6							
10 00	57.2	51.2	44.5			32.1	59.3						
12			1.6					32.6					
11 00	57.3	51.3	14.1			32.2	59.4		40.1				
12			34.1			32.3		50.1					
12 00	57.4	51.4	9.2			32.4							
12			5.3			32.5	59.5						
13 00	57.5	51.5	26.3			32.6		50.2					
12			11.4					50.1	59.6				
14 00	57.6	51.6	10.4			50.2							
12			58.4					50.3					
15 00	32.1	42.1	38.4			50.3	40.1						
12			54.5	D	D	50.4							
16 00	32.2	42.2	61.5	R	R	50.5	40.2	50.4	40.2				
12	32.3	42.3	60.5			50.6							
17 00			41.6			28.1	40.3	50.5					
12	32.4	42.4	19.6			28.2							
18 00			49.1				40.4						
12	32.5	42.5	30.1			28.3		50.6					
19 00			55.2			28.4							
12	32.6	42.6	37.2			28.5	40.5						
20 00			63.3			28.6		28.1					
12	50.1	3.1	22.4			44.1	40.6						
21 00			36.5	38.4	39.4	44.2							
12	50.2	3.2	25.6				64.1	28.2	40.3				
22 00			21.1			44.3							
12	50.3	3.3	51.2			44.4	64.2						
23 00			42.3			44.5		28.3					
12	50.4	3.4	3.4			44.6	64.3						38.6
24 00			27.6					28.4					
12	50.5	3.5	2.1			1.1	64.4						
25 00	50.6	3.6	23.3			1.2							
12			8.4			1.3	64.5	28.5					
26 00	28.1	27.1	20.6			1.4							
12			35.2	38.3	39.3		64.6		40.4				
27 00	28.2	27.2	45.3			1.5		28.6					
12			12.5			1.6	47.1					38.2	
28 00	28.3	27.3	15.6			43.1							
12			39.2			43.2	47.2	44.1					
29 00	28.4	27.4	53.4	D	D								
12			62.5			43.3	47.3	44.2					
30 00	28.5	27.5	31.1			43.4							
12			33.2	R	R	43.5	47.4						
31 00	28.6	27.6	7.4			43.6		44.3					
12			4.5				47.5						

November 1991

Date	Time	☉	⊕	☾	☊	☋	☿	♀	♂	♃	♄	♅	♆	♇
1	00	44.1	24.1	59.1	38.3	39.3	14.1	47.5	44.3	40.4	60.5	38.2	38.6	43.1
	12	44.2	24.2	40.2	R	R	14.2	47.6	44.4	40.5	D	D	D	43.2
2	00			64.3			14.3							
	12	44.3	24.3	47.5				6.1	44.5					
3	00			6.6			14.4							
	12	44.4	24.4	18.1			14.5	6.2						
4	00			48.2			14.6	6.3	44.6					
	12	44.5	24.5	57.3										
5	00			32.4			34.1	6.4						
	12	44.6	24.6	50.5			34.2		1.1					
6	00			28.6			34.3	6.5						
	12	1.1	2.1	1.1										
7	00			43.2	38.2	39.2	34.4	6.6	1.2		60.6			
	12	1.2	2.2	14.3			34.5			40.6				
8	00			34.3			34.6	46.1	1.3					
	12	1.3	2.3	9.4				46.2						
9	00	1.4	2.4	5.5			9.1							
	12			26.5			9.2	46.3	1.4					
10	00	1.5	2.5	11.6										
	12			10.6			9.3	46.4						
11	00	1.6	2.6	58.6			9.4		1.5					
	12			54.1	D	D	9.5	46.5						
12	00	43.1	23.1	61.1					1.6					
	12			60.1			9.6	46.6						
13	00	43.2	23.2	41.1			5.1	18.1						
	12			19.2					43.1					
14	00	43.3	23.3	13.2			5.2	18.2						
	12			49.2			5.3			64.1				
15	00	43.4	23.4	30.3	R	R		18.3	43.2					
	12			55.3			5.4							
16	00	43.5	23.5	37.4				18.4	43.3					
	12	43.6	23.6	63.4			5.5	18.5						
17	00			22.5			5.6							
	12	14.1	8.1	36.6				18.6	43.4					
18	00			17.1			26.1							
	12	14.2	8.2	21.2				48.1						
19	00			51.3			26.2	48.2	43.5					
	12	14.3	8.3	42.4			26.3							
20	00			3.6				48.3	43.6					
	12	14.4	8.4	24.1			26.4					38.3		
21	00			2.3				48.4						
	12	14.5	8.5	23.4					14.1		41.1			
22	00			8.6	38.1	39.1	26.5	48.5		64.2				
	12	14.6	8.6	16.2				48.6						
23	00	34.1	20.1	35.4			26.6		14.2					
	12			45.6				57.1						
24	00	34.2	20.2	15.1					14.3					
	12			52.3			11.1	57.2						
25	00	34.3	20.3	39.5	D	D		57.3						43.3
	12			62.1					14.4					
26	00	34.4	20.4	56.3			11.2	57.4						
	12			31.4										
27	00	34.5	20.5	33.6				57.5	14.5					
	12			4.2				57.6						
28	00	34.6	20.6	29.3					14.6					
	12			59.5				32.1						
29	00	9.1	16.1	40.6	R	R	R							
	12	9.2	16.2	47.1				32.2	34.1					
30	00			6.3				32.3						
	12	9.3	16.3	46.4										

December 1991

Date	Time	☉	⊕	☾	☊	☋	☿	♀	♂	♃	♄	♅	♆	♇
1	00	9.3	16.3	18.5	38.1	39.1	11.2	32.4	34.2	64.2	41.1	38.3	38.6	43.3
	12	9.4	16.4	48.6	R	R	11.1	D	D	64.3	D	D	54.1	D
2	00			32.1				32.5	34.3					
	12	9.5	16.5	50.2				32.6						
3	00			28.3			26.6							
	12	9.6	16.6	44.3				50.1	34.4		41.2			
4	00			1.4				50.2						
	12	5.1	35.1	43.5			26.5							
5	00	5.2	35.2	14.6			26.4	50.3	34.5					
	12			34.6										
6	00	5.3	35.3	5.1			26.3	50.4	34.6					
	12			26.1				50.5						
7	00	5.4	35.4	11.2			26.2							
	12			10.2			26.1	50.6	9.1					
8	00	5.5	35.5	58.2			5.6							
	12			38.3	D	D		28.1	9.2			38.4		
9	00	5.6	35.6	54.3			5.5	28.2						
	12			61.3			5.4							
10	00	26.1	45.1	60.4			5.3	28.3	9.3					
	12			41.4				28.4						
11	00	26.2	45.2	19.4			5.2							
	12	26.3	45.3	13.4			5.1	28.5	9.4					
12	00			49.5										
	12	26.4	45.4	30.5			9.6	28.6	9.5					
13	00			55.6				44.1						
	12	26.5	45.5	37.6			9.5				41.3			
14	00			63.6				44.2	9.6					
	12	26.6	45.6	36.1	R	R	9.4	44.3		64.4				
15	00			25.2					5.1					
	12	11.1	12.1	17.3				44.4						
16	00			21.3			9.3							
	12	11.2	12.2	51.4				44.5	5.2					
17	00	11.3	12.3	42.5				44.6						
	12			27.1										
18	00	11.4	12.4	24.2				1.1	5.3					
	12			2.4			D	1.2						
19	00	11.5	12.5	23.5					5.4					
	12			20.1				1.3						
20	00	11.6	12.6	16.3				1.4						43.4
	12			35.4					5.5					
21	00	10.1	15.1	45.6				1.5						
	12			15.2			9.4		5.6					
22	00	10.2	15.2	52.4				1.6						
	12	10.3	15.3	53.1	D	D		43.1			41.4			
23	00			62.3					26.1					
	12	10.4	15.4	56.5			9.5	43.2						
24	00			33.1				43.3						
	12	10.5	15.5	7.3			9.6		26.2					
25	00			4.4				43.4				38.5		
	12	10.6	15.6	29.6				43.5	26.3					
26	00			40.2			5.1							
	12	58.1	52.1	64.3				43.6						
27	00			47.5			5.2		26.4					
	12	58.2	52.2	6.6				14.1						
28	00			18.1			5.3	14.2	26.5				54.2	
	12	58.3	52.3	48.3	R	R								
29	00	58.4	52.4	57.4			5.4	14.3						
	12			32.5			5.5	14.4	26.6					
30	00	58.5	52.5	50.5										
	12			28.6			5.6	14.5	11.1					
31	00	58.6	52.6	1.1				14.6		R				
	12			43.2			26.1				41.5			

January 1992

Date	Time	☉	⊕	☾	☊	☋	☿	♀	♂	♃	♄	♅	♆	♇
1	00	38.1	39.1	14.2	38.1	39.1	26.2	34.1	11.2	64.4	41.5	38.5	54.2	43.4
	12			34.3	D	D	D	D	D	R	D	D	D	D
2	00	38.2	39.2	9.3			26.3	34.2	11.3					
	12			5.4			26.4	34.3						
3	00	38.3	39.3	26.4										
	12	38.4	39.4	11.5			26.5	34.4	11.4					
4	00			10.5			26.6	34.5						
	12	38.5	39.5	58.5										
5	00			38.6	R	R	11.1	34.6	11.5					
	12	38.6	39.6	54.6			11.2	9.1						
6	00			61.6					11.6					
	12	54.1	53.1	60.6			11.3	9.2						
7	00			19.1			11.4	9.3						
	12	54.2	53.2	13.1			11.5		10.1					
8	00			49.1				9.4						
	12	54.3	53.3	30.2			11.6	9.5	10.2		41.6			
9	00	54.4	53.4	55.2			10.1							
	12			37.2			10.2	9.6				38.6		
10	00	54.5	53.5	63.3					10.3					
	12			22.3			10.3	5.1						
11	00	54.6	53.6	36.4			10.4	5.2	10.4					
	12			25.4			10.5							
12	00	61.1	62.1	17.5				5.3						
	12			21.6			10.6	5.4	10.5					
13	00	61.2	62.2	42.1			58.1							
	12			3.1	D	D	58.2	5.5	10.6					
14	00	61.3	62.3	27.2				5.6						
	12	61.4	62.4	24.4			58.3							
15	00			2.5			58.4	26.1	58.1					
	12	61.5	62.5	23.6			58.5	26.2						
16	00			20.2					58.2					
	12	61.6	62.6	16.3			58.6	26.3		64.3	19.1			
17	00			35.5			38.1	26.4						
	12	60.1	56.1	12.1			38.2		58.3					
18	00			15.3			38.3	26.5						
	12	60.2	56.2	52.5					58.4					
19	00			53.1	R	R	38.4	26.6						
	12	60.3	56.3	62.3			38.5	11.1						
20	00			56.5			38.6		58.5					
	12	60.4	56.4	33.1			54.1	11.2						
21	00	60.5	56.5	7.3				11.3	58.6					
	12			4.5			54.2							
22	00	60.6	56.6	59.1			54.3	11.4					54.3	
	12			40.3			54.4	11.5	38.1					43.5
23	00	41.1	31.1	64.5			54.5							
	12			6.1			54.6	11.6	38.2					
24	00	41.2	31.2	46.3				10.1						
	12			18.4			61.1				19.2			
25	00	41.3	31.3	48.5			61.2	10.2	38.3					
	12			32.1			61.3	10.3				54.1		
26	00	41.4	31.4	50.2			61.4		38.4					
	12	41.5	31.5	28.3			61.5	10.4						
27	00			44.4	D	D		10.5						
	12	41.6	31.6	1.4			61.6		38.5					
28	00			43.5			60.1	10.6						
	12	19.1	33.1	14.6			60.2	58.1	38.6					
29	00			34.6			60.3							
	12	19.2	33.2	5.1			60.4	58.2		64.2				
30	00			26.1			60.5	58.3	54.1					
	12	19.3	33.3	11.1										
31	00			10.2			60.6	58.4	54.2					
	12	19.4	33.4	58.2			41.1							

February 1992

Date	Time	☉	⊕	☾	☊	☋	☿	♀	♂	♃	♄	♅	♆	♇
1	00	19.4	33.4	38.2	R	R	41.2	58.5	54.2	64.2	19.2	54.1	54.3	43.5
	12	19.5	33.5	54.3			41.3	58.6	54.3	R	19.3	D	D	D
2	00	19.6	33.6	61.3			41.4							
	12			60.3			41.5	38.1	54.4					
3	00	13.1	7.1	41.4			41.6	38.2						
	12			19.4										
4	00	13.2	7.2	13.4			19.1	38.3	54.5					
	12			49.4	58.6	52.6	19.2	38.4						
5	00	13.3	7.3	30.5			19.3		54.6					
	12			55.5			19.4	38.5						
6	00	13.4	7.4	37.6			19.5	38.6						
	12			63.6			19.6		61.1					
7	00	13.5	7.5	36.1			13.1	54.1						
	12	13.6	7.6	25.1			13.2	54.2	61.2					
8	00			17.2			13.3			64.1				
	12	49.1	4.1	21.2			13.4	54.3						
9	00			51.3				54.4	61.3		19.4			
	12	49.2	4.2	42.4			13.5							
10	00			3.5			13.6	54.5	61.4					
	12	49.3	4.3	27.5			49.1	54.6						
11	00			24.6			49.2		61.5					
	12	49.4	4.4	23.2			49.3	61.1						
12	00			8.3	D	D	49.4	61.2				54.2		
	12	49.5	4.5	20.4			49.5		61.6					
13	00			16.5			49.6	61.3						
	12	49.6	4.6	45.1			30.1	61.4	60.1					
14	00	30.1	29.1	12.2			30.2							
	12			15.4			30.3	61.5						
15	00	30.2	29.2	52.6			30.4	61.6	60.2					
	12			53.2	R	R	30.5							
16	00	30.3	29.3	62.4			30.6	60.1	60.3	40.6				
	12			56.6			55.1							
17	00	30.4	29.4	33.2			55.2	60.2			19.5			
	12			7.4			55.3	60.3	60.4					
18	00	30.5	29.5	4.6			55.4							
	12			59.2			55.5	60.4	60.5				54.4	
19	00	30.6	29.6	40.4			55.6	60.5						
	12			64.6			37.1							
20	00	55.1	59.1	6.2	58.5	52.5	37.2	60.6	60.6					
	12	55.2	59.2	46.4			37.3	41.1						
21	00			18.5			37.4		41.1					
	12	55.3	59.3	57.1			37.5	41.2						
22	00			32.2			37.6	41.3						
	12	55.4	59.4	50.4			63.1		41.2					
23	00			28.5			63.2	41.4						
	12	55.5	59.5	44.6			63.3	41.5	41.3	40.5				
24	00			43.1			63.4							
	12	55.6	59.6	14.2			63.5	41.6	41.4					
25	00			34.2			63.6	19.1						R
	12	37.1	40.1	9.3	D	D	22.1				19.6			
26	00			5.3			22.2	19.2	41.5					
	12	37.2	40.2	26.4			22.3	19.3						
27	00	37.3	40.3	11.4			22.4		41.6					
	12			10.5			22.5	19.4						
28	00	37.4	40.4	58.5				19.5						
	12			38.5	R	R	22.6		19.1					
29	00	37.5	40.5	54.6			36.1	19.6						
	12			61.6			36.2	13.1	19.2					

March 1992

Date	Time	☉	⊕	☾	☊	☋	☿	♀	♂	♃	♄	♅	♆	♇
1	00	37.6	40.6	60.6	58.5	52.5	36.3	13.1	19.2	40.5	19.6	54.2	54.4	43.5
	12			41.6	R	R	36.4	13.2	D	40.4	D	D	D	R
2	00	63.1	64.1	13.1			36.5	13.3	19.3					
	12			49.1			36.6							
3	00	63.2	64.2	30.1			25.1	13.4	19.4					
	12			55.2			25.2	13.5				54.3		
4	00	63.3	64.3	37.2			25.3							
	12			63.3	58.4	52.4		13.6	19.5					
5	00	63.4	64.4	22.3			25.4	49.1			13.1			
	12	63.5	64.5	36.4			25.5		19.6					
6	00			25.5			25.6	49.2						
	12	63.6	64.6	17.5					13.1					
7	00			21.6			17.1	49.3						
	12	22.1	47.1	42.1			17.2	49.4						
8	00			3.1					13.2					
	12	22.2	47.2	27.2			17.3	49.5						
9	00			24.3			17.4	49.6	13.3	40.3				
	12	22.3	47.3	2.4	58.3	52.3								
10	00			23.5			17.5	30.1						
	12	22.4	47.4	8.6				30.2	13.4					
11	00			16.1			17.6							
	12	22.5	47.5	35.3				30.3	13.5					
12	00			45.4			21.1	30.4						
	12	22.6	47.6	12.5	D	D								
13	00	36.1	6.1	52.1				30.5	13.6					
	12			39.2	R	R		30.6			13.2			
14	00	36.2	6.2	53.4			21.2		49.1					
	12			62.6				55.1						
15	00	36.3	6.3	31.1				55.2	49.2					
	12			33.3										
16	00	36.4	6.4	7.5				55.3						
	12			29.1				55.4	49.3	40.2				
17	00	36.5	6.5	59.3										
	12			40.5			R	55.5	49.4					
18	00	36.6	6.6	47.1				55.6						
	12			6.3										
19	00	25.1	46.1	46.4				37.1	49.5					
	12			18.6				37.2						
20	00	25.2	46.2	57.2	58.2	52.2			49.6					
	12	25.3	46.3	32.3				37.3						
21	00			50.5			21.1	37.4	30.1					
	12	25.4	46.4	28.6										
22	00			1.1				37.5						
	12	25.5	46.5	43.2			17.6	37.6	30.2					
23	00			14.3										
	12	25.6	46.6	34.4				63.1	30.3		13.3			
24	00			9.5			17.5	63.2						
	12	17.1	18.1	5.6										
25	00			26.6			17.4	63.3	30.4	40.1				
	12	17.2	18.2	10.1				63.4						
26	00			58.1					30.5					
	12	17.3	18.3	38.1			17.3	63.5						
27	00			54.2										
	12	17.4	18.4	61.2			17.2	63.6	30.6					
28	00			60.2				22.1						
	12	17.5	18.5	41.3			17.1		55.1					
29	00			19.3				22.2						
	12	17.6	18.6	13.3			25.6	22.3	55.2					
30	00	21.1	48.1	49.4										
	12			30.4			25.5	22.4						43.4
31	00	21.2	48.2	55.4				22.5	55.3					
	12			37.5										

April 1992

Date	Time	☉	⊕	☾	☊	☋	☿	♀	♂	♃	♄	♅	♆	♇
1	00	21.3	48.3	63.5	58.1	52.1	25.4	22.6	55.4	40.1	13.3	54.3	54.4	43.4
	12			22.6	R	R	R	36.1	D	R	D	D	D	R
2	00	21.4	48.4	25.1										
	12			17.1			25.3	36.2	55.5					
3	00	21.5	48.5	21.2				36.3			13.4			
	12			51.3					55.6				54.5	
4	00	21.6	48.6	42.4			25.2	36.4		59.6				
	12			3.5				36.5						
5	00	51.1	57.1	27.6					37.1					
	12			2.1	10.6	15.6		36.6						
6	00	51.2	57.2	23.2				25.1	37.2					
	12			8.3			25.1							
7	00	51.3	57.3	20.4				25.2	37.3					
	12			16.5				25.3						
8	00	51.4	57.4	45.1										
	12	51.5	57.5	12.2				25.4	37.4			54.4		
9	00			15.3				25.5						
	12	51.6	57.6	52.5	D	D	D		37.5					
10	00			39.6				25.6						
	12	42.1	32.1	62.2	R	R		17.1						
11	00			56.3					37.6					
	12	42.2	32.2	31.5				17.2						
12	00			33.6				17.3	63.1					
	12	42.3	32.3	4.2			25.2							
13	00			29.4				17.4	63.2					
	12	42.4	32.4	59.5				17.5						
14	00			64.1										
	12	42.5	32.5	47.3				17.6	63.3					
15	00			6.4										
	12	42.6	32.6	46.6			25.3	21.1	63.4		13.5			
16	00			48.2				21.2						
	12	3.1	50.1	57.3										
17	00			32.5	10.5	15.5	25.4	21.3	63.5					
	12	3.2	50.2	50.6				21.4						
18	00			44.1					63.6					
	12	3.3	50.3	1.3			25.5	21.5						
19	00	3.4	50.4	43.4				21.6						
	12			14.5					22.1					
20	00	3.5	50.5	34.6			25.6	51.1		59.5				
	12			5.1				51.2	22.2					
21	00	3.6	50.6	26.1			17.1						R	
	12			11.2				51.3	22.3					
22	00	27.1	28.1	10.3			17.2	51.4				R		
	12			58.3	D	D								
23	00	27.2	28.2	38.3			17.3	51.5	22.4					
	12			54.4				51.6						
24	00	27.3	28.3	61.4			17.4		22.5					
	12			60.5				42.1						
25	00	27.4	28.4	41.5	R	R	17.5	42.2						
	12			19.5					22.6					
26	00	27.5	28.5	13.5			17.6	42.3						
	12			49.6			21.1	42.4	36.1					
27	00	27.6	28.6	30.6										
	12			37.1			21.2	42.5						
28	00	24.1	44.1	63.1				42.6	36.2					
	12			22.2			21.3							
29	00	24.2	44.2	36.2			21.4	3.1	36.3					
	12			25.3				3.2						
30	00	24.3	44.3	17.4			21.5		36.4					
	12			21.4	10.4	15.4	21.6	3.3						

May 1992

Date	Time	☉	⊕	☾	☊	☋	☿	♀	♂	♃	♄	♅	♆	♇
1	00	24.4	44.4	51.5	10.4	15.4	21.6	3.4	36.4	D	13.5	54.4	54.5	43.4
	12			42.6	R	R	51.1	D	36.5		D	R	R	R
2	00	24.5	44.5	27.1			51.2	3.5						
	12	24.6	44.6	24.2					36.6					
3	00			2.4			51.3	3.6			13.6			
	12	2.1	1.1	23.5			51.4	27.1						
4	00			8.6			51.5		25.1					
	12	2.2	1.2	16.1				27.2						
5	00			35.3			51.6	27.3	25.2					
	12	2.3	1.3	45.4			42.1							
6	00			12.6			42.2	27.4				54.3		
	12	2.4	1.4	52.1	D	D	42.3	27.5	25.3					
7	00			39.3										
	12	2.5	1.5	53.4			42.4	27.6	25.4					
8	00			62.6			42.5	24.1						43.3
	12	2.6	1.6	31.1			42.6						54.4	
9	00			33.3			3.1	24.2	25.5					
	12	23.1	43.1	7.5				24.3						
10	00			4.6	R	R	3.2		25.6					
	12	23.2	43.2	59.2			3.3	24.4						
11	00			40.3			3.4	24.5	17.1					
	12	23.3	43.3	64.5			3.5							
12	00			47.6			3.6	24.6		59.6				
	12	23.4	43.4	46.2			27.1	2.1	17.2					
13	00			18.3			27.2							
	12	23.5	43.5	48.5			27.3	2.2	17.3					
14	00			57.6				2.3						
	12	23.6	43.6	50.1			27.4							
15	00			28.2			27.5	2.4	17.4					
	12	8.1	14.1	44.4			27.6	2.5						
16	00			1.5	10.3	15.3	24.1		17.5					
	12	8.2	14.2	43.6			24.2	2.6						
17	00			34.1			24.3							
	12	8.3	14.3	9.2			24.4	23.1	17.6					
18	00			5.2			24.5	23.2						
	12	8.4	14.4	26.3			24.6		21.1					
19	00	8.5	14.5	11.4			2.1	23.3						
	12			10.4	D	D	2.2	23.4						
20	00	8.6	14.6	58.5			2.3		21.2					
	12			38.5			2.4	23.5						
21	00	20.1	34.1	54.6			2.5	23.6	21.3					
	12			61.6			2.6							
22	00	20.2	34.2	41.1			23.2	8.1						
	12			19.1			23.3	8.2	21.4					
23	00	20.3	34.3	13.1			23.4							
	12			49.2			23.5	8.3	21.5					
24	00	20.4	34.4	30.2			23.6	8.4						
	12			55.2			8.1							
25	00	20.5	34.5	37.3	R	R	8.2	8.5	21.6					
	12			63.3			8.3	8.6						
26	00	20.6	34.6	22.4			8.4		51.1					
	12			36.4			8.5	20.1						
27	00	16.1	9.1	25.5			20.1	20.2	51.2					
	12			17.5			20.2							
28	00	16.2	9.2	21.6			20.3	20.3						
	12			42.1			20.4	20.4	51.3	40.1				
29	00	16.3	9.3	3.2			20.5				R			
	12			27.3			20.6	20.5	51.4					
30	00	16.4	9.4	24.4			16.2	20.6						
	12			2.5			16.3							
31	00	16.5	9.5	8.1			16.4	16.1	51.5					
	12			20.2			16.5	16.2						

June 1992

Date	Time	☉	⊕	☾	☊	☋	☿	♀	♂	♃	♄	♅	♆	♇
1	00	16.6	9.6	16.4	10.3	15.3	16.6	16.2	51.6	40.1	13.6	54.3	54.4	43.3
	12			35.5	R	R	35.1	16.3	D	D	R	R	R	R
2	00	35.1	5.1	12.1			35.3							
	12			15.2			35.4	16.4	42.1					
3	00	35.2	5.2	52.4	D	D	35.5	16.5						
	12			39.6			35.6		42.2					
4	00	35.3	5.3	62.2			45.1	16.6						
	12			56.3			45.2	35.1						
5	00	35.4	5.4	31.5			45.4		42.3					
	12			7.1			45.5	35.2						
6	00	35.5	5.5	4.3			45.6	35.3	42.4					
	12			29.4			12.1							
7	00	35.6	5.6	59.6			12.2	35.4						
	12			64.1			12.3	35.5	42.5	40.2				
8	00	45.1	26.1	47.3	R	R	12.4							
	12			6.4			12.6	35.6						
9	00	45.2	26.2	46.6			15.1	45.1	42.6					
	12	45.3	26.3	48.1			15.2							
10	00			57.2			15.3	45.2	3.1					
	12	45.4	26.4	32.4			15.4	45.3						
11	00			50.5			15.5							
	12	45.5	26.5	28.6			15.6	45.4	3.2					
12	00			1.1			52.1	45.5						
	12	45.6	26.6	43.2			52.2		3.3					43.2
13	00			14.3			52.3	45.6				54.2		
	12	12.1	11.1	34.4			52.4	12.1						
14	00			9.4			52.5		3.4					
	12	12.2	11.2	5.5			52.6	12.2						
15	00			26.6			39.1	12.3	3.5					
	12	12.3	11.3	11.6			39.2							
16	00			58.1	D	D	39.3	12.4		40.3				
	12	12.4	11.4	38.1			39.4		3.6					
17	00			54.2			39.5	12.5						
	12	12.5	11.5	61.2			39.6	12.6	27.1					
18	00			60.3			53.1							
	12	12.6	11.6	41.3			53.2	15.1						
19	00			19.3			53.3	15.2	27.2					
	12	15.1	10.1	13.4			53.4							
20	00			49.4			53.5	15.3	27.3					
	12	15.2	10.2	30.4			53.6	15.4						
21	00			55.5										
	12	15.3	10.3	37.5			62.1	15.5	27.4					
22	00			63.5	R	R	62.2	15.6						
	12	15.4	10.4	22.6			62.3		27.5					
23	00			36.6			62.4	52.1		40.4				
	12	15.5	10.5	17.1	D	D	62.5	52.2						
24	00			21.1					27.6		13.5			
	12	15.6	10.6	51.2			62.6	52.3						
25	00			42.3			56.1	52.4						
	12	52.1	58.1	3.1			56.2		24.1					
26	00			27.4			56.3	52.5					54.3	
	12	52.2	58.2	24.6				52.6	24.2					
27	00			23.1			56.4							
	12	52.3	58.3	8.2			56.5	39.1						
28	00			20.3				39.2	24.3					
	12	52.4	58.4	16.5			56.6							
29	00			35.6			31.1	39.3	24.4					
	12	52.5	58.5	12.2			31.2	39.4		40.5				
30	00			15.4	R	R								
	12	52.6	58.6	52.6			31.3	39.5	24.5					

July 1992

Date	Time	☉	⊕	☾	☊	☋	☿	♀	♂	♃	♄	♅	♆	♇
1	00	52.6	58.6	53.2	10.3	15.3	31.4	39.5	24.5	40.5	13.5	54.2	54.3	43.2
	12	39.1	38.1	62.4	R	R	D	39.6	D	D	R	R	R	R
2	00			56.6			31.5	53.1	24.6					
	12	39.2	38.2	33.2										
3	00			7.3			31.6	53.2	2.1					
	12	39.3	38.3	4.5			33.1	53.3						
4	00			59.1										
	12	39.4	38.4	40.3			33.2	53.4	2.2					
5	00			64.5				53.5						
	12	39.5	38.5	6.1			33.3		2.3					
6	00			46.2				53.6		40.6				
	12	39.6	38.6	18.4			33.4	62.1						
7	00	53.1	54.1	48.5					2.4					
	12			57.6	D	D	33.5	62.2				54.1		
8	00	53.2	54.2	50.1				62.3						
	12			28.3			33.6		2.5					
9	00	53.3	54.3	44.4				62.4						
	12			1.5			7.1	62.5	2.6					
10	00	53.4	54.4	43.5										
	12			14.6				62.6						
11	00	53.5	54.5	9.1			7.2	56.1	23.1					
	12			5.2						64.1				
12	00	53.6	54.6	26.2				56.2			13.4			
	12			11.3			7.3	56.3	23.2					
13	00	62.1	61.1	10.3	R	R								
	12			58.4				56.4	23.3					
14	00	62.2	61.2	38.4				56.5						
	12			54.5			7.4							
15	00	62.3	61.3	61.5				56.6	23.4					
	12			60.5										
16	00	62.4	61.4	41.6				31.1						
	12			19.6				31.2	23.5					
17	00	62.5	61.5	13.6			7.5			64.2				
	12			30.1				31.3	23.6					
18	00	62.6	61.6	55.1				31.4						
	12			37.1										
19	00	56.1	60.1	63.2				31.5	8.1					
	12			22.2				31.6						
20	00	56.2	60.2	36.2										
	12			25.3			R	33.1	8.2					
21	00	56.3	60.3	17.3				33.2						
	12			21.4										
22	00	56.4	60.4	51.4				33.3	8.3	64.3				
	12			42.5				33.4						
23	00	56.5	60.5	3.6	D	D			8.4					
	12			24.1			7.4	33.5						
24	00	56.6	60.6	2.1				33.6						
	12			23.2					8.5					
25	00	31.1	41.1	8.4				7.1						
	12			20.5				7.2						
26	00	31.2	41.2	16.6			7.3		8.6		13.3			
	12			45.2				7.3						
27	00	31.3	41.3	12.3				7.4	20.1					
	12			15.5	R	R				64.4				
28	00	31.4	41.4	39.1			7.2	7.5						
	12			53.3				7.6	20.2					
29	00	31.5	41.5	62.5										
	12			31.1			7.1	4.1						
30	00	31.6	41.6	33.3				4.2	20.3					
	12			7.5										
31	00	33.1	19.1	29.1			33.6	4.3						D
	12			59.3					20.4			38.6	54.2	

August 1992

Date	Time	☉	⊕	☾	☊	☋	☿	♀	♂	♃	♄	♅	♆	♇
1	00	33.2	19.2	40.5	10.2	15.2	33.5	4.4	20.4	64.5	13.3	38.6	54.2	43.2
	12			47.1	R	R	R	4.5	D	D	R	R	R	D
2	00	33.3	19.3	6.3					20.5					
	12			46.5			33.4	4.6						
3	00	33.4	19.4	18.6				29.1	20.6					
	12	33.5	19.5	57.2			33.3							
4	00			32.3				29.2						
	12	33.6	19.6	50.5				29.3	16.1					
5	00			28.6			33.2							
	12	7.1	13.1	1.1	D	D		29.4						
6	00			43.2			33.1	29.5	16.2	64.6				
	12	7.2	13.2	14.3										
7	00			34.4				29.6						
	12	7.3	13.3	9.4				59.1	16.3					
8	00			5.5			31.6				13.2			
	12	7.4	13.4	26.6				59.2						
9	00			11.6				59.3	16.4					
	12	7.5	13.5	58.1	R	R								
10	00			38.1			31.5	59.4	16.5					
	12	7.6	13.6	54.1				59.5		47.1				
11	00			61.2										
	12	4.1	49.1	60.2				59.6	16.6					
12	00			41.3				40.1						
	12	4.2	49.2	19.3										
13	00			13.3				40.2	35.1					
	12	4.3	49.3	49.3			D	40.3						
14	00			30.4										
	12	4.4	49.4	55.4				40.4	35.2					
15	00			37.4				40.5						
	12	4.5	49.5	63.5						47.2				
16	00			22.5	10.1	15.1		40.6	35.3					
	12	4.6	49.6	36.6										
17	00			25.6			31.6	64.1						
	12	29.1	30.1	17.6				64.2	35.4					
18	00			51.1										
	12	29.2	30.2	42.1			33.1	64.3						
19	00			3.2				64.4	35.5					
	12	29.3	30.3	27.3										
20	00			24.3			33.2	64.5		47.3				
	12	29.4	30.4	2.4				64.6	35.6		13.1			
21	00			23.5			33.3							
	12	29.5	30.5	8.6	D	D		47.1						
22	00			16.1			33.4	47.2	45.1					
	12	29.6	30.6	35.2										
23	00			45.3			33.5	47.3						
	12	59.1	55.1	12.5			33.6	47.4	45.2					
24	00	59.2	55.2	15.6	R	R								
	12			39.2			7.1	47.5		47.4				
25	00	59.3	55.3	53.4			7.2	47.6	45.3					
	12			62.6										
26	00	59.4	55.4	31.2			7.3	6.1						
	12			33.4			7.4	6.2	45.4					
27	00	59.5	55.5	7.6			7.5							
	12			29.2			7.6	6.3						
28	00	59.6	55.6	59.4				6.4	45.5					
	12			40.6			4.1							
29	00	40.1	37.1	47.2	11.6	12.6	4.2	6.5		47.5				
	12			6.4			4.3	6.6	45.6					
30	00	40.2	37.2	46.6			4.4							
	12			48.2			4.5	46.1						
31	00	40.3	37.3	57.4			4.6		12.1					
	12			32.6			29.1	46.2						

September 1992

Date	Time	☉	⊕	☾	☊	☋	☿	♀	♂	♃	♄	♅	♆	♇
1	00	40.4	37.4	28.1	11.6	12.6	29.2	46.3	12.1	47.5	13.1	38.6	54.2	43.2
	12			44.2	R	R	29.3	D	12.2	D	R	R	R	D
2	00	40.5	37.5	1.4			29.4	46.4		47.6				
	12			43.5			29.5	46.5						
3	00	40.6	37.6	14.6			29.6		12.3					
	12			9.1			59.1	46.6			19.6			
4	00	64.1	63.1	5.2	D	D	59.2	18.1						
	12			26.2			59.3		12.4			38.5		
5	00	64.2	63.2	11.3			59.4	18.2						
	12			10.3	R	R	59.5	18.3						
6	00	64.3	63.3	58.4			59.6							
	12			38.4			40.1	18.4	12.5	6.1				
7	00	64.4	63.4	54.5			40.2	18.5						
	12			61.5			40.3							
8	00	64.5	63.5	60.5			40.4	18.6	12.6					
	12	64.6	63.6	41.6			40.5	48.1						
9	00			19.6			40.6							
	12	47.1	22.1	13.6			64.1	48.2	15.1					
10	00			30.1	11.5	12.5	64.2	48.3						
	12	47.2	22.2	55.1			64.3							
11	00			37.1			64.4	48.4	15.2	6.2				
	12	47.3	22.3	63.2			64.5	48.5						
12	00			22.2			64.6							
	12	47.4	22.4	36.2			47.1	48.6	15.3					
13	00			25.3			47.2	57.1						
	12	47.5	22.5	17.3			47.3							
14	00			21.4			47.4	57.2						
	12	47.6	22.6	51.4	11.4	12.4	47.5		15.4					
15	00			42.5			47.6	57.3		6.3				
	12	6.1	36.1	3.6			6.1	57.4						43.3
16	00			27.6			6.2		15.5					
	12	6.2	36.2	2.1			6.3	57.5						
17	00			23.2			6.4	57.6						
	12	6.3	36.3	8.3			6.5		15.6					
18	00			20.3			6.6	32.1						
	12	6.4	36.4	16.4			46.1	32.2						
19	00			35.5			46.2							
	12	6.5	36.5	12.1			46.3	32.3	52.1	6.4				
20	00			15.2			46.4	32.4						
	12	6.6	36.6	52.3			46.5							
21	00	46.1	25.1	39.4			46.6	32.5	52.2					
	12			53.6			18.1	32.6						
22	00	46.2	25.2	56.2			18.2				19.5			
	12			31.3			18.3	50.1						
23	00	46.3	25.3	33.5				50.2	52.3			D		
	12			4.1			18.4							
24	00	46.4	25.4	29.3			18.5	50.3		6.5				
	12			59.5			18.6	50.4	52.4					
25	00	46.5	25.5	64.1			48.1							
	12			47.3	11.3	12.3	48.2	50.5						
26	00	46.6	25.6	6.5			48.3							
	12			18.1			48.4	50.6	52.5					
27	00	18.1	17.1	48.3			48.5	28.1						
	12			57.5			48.6							
28	00	18.2	17.2	50.1				28.2		6.6			D	
	12			28.2			57.1	28.3	52.6					
29	00	18.3	17.3	44.4			57.2							
	12			1.5			57.3	28.4						
30	00	18.4	17.4	14.1			57.4	28.5	39.1					
	12			34.2			57.5							

October 1992

Date	Time	☉	⊕	☾	☊	☋	☿	♀	♂	♃	♄	♅	♆	♇
1	00	18.5	17.5	9.3	11.3	12.3	57.6	28.6	39.1	6.6	19.5	38.5	54.2	43.3
	12			5.4	R	R	32.1	44.1	D	D	R	D	D	D
2	00	18.6	17.6	26.5					39.2					
	12	48.1	21.1	11.5	D	D	32.2	44.2		46.1				
3	00			10.6			32.3	44.3						
	12	48.2	21.2	38.1			32.4							
4	00			54.1	R	R	32.5	44.4	39.3					
	12	48.3	21.3	61.1			32.6	44.5						
5	00			60.2										
	12	48.4	21.4	41.2			50.1	44.6						
6	00			19.2			50.2	1.1	39.4					
	12	48.5	21.5	13.3			50.3							
7	00			49.3			50.4	1.2		46.2				
	12	48.6	21.6	30.3	11.2	12.2								
8	00			55.4			50.5	1.3	39.5					
	12	57.1	51.1	37.4			50.6	1.4						
9	00			63.4			28.1							
	12	57.2	51.2	22.5			28.2	1.5						
10	00			36.5				1.6	39.6					
	12	57.3	51.3	25.6			28.3							
11	00			17.6			28.4	43.1						
	12	57.4	51.4	51.1			28.5	43.2		46.3		38.6		
12	00	57.5	51.5	42.2			28.6		53.1					
	12			3.2	11.1	12.1		43.3						
13	00	57.6	51.6	27.3			44.1	43.4						
	12			24.4			44.2							
14	00	32.1	42.1	2.5			44.3	43.5	53.2					
	12			23.5				43.6						
15	00	32.2	42.2	8.6			44.4							
	12			16.1			44.5	14.1						
16	00	32.3	42.3	35.2			44.6	14.2	53.3	46.4				43.4
	12			45.3							D			
17	00	32.4	42.4	12.4	D	D	1.1	14.3						
	12			15.6			1.2							
18	00	32.5	42.5	39.1			1.3	14.4						
	12			53.2				14.5	53.4					
19	00	32.6	42.6	62.4			1.4							
	12			56.5	R	R	1.5	14.6						
20	00	50.1	3.1	31.6			1.6	34.1						
	12	50.2	3.2	7.2						46.5				
21	00			4.4			43.1	34.2	53.5					
	12	50.3	3.3	29.5			43.2	34.3						
22	00			40.1										
	12	50.4	3.4	64.3			43.3	34.4						
23	00			47.5			43.4	34.5	53.6					
	12	50.5	3.5	46.1										
24	00			18.2			43.5	34.6						
	12	50.6	3.6	48.4			43.6	9.1						
25	00			57.6			14.1			46.6				
	12	28.1	27.1	50.2	26.6	45.6		9.2	62.1					
26	00			28.3			14.2							
	12	28.2	27.2	44.5				9.3						
27	00			1.6			14.3	9.4						
	12	28.3	27.3	14.2			14.4							
28	00	28.4	27.4	34.3				9.5						
	12			9.4			14.5	9.6	62.2					
29	00	28.5	27.5	5.5			14.6							
	12			26.6	D	D		5.1		18.1				
30	00	28.6	27.6	10.1			34.1	5.2						
	12			58.2										
31	00	44.1	24.1	38.2			34.2	5.3						
	12			54.3				5.4	62.3					

November 1992

Date	Time	☉	⊕	☽	☊	☋	☿	♀	♂	♃	♄	♅	♆	♇
1	00	44.2	24.2	61.4	26.6	45.6	34.3	5.4	62.3	18.1	19.5	38.6	54.2	43.4
	12			60.4	D	D	D	5.5	D	D	D	D	D	D
2	00	44.3	24.3	41.4			34.4	5.6						
	12			19.5	R	R								
3	00	44.4	24.4	13.5			34.5	26.1						
	12			49.5					62.4	18.2				
4	00	44.5	24.5	30.6			34.6	26.2						
	12	44.6	24.6	55.6				26.3						
5	00			37.6			9.1							
	12	1.1	2.1	22.1				26.4						
6	00			36.1				26.5						
	12	1.2	2.2	25.2			9.2		62.5					
7	00			17.2				26.6						
	12	1.3	2.3	21.3				11.1						
8	00			51.3										
	12	1.4	2.4	42.4			9.3	11.2		18.3				
9	00			3.5				11.3						43.5
	12	1.5	2.5	27.6							19.6			
10	00			24.6				11.4						
	12	1.6	2.6	23.1					62.6					
11	00			8.2				11.5						
	12	43.1	23.1	20.3			R	11.6						
12	00	43.2	23.2	16.5										
	12			35.6				10.1						
13	00	43.3	23.3	12.1	26.5	45.5		10.2						
	12			15.2	26.6	45.6				18.4		54.1		
14	00	43.4	23.4	52.3	D	D		10.3						
	12			39.5			9.2	10.4						
15	00	43.5	23.5	53.6										
	12			56.2				10.5	56.1					
16	00	43.6	23.6	31.3			9.1	10.6						
	12			33.5										
17	00	14.1	8.1	7.6				58.1						
	12			29.2	R	R	34.6							
18	00	14.2	8.2	59.3				58.2						
	12	14.3	8.3	40.5			34.5	58.3		18.5				
19	00			64.6			34.4							
	12	14.4	8.4	6.2				58.4						
20	00			46.4			34.3	58.5						
	12	14.5	8.5	18.5	26.5	45.5	34.2							
21	00			57.1				58.6						
	12	14.6	8.6	32.2			34.1	38.1						
22	00			50.4			14.6							
	12	34.1	20.1	28.5			14.5	38.2	56.2				54.3	
23	00			1.1										
	12	34.2	20.2	43.2			14.4	38.3						
24	00			14.3			14.3	38.4		18.6				
	12	34.3	20.3	34.5										
25	00	34.4	20.4	9.6			14.2	38.5						
	12			26.1			14.1	38.6						
26	00	34.5	20.5	11.2	D	D								
	12			10.3			43.6	54.1						
27	00	34.6	20.6	58.3				54.2			13.1			
	12			38.4										
28	00	9.1	16.1	54.5			43.5	54.3						
	12			61.5										
29	00	9.2	16.2	60.6				54.4	R					
	12			41.6			43.4	54.5						
30	00	9.3	16.3	13.1						48.1				
	12			49.1				54.6						

December 1992

Date	Time	☉	⊕	☽	☊	☋	☿	♀	♂	♃	♄	♅	♆	♇
1	00	9.4	16.4	30.1	26.5	45.5	43.4	61.1	56.2	48.1	13.1	54.1	54.3	43.5
	12	9.5	16.5	55.2	D	D	D	D	R	D	D	D	D	D
2	00			37.2				61.2						
	12	9.6	16.6	63.2	R	R		61.3						43.6
3	00			22.3										
	12	5.1	35.1	36.3				61.4				54.2		
4	00			25.4			43.5							
	12	5.2	35.2	17.4				61.5						
5	00			21.5				61.6						
	12	5.3	35.3	51.5			43.6							
6	00			42.6				60.1	56.1	48.2				
	12	5.4	35.4	3.6				60.2						
7	00	5.5	35.5	24.1			14.1							
	12			2.2				60.3						
8	00	5.6	35.6	23.3			14.2							
	12			8.4				60.4						
9	00	26.1	45.1	20.5			14.3	60.5						
	12			35.1							13.2			
10	00	26.2	45.2	45.2			14.4	60.6						
	12			12.3	D	D		41.1						
11	00	26.3	45.3	15.5			14.5							
	12			52.6				41.2						
12	00	26.4	45.4	53.2			14.6							
	12			62.4			34.1	41.3	62.6					
13	00	26.5	45.5	56.5				41.4		48.3				
	12	26.6	45.6	33.1	R	R	34.2							
14	00			7.2			34.3	41.5						
	12	11.1	12.1	4.4				41.6						
15	00			29.6			34.4							
	12	11.2	12.2	40.1			34.5	19.1						
16	00			64.3										
	12	11.3	12.3	47.5			34.6	19.2						
17	00			6.6	D	D	9.1	19.3	62.5					
	12	11.4	12.4	18.2										
18	00			48.3			9.2	19.4						
	12	11.5	12.5	57.5			9.3							
19	00	11.6	12.6	32.6			9.4	19.5						
	12			28.1				19.6						
20	00	10.1	15.1	44.2			9.5				13.3			
	12			1.4			9.6	13.1	62.4	48.4				
21	00	10.2	15.2	43.5				13.2				54.3	54.4	
	12			14.6			5.1							
22	00	10.3	15.3	9.1			5.2	13.3						
	12			5.2			5.3							
23	00	10.4	15.4	26.3			5.4	13.4						
	12			11.4	R	R		13.5	62.3					
24	00	10.5	15.5	10.5			5.5							
	12	10.6	15.6	58.5			5.6	13.6						
25	00			38.6			26.1							
	12	58.1	52.1	61.1				49.1						
26	00			60.1			26.2	49.2						
	12	58.2	52.2	41.2			26.3		62.2					
27	00			19.2			26.4	49.3						
	12	58.3	52.3	13.3			26.5							
28	00			49.3				49.4						
	12	58.4	52.4	30.3			26.6	49.5						
29	00			55.4			11.1		62.1					14.1
	12	58.5	52.5	37.4			11.2	49.6		48.5	13.4			
30	00			63.4			11.3							
	12	58.6	52.6	22.5				30.1						
31	00	38.1	39.1	36.5			11.4	30.2						
	12			25.5			11.5		53.6					

January 1993

Date	Time	☉	⊕	☾	☊	☋	☿	♀	♂	♃	♄	♅	♆	♇
1	00	38.2	39.2	17.6	26.5	45.5	11.6	30.3	53.6	48.5	13.4	54.3	54.4	14.1
	12			21.6	D	D	10.1	D	R	D	D	D	D	D
2	00	38.3	39.3	42.1				30.4						
	12			3.1			10.2	30.5						
3	00	38.4	39.4	27.2			10.3		53.5					
	12			24.3			10.4	30.6						
4	00	38.5	39.5	2.3			10.5							
	12			23.4				55.1						
5	00	38.6	39.6	8.5			10.6	55.2	53.4					
	12	54.1	53.1	20.6			58.1							
6	00			35.2			58.2	55.3				54.4		
	12	54.2	53.2	45.3			58.3							
7	00			12.4	R	R	58.4	55.4						
	12	54.3	53.3	15.6					53.3		13.5			
8	00			39.2			58.5	55.5						
	12	54.4	53.4	53.3			58.6	55.6						
9	00			62.5			38.1							
	12	54.5	53.5	31.1			38.2	37.1						
10	00			33.3			38.3		53.2					
	12	54.6	53.6	7.5				37.2						
11	00	61.1	62.1	29.1			38.4							
	12			59.3			38.5	37.3		48.6				
12	00	61.2	62.2	40.5			38.6	37.4						
	12			64.6			54.1		53.1					
13	00	61.3	62.3	6.2			54.2	37.5						
	12			46.4										
14	00	61.4	62.4	18.6			54.3	37.6						
	12			57.1			54.4		39.6					
15	00	61.5	62.5	32.3			54.5	63.1					54.5	
	12			50.4	D	D	54.6	63.2			13.6			
16	00	61.6	62.6	28.5			61.1							
	12	60.1	56.1	44.6			61.2	63.3						
17	00			43.2										
	12	60.2	56.2	14.3			61.3	63.4	39.5					
18	00			34.4			61.4							
	12	60.3	56.3	9.4			61.5	63.5						
19	00			5.5			61.6							
	12	60.4	56.4	26.6	R	R	60.1	63.6						
20	00			10.1			60.2	22.1	39.4					
	12	60.5	56.5	58.2			60.3							
21	00			38.2			60.4	22.2						
	12	60.6	56.6	54.3								54.5		
22	00			61.3			60.5	22.3						
	12	41.1	31.1	60.4			60.6							
23	00	41.2	31.2	41.4			41.1	22.4	39.3					
	12			19.5			41.2				49.1			
24	00	41.3	31.3	13.5			41.3	22.5						
	12			49.6	26.4	45.4	41.4							
25	00	41.4	31.4	30.6			41.5	22.6						
	12			55.6			41.6							
26	00	41.5	31.5	63.1			19.1	36.1	39.2					
	12			22.1										
27	00	41.6	31.6	36.1			19.2	36.2						
	12			25.2			19.3							
28	00	19.1	33.1	17.2			19.4	36.3						
	12	19.2	33.2	21.2			19.5							
29	00			51.3			19.6	36.4		R				
	12	19.3	33.3	42.3			13.1							
30	00			3.3			13.2	36.5	39.1					
	12	19.4	33.4	27.4			13.3							
31	00			24.5	D	D	13.4	36.6						
	12	19.5	33.5	2.5			13.5				49.2			

February 1993

Date	Time	☉	⊕	☾	☊	☋	☿	♀	♂	♃	♄	♅	♆	♇
1	00	19.5	33.5	23.6	26.4	45.4	13.6	25.1	39.1	48.6	49.2	54.5	54.5	14.1
	12	19.6	33.6	20.1	D	D	49.1	D	R	R	D	D	D	D
2	00			16.2			49.2	25.2						
	12	13.1	7.1	35.3			49.3							
3	00			45.4	R	R		25.3						
	12	13.2	7.2	12.5			49.4							
4	00	13.3	7.3	52.1			49.5	25.4						
	12			39.2			49.6		52.6					
5	00	13.4	7.4	53.4			30.1	25.5						
	12			62.6			30.2							
6	00	13.5	7.5	31.2			30.3	25.6						
	12			33.4			30.4							
7	00	13.6	7.6	7.6			30.5	17.1				54.6		
	12			29.2	26.3	45.3	30.6							
8	00	49.1	4.1	59.4			55.1							
	12			40.6			55.2	17.2			49.3			
9	00	49.2	4.2	47.2			55.3							
	12	49.3	4.3	6.4			55.4	17.3						
10	00			46.6			55.5						54.6	14.2
	12	49.4	4.4	48.2			55.6	17.4						
11	00			57.4			37.1							
	12	49.5	4.5	32.6										
12	00			28.1			37.2	17.5						
	12	49.6	4.6	44.3			37.3							
13	00			1.4			37.4	17.6						
	12	30.1	29.1	43.5			37.5							
14	00			14.6	D	D	37.6							
	12	30.2	29.2	9.1			63.1	21.1						
15	00			5.2			63.2							
	12	30.3	29.3	26.3	R	R		21.2	D					
16	00	30.4	29.4	11.4			63.3			48.5	49.4			
	12			10.4			63.4							
17	00	30.5	29.5	58.5			63.5	21.3						
	12			38.6			63.6							
18	00	30.6	29.6	54.6										
	12			60.1			22.1	21.4						
19	00	55.1	59.1	41.1			22.2							
	12			19.1	26.2	45.2								
20	00	55.2	59.2	13.2			22.3	21.5						
	12			49.2			22.4							
21	00	55.3	59.3	30.3										
	12			55.3			22.5	21.6						
22	00	55.4	59.4	37.3										
	12	55.5	59.5	63.4			22.6							
23	00			22.4				51.1						
	12	55.6	59.6	36.4			36.1							
24	00			25.5	26.1	45.1					49.5			
	12	37.1	40.1	17.5										
25	00			21.5				51.2						
	12	37.2	40.2	51.6			36.2							
26	00			42.6								61.1		
	12	37.3	40.3	3.6										
27	00			24.1				51.3						R
	12	37.4	40.4	2.1					39.1					
28	00			23.2			R							
	12	37.5	40.5	8.3										

March 1993

Date	Time	☉	⊕	☾	☊	☋	☿	♀	♂	♃	♄	♅	♆	♇
1	00	37.5	40.5	20.3	26.1	45.1	36.2	51.4	39.1	48.4	49.5	61.1	54.6	14.2
	12	37.6	40.6	16.4	R	R	R	D	D	R	D	D	D	R
2	00	63.1	64.1	35.5	D	D								
	12			45.6	R	R								
3	00	63.2	64.2	15.1			36.1							
	12			52.2										
4	00	63.3	64.3	39.4				51.5			49.6			
	12			53.5										
5	00	63.4	64.4	56.1			22.6		39.2					
	12			31.2										
6	00	63.5	64.5	33.4			22.5							
	12			7.6										
7	00	63.6	64.6	29.2	5.6	35.6	22.4							
	12			59.5										
8	00	22.1	47.1	64.1			22.3							
	12			47.3				51.6						
9	00	22.2	47.2	6.5			22.2							
	12	22.3	47.3	18.1					39.3					
10	00			48.3			22.1			48.3				
	12	22.4	47.4	57.5										
11	00			50.1			63.6							
	12	22.5	47.5	28.3				R						
12	00			44.5			63.5				30.1			
	12	22.6	47.6	1.6										
13	00			14.2			63.4							
	12	36.1	6.1	34.3					39.4					
14	00			9.4			63.3							
	12	36.2	6.2	5.5										
15	00			26.6	D	D	63.2	51.5						
	12	36.3	6.3	10.1	R	R								
16	00			58.2									61.1	14.1
	12	36.4	6.4	38.2			63.1							
17	00	36.5	6.5	54.3					39.5					
	12			61.3	5.5	35.5								
18	00	36.6	6.6	60.4			37.6							
	12			41.4						48.2				
19	00	25.1	46.1	19.5				51.4						
	12			13.5										
20	00	25.2	46.2	49.5					39.6					
	12			30.6										
21	00	25.3	46.3	55.6			37.5				30.2			
	12			37.6				51.3						
22	00	25.4	46.4	22.1										
	12			36.1										
23	00	25.5	46.5	25.1	5.4	35.4	D		53.1			61.2		
	12			17.2										
24	00	25.6	46.6	21.2				51.2						
	12			51.2			37.6							
25	00	17.1	18.1	42.3										
	12	17.2	18.2	3.3				51.1						
26	00			27.4					53.2	48.1				
	12	17.3	18.3	24.4										
27	00			2.5										
	12	17.4	18.4	23.5			63.1	21.6						
28	00			8.6										
	12	17.5	18.5	16.1					53.3					
29	00			35.1				21.5						
	12	17.6	18.6	45.2	D	D	63.2							
30	00			12.3							30.3			
	12	21.1	48.1	15.4				21.4						
31	00			52.5			63.3		53.4					
	12	21.2	48.2	39.6	R	R								

April 1993

Date	Time	☉	⊕	☾	☊	☋	☿	♀	♂	♃	♄	♅	♆	♇
1	00	21.2	48.2	62.2	5.4	35.4	63.3	21.3	53.4	48.1	30.3	61.2	61.1	14.1
	12	21.3	48.3	56.3	R	R	63.4	R	D	R	D	D	D	R
2	00			31.4						18.6				
	12	21.4	48.4	33.6			63.5	21.2	53.5					
3	00	21.5	48.5	4.2										
	12			29.4	5.3	35.3	63.6							
4	00	21.6	48.6	59.6				21.1						
	12			64.2			22.1							
5	00	51.1	57.1	47.4					53.6					
	12			6.6			22.2	17.6						
6	00	51.2	57.2	18.2										
	12			48.4			22.3							
7	00	51.3	57.3	57.6				17.5						
	12			50.2			22.4		62.1					
8	00	51.4	57.4	28.4										
	12			44.6			22.5							
9	00	51.5	57.5	43.2				17.4			30.4			
	12			14.3			22.6		62.2	18.5				
10	00	51.6	57.6	34.5			36.1							
	12			9.6				17.3						
11	00	42.1	32.1	26.1	D	D	36.2							
	12			11.2			36.3							
12	00	42.2	32.2	10.3					62.3					
	12			58.4			36.4							
13	00	42.3	32.3	38.5			36.5	17.2						
	12	42.4	32.4	54.6										
14	00			61.6	R	R	36.6		62.4					
	12	42.5	32.5	41.1			25.1							
15	00			19.1										
	12	42.6	32.6	13.2			25.2	17.1						
16	00			49.2			25.3		62.5					
	12	3.1	50.1	30.2			25.4							
17	00			55.3						18.4				
	12	3.2	50.2	37.3			25.5							
18	00			63.3	5.2	35.2	25.6							
	12	3.3	50.3	22.4			17.1		62.6					
19	00			36.4										
	12	3.4	50.4	25.4			17.2							
20	00			17.5			17.3	25.6			30.5			
	12	3.5	50.5	21.5			17.4		56.1					
21	00			51.6			17.5							
	12	3.6	50.6	42.6										
22	00			3.6			17.6							
	12	27.1	28.1	24.1			21.1		56.2					
23	00			2.2			21.2	D					R	
	12	27.2	28.2	23.2			21.3							
24	00			8.3			21.4							
	12	27.3	28.3	20.3			21.5		56.3					
25	00			16.4										
	12	27.4	28.4	35.5	D	D	21.6	17.1						
26	00	27.5	28.5	45.6			51.1			18.3				
	12			15.1			51.2		56.4			R		
27	00	27.6	28.6	52.2			51.3							
	12			39.3			51.4							
28	00	24.1	44.1	53.4			51.5							
	12			62.5			51.6		56.5					
29	00	24.2	44.2	56.6			42.1							
	12			33.2			42.2							
30	00	24.3	44.3	7.3	R	R	42.3							
	12			4.5			42.4	17.2	56.6					

May 1993

Date	Time	☉	⊕	☾	☊	☋	☿	♀	♂	♃	♄	♅	♆	♇
1	00	24.4	44.4	29.6	5.2	35.2	42.5	17.2	56.6	18.3	30.5	61.2	61.1	14.1
	12			40.2	R	R	42.6	D	D	R	D	R	R	R
2	00	24.5	44.5	64.4			3.1							43.6
	12			47.6			3.2		31.1					
3	00	24.6	44.6	46.1			3.3							
	12			18.3			3.4	17.3						
4	00	2.1	1.1	48.5			3.5				30.6			
	12			32.1			3.6		31.2					
5	00	2.2	1.2	50.3			27.1							
	12			28.5			27.2	17.4						
6	00	2.3	1.3	1.1	5.1	35.1	27.3		31.3					
	12			43.2			27.4			18.2				
7	00	2.4	1.4	14.4			27.5							
	12			34.6			27.6							
8	00	2.5	1.5	5.1			24.1	17.5	31.4					
	12			26.2	D	D	24.2							
9	00	2.6	1.6	11.4			24.3							
	12			10.5			24.4	17.6						
10	00	23.1	43.1	58.6			24.5		31.5					
	12	23.2	43.2	54.1			24.6							
11	00			61.2	5.2	35.2	2.2							
	12	23.3	43.3	60.2			2.3	21.1						
12	00			41.3			2.4		31.6					
	12	23.4	43.4	19.4			2.5							
13	00			13.4			2.6	21.2						
	12	23.5	43.5	49.4			23.1		33.1					
14	00			30.5	R	R	23.2							
	12	23.6	43.6	55.5			23.4	21.3						
15	00			37.6			23.5							
	12	8.1	14.1	63.6			23.6		33.2					
16	00			22.6			8.1	21.4						
	12	8.2	14.2	25.1	5.1	35.1	8.2							
17	00			17.1			8.3							
	12	8.3	14.3	21.1			8.5	21.5	33.3					
18	00			51.2			8.6							
	12	8.4	14.4	42.2			20.1	21.6						
19	00			3.3			20.2		33.4					
	12	8.5	14.5	27.3			20.3							
20	00			24.4			20.4	51.1						
	12	8.6	14.6	2.4			20.6							
21	00			23.5			16.1	51.2	33.5					
	12	20.1	34.1	8.6			16.2							
22	00			16.1			16.3							
	12	20.2	34.2	35.1	D	D	16.4	51.3	33.6					
23	00			45.2			16.5							
	12	20.3	34.3	12.3			16.6	51.4						
24	00			15.4			35.1							
	12	20.4	34.4	52.5			35.3		7.1					
25	00			53.1			35.4	51.5						
	12	20.5	34.5	62.2			35.5				55.1			
26	00			56.3			35.6	51.6	7.2					
	12	20.6	34.6	31.4			45.1			18.1				
27	00			33.6			45.2	42.1						
	12	16.1	9.1	4.1			45.3							
28	00			29.3			45.4		7.3					
	12	16.2	9.2	59.4			45.5	42.2						
29	00	16.3	9.3	40.6	R	R	45.6							
	12			47.1			12.1	42.3	7.4					
30	00	16.4	9.4	6.3			12.2							
	12			46.5			12.3	42.4						
31	00	16.5	9.5	18.6			12.4							
	12			57.2			12.5	42.5	7.5					

June 1993

Date	Time	☉	⊕	☾	☊	☋	☿	♀	♂	♃	♄	♅	♆	♇
1	00	16.6	9.6	32.4	5.1	35.1	12.6	42.5	7.5	18.1	55.1	61.2	61.1	43.6
	12			50.5	R	R	15.1	42.6	D	D	D	61.1	R	R
2	00	35.1	5.1	44.1			15.2		7.6				54.6	
	12			1.3			15.3	3.1						
3	00	35.2	5.2	43.4	D	D	15.4							
	12			14.6			15.5	3.2						
4	00	35.3	5.3	9.1			15.6		4.1					
	12			5.3	R	R	52.1							
5	00	35.4	5.4	26.4				3.3						
	12			11.5			52.2		4.2					43.5
6	00	35.5	5.5	10.6			52.3	3.4						
	12			38.1			52.4							
7	00	35.6	5.6	54.2			52.5	3.5	4.3					
	12			61.3			52.6			18.2				
8	00	45.1	26.1	60.4				3.6						
	12			41.5			39.1							
9	00	45.2	26.2	19.5			39.2	27.1	4.4					
	12			13.6			39.3							
10	00	45.3	26.3	49.6				27.2						
	12			55.1			39.4		4.5		R			
11	00	45.4	26.4	37.1			39.5	27.3						
	12			63.2										
12	00	45.5	26.5	22.2			39.6	27.4						
	12			36.2	D	D	53.1	27.5	4.6					
13	00	45.6	26.6	25.3										
	12			17.3			53.2	27.6						
14	00	12.1	11.1	21.3			53.3		29.1					
	12			51.4				24.1						
15	00	12.2	11.2	42.4			53.4							
	12			3.5			53.5	24.2	29.2					
16	00	12.3	11.3	27.5										
	12			24.6			53.6	24.3						
17	00	12.4	11.4	2.6					29.3					
	12			8.1			62.1	24.4						
18	00	12.5	11.5	20.2										
	12			16.3			62.2	24.5						
19	00	12.6	11.6	35.4	R	R			29.4					
	12			45.5			62.3	24.6						
20	00	15.1	10.1	12.6										
	12			52.1			62.4	2.1	29.5					
21	00	15.2	10.2	39.2				2.2						
	12			53.4										
22	00	15.3	10.3	62.5			62.5	2.3	29.6					
	12	15.4	10.4	31.1										
23	00			33.2			62.6	2.4						
	12	15.5	10.5	7.4										
24	00			4.5				2.5	59.1					
	12	15.6	10.6	59.1										
25	00			40.2			56.1	2.6						
	12	52.1	58.1	64.4					59.2					
26	00			47.6				23.1						
	12	52.2	58.2	46.1				23.2			30.6			
27	00			18.3	D	D	56.2		59.3					
	12	52.3	58.3	48.4				23.3		18.3				
28	00			57.6										
	12	52.4	58.4	50.1				23.4	59.4					
29	00			28.3								54.6		
	12	52.5	58.5	44.4				23.5						
30	00			1.6				23.6						
	12	52.6	58.6	14.1					59.5					

July 1993

Date	Time	☉	⊕	☾	☊	☋	☿	♀	♂	♃	♄	♅	♆	♇
1	00	52.6	58.6	34.3	5.1	35.1	56.2	8.1	59.5	18.3	30.6	54.6	54.6	43.5
	12	39.1	38.1	9.4	D	D	56.3	D	D	D	R	R	R	R
2	00			5.5	R	R	R	8.2	59.6					
	12	39.2	38.2	26.6			56.2							
3	00			10.1				8.3						
	12	39.3	38.3	58.2					40.1					
4	00			38.3				8.4						
	12	39.4	38.4	54.4				8.5						
5	00			61.5					40.2					
	12	39.5	38.5	60.6				8.6						
6	00			19.1										
	12	39.6	38.6	13.1				20.1	40.3					
7	00			49.2			56.1	20.2						
	12	53.1	54.1	30.2										
8	00			55.3				20.3	40.4	18.4				
	12	53.2	54.2	37.3										
9	00			63.4			62.6	20.4						
	12	53.3	54.3	22.4										
10	00			36.5				20.5	40.5					
	12	53.4	54.4	25.5				20.6					54.5	
11	00			17.5			62.5							
	12	53.5	54.5	21.6				16.1	40.6					
12	00			51.6	D	D								
	12	53.6	54.6	42.6			62.4	16.2						
13	00			27.1					64.1					
	12	62.1	61.1	24.1				16.3						
14	00			2.2			62.3	16.4						
	12	62.2	61.2	23.2					64.2					
15	00			8.3			62.2	16.5						
	12	62.3	61.3	20.4										
16	00			16.5				16.6	64.3					
	12	62.4	61.4	35.5	R	R	62.1	35.1		18.5				
17	00			12.1										
	12	62.5	61.5	15.2				35.2	64.4					
18	00			52.3			53.6							
	12	62.6	61.6	39.4				35.3						
19	00			53.6				35.4	64.5		30.5			
	12	56.1	60.1	56.1										
20	00			31.3	9.6	16.6	53.5	35.5						
	12	56.2	60.2	33.5					64.6					
21	00	56.3	60.3	7.6				35.6						
	12			29.2				45.1						
22	00	56.4	60.4	59.4			53.4							
	12			40.6				45.2	47.1			54.5		
23	00	56.5	60.5	47.2										
	12			6.3				45.3						
24	00	56.6	60.6	46.5				45.4	47.2	18.6				
	12			48.1										
25	00	31.1	41.1	57.3				45.5						
	12			32.4					47.3					
26	00	31.2	41.2	50.6			D	45.6						
	12			44.1	D	D		12.1						
27	00	31.3	41.3	1.2					47.4					
	12			43.4				12.2						
28	00	31.4	41.4	14.5										
	12			34.6				12.3	47.5					
29	00	31.5	41.5	5.1	R	R		12.4						
	12			26.2										
30	00	31.6	41.6	11.3			53.5	12.5	47.6					
	12			10.4						48.1				
31	00	33.1	19.1	58.5				12.6						
	12			38.6				15.1	6.1					

August 1993

Date	Time	☉	⊕	☾	☊	☋	☿	♀	♂	♃	♄	♅	♆	♇
1	00	33.2	19.2	61.1	9.6	16.6	53.6	15.1	6.1	48.1	30.5	54.5	54.5	43.5
	12			60.2	R	R	D	15.2	D	D	R	R	R	R
2	00	33.3	19.3	41.2					6.2					
	12			19.3			62.1	15.3			30.4			
3	00	33.4	19.4	13.4	9.5	16.5		15.4						D
	12			49.4			62.2		6.3					
4	00	33.5	19.5	30.5				15.5						
	12			55.5			62.3							
5	00	33.6	19.6	37.6				15.6	6.4					
	12			63.6			62.4	52.1		48.2				
6	00	7.1	13.1	36.1										
	12			25.1			62.5	52.2	6.5					
7	00	7.2	13.2	17.1			62.6	52.3						
	12			21.2										
8	00	7.3	13.3	51.2			56.1	52.4	6.6					
	12			42.2			56.2							
9	00	7.4	13.4	3.3				52.5						
	12			27.3			56.3	52.6	46.1					
10	00	7.5	13.5	24.3			56.4							
	12			2.4			56.5	39.1						
11	00	7.6	13.6	23.4	D	D	56.6	39.2	46.2					
	12			8.5						48.3				
12	00	4.1	49.1	20.5			31.1	39.3						
	12			16.6	R	R	31.2		46.3					
13	00	4.2	49.2	45.1			31.3	39.4						
	12			12.2			31.4	39.5						
14	00	4.3	49.3	15.3			31.5		46.4					
	12	4.4	49.4	52.4	9.4	16.4	31.6	39.6						
15	00			39.6			33.1							
	12	4.5	49.5	62.1			33.2	53.1	46.5		30.3			
16	00			56.3			33.3	53.2						
	12	4.6	49.6	31.4			33.4							
17	00			33.6			33.5	53.3	46.6	48.4			54.4	
	12	29.1	30.1	4.2			33.6	53.4						
18	00			29.4			7.1					54.4		
	12	29.2	30.2	59.6			7.2	53.5	18.1					
19	00			64.2			7.3							
	12	29.3	30.3	47.4			7.4	53.6						
20	00			6.6			7.5	62.1	18.2					
	12	29.4	30.4	18.2			7.6							
21	00			48.4	9.3	16.3	4.1	62.2						
	12	29.5	30.5	57.6			4.2	62.3	18.3					
22	00			50.2			4.3			48.5				
	12	29.6	30.6	28.3			4.4	62.4						
23	00			44.5			4.5		18.4					
	12	59.1	55.1	1.6			4.6	62.5						
24	00			14.2			29.1	62.6						
	12	59.2	55.2	34.3	D	D	29.3		18.5					
25	00			9.4	R	R	29.4	56.1						
	12	59.3	55.3	5.5			29.5	56.2						
26	00			26.6			29.6		18.6					
	12	59.4	55.4	10.1			59.1	56.3						
27	00			58.2			59.2	56.4	48.1					
	12	59.5	55.5	38.3			59.3			48.6				
28	00			54.4			59.4	56.5			30.2			
	12	59.6	55.6	61.4			59.5		48.2					
29	00			60.5			59.6	56.6						
	12	40.1	37.1	41.6			40.1	31.1						
30	00			19.6			40.2		48.3					
	12	40.2	37.2	49.1			40.3	31.2						
31	00			30.1			40.4	31.3						
	12	40.3	37.3	55.2			40.5		48.4					

September 1993

Date	Time	☉	⊕	☾	☊	☋	☿	♀	♂	♃	♄	⛢	♆	♇
1	00	40.4	37.4	37.2	9.2	16.2	40.6	31.4	48.4	57.1	30.2	54.4	54.4	43.5
	12			63.3	R	R	64.1	31.5	D	D	R	R	R	D
2	00	40.5	37.5	22.3			64.2		48.5					
	12			36.3			64.3	31.6						
3	00	40.6	37.6	25.4			64.4							
	12			17.4			64.5	33.1	48.6					
4	00	64.1	63.1	21.4			64.6	33.2						
	12			51.5			47.1							
5	00	64.2	63.2	42.5			47.2	33.3	57.1					
	12			3.5			47.3	33.4						
6	00	64.3	63.3	27.6			47.4			57.2				
	12			24.6	9.1	16.1	47.5	33.5	57.2					
7	00	64.4	63.4	2.6			47.6	33.6						
	12			8.1			6.1							
8	00	64.5	63.5	20.1			6.2	7.1	57.3					
	12			16.2	D	D	6.3							
9	00	64.6	63.6	35.2			6.4	7.2	57.4					
	12			45.3	R	R	6.5	7.3						
10	00	47.1	22.1	12.4			6.6				30.1			
	12			15.5			46.1	7.4	57.5	57.3				
11	00	47.2	22.2	52.6			46.2	7.5						
	12			53.1										
12	00	47.3	22.3	62.2			46.3	7.6	57.6					
	12			56.4			46.4	4.1						
13	00	47.4	22.4	31.5			46.5							
	12			7.1			46.6	4.2	32.1					
14	00	47.5	22.5	4.3			18.1	4.3						
	12			29.5			18.2							
15	00	47.6	22.6	40.1			18.3	4.4	32.2					
	12	6.1	36.1	64.3			18.4			57.4				
16	00			47.5				4.5						
	12	6.2	36.2	46.1			18.5	4.6	32.3					
17	00			18.3			18.6							
	12	6.3	36.3	48.5	34.6	20.6	48.1	29.1	32.4					
18	00			32.2			48.2	29.2						
	12	6.4	36.4	50.4			48.3							
19	00			28.5				29.3	32.5					
	12	6.5	36.5	1.1			48.4	29.4						
20	00			43.3			48.5			57.5				
	12	6.6	36.6	14.5			48.6	29.5	32.6					
21	00			34.6			57.1	29.6						
	12	46.1	25.1	5.1	D	D	57.2							
22	00			26.3				59.1	50.1					
	12	46.2	25.2	11.4			57.3	59.2						
23	00			10.5	R	R	57.4							
	12	46.3	25.3	58.6			57.5	59.3	50.2					
24	00			54.1			57.6							
	12	46.4	25.4	61.1				59.4	50.3	57.6				
25	00			60.2			32.1	59.5						
	12	46.5	25.5	41.3			32.2							
26	00			19.3			32.3	59.6	50.4		49.6			
	12	46.6	25.6	13.4			32.4	40.1						
27	00	18.1	17.1	49.4										
	12			30.5			32.5	40.2	50.5					43.6
28	00	18.2	17.2	55.5			32.6	40.3				D		
	12			37.5			50.1			32.1				
29	00	18.3	17.3	63.6				40.4	50.6					
	12			22.6	34.5	20.5	50.2	40.5						
30	00	18.4	17.4	25.1			50.3							
	12			17.1			50.4	40.6	28.1				D	

October 1993

Date	Time	☉	⊕	☾	☊	☋	☿	♀	♂	♃	♄	⛢	♆	♇
1	00	18.5	17.5	21.1	34.5	20.5	50.4	64.1	28.1	32.1	49.6	54.4	54.4	43.6
	12			51.2	R	R	50.5	D	28.2	D	R	D	D	D
2	00	18.6	17.6	42.2			50.6	64.2						
	12			3.2				64.3						
3	00	48.1	21.1	27.2			28.1		28.3	32.2				
	12			24.3			28.2	64.4						
4	00	48.2	21.2	2.3				64.5						
	12			23.4			28.3		28.4					
5	00	48.3	21.3	8.4			28.4	64.6						
	12			20.4			28.5	47.1						
6	00	48.4	21.4	16.5	D	D			28.5					
	12			35.6			28.6	47.2						
7	00	48.5	21.5	45.6			44.1		28.6					
	12	48.6	21.6	15.1				47.3		32.3				
8	00			52.2			44.2	47.4						
	12	57.1	51.1	39.3					44.1					
9	00			53.4	R	R	44.3	47.5						
	12	57.2	51.2	62.5			44.4	47.6						
10	00			56.6					44.2					
	12	57.3	51.3	33.1			44.5	6.1						
11	00			7.3			44.6	6.2						
	12	57.4	51.4	4.4					44.3					
12	00			29.6			1.1	6.3		32.4				
	12	57.5	51.5	40.2				6.4	44.4					
13	00			64.4			1.2							
	12	57.6	51.6	47.6	34.4	20.4		6.5						
14	00			46.2			1.3	6.6	44.5					
	12	32.1	42.1	18.4										
15	00			48.6			1.4	46.1						
	12	32.2	42.2	32.2				46.2	44.6					
16	00	32.3	42.3	50.4			1.5			32.5				
	12			28.6				46.3	1.1					
17	00	32.4	42.4	1.2			1.6	46.4						
	12			43.4										
18	00	32.5	42.5	14.6			43.1	46.5	1.2					
	12			9.2	D	D		46.6						
19	00	32.6	42.6	5.3										
	12			26.5			43.2	18.1	1.3					
20	00	50.1	3.1	11.6				18.2						
	12			58.1			43.3			32.6				
21	00	50.2	3.2	38.2				18.3	1.4					
	12			54.3				18.4						
22	00	50.3	3.3	61.4					1.5					
	12			60.5	R	R	43.4	18.5						
23	00	50.4	3.4	41.6				18.6						
	12			19.6					1.6					
24	00	50.5	3.5	49.1				48.1						
	12	50.6	3.6	30.1				48.2						
25	00			55.2					43.1	50.1				
	12	28.1	27.1	37.2				48.3						14.1
26	00			63.3			R	48.4	43.2					
	12	28.2	27.2	22.3										
27	00			36.3				48.5						
	12	28.3	27.3	25.4				48.6	43.3					
28	00			17.4										
	12	28.4	27.4	21.4				57.1			D			
29	00			51.5				57.2	43.4	50.2				
	12	28.5	27.5	42.5			43.3							
30	00			3.5				57.3	43.5					
	12	28.6	27.6	27.6				57.4						
31	00			24.6			43.2							
	12	44.1	24.1	2.6				57.5	43.6					

November 1993

Date	Time	☉	⊕	☾	☊	☋	☿	♀	♂	♃	♄	♅	♆	♇
1	00	44.2	24.2	8.1	34.4	20.4	43.1	57.6	43.6	50.2	49.6	54.4	54.4	14.1
	12			20.1	R	R	R	D	D	D	D	D	D	D
2	00	44.3	24.3	16.2	D	D	1.6	32.1	14.1					
	12			35.2				32.2		50.3				
3	00	44.4	24.4	45.3			1.5		14.2					
	12			12.4				32.3						
4	00	44.5	24.5	15.4			1.4	32.4						
	12			52.5			1.3		14.3					
5	00	44.6	24.6	39.6				32.5						
	12			62.1			1.2	32.6	14.4					
6	00	1.1	2.1	56.2			1.1					54.5		
	12			31.3				50.1						
7	00	1.2	2.2	33.4			44.6	50.2	14.5	50.4				
	12			7.6	R	R	44.5							
8	00	1.3	2.3	29.1			44.4	50.3						
	12	1.4	2.4	59.2				50.4	14.6					
9	00			40.4			44.3							
	12	1.5	2.5	64.6				50.5	34.1					
10	00			6.1			44.2	50.6						
	12	1.6	2.6	46.3										
11	00			18.5			44.1	28.1	34.2	50.5				
	12	43.1	23.1	57.1				28.2						
12	00			32.3			28.6						54.5	
	12	43.2	23.2	50.5				28.3	34.3					
13	00			44.1				28.4						
	12	43.3	23.3	1.3					34.4					
14	00			43.5			28.5	28.5						
	12	43.4	23.4	34.1				28.6						
15	00	43.5	23.5	9.3	D	D			34.5					
	12			5.4			D	44.1		50.6				
16	00	43.6	23.6	26.6				44.2	34.6					
	12			10.1										
17	00	14.1	8.1	58.3			28.6	44.3						
	12			38.4				44.4	9.1					
18	00	14.2	8.2	54.5										
	12			61.6				44.5						14.2
19	00	14.3	8.3	41.1			44.1	44.6	9.2					
	12			19.2										
20	00	14.4	8.4	13.3				1.1	9.3	28.1				
	12			49.3			44.2	1.2						
21	00	14.5	8.5	30.4										
	12	14.6	8.6	55.4	R	R	44.3	1.3	9.4					
22	00			37.5				1.4						
	12	34.1	20.1	63.5			44.4		9.5					
23	00			22.6				1.5						
	12	34.2	20.2	36.6			44.5	1.6						
24	00			25.6					9.6					
	12	34.3	20.3	21.1			44.6	43.1		28.2				
25	00			51.1			1.1	43.2	5.1					
	12	34.4	20.4	42.1	D	D								
26	00			3.2			1.2	43.3						
	12	34.5	20.5	27.2			1.3	43.4	5.2					
27	00			24.2										
	12	34.6	20.6	2.3			1.4	43.5	5.3					
28	00	9.1	16.1	23.3			1.5	43.6						
	12			8.4										
29	00	9.2	16.2	20.4	R	R	1.6	14.1	5.4					
	12			16.5			43.1	14.2		28.3	30.1	54.6		
30	00	9.3	16.3	35.6										
	12			45.6			43.2	14.3	5.5					

December 1993

Date	Time	☉	⊕	☾	☊	☋	☿	♀	♂	♃	♄	♅	♆	♇
1	00	9.4	16.4	15.1	34.4	20.4	43.3	14.4	5.5	28.3	30.1	54.6	54.5	14.2
	12			52.2	R	R	43.4	D	5.6	D	D	D	D	D
2	00	9.5	16.5	39.3				14.5						
	12			53.4			43.5	14.6						
3	00	9.6	16.6	62.5			43.6		26.1					
	12			56.6			14.1	34.1						
4	00	5.1	35.1	33.1			14.2	34.2	26.2	28.4				
	12	5.2	35.2	7.2										
5	00			4.3			14.3	34.3						
	12	5.3	35.3	29.5			14.4	34.4	26.3					
6	00			59.6			14.5							
	12	5.4	35.4	64.2				34.5	26.4					
7	00			47.3	D	D	14.6	34.6						
	12	5.5	35.5	6.5			34.1							
8	00			46.6			34.2	9.1	26.5					
	12	5.6	35.6	48.2			34.3	9.2						
9	00			57.3			34.4		26.6	28.5				
	12	26.1	45.1	32.5				9.3						
10	00	26.2	45.2	28.1			34.5	9.4						
	12			44.3			34.6		11.1					
11	00	26.3	45.3	1.4			9.1	9.5						
	12			43.6			9.2	9.6	11.2					
12	00	26.4	45.4	34.2										14.3
	12			9.4	R	R	9.3	5.1						
13	00	26.5	45.5	5.5			9.4	5.2	11.3					
	12			11.1			9.5							
14	00	26.6	45.6	10.2			9.6	5.3	11.4	28.6	30.2			
	12			58.4				5.4					54.6	
15	00	11.1	12.1	38.5			5.1							
	12			54.6			5.2	5.5	11.5					
16	00	11.2	12.2	60.1	34.3	20.3	5.3	5.6						
	12	11.3	12.3	41.3			5.4		11.6					
17	00			19.4			5.5	26.1						
	12	11.4	12.4	13.4				26.2				61.1		
18	00			49.5			5.6	26.3	10.1					
	12	11.5	12.5	30.6			26.1							
19	00			55.6			26.2	26.4	10.2					
	12	11.6	12.6	63.1			26.3	26.5		44.1				
20	00			22.1										
	12	10.1	15.1	36.2			26.4	26.6	10.3					
21	00			25.2	D	D	26.5	11.1						
	12	10.2	15.2	17.3			26.6		10.4					
22	00	10.3	15.3	21.3			11.1	11.2						
	12			51.3			11.2	11.3						
23	00	10.4	15.4	42.3					10.5					
	12			3.4			11.3	11.4						
24	00	10.5	15.5	27.4			11.4	11.5	10.6					
	12			24.5			11.5							
25	00	10.6	15.6	2.5			11.6	11.6		44.2				
	12			23.5			10.1	10.1	58.1		30.3			
26	00	58.1	52.1	8.6										
	12			16.1	R	R	10.2	10.2	58.2					
27	00	58.2	52.2	35.1			10.3	10.3						
	12	58.3	52.3	45.2			10.4							
28	00			12.3			10.5	10.4	58.3					
	12	58.4	52.4	15.4			10.6	10.5						
29	00			52.5			58.1		58.4					
	12	58.5	52.5	39.6				10.6						
30	00			62.1			58.2	58.1						
	12	58.6	52.6	56.2			58.3		58.5	44.3				
31	00			31.3			58.4	58.2						
	12	38.1	39.1	33.5			58.5	58.3	58.6					

January 1994

Date	Time	☉	⊕	☾	☊	☋	☿	♀	♂	♃	♄	♅	♆	♇
1	00	38.1	39.1	7.6	34.3	20.3	58.6	58.3	58.6	44.3	30.3	61.1	54.6	14.3
	12	38.2	39.2	29.1	R	R	D	58.4	D	D	D	D	D	D
2	00			59.3			38.1	58.5	38.1					
	12	38.3	39.3	40.4			38.2							
3	00	38.4	39.4	64.6			38.3	58.6	38.2			61.2		
	12			6.1			38.4	38.1						
4	00	38.5	39.5	46.3			38.5							
	12			18.4			38.6	38.2	38.3		30.4			
5	00	38.6	39.6	48.6				38.3						
	12			32.1	D	D	54.1		38.4					
6	00	54.1	53.1	50.3			54.2	38.4		44.4				
	12			28.4			54.3	38.5	38.5					
7	00	54.2	53.2	44.6			54.4							
	12			43.1			54.5	38.6						
8	00	54.3	53.3	14.3			54.6	54.1	38.6					
	12	54.4	53.4	34.4	R	R	61.1							
9	00			9.6				54.2	54.1				61.1	14.4
	12	54.5	53.5	26.1			61.2	54.3						
10	00			11.3			61.3							
	12	54.6	53.6	10.4			61.4	54.4	54.2					
11	00			58.5			61.5	54.5						
	12	61.1	62.1	54.1			61.6		54.3					
12	00			61.2			60.1	54.6						
	12	61.2	62.2	60.3	34.2	20.2	60.2	61.1		44.5				
13	00			41.4			60.3		54.4					
	12	61.3	62.3	19.5				61.2			30.5			
14	00	61.4	62.4	13.6			60.4	61.3	54.5					
	12			30.1			60.5							
15	00	61.5	62.5	55.1			60.6	61.4						
	12			37.2			41.1	61.5	54.6					
16	00	61.6	62.6	63.3			41.2							
	12			22.3			41.3	61.6	61.1					
17	00	60.1	56.1	36.4			41.4	60.1						
	12			25.4			41.5		61.2					
18	00	60.2	56.2	17.4			41.6	60.2						
	12			21.5				60.3						
19	00	60.3	56.3	51.5			19.1		61.3			61.3		
	12	60.4	56.4	42.5			19.2	60.4						
20	00			3.6	D	D	19.3	60.5	61.4	44.6				
	12	60.5	56.5	27.6			19.4							
21	00			24.6			19.5	60.6						
	12	60.6	56.6	23.1			19.6	41.1	61.5					
22	00			8.1			13.1				30.6			
	12	41.1	31.1	20.2	R	R	13.2	41.2	61.6					
23	00			16.2			13.3	41.3						
	12	41.2	31.2	35.3										
24	00			45.4			13.4	41.4	60.1					
	12	41.3	31.3	12.4			13.5	41.5						
25	00			15.5			13.6		60.2					
	12	41.4	31.4	52.6	34.1	20.1	49.1	41.6						
26	00	41.5	31.5	53.1			49.2	19.1	60.3					
	12			62.3			49.3	19.2						
27	00	41.6	31.6	56.4			49.4							
	12			31.5			49.5	19.3	60.4					
28	00	19.1	33.1	7.1				19.4						
	12			4.2			49.6		60.5					
29	00	19.2	33.2	29.4			30.1	19.5						
	12			59.6			30.2	19.6		1.1				
30	00	19.3	33.3	64.1			30.3		60.6					
	12			47.3				13.1			55.1			
31	00	19.4	33.4	6.5	14.6	8.6	30.4	13.2	41.1					
	12	19.5	33.5	46.6			30.5							

February 1994

Date	Time	☉	⊕	☾	☊	☋	☿	♀	♂	♃	♄	♅	♆	♇
1	00	19.5	33.5	48.2	14.6	8.6	30.6	13.3	41.2	1.1	55.1	61.3	61.1	14.4
	12	19.6	33.6	57.4	R	R	D	13.4	D	D	D	D	D	D
2	00			32.5			55.1							
	12	13.1	7.1	28.1			55.2	13.5	41.3					
3	00			44.3			55.3	13.6					61.2	
	12	13.2	7.2	1.4	D	D			41.4					
4	00			43.5			55.4	49.1				61.4		
	12	13.3	7.3	34.1	R	R		49.2						
5	00			9.2			55.5		41.5					
	12	13.4	7.4	5.3				49.3						
6	00			26.5			55.6	49.4	41.6					
	12	13.5	7.5	11.6										
7	00	13.6	7.6	58.1			37.1	49.5	19.1		55.2			
	12			38.2				49.6						
8	00	49.1	4.1	54.3										
	12			61.4			37.2	30.1	19.2					
9	00	49.2	4.2	60.5				30.2						
	12			41.6					19.3					
10	00	49.3	4.3	13.1				30.3						
	12			49.2				30.4						
11	00	49.4	4.4	30.3	14.5	8.5			19.4					
	12			55.4			R	30.5		1.2				
12	00	49.5	4.5	37.4				30.6	19.5					
	12			63.5										
13	00	49.6	4.6	22.5				55.1	19.6					
	12	30.1	29.1	36.6				55.2						
14	00			25.6										
	12	30.2	29.2	21.1				55.3	13.1					
15	00			51.1			37.1	55.4			55.3			
	12	30.3	29.3	42.1					13.2					
16	00			3.2			55.6	55.5						
	12	30.4	29.4	27.2	14.4	8.4		55.6						
17	00			24.2					13.3					
	12	30.5	29.5	2.2			55.5	37.1						
18	00			23.3				37.2	13.4					
	12	30.6	29.6	8.3			55.4							
19	00			20.4			55.3	37.3	13.5					
	12	55.1	59.1	16.4				37.4						
20	00	55.2	59.2	35.5			55.2							
	12			45.5				37.5	13.6					
21	00	55.3	59.3	12.6			55.1	37.6						
	12			52.1					49.1			61.5		
22	00	55.4	59.4	39.2			30.6	63.1						
	12			53.3			30.5	63.2	49.2		55.4			
23	00	55.5	59.5	62.4										
	12			56.5			30.4	63.3						
24	00	55.6	59.6	33.1				63.4	49.3					
	12			7.2			30.3							
25	00	37.1	40.1	4.4				63.5	49.4					
	12			29.5			30.2	63.6						
26	00	37.2	40.2	40.1										
	12	37.3	40.3	64.3			30.1	22.1	49.5					
27	00			47.5	14.3	8.3		22.2						
	12	37.4	40.4	46.1					49.6					
28	00			18.3			49.6	22.3						
	12	37.5	40.5	48.5				22.4	30.1					

March 1994

Date/Time	☉	⊕	☾	☊	�	☿	♀	♂	♃	♄	⛢	♆	♇
1 00	37.5	40.5	32.1	14.3	8.3	49.6	22.4	30.1	R	54.4	61.5	61.2	14.4
12	37.6	40.6	50.3	R	R	49.5	22.5	D		D	D	D	R
2 00			28.4				22.6	30.2					
12	63.1	64.1	44.6							55.5			
3 00			43.2				36.1	30.3					
12	63.2	64.2	14.3	D	D		36.2						
4 00			34.5										
12	63.3	64.3	9.6				36.3	30.4				61.3	
5 00			26.2	R	R		36.4						
12	63.4	64.4	11.3			D		30.5					
6 00	63.5	64.5	10.4				36.5						
12			58.5				36.6	30.6					
7 00	63.6	64.6	38.6										
12			61.1				25.1						
8 00	22.1	47.1	60.2				25.2	55.1					
12			41.3										
9 00	22.2	47.2	19.4				25.3	55.2					
12			13.4				25.4						
10 00	22.3	47.3	49.5			49.6							
12			30.6	14.2	8.2		25.5	55.3		55.6			
11 00	22.4	47.4	55.6				25.6						
12			63.1			30.1		55.4					
12 00	22.5	47.5	22.1			17.1							
12			36.2			17.2		55.5					
13 00	22.6	47.6	25.2										
12	36.1	6.1	17.3			30.2	17.3						
14 00			21.3				17.4	55.6					
12	36.2	6.2	51.4			30.3							
15 00			42.4				17.5	37.1			61.6		
12	36.3	6.3	3.4				17.6						
16 00			27.4	14.1	8.1	30.4		37.2					
12	36.4	6.4	24.5				21.1						
17 00			2.5			30.5	21.2						
12	36.5	6.5	23.5					37.3					
18 00			8.6	D	D	30.6	21.3		1.1	37.1			
12	36.6	6.6	20.6					37.4					
19 00			16.6			55.1	21.4						
12	25.1	46.1	45.1				21.5						
20 00			12.1			55.2		37.5					
12	25.2	46.2	15.2			55.3	21.6						
21 00	25.3	46.3	52.3	R	R		51.1	37.6					
12			39.3			55.4							
22 00	25.4	46.4	53.4				51.2	63.1					
12			62.5			55.5	51.3						
23 00	25.5	46.5	56.6										
12			33.2			55.6	51.4	63.2					
24 00	25.6	46.6	7.3			37.1	51.5						
12			4.5					63.3					
25 00	17.1	18.1	29.6			37.2	51.6						
12			40.2			37.3	42.1						
26 00	17.2	18.2	64.4					63.4					
12			47.6			37.4	42.2			37.2			
27 00	17.3	18.3	46.2			37.5	42.3	63.5					
12			18.4										
28 00	17.4	18.4	48.6			37.6	42.4	63.6					
12			32.2			63.1	42.5						
29 00	17.5	18.5	50.4			63.2							
12	17.6	18.6	28.6				42.6	22.1					
30 00			1.2			63.3	3.1						
12	21.1	48.1	43.4			63.4		22.2					
31 00			14.6	D	D	63.5	3.2						
12	21.2	48.2	9.2				3.3	22.3	44.6				

April 1994

Date/Time	☉	⊕	☾	☊	⯁	☿	♀	♂	♃	♄	⛢	♆	♇
1 00	21.2	48.2	5.3	14.1	8.1	63.6	3.3	22.3	44.6	37.2	61.6	61.3	14.1
12	21.3	48.3	26.5	D	D		22.1	3.4	D	R	D	D	R
2 00			11.6				22.2	3.5	22.4				
12	21.4	48.4	58.1										
3 00			38.3				22.3	3.6	22.5				
12	21.5	48.5	54.4	R	R		22.4	27.1					
4 00			61.5				22.5			37.3			
12	21.6	48.6	60.6				22.6	27.2	22.6				
5 00			41.6					27.3					
12	51.1	57.1	13.1				36.1		36.1				
6 00			49.2				36.2	27.4					
12	51.2	57.2	30.3				36.3	27.5	36.2				
7 00			55.3	43.6	23.6		36.4						
12	51.3	57.3	37.4				36.5	27.6					
8 00			63.4					24.1	36.3				
12	51.4	57.4	22.5				36.6						
9 00	51.5	57.5	36.5				25.1	24.2	36.4				
12			25.5				25.2						
10 00	51.6	57.6	17.6				25.3	24.3		44.5			
12			21.6				25.4	24.4	36.5				
11 00	42.1	32.1	51.6				25.5						
12			3.1				25.6	24.5	36.6				
12 00	42.2	32.2	27.1				17.1	24.6					
12			24.1										
13 00	42.3	32.3	2.2				17.2	2.1	25.1		37.4		
12			23.2				17.3	2.2					
14 00	42.4	32.4	8.2	D	D		17.4		25.2				
12			20.3				17.5	2.3					
15 00	42.5	32.5	16.3				17.6	2.4	25.3				
12			35.3				21.1						
16 00	42.6	32.6	45.4				21.2	2.5					
12			12.4				21.3	2.6	25.4				
17 00	3.1	50.1	15.5				21.4						
12			52.5				21.5	23.1	25.5				
18 00	3.2	50.2	39.6				21.6	23.2		44.4			
12			62.1				51.1						
19 00	3.3	50.3	56.2				51.2	23.3	25.6				
12	3.4	50.4	31.3	R	R		51.3	23.4					
20 00			33.4				51.4	17.1					
12	3.5	50.5	7.5				51.5	23.5					
21 00			4.6				51.6	23.6	17.2				
12	3.6	50.6	59.2				42.1						
22 00			40.3				42.2	8.1					
12	27.1	28.1	64.5				42.3		17.3				
23 00			6.1				42.4	8.2		37.5			
12	27.2	28.2	46.3				42.5	8.3	17.4				
24 00			18.5				3.1						
12	27.3	28.3	57.1				3.2	8.4					
25 00			32.3				3.3	8.5	17.5				14.3
12	27.4	28.4	50.5				3.4			44.3		R	
26 00			44.1				3.5	8.6	17.6				
12	27.5	28.5	1.3				3.6	20.1					
27 00			43.5				27.1						
12	27.6	28.6	34.1	D	D		27.2	20.2	21.1				
28 00			9.3				27.3	20.3					
12	24.1	44.1	5.5				27.4		21.2				
29 00			11.1				27.6	20.4					
12	24.2	44.2	10.2				24.1	20.5	21.3				
30 00			58.4				24.2						
12	24.3	44.3	38.5				24.3	20.6					

May 1994

Date	Time	☉	⊕	☾	☊	☋	☿	♀	♂	♃	♄	♅	♆	♇
1	00	24.3	44.3	61.1	43.6	23.6	24.4	16.1	21.4	44.3	37.5	R	61.3	14.3
	12	24.4	44.4	60.2	D	D	24.5	D	D	R	D		R	R
2	00			41.3			24.6	16.2	21.5					
	12	24.5	44.5	19.4			2.2							
3	00	24.6	44.6	13.5	R	R	2.3	16.3		44.2				
	12			49.5			2.4	16.4	21.6					
4	00	2.1	1.1	30.6			2.5							
	12			37.1			2.6	16.5	51.1		37.6			
5	00	2.2	1.2	63.1			23.1	16.6						
	12			22.2			23.3							
6	00	2.3	1.3	36.2			23.4	35.1	51.2					
	12			25.2			23.5	35.2						
7	00	2.4	1.4	17.3			23.6		51.3					
	12			21.3			8.1	35.3						
8	00	2.5	1.5	51.3			8.2	35.4						
	12			42.4			8.3		51.4					
9	00	2.6	1.6	3.4			8.4	35.5						
	12			27.4			8.6	35.6	51.5					
10	00	23.1	43.1	24.5			20.1							
	12			2.5			20.2	45.1	51.6	44.1				
11	00	23.2	43.2	23.5			20.3							
	12			8.5	D	D	20.4	45.2						
12	00	23.3	43.3	20.6			20.5	45.3	42.1					
	12			16.6			20.6							
13	00	23.4	43.4	45.1			16.1	45.4	42.2					
	12			12.1			16.2	45.5						
14	00	23.5	43.5	15.2			16.3							
	12			52.2			16.4	45.6	42.3					
15	00	23.6	43.6	39.3	R	R	16.5	12.1						
	12			53.3			16.6		42.4					
16	00	8.1	14.1	62.4			35.1	12.2						
	12			56.5			35.2	12.3						
17	00	8.2	14.2	31.6			35.3		42.5					
	12			7.1			35.4	12.4						
18	00	8.3	14.3	4.2			35.5		42.6	28.6				
	12	8.4	14.4	29.3			35.6	12.5						
19	00			59.4	D	D		12.6			63.1			
	12	8.5	14.5	40.6			45.1		3.1					
20	00			47.1			45.2	15.1						
	12	8.6	14.6	6.3			45.3	15.2	3.2					
21	00			46.4			45.4							
	12	20.1	34.1	18.6			45.5	15.3						
22	00			57.2				15.4	3.3					
	12	20.2	34.2	32.4			45.6							
23	00			50.6			12.1	15.5	3.4					
	12	20.3	34.3	44.2			12.2							
24	00			1.4				15.6						
	12	20.4	34.4	43.6			12.3	52.1	3.5					
25	00			34.2	R	R	12.4							
	12	20.5	34.5	9.4				52.2	3.6					
26	00			5.6			12.5	52.3						
	12	20.6	34.6	11.2			12.6							
27	00			10.3				52.4	27.1	28.5				
	12	16.1	9.1	58.5			15.1	52.5						
28	00			54.1			15.2		27.2					
	12	16.2	9.2	61.2				52.6						
29	00			60.4			15.3	39.1						
	12	16.3	9.3	41.5					27.3					14.2
30	00			19.6			15.4	39.2						
	12	16.4	9.4	49.1					27.4					
31	00			30.2			15.5	39.3						
	12	16.5	9.5	55.3				39.4						

June 1994

Date	Time	☉	⊕	☾	☊	☋	☿	♀	♂	♃	♄	♅	♆	♇
1	00	16.5	9.5	37.3	43.6	23.6	15.6	39.4	27.5	28.5	63.1	61.6	61.3	14.2
	12	16.6	9.6	63.4	D	D	D	39.5	D	R	D	R	R	R
2	00			22.4			52.1	39.6	27.6					
	12	35.1	5.1	36.5										
3	00			25.5			52.2	53.1						
	12	35.2	5.2	17.6					24.1					
4	00			21.6				53.2						
	12	35.3	5.3	51.6			52.3	53.3	24.2					
5	00			3.1										
	12	35.4	5.4	27.1				53.4						
6	00			24.1			52.4	53.5	24.3					
	12	35.5	5.5	2.1						28.4				
7	00			23.2				53.6	24.4					
	12	35.6	5.6	8.2	R	R		62.1						
8	00			20.2										
	12	45.1	26.1	16.3			52.5	62.2	24.5					
9	00	45.2	26.2	35.3										
	12			45.4				62.3	24.6					
10	00	45.3	26.3	12.4				62.4						
	12			15.5										
11	00	45.4	26.4	52.6				62.5	2.1					
	12			39.6				62.6						
12	00	45.5	26.5	62.1										
	12			56.2	43.5	23.5		56.1	2.2					
13	00	45.6	26.6	31.3			R				63.2			
	12			33.4				56.2	2.3					
14	00	12.1	11.1	7.5				56.3						
	12			4.6										
15	00	12.2	11.2	59.1				56.4	2.4					
	12			40.2				56.5						
16	00	12.3	11.3	64.3					2.5					
	12			47.5				56.6						
17	00	12.4	11.4	6.6	D	D								
	12			18.1			52.4	31.1	2.6					
18	00	12.5	11.5	48.3				31.2						
	12			57.5					23.1					
19	00	12.6	11.6	32.6				31.3				61.5		
	12			28.2				31.4					61.2	
20	00	15.1	10.1	44.4			52.3		23.2					
	12			1.6				31.5						
21	00	15.2	10.2	14.1	R	R								
	12			34.3				31.6	23.3					
22	00	15.3	10.3	9.5			52.2	33.1						
	12			26.1					23.4					
23	00	15.4	10.4	11.3				33.2						
	12			10.5			52.1	33.3			R			
24	00	15.5	10.5	58.6					23.5					
	12			54.2				33.4						
25	00	15.6	10.6	61.3			15.6		23.6					
	17			60.5				33.5						
26	00	52.1	58.1	41.6				33.6						
	12			13.1					8.1					
27	00	52.2	58.2	49.3			15.5	7.1		28.3				
	12			30.4				7.2						
28	00	52.3	58.3	55.5					8.2					
	12			37.5			15.4	7.3						
29	00	52.4	58.4	63.6					8.3					
	12			36.1				7.4						
30	00	52.5	58.5	25.1				7.5						
	12			17.2			15.3		8.4					

July 1994

Date	Time	☉	⊕	☾	☊	☋	☿	♀	♂	♃	♄	♅	♆	♇
1	00	52.6	58.6	21.2	D	D	15.3	7.6	8.4	28.3	63.2	61.5	61.2	14.2
	12			51.2			R	D	8.5	R	R	R	R	R
2	00	39.1	38.1	42.3				4.1						
	12			3.3				4.2		D				
3	00	39.2	38.2	27.3			15.2		8.6					
	12			24.4				4.3						
4	00	39.3	38.3	2.4				4.4			63.1			
	12			23.4					20.1					
5	00	39.4	38.4	8.5	R	R		4.5						
	12			20.5					20.2					
6	00	39.5	38.5	16.5				4.6						
	12	39.6	38.6	35.6				29.1						
7	00			45.6			D		20.3					
	12	53.1	54.1	15.1				29.2						
8	00			52.2						28.4				
	12	53.2	54.2	39.2	43.4	23.4		29.3	20.4					
9	00			53.3				29.4						
	12	53.3	54.3	62.4					20.5					
10	00			56.5				29.5						
	12	53.4	54.4	31.6										
11	00			7.1			15.3	29.6	20.6					
	12	53.5	54.5	4.2				59.1						
12	00			29.3										
	12	53.6	54.6	59.5				59.2	16.1					14.1
13	00			40.6										
	12	62.1	61.1	47.1			15.4	59.3	16.2					
14	00			6.3				59.4				61.4		
	12	62.2	61.2	46.4										
15	00			18.6			15.5	59.5	16.3					
	12	62.3	61.3	57.1										
16	00			32.2			15.6	59.6						
	12	62.4	61.4	50.4	D	D		40.1	16.4					
17	00			28.6										
	12	62.5	61.5	1.1			52.1	40.2	16.5					
18	00			43.3										
	12	62.6	61.6	14.4	R	R	52.2	40.3						
19	00			34.6			52.3	40.4	16.6					
	12	56.1	60.1	5.2										
20	00			26.3			52.4	40.5						
	12	56.2	60.2	11.5					35.1					
21	00			10.6	43.3	23.3	52.5	40.6						
	12	56.3	60.3	38.2			52.6	64.1						
22	00			54.4					35.2					
	12	56.4	60.4	61.5			39.1	64.2						
23	00			60.6			39.2		35.3					
	12	56.5	60.5	19.2				64.3						
24	00			13.3			39.3	64.4						
	12	56.6	60.6	49.4			39.4		35.4					
25	00			30.5			39.5	64.5					61.1	
	12	31.1	41.1	55.6			39.6							
26	00			63.1				64.6	35.5					
	12	31.2	41.2	22.2			53.1							
27	00			36.3	43.2	23.2	53.2	47.1	35.6					
	12	31.3	41.3	25.3			53.3	47.2						
28	00			17.4			53.4			28.5				
	12	31.4	41.4	21.4			53.5	47.3	45.1					
29	00			51.5			53.6							
	12	31.5	41.5	42.5			62.1	47.4			37.6			
30	00			3.5			62.2	47.5	45.2					
	12	31.6	41.6	27.6			62.3							
31	00			24.6	D	D	62.4	47.6						
	12	33.1	19.1	2.6			62.5		45.3					

August 1994

Date	Time	☉	⊕	☾	☊	☋	☿	♀	♂	♃	♄	♅	♆	♇
1	00	33.1	19.1	8.1	R	R	62.6	6.1	45.3	28.5	37.6	61.4	61.1	14.1
	12	33.2	19.2	20.1			56.1	D	45.4	D	R	R	R	R
2	00			16.1			56.2	6.2						
	12	33.3	19.3	35.2			56.3	6.3						
3	00	33.4	19.4	45.2			56.4		45.5					
	12			12.3			56.5	6.4						
4	00	33.5	19.5	15.3			56.6							
	12			52.4			31.1	6.5	45.6					
5	00	33.6	19.6	39.5			31.2							
	12			53.6			31.3	6.6						
6	00	7.1	13.1	56.1			31.4	46.1	12.1					D
	12			31.2			31.5							
7	00	7.2	13.2	33.3			33.1	46.2				61.3		
	12			7.4			33.2		12.2					
8	00	7.3	13.3	4.5	43.1	23.1	33.3	46.3		28.6				
	12			59.1			33.4		12.3					
9	00	7.4	13.4	40.2			33.5	46.4						
	12			64.3			33.6							
10	00	7.5	13.5	47.5			7.1	46.5	12.4					
	12			6.6			7.2	46.6						
11	00	7.6	13.6	18.2			7.3							
	12			48.4			7.4	18.1	12.5					
12	00	4.1	49.1	57.5			7.6							
	12			50.1			4.1	18.2						
13	00	4.2	49.2	28.2			4.2		12.6					
	12			44.4			4.3	18.3			37.5			
14	00	4.3	49.3	1.5			4.4							
	12			14.1			4.5	18.4	15.1					
15	00	4.4	49.4	34.2			4.6	18.5						
	12			9.4			29.1							
16	00	4.5	49.5	5.5			29.2	18.6	15.2					
	12			11.1			29.3			44.1				
17	00	4.6	49.6	10.2			29.4	48.1	15.3					
	12			58.4			29.5							
18	00	29.1	30.1	38.5			29.6	48.2						
	12			54.6			59.1		15.4					
19	00	29.2	30.2	60.2	1.6	2.6	59.2	48.3						
	12			41.3			59.3							
20	00	29.3	30.3	19.4			59.4	48.4	15.5					
	12			13.5			59.5							
21	00	29.4	30.4	49.6			59.6	48.5						
	12			55.1			40.1		15.6					
22	00	29.5	30.5	37.2			40.2	48.6						
	12			63.3			40.3	57.1						
23	00	29.6	30.6	22.4			40.4		52.1					
	12	59.1	55.1	36.5			40.5	57.2		44.2				
24	00			25.5	1.5	2.5	40.6							
	12	59.2	55.2	17.6			64.1	57.3	52.2					
25	00			21.6			64.2							
	12	59.3	55.3	42.1			64.3	57.4						
26	00			3.1			64.4		52.3					
	12	59.4	55.4	27.1			64.5	57.5			37.4			
27	00			24.2			64.6							
	12	59.5	55.5	2.2			47.1	57.6	52.4					
28	00			23.2	D	D	47.2							
	12	59.6	55.6	8.3			47.3	32.1						
29	00			20.3			47.4		52.5					
	12	40.1	37.1	16.3	R	R		32.2						
30	00			35.4			47.5			44.3				14.2
	12	40.2	37.2	45.4			47.6	32.3	52.6					
31	00			12.5			6.1							
	12	40.3	37.3	15.5			6.2	32.4						

September 1994

Date	Time	☉	⊕	☾	☊	☋	☿	♀	♂	♃	♄	♅	♆	♇
1	00	40.3	37.3	52.6	1.5	2.5	6.3	32.4	39.1	44.3	37.4	61.3	61.1	14.2
	12	40.4	37.4	39.6	R	R	6.4	3.5	D	D	R	R	R	D
2	00			62.1			6.5							
	12	40.5	37.5	56.2				32.6	39.2					
3	00			31.3			6.6							
	12	40.6	37.6	33.4			46.1							
4	00			7.6			46.2	50.1	39.3					
	12	64.1	63.1	29.1			46.3							
5	00			59.3	1.4	2.4	46.4	50.2						
	12	64.2	63.2	40.4			46.5		39.4	44.4				
6	00			64.6				50.3						
	12	64.3	63.3	6.1			46.6							
7	00			46.3			18.1	50.4	39.5				54.6	
	12	64.4	63.4	18.5			18.2							
8	00			57.1			18.3	50.5			37.3	61.2		
	12	64.5	63.5	32.2					39.6					
9	00	64.6	63.6	50.4			18.4	50.6						
	12			28.6			18.5							
10	00	47.1	22.1	1.2			18.6		53.1					
	12			43.3	D	D		28.1						
11	00	47.2	22.2	14.5			48.1			44.5				
	12			34.6			48.2	28.2	53.2					
12	00	47.3	22.3	5.2			48.3							
	12			26.3	R	R		28.3						
13	00	47.4	22.4	11.5			48.4		53.3					
	12			10.6			48.5							
14	00	47.5	22.5	38.2			48.6	28.4						
	12			54.3					53.4					
15	00	47.6	22.6	61.4			57.1	28.5						
	12			60.5			57.2							
16	00	6.1	36.1	41.6					53.5					
	12			13.1			57.3	28.6		44.6				
17	00	6.2	36.2	49.2			57.4							
	12			30.3			57.5		53.6					
18	00	6.3	36.3	55.4	1.3	2.3		44.1						
	12			37.5			57.6							
19	00	6.4	36.4	63.6			32.1	44.2	62.1					
	12			22.6										
20	00	6.5	36.5	25.1			32.2							
	12			17.2				44.3	62.2		37.2			
21	00	6.6	36.6	21.2			32.3							
	12	46.1	25.1	51.3			32.4			1.1				
22	00			42.3				44.4	62.3					
	12	46.2	25.2	3.3			32.5							
23	00			27.4			32.6							
	12	46.3	25.3	24.4				44.5						
24	00			2.4	D	D	50.1		62.4					
	12	46.4	25.4	23.5										
25	00			8.5			50.2	44.6						
	12	46.5	25.5	20.5					62.5					
26	00			16.6			50.3							
	12	46.6	25.6	35.6						1.2				
27	00			45.6			50.4	1.1	62.6					
	12	18.1	17.1	15.1										
28	00			52.1			50.5							
	12	18.2	17.2	39.2	R	R		1.2	56.1					
29	00			53.2			50.6							
	12	18.3	17.3	62.3										
30	00			56.4			28.1		56.2					
	12	18.4	17.4	31.5										

October 1994

Date	Time	☉	⊕	☾	☊	☋	☿	♀	♂	♃	♄	♅	♆	♇
1	00	18.4	17.4	33.6	1.3	2.3	28.2	1.3	56.2	1.2	37.2	61.2	54.6	14.2
	12	18.5	17.5	4.1	R	R	D	D	D	1.3	R	R	R	D
2	00	18.6	17.6	29.2					56.3					
	12			59.4			28.3					D		
3	00	48.1	21.1	40.5				1.4					D	
	12			47.1					56.4					
4	00	48.2	21.2	6.3			28.4							
	12			46.4										
5	00	48.3	21.3	18.6	1.2	2.2			56.5					
	12			57.2							37.1			
6	00	48.4	21.4	32.4			28.5	1.5						
	12			50.6						1.4				
7	00	48.5	21.5	44.2					56.6					
	12			1.4	D	D								
8	00	48.6	21.6	43.6										
	12			34.2					31.1					
9	00	57.1	51.1	9.4										14.3
	12			5.5			R							
10	00	57.2	51.2	11.1					31.2					
	12			10.3										
11	00	57.3	51.3	58.4						1.5				
	12	57.4	51.4	38.5				1.6						
12	00			61.1	R	R			31.3					
	12	57.5	51.5	60.2										
13	00			41.3			28.4							
	12	57.6	51.6	19.4				R	31.4					
14	00			13.5										
	12	32.1	42.1	49.6			28.3							
15	00			55.1										
	12	32.2	42.2	37.2				1.5	31.5	1.6				
16	00			63.2			28.2							
	12	32.3	42.3	22.3										
17	00			36.3			28.1		31.6					
	12	32.4	42.4	25.4										
18	00			17.5			50.6							
	12	32.5	42.5	21.5			50.5							
19	00			51.5					33.1					
	12	32.6	42.6	42.6			50.4							
20	00			3.6			50.3			43.1				
	12	50.1	3.1	24.1				1.4	33.2					
21	00	50.2	3.2	2.1			50.2							
	12			23.1	D	D	50.1							
22	00	50.3	3.3	8.1										
	12			20.2			32.6		33.3					
23	00	50.4	3.4	16.2			32.5							
	12			35.2				1.3						
24	00	50.5	3.5	45.3			32.4							
	12			12.3					33.4	43.2				
25	00	50.6	3.6	15.3			32.3							
	12			52.4				1.2						
26	00	28.1	27.1	39.4			32.2		33.5			61.3		
	12			53.5										
27	00	28.2	27.2	62.5										
	12			56.6			32.1	1.1						
28	00	28.3	27.3	33.1	R	R			33.6				61.1	
	12	28.4	27.4	7.2						43.3				
29	00			4.3				44.6						
	12	28.5	27.5	29.4										
30	00			59.5					7.1					
	12	28.6	27.6	40.6			D							
31	00			47.2				44.5						
	12	44.1	24.1	6.3							55.6			

November 1994

Date/Time	☉	⊕	☽	☊	☋	☿	♀	♂	♃	♄	⛢	♆	♇
1 00	44.1	24.1	46.5	1.2	2.2	32.1	44.5	7.2	43.3	55.6	61.3	61.1	14.3
12	44.2	24.2	48.1	R	R		44.4	D	D	R	D	D	D
2 00			57.3					43.4					
12	44.3	24.3	32.5			32.2		7.3					
3 00			28.1				44.3						
12	44.4	24.4	44.3										
4 00			1.5	D	D	32.3							14.4
12	44.5	24.5	14.1				44.2	7.4					
5 00	44.6	24.6	34.3			32.4							
12			9.5										
6 00	1.1	2.1	26.1			32.5	44.1						
12			11.3				7.5	43.5					
7 00	1.2	2.2	10.5			32.6							
12			38.1				28.6						
8 00	1.3	2.3	54.2	R	R	50.1							
12			61.4			50.2							
9 00	1.4	2.4	60.5				7.6						
12			41.6			50.3	28.5		D				
10 00	1.5	2.5	13.1			50.4							
12			49.3	D	D			43.6					
11 00	1.6	2.6	30.3			50.5	28.4	4.1					
12			55.4			50.6							
12 00	43.1	23.1	37.5			28.1							
12	43.2	23.2	63.6										
13 00			22.6			28.2		4.2					
12	43.3	23.3	25.1			28.3	28.3						
14 00			17.1			28.4							
12	43.4	23.4	21.2										
15 00			51.2			28.5		14.1					
12	43.5	23.5	42.3			28.6	28.2	4.3					
16 00			3.3			44.1							
12	43.6	23.6	27.3			44.2							
17 00			24.4										
12	14.1	8.1	2.4	R	R	44.3		4.4					
18 00			23.4			44.4							
12	14.2	8.2	8.4			44.5				37.1			
19 00	14.3	8.3	20.5			44.6		14.2					
12			16.5				28.1						
20 00	14.4	8.4	35.5			1.1		4.5					
12			45.6			1.2							
21 00	14.5	8.5	12.6			1.3							
12			15.6			1.4							
22 00	14.6	8.6	39.1			1.5		4.6					
12			53.1										
23 00	34.1	20.1	62.2			1.6		14.3					
12			56.2			43.1							
24 00	34.2	20.2	31.3			43.2	D						
12			33.4			43.3	29.1						
25 00	34.3	20.3	7.4			43.4					61.4		
12	34.4	20.4	4.5										
26 00			29.6			43.5							
12	34.5	20.5	40.1	D	D	43.6							
27 00			64.2			14.1							
12	34.6	20.6	47.4			14.2	29.2	14.4					
28 00			6.5			14.3							14.5
12	9.1	16.1	18.1			14.4							
29 00			48.2				28.2						
12	9.2	16.2	57.4			14.5							
30 00			32.6			14.6	29.3						
12	9.3	16.3	28.1			34.1							

December 1994

Date/Time	☉	⊕	☽	☊	☋	☿	♀	♂	♃	♄	⛢	♆	♇
1 00	9.3	16.3	44.3	1.2	2.2	34.2	28.2	29.3	14.4	37.1	61.4	61.1	14.5
12	9.4	16.4	1.5	R	R	34.3	D	D	14.5	D	D	D	D
2 00	9.5	16.5	14.1			34.3							
12			34.4			34.4	28.3						
3 00	9.6	16.6	9.6			34.5	29.4						
12			26.2			34.6							
4 00	5.1	35.1	11.4			9.1							
12			10.6			9.2							
5 00	5.2	35.2	38.2				28.4						
12			54.4			9.3							
6 00	5.3	35.3	61.5			9.4		29.5	14.6				
12			41.1			9.5							
7 00	5.4	35.4	19.2			9.6	28.5					61.2	
12	5.5	35.5	13.4			5.1							
8 00			49.5										
12	5.6	35.6	30.6			5.2							
9 00			37.1			5.3	28.6						
12	26.1	45.1	63.2			5.4	29.6						
10 00			22.3	D	D	5.5							
12	26.2	45.2	36.3			5.6		34.1					
11 00			25.4				44.1						
12	26.3	45.3	17.4			26.1							
12 00			21.5			26.2							
12	26.4	45.4	51.5			26.3	44.2						
13 00			42.6			26.4							
12	26.5	45.5	3.6			26.5		59.1					
14 00	26.6	45.6	27.6				44.3		37.2				
12			2.1			26.6		34.2		61.5			
15 00	11.1	12.1	23.1	R	R	11.1							
12			8.1			11.2	44.4						
16 00	11.2	12.2	20.1			11.3							
12			16.2			11.4							
17 00	11.3	12.3	35.2			11.5	44.5						
12			45.2										
18 00	11.4	12.4	12.3			11.6	44.6	59.2					
12			15.3			10.1							
19 00	11.5	12.5	52.4	1.1	2.1	10.2		34.3					
12	11.6	12.6	39.4			10.3	1.1						
20 00			53.5			10.4							
12	10.1	15.1	62.5										
21 00			56.6			10.5	1.2						
12	10.2	15.2	33.1			10.6							
22 00			7.1			58.1	1.3						
12	10.3	15.3	4.2			58.2							14.6
23 00			29.3			58.3	1.4						
12	10.4	15.4	59.4			58.4		59.3	34.4				
24 00			40.5										
12	10.5	15.5	64.6			58.5	1.5						
25 00	10.6	15.6	6.1			58.6							
12			46.2			38.1	1.6						
26 00	58.1	52.1	18.3	D	D	38.2							
12			48.5			38.3	43.1						
27 00	58.2	52.2	57.6			38.4							
12			50.2				43.2		37.3				
28 00	58.3	52.3	28.3			38.5		34.5					
12			44.5			38.6							
29 00	58.4	52.4	43.1	R	R	54.1	43.3						
12			14.3			54.2							
30 00	58.5	52.5	34.4			54.3	43.4						
12			9.6			54.4							
31 00	58.6	52.6	26.2			43.5							
12	38.1	39.1	11.4			54.5						61.6	

1994

January 1995

Date	Time	☉	⊕	☾	☊	☋	☿	♀	♂	♃	♄	♅	♆	♇
1	00	38.1	39.1	10.6	1.1	2.1	54.6	43.6	59.3	34.5	37.3	61.6	61.2	14.6
	12	38.2	39.2	38.2	44.6	24.6	61.1	D	D	34.6	D	D	D	D
2	00			54.4			61.2	14.1						
	12	38.3	39.3	61.6			61.3							
3	00			41.2			61.4	14.2	R				61.3	
	12	38.4	39.4	19.3										
4	00			13.5			61.5	14.3						
	12	38.5	39.5	49.6			61.6							
5	00			55.2			60.1	14.4						
	12	38.6	39.6	37.3			60.2							
6	00	54.1	53.1	63.4			60.3	14.5						
	12			22.5			60.4			9.1				
7	00	54.2	53.2	36.6				14.6						
	12			25.6			60.5							
8	00	54.3	53.3	21.1			60.6	34.1			37.4			
	12			51.1			41.1							
9	00	54.4	53.4	42.2	D	D	41.2	34.2						
	12			3.2			41.3							
10	00	54.5	53.5	27.3			41.4	34.3						
	12			24.3				34.4						
11	00	54.6	53.6	2.3	R	R	41.5							
	12	61.1	62.1	23.3			41.6	34.5		9.2				
12	00			8.4			19.1							
	12	61.2	62.2	20.4			19.2	34.6						
13	00			16.4					59.2					
	12	61.3	62.3	35.5			19.3	9.1						
14	00			45.5	44.5	24.5	19.4							
	12	61.4	62.4	12.6			19.5	9.2						
15	00			15.6										
	12	61.5	62.5	52.6			19.6	9.3						
16	00			53.1			13.1							
	12	61.6	62.6	62.2			13.2	9.4		9.3		60.1		
17	00	60.1	56.1	56.2				9.5						
	12			31.3			13.3				37.5			
18	00	60.2	56.2	33.4				9.6						
	12			7.5			13.4		59.1					
19	00	60.3	56.3	4.6	44.4	24.4	13.5	5.1						
	12			59.1										
20	00	60.4	56.4	40.2			13.6	5.2						
	12			64.3										
21	00	60.5	56.5	47.4			49.1	5.3						
	12			6.5				5.4		9.4				
22	00	60.6	56.6	46.6										
	12			48.1			49.2	5.5						
23	00	41.1	31.1	57.3					29.6					34.1
	12	41.2	31.2	32.4				5.6						
24	00			50.5			49.3							
	12	41.3	31.3	44.1	D	D		26.1						
25	00			1.2	R	R		26.2						
	12	41.4	31.4	43.4										
26	00			14.5				26.3	29.5					
	12	41.5	31.5	9.1			R				37.6			
27	00			5.3				26.4		9.5				
	12	41.6	31.6	26.4				26.5					61.4	
28	00			11.6										
	12	19.1	33.1	58.2			49.2	26.6						
29	00	19.2	33.2	38.4					29.4					
	12			54.5	44.3	24.3		11.1						
30	00	19.3	33.3	60.1			49.1							
	12			41.3				11.2						
31	00	19.4	33.4	19.4				11.3						
	12			13.6			13.6							

February 1995

Date	Time	☉	⊕	☾	☊	☋	☿	♀	♂	♃	♄	♅	♆	♇
1	00	19.5	33.5	30.1	44.3	24.3	13.6	11.4	29.3	9.5	37.6	60.1	61.4	34.1
	12			55.3	R	R	13.5	D	R	D	D	60.2	D	D
2	00	19.6	33.6	37.4			13.4	11.5		9.6				
	12			63.5				11.6						
3	00	13.1	7.1	22.6			13.3							
	12	13.2	7.2	25.1	44.2	24.2		10.1	29.2					
4	00			17.2			13.2				63.1			
	12	13.3	7.3	21.3			13.1	10.2						
5	00			51.3				10.3						
	12	13.4	7.4	42.4			19.6							
6	00			3.4			19.5	10.4	29.1					
	12	13.5	7.5	27.5										
7	00			24.5	D	D	19.4	10.5						
	12	13.6	7.6	2.5				10.6						
8	00			23.6	R	R	19.3			5.1				
	12	49.1	4.1	8.6			19.2	58.1	4.6					
9	00			20.6										
	12	49.2	4.2	35.1			19.1	58.2						
10	00	49.3	4.3	45.1				58.3						
	12			12.1					4.5					
11	00	49.4	4.4	15.2			41.6	58.4						
	12			52.2										
12	00	49.5	4.5	39.3				58.5			63.2			
	12			53.3			41.5	58.6						
13	00	49.6	4.6	62.4					4.4					
	12			56.5				38.1						
14	00	30.1	29.1	31.5										
	12			33.6				38.2						
15	00	30.2	29.2	4.1	44.1	24.1	41.4	38.3		5.2				
	12			29.2					4.3					
16	00	30.3	29.3	59.3				38.4						
	12	30.4	29.4	40.5			D							
17	00			64.6				38.5						
	12	30.5	29.5	6.1				38.6						
18	00			46.2			41.5		4.2					
	12	30.6	29.6	18.4				54.1				60.3		
19	00			48.5				54.2						
	12	55.1	59.1	32.1										
20	00			50.2				54.3			63.3			
	12	55.2	59.2	28.3					4.1					
21	00			44.5	D	D	41.6	54.4						
	12	55.3	59.3	1.6				54.5						
22	00			14.2										
	12	55.4	59.4	34.3			19.1	54.6						
23	00	55.5	59.5	9.5	R	R			7.6	5.3				
	12			5.6				61.1						
24	00	55.6	59.6	11.2			19.2	61.2					61.5	
	12			10.4										
25	00	37.1	40.1	58.5				61.3						
	12			54.1			19.3	61.4	7.5					
26	00	37.2	40.2	61.2										
	12			60.4	28.6	27.6	19.4	61.5						
27	00	37.3	40.3	41.5										
	12			19.6			19.5	61.6			63.4			
28	00	37.4	40.4	49.2				60.1						
	12			30.3			19.6		7.4					

March 1995

Date/Time	☉	⊕	☾	☊	☋	☿	♀	♂	♃	♄	⛢	♆	♇
1 00	37.5	40.5	55.4	28.6	27.6	19.6	60.2	7.4	5.3	63.4	60.3	61.5	34.1
12			37.6	R	R	13.1	60.3	R	D	D	D	D	D
2 00	37.6	40.6	22.1										
12	63.1	64.1	36.2			13.2	60.4						
3 00			25.3										
12	63.2	64.2	17.4			13.3	60.5	7.3					
4 00			21.4			13.4	60.6						
12	63.3	64.3	51.5										R
5 00			42.6			13.5	41.1		5.4				
12	63.4	64.4	3.6				41.2						
6 00			24.1	D	D	13.6							
12	63.5	64.5	2.1			49.1	41.3						
7 00			23.1							63.5			
12	63.6	64.6	8.2			49.2	41.4	7.2					
8 00			20.2			49.3	41.5						
12	22.1	47.1	16.2										
9 00	22.2	47.2	35.3			49.4	41.6						
12			45.3	R	R	49.5	19.1						
10 00	22.3	47.3	12.3								60.4		
12			15.4			49.6	19.2						
11 00	22.4	47.4	52.4			30.1	19.3						
12			39.4										
12 00	22.5	47.5	53.5	28.5	27.5	30.2	19.4						
12			62.6			30.3			7.1				
13 00	22.6	47.6	56.6			30.4	19.5						
12			33.1				19.6						
14 00	36.1	6.1	7.2			30.5							
12			4.3			30.6	13.1						
15 00	36.2	6.2	29.4			55.1	13.2			63.6			
12			59.5										
16 00	36.3	6.3	40.6			55.2	13.3						
12			47.2			55.3							
17 00	36.4	6.4	6.3			55.4	13.4						
12	36.5	6.5	46.5				13.5						
18 00			18.6			55.5							
12	36.6	6.6	57.2			55.6	13.6						
19 00			32.3			37.1	49.1						
12	25.1	46.1	50.5			37.2							
20 00			44.1	D	D		49.2	5.5					
12	25.2	46.2	1.2			37.3	49.3						
21 00			43.4			37.4							
12	25.3	46.3	14.6			37.5	49.4	33.6					
22 00			9.1			37.6							
12	25.4	46.4	5.3			63.1	49.5				22.1		
23 00			26.5				49.6						
12	25.5	46.5	11.6			63.2							
24 00			58.2	R	R	63.3	30.1						
12	25.6	46.6	38.3			63.4	30.2						
25 00	17.1	18.1	54.5			63.5		D					
12			61.6			63.6	30.3						
26 00	17.2	18.2	41.1			22.1	30.4						
12			19.3			22.2							
27 00	17.3	18.3	13.4				30.5						
12			49.5			22.3							
28 00	17.4	18.4	30.6			22.4	30.6						
12			37.1			22.5	55.1	7.1					
29 00	17.5	18.5	63.2			22.6							
12			22.3			36.1	55.2						
30 00	17.6	18.6	36.4	28.4	27.4	36.2	55.3						
12			25.5			36.3					22.2		
31 00	21.1	48.1	17.6			36.4	55.4						
12			21.6			36.5	55.5						

April 1995

Date/Time	☉	⊕	☾	☊	☋	☿	♀	♂	♃	♄	⛢	♆	♇
1 00	21.2	48.2	42.1	28.4	27.4	36.6	55.5	7.1	5.5	22.2	60.4	61.5	34.1
12			3.2	R	R	25.1	55.6	D	D	D	D	D	R
2 00	21.3	48.3	27.2			25.2		R					
12			24.3	D	D	25.3	37.1						
3 00	21.4	48.4	2.3			25.4	37.2						
12	21.5	48.5	23.3			25.5							
4 00			8.4			25.6	37.3						
12	21.6	48.6	20.4			17.1	37.4						
5 00			16.4			17.2							
12	51.1	57.1	35.5			17.3	37.5						
6 00			45.5			17.4	37.6						
12	51.2	57.2	12.5			17.5					60.5		
7 00			15.6			17.6	63.1						
12	51.3	57.3	52.6			21.1	63.2	7.2		22.3			
8 00			39.6			21.2						61.6	
12	51.4	57.4	62.1	R	R	21.3	63.3						
9 00			56.1			21.4							
12	51.5	57.5	31.2			21.5	63.4						
10 00			33.3			21.6	63.5						
12	51.6	57.6	7.4			51.1							
11 00			4.4			51.2	63.6						
12	42.1	32.1	29.5			51.3	22.1						
12 00			59.6			51.4							
12	42.2	32.2	64.2			51.6	22.2	7.3					
13 00			47.3			42.1	22.3						
12	42.3	32.3	6.4			42.2							
14 00	42.4	32.4	46.6			42.3	22.4						
12			48.2			42.4	22.5		5.4				
15 00	42.5	32.5	57.3			42.5							
12			32.5			42.6	22.6						14.6
16 00	42.6	32.6	28.1			3.1				22.4			
12			44.3	D	D	3.2	36.1						
17 00	3.1	50.1	1.5			3.4	36.2	7.4					
12			14.1			3.5							
18 00	3.2	50.2	34.2			3.6	36.3						
12			9.4			27.1	36.4						
19 00	3.3	50.3	5.6			27.2							
12			11.2			27.3	36.5						
20 00	3.4	50.4	10.4			27.4	36.6						
12			58.5			27.6		7.5					
21 00	3.5	50.5	54.1			24.1	25.1						
12			61.3			24.2	25.2						
22 00	3.6	50.6	60.4			24.3							
12			41.5	R	R	24.4	25.3						
23 00	27.1	28.1	13.1			24.5							
12			49.2			24.6	25.4						
24 00	27.2	28.2	30.3			2.1	25.5	7.6					
12			55.4			2.2							
25 00	27.3	28.3	37.5			2.3	25.6			22.5			
12	27.4	28.4	63.6			2.5	17.1						
26 00			36.1			2.6							
12	27.5	28.5	25.1	D	D	23.1	17.2						
27 00			17.2			23.2	17.3	4.1					
12	27.6	28.6	21.3			23.3							
28 00			51.3			23.4	17.4						R
12	24.1	44.1	42.4			23.5	17.5						
29 00			3.4			23.6							
12	24.2	44.2	27.5	R	R	8.1	17.6						
30 00			24.5			8.2		4.2	5.3				
12	24.3	44.3	2.6			8.3	21.1						

May 1995

Date	Time	☉	⊕	☾	☊	☋	☿	♀	♂	♃	♄	♅	♆	♇
1	00	24.3	44.3	23.6	28.4	27.4	8.3	21.2	4.2	5.3	22.5	60.5	61.6	14.6
	12	24.4	44.4	8.6	R	R	8.4	D	D	R	D	D	R	R
2	00			16.1			8.5	21.3						
	12	24.5	44.5	35.1			8.6	21.4						
3	00			45.1			20.1		4.3					
	12	24.6	44.6	12.2			20.2	21.5						
4	00			15.2			20.3	21.6						
	12	2.1	1.1	52.2										
5	00			39.3			20.4	51.1			22.6			
	12	2.2	1.2	53.3			20.5	51.2	4.4			R		
6	00			62.3			20.6							
	12	2.3	1.3	56.4			16.1	51.3						
7	00			31.4										
	12	2.4	1.4	33.5			16.2	51.4						
8	00			7.6	D	D	16.3	51.5	4.5					
	12	2.5	1.5	4.6										
9	00			59.1			16.4	51.6						
	12	2.6	1.6	40.2			16.5	42.1						
10	00	23.1	43.1	64.3						5.2				
	12			47.4			16.6	42.2	4.6					
11	00	23.2	43.2	6.6				42.3						
	12			18.1			35.1							
12	00	23.3	43.3	48.3				42.4						
	12			57.4			35.2	42.5						
13	00	23.4	43.4	32.6					29.1					
	12			28.2			35.3	42.6						
14	00	23.5	43.5	44.4	R	R		3.1						
	12			1.6			35.4							
15	00	23.6	43.6	14.2				3.2						
	12			34.4			35.5		29.2					
16	00	8.1	14.1	9.6				3.3			36.1			
	12			26.2				3.4						
17	00	8.2	14.2	11.4			35.6							
	12			10.6				3.5	29.3					
18	00	8.3	14.3	38.2				3.6						
	12			54.4						5.1				
19	00	8.4	14.4	61.5			45.1	27.1					61.5	
	12			41.1				27.2						
20	00	8.5	14.5	19.3					29.4					
	12			13.4				27.3						
21	00	8.6	14.6	49.5				27.4						
	12			55.1	D	D	45.2							
22	00	20.1	34.1	37.2				27.5	29.5					
	12			63.3				27.6						14.5
23	00	20.2	34.2	22.4										
	12			36.4				24.1						
24	00	20.3	34.3	25.5					29.6					
	12			17.6			R	24.2						
25	00	20.4	34.4	21.6				24.3						
	12			42.1										
26	00	20.5	34.5	3.1				24.4	59.1	9.6				
	12			27.2				24.5						
27	00	20.6	34.6	24.2	R	R								
	12			2.2				24.6						
28	00	16.1	9.1	23.3			45.1	2.1						
	12	16.2	9.2	8.3					59.2					
29	00			20.3				2.2						
	12	16.3	9.3	16.4				2.3			36.2			
30	00			35.4										
	12	16.4	9.4	45.4				2.4	59.3					
31	00			12.5			35.6	2.5						
	12	16.5	9.5	15.5										

June 1995

Date	Time	☉	⊕	☾	☊	☋	☿	♀	♂	♃	♄	♅	♆	♇
1	00	16.5	9.5	52.5	28.4	27.4	35.6	2.6	59.3	9.6	36.2	60.5	61.5	14.5
	12	16.6	9.6	39.6	R	R	R	D	59.4	R	D	R	R	R
2	00			53.6			35.5	23.1						
	12	35.1	5.1	62.6				23.2		9.5				
3	00			31.1					59.5					
	12	35.2	5.2	33.1			35.4	23.3						
4	00			7.2				23.4				60.4		
	12	35.3	5.3	4.2										
5	00			29.3	28.3	27.3		23.5	59.6					
	12	35.4	5.4	59.4			35.3	23.6						
6	00			40.5										
	12	35.5	5.5	64.6	D	D		8.1						
7	00			6.1			35.2	8.2	40.1					
	12	35.6	5.6	46.2										
8	00			18.3				8.3						
	12	45.1	26.1	48.4	28.4	27.4		8.4						
9	00			57.6			35.1		40.2					
	12	45.2	26.2	50.1				8.5		9.4				
10	00			28.3										
	12	45.3	26.3	44.5	R	R		8.6						
11	00			1.6			16.6	20.1	40.3					
	12	45.4	26.4	14.2	28.3	27.3								
12	00			34.5				20.2						
	12	45.5	26.5	5.1				20.3	40.4					
13	00			26.3										
	12	45.6	26.6	11.5			16.5	20.4						
14	00			58.1				20.5						
	12	12.1	11.1	38.3					40.5					
15	00			54.5				20.6						
	12	12.2	11.2	60.1				16.1						
16	00			41.3										
	12	12.3	11.3	19.5				16.2	40.6					
17	00			13.6				16.3						
	12	12.4	11.4	30.2			D			9.3				
18	00			55.3				16.4	64.1					
	12	12.5	11.5	37.5				16.5						
19	00			63.6							36.3			
	12	12.6	11.6	36.1				16.6						
20	00			25.2	D	D			64.2					
	12	15.1	10.1	17.2				35.1						
21	00			21.3				35.2						
	12	15.2	10.2	51.4			16.6							
22	00	15.3	10.3	42.4				35.3	64.3					
	12			3.5				35.4						
23	00	15.4	10.4	27.5	R	R								
	12			24.5				35.5	64.4					
24	00	15.5	10.5	2.6			35.1	35.6						
	12			23.6										
25	00	15.6	10.6	8.6				45.1						
	12			16.1			35.2	45.2	64.5					
26	00	52.1	58.1	35.1						9.2				
	12			45.1				45.3						
27	00	52.2	58.2	12.2	28.2	27.2	35.3	45.4	64.6					
	12			15.2										
28	00	52.3	58.3	52.2			35.4	45.5						
	12			39.3				45.6						
29	00	52.4	58.4	53.3					47.1					14.4
	12			62.3			35.5	12.1						
30	00	52.5	58.5	56.4										
	12			31.4			35.6	12.2	47.2					

July 1995

Date/Time	☉	⊕	☾	☊	☋	☿	♀	♂	♃	♄	⛢	♆	♇
1 00	52.6	58.6	33.5	28.2	27.2	35.6	12.3	47.2	9.2	36.3	60.4	61.5	14.4
12			7.5	R	R	45.1		D	D	R	D	R	R	R
2 00	39.1	38.1	4.6			45.2	12.4	47.3					
12			59.1	28.1	27.1		12.5						
3 00	39.2	38.2	40.1			45.3							
12			64.2				12.6						
4 00	39.3	38.3	47.3			45.4	15.1	47.4					
12			6.4			45.5					60.3		
5 00	39.4	38.4	46.5				15.2						61.4
12			18.6			45.6	15.3	47.5					
6 00	39.5	38.5	57.1	D	D	12.1			9.1				
12			32.2			12.2	15.4			R			
7 00	39.6	38.6	50.4				15.5	47.6					
12			28.5	R	R	12.3							
8 00	53.1	54.1	1.1			12.4	15.6						
12			43.2			12.5	52.1						
9 00	53.2	54.2	14.4				6.1						
12			34.6			12.6	52.2						
10 00	53.3	54.3	5.2			15.1	52.3						
12			26.4			15.2		6.2					
11 00	53.4	54.4	11.6			15.3	52.4						
12			58.2			15.4							
12 00	53.5	54.5	38.4			15.5	52.5	6.3					
12			54.6			15.6	52.6						
13 00	53.6	54.6	60.2			52.1							
12			41.4			52.2	39.1						
14 00	62.1	61.1	19.6				39.2	6.4					
12			49.2	50.6	3.6	52.3							
15 00	62.2	61.2	30.3			52.4	39.3						
12			55.5			52.5	39.4	6.5					
16 00	62.3	61.3	37.6			52.6							
12			22.2			39.2	39.5						
17 00	62.4	61.4	36.3			39.3	39.6	6.6					
12			25.4			39.4							
18 00	62.5	61.5	17.5			39.5	53.1						
12			21.6			39.6	53.2	46.1					
19 00	62.6	61.6	51.6			53.1							
12			3.1	D	D	53.2	53.3						
20 00	56.1	60.1	27.1	R	R	53.3	53.4						
12	56.2	60.2	24.2			53.4		46.2					
21 00			2.2			53.5	53.5						
12	56.3	60.3	23.3			53.6	53.6						
22 00			8.3			62.1		46.3	34.6				
12	56.4	60.4	20.3			62.3	62.1						
23 00			16.4			62.4	62.2						
12	56.5	60.5	35.4			62.5		46.4					
24 00			45.4			62.6	62.3			36.2			
12	56.6	60.6	12.5			56.1	62.4						
25 00			15.5			56.2		46.5					
12	31.1	41.1	52.5			56.3	62.5						
26 00			39.6	50.5	3.5	56.5							
12	31.2	41.2	53.6			56.6	62.6	46.6					
27 00			56.1			31.1	56.1						
12	31.3	41.3	31.1			31.2							
28 00			33.2			31.3	56.2	18.1		60.2			
12	31.4	41.4	7.2			31.4	56.3						
29 00			4.3			31.5							
12	31.5	41.5	29.3			31.6	56.4	18.2					
30 00			59.4			33.1	56.5						
12	31.6	41.6	40.5	50.4	3.4	33.3							
31 00			64.6			33.4	56.6						
12	33.1	19.1	6.1			33.5	31.1	18.3					

August 1995

Date/Time	☉	⊕	☾	☊	☋	☿	♀	♂	♃	♄	⛢	♆	♇
1 00	33.1	19.1	46.2	50.4	3.4	33.6	31.1	18.3	34.6	36.2	60.2	61.4	14.4
12	33.2	19.2	18.3	R	R	7.1	31.2	D	R	R	R	R	R
2 00			48.4			7.2	31.3	18.4					
12	33.3	19.3	57.5			7.3							
3 00			32.6			7.4	31.4	D					
12	33.4	19.4	28.1	D	D	7.5	31.5	18.5					
4 00			44.2			7.6							
12	33.5	19.5	1.4	R	R	4.1	31.6						
5 00			43.5			4.2	33.1	18.6					
12	33.6	19.6	34.1			4.3							
6 00			9.2			4.4	33.2						
12	7.1	13.1	5.4			4.5	33.3	48.1					
7 00			26.6			4.6							
12	7.2	13.2	10.2			29.1	33.4						
8 00			58.4			29.2	33.5	48.2					
12	7.3	13.3	38.6			29.3							
9 00			61.1			29.4	33.6						D
12	7.4	13.4	60.3			29.5	7.1	48.3				61.3	
10 00			41.5			29.6							
12	7.5	13.5	13.1			59.1	7.2						
11 00			49.3			59.2	7.3	48.4					
12	7.6	13.6	30.5	50.3	3.3	59.3							
12 00			55.6			59.4	7.4						
12	4.1	49.1	63.2			59.5		48.5					
13 00			22.3			59.6	7.5						
12	4.2	49.2	36.4			40.1	7.6						
14 00	4.3	49.3	25.6			40.2		48.6					
12			21.1			40.3	4.1			36.1			
15 00	4.4	49.4	51.1			40.4	4.2		9.1				
12			42.2			40.5		57.1					
16 00	4.5	49.5	3.3			4.3							
12			27.4	D	D	40.6	4.4						
17 00	4.6	49.6	24.4			64.1		57.2					
12			2.5			64.2	4.5						
18 00	29.1	30.1	23.5			64.3	4.6						
12			8.5	R	R	64.4		57.3					
19 00	29.2	30.2	20.6			64.5	29.1						
12			16.6				29.2						
20 00	29.3	30.3	35.6			64.6		57.4					
12			12.1			47.1	29.3						
21 00	29.4	30.4	15.1			47.2	29.4						
12			52.1			47.3		57.5					
22 00	29.5	30.5	39.2			47.4	29.5						
12			53.2				29.6					60.1	
23 00	29.6	30.6	62.3			47.5		57.6					
12			56.3			47.6	59.1						
24 00	59.1	55.1	31.4	50.2	3.2	6.1	59.2						
12			33.4			6.2		32.1					
25 00	59.2	55.2	7.5				59.3						
12			4.6			6.3	59.4						
26 00	59.3	55.3	29.6			6.4		32.2					
12			40.1			6.5	59.5						
27 00	59.4	55.4	64.2				59.6	32.3					
12			47.3			6.6							
28 00	59.5	55.5	6.4			46.1	40.1						
12			46.5			46.2	40.2	32.4					
29 00	59.6	55.6	18.6							22.6			
12			57.1			46.3	40.3						
30 00	40.1	37.1	32.3			46.4	40.4	32.5					
12			50.4	D	D								
31 00	40.2	37.2	28.5			46.5	40.5		9.2				
12			44.6			46.6	40.6	32.6					

1995

September 1995

Date	Time	☉	⊕	☾	☊	☋	☿	♀	♂	♃	♄	♅	♆	♇
1	00	40.3	37.3	43.2	50.2	3.2	46.6	40.6	32.6	9.2	22.6	60.1	61.3	14.4
	12	40.4	37.4	14.3	D	D	18.1	64.1	D	D	R	R	R	D
2	00			34.5			18.2	64.2	50.1					
	12	40.5	37.5	9.6	R	R								
3	00			26.2			18.3	64.3						
	12	40.6	37.6	11.3			18.4	64.4	50.2					
4	00			10.5										
	12	64.1	63.1	38.1			18.5	64.5						
5	00			54.2				64.6	50.3					
	12	64.2	63.2	61.4			18.6							
6	00			60.6			48.1	47.1						
	12	64.3	63.3	19.1				47.2	50.4					
7	00			13.3	50.1	3.1	48.2							
	12	64.4	63.4	49.5				47.3	50.5					
8	00			30.6			48.3							
	12	64.5	63.5	37.2				47.4						
9	00			63.3			48.4	47.5	50.6					
	12	64.6	63.6	22.5						9.3				
10	00			36.6			48.5	47.6						
	12	47.1	22.1	17.1				6.1	28.1		22.5			
11	00			21.2			48.6							
	12	47.2	22.2	51.3				6.2						
12	00			42.4			57.1	6.3	28.2					
	12	47.3	22.3	3.5	D	D								
13	00			27.5			57.2	6.4						
	12	47.4	22.4	24.6				6.5	28.3					
14	00			23.1										
	12	47.5	22.5	8.1			57.3	6.6						
15	00	47.6	22.6	20.2				46.1	28.4					
	12			16.2										
16	00	6.1	36.1	35.2			57.4	46.2	28.5					
	12			45.3				46.3						
17	00	6.2	36.2	12.3	R	R								
	12			15.3			57.5	46.4	28.6	9.4				14.5
18	00	6.3	36.3	52.4				46.5						
	12			39.4										
19	00	6.4	36.4	53.4				46.6	44.1					
	12			62.5				18.1						
20	00	6.5	36.5	56.5			57.6							
	12			31.6				18.2	44.2					
21	00	6.6	36.6	33.6				18.3						
	12			4.1					44.3					
22	00	46.1	25.1	29.2				18.4						
	12			59.3			R	18.5			22.4			
23	00	46.2	25.2	40.4					44.4					
	12			64.5				18.6						
24	00	46.3	25.3	47.6				48.1						
	12			46.1					44.5					
25	00	46.4	25.4	18.2			57.5	48.2		9.5				
	12			48.3				48.3						
26	00	46.5	25.5	57.4					44.6					
	12			32.6				48.4						
27	00	46.6	25.6	28.1	D	D		48.5	1.1					
	12	18.1	17.1	44.3			57.4							
28	00			1.4				48.6						
	12	18.2	17.2	43.6				57.1	1.2					
29	00			34.1			57.3							
	12	18.3	17.3	9.3				57.2						
30	00			5.4			57.2	57.3	1.3					
	12	18.4	17.4	26.6										

October 1995

Date	Time	☉	⊕	☾	☊	☋	☿	♀	♂	♃	♄	♅	♆	♇
1	00	18.4	17.4	10.2	50.1	3.1	57.1	57.4	1.3	9.6	22.4	60.1	61.3	14.5
	12	18.5	17.5	58.3	D	D	R	57.5	1.4	D	R	R	R	D
2	00			38.5	R	R	48.6							
	12	18.6	17.6	54.6				57.6	1.5					
3	00			60.2			48.5	32.1						
	12	48.1	21.1	41.3			48.4							
4	00			19.5				32.2	1.6					
	12	48.2	21.2	13.6			48.3	32.3						
5	00			30.2										
	12	48.3	21.3	55.3			48.2	32.4	43.1		22.3		D	
6	00			37.4			48.1	32.5						
	12	48.4	21.4	63.6					43.2					
7	00	48.5	21.5	36.1			18.6	32.6		5.1		D		
	12			25.2				50.1						
8	00	48.6	21.6	17.3			18.5		43.3					
	12			21.4				50.2						
9	00	57.1	51.1	51.5			18.4	50.3						
	12			42.6					43.4					
10	00	57.2	51.2	27.1	D	D	18.3	50.4						
	12			24.1				50.5	43.5					
11	00	57.3	51.3	2.2										
	12			23.3			18.2	50.6						
12	00	57.4	51.4	8.3				28.1	43.6					
	12			20.4						5.2				
13	00	57.5	51.5	16.4				28.2						
	12			35.4				28.3	14.1					
14	00	57.6	51.6	45.5										
	12			12.5			D	28.4	14.2					
15	00	32.1	42.1	15.5				28.5						
	12			52.6										
16	00	32.2	42.2	39.6				28.6	14.3					
	12	32.3	42.3	53.6				44.1						
17	00			56.1	R	R	18.3							
	12	32.4	42.4	31.1				44.2	14.4					
18	00			33.2				44.3		5.3				
	12	32.5	42.5	7.2			18.4		14.5					
19	00			4.3				44.4						
	12	32.6	42.6	29.3				44.5						
20	00			59.4			18.5		14.6					14.6
	12	50.1	3.1	40.5	D	D		44.6						
21	00			64.6			18.6	1.1			22.2			
	12	50.2	3.2	6.1			48.1		34.1					
22	00			46.2				1.2						
	12	50.3	3.3	18.3			48.2	1.3	34.2					
23	00			48.5						5.4				
	12	50.4	3.4	57.6			48.3	1.4						
24	00			50.2	R	R	48.4	1.5	34.3					
	12	50.5	3.5	28.3										
25	00	50.6	3.6	44.5			48.5	1.6	34.4					
	12			43.1			48.6	43.1						
26	00	28.1	27.1	14.3			57.1							
	12			34.4				43.2	34.5					
27	00	28.2	27.2	9.6			57.2	43.3						
	12			26.2			57.3							
28	00	28.3	27.3	11.4			57.4	43.4	34.6	5.5				
	12			10.5			57.5							
29	00	28.4	27.4	38.1				43.5	9.1					
	12			54.3			57.6	43.6						
30	00	28.5	27.5	61.4			32.1							
	12			60.6			32.2	14.1	9.2					
31	00	28.6	27.6	19.2	D	D	32.3	14.2						
	12			13.3			32.4		9.3					

November 1995

Date	Time	☉	⊕	☾	☊	☋	☿	♀	♂	♃	♄	♅	♆	♇
1	00	44.1	24.1	49.4	50.1	3.1	32.5	14.3	9.3	5.5	22.2	60.1	61.3	14.6
	12	44.2	24.2	30.6	D	D	D	14.4	D	5.6	R	D	D	D
2	00			37.1			32.6		9.4					
	12	44.3	24.3	63.2			50.1	14.5						
3	00			22.3			50.2	14.6						
	12	44.4	24.4	36.4			50.3		9.5					
4	00			25.5			50.4	34.1						
	12	44.5	24.5	17.6			50.5	34.2	9.6					
5	00			51.1										
	12	44.6	24.6	42.2			50.6	34.3						
6	00			3.2	R	R	28.1	34.4	5.1	26.1				
	12	1.1	2.1	27.3			28.2							
7	00			24.4			28.3	34.5	5.2					
	12	1.2	2.2	2.4			28.4	34.6						
8	00			23.5			28.5							
	12	1.3	2.3	8.5			28.6	9.1	5.3					
9	00	1.4	2.4	20.6				9.2						
	12			16.6			44.1		5.4					
10	00	1.5	2.5	45.1			44.2	9.3						
	12			12.1			44.3	9.4		26.2				
11	00	1.6	2.6	15.1	32.6	42.6	44.4		5.5					
	12			52.2			44.5	9.5						
12	00	43.1	23.1	39.2			44.6	9.6	5.6					
	12			53.2			1.1							
13	00	43.2	23.2	62.3				5.1						
	12			56.3			1.2	5.2	26.1					
14	00	43.3	23.3	31.3			1.3							34.1
	12			33.4			1.4	5.3	26.2					
15	00	43.4	23.4	7.4			1.5	5.4		26.3				
	12	43.5	23.5	4.5	D	D	1.6							
16	00			29.5			43.1	5.5	26.3					
	12	43.6	23.6	59.6				5.6						
17	00			64.1			43.2							
	12	14.1	8.1	47.1			43.3	26.1	26.4					
18	00			6.2			43.4	26.2						
	12	14.2	8.2	46.3			43.5		26.5					
19	00			18.5			43.6	26.3				60.2		
	12	14.3	8.3	48.6			14.1	26.4		26.4				
20	00			32.1					26.6					
	12	14.4	8.4	50.3	R	R	14.2	26.5						
21	00			28.4			14.3	26.6	11.1					
	12	14.5	8.5	44.6			14.4							
22	00	14.6	8.6	43.2			14.5	11.1			D			
	12			14.4			14.6	11.2	11.2					
23	00	34.1	20.1	34.6										
	12			5.2			34.1	11.3	11.3	26.5				
24	00	34.2	20.2	26.4			34.2	11.4						
	12			11.6			34.3							
25	00	34.3	20.3	58.2			34.4	11.5	11.4					
	12			38.4			34.5	11.6						
26	00	34.4	20.4	54.6					11.5					
	12			60.2			34.6	10.1						
27	00	34.5	20.5	41.3			9.1	10.2						
	12			19.5			9.2		11.6					
28	00	34.6	20.6	49.1			9.3	10.3		26.6				
	12	9.1	16.1	30.2			9.4	10.4	10.1				61.4	
29	00			55.3			9.5							
	12	9.2	16.2	37.5	D	D		10.5						
30	00			63.6			9.6	10.6	10.2					
	12	9.3	16.3	36.1			5.1							

December 1995

Date	Time	☉	⊕	☾	☊	☋	☿	♀	♂	♃	♄	♅	♆	♇
1	00	9.3	16.3	25.2	32.6	42.6	5.2	58.1	10.3	26.6	22.2	60.2	61.4	34.1
	12	9.4	16.4	17.3	D	D	5.3	58.2	D	D	D	D	D	D
2	00			21.4			5.4		10.4	11.1				
	12	9.5	16.5	51.4				58.3						
3	00			42.5			5.5	58.4						
	12	9.6	16.6	3.6	R	R	5.6		10.5					
4	00			27.6			26.1	58.5						
	12	5.1	35.1	2.1			26.2	58.6	10.6					
5	00	5.2	35.2	23.1			26.3							
	12			8.2				38.1						
6	00	5.3	35.3	20.2			26.4	38.2	58.1					
	12			16.3			26.5			11.2				
7	00	5.4	35.4	35.3			26.6	38.3	58.2					
	12			45.3			11.1	38.4						
8	00	5.5	35.5	12.4	32.5	42.5	11.2							34.2
	12			15.4				38.5	58.3					
9	00	5.6	35.6	52.4			11.3	38.6						
	12			39.5			11.4		58.4					
10	00	26.1	45.1	53.5			11.5	54.1						
	12	26.2	45.2	62.5			11.6			11.3				
11	00			56.6			10.1	54.2	58.5					
	12	26.3	45.3	31.6				54.3				60.3		
12	00			33.6			10.2		58.6					
	12	26.4	45.4	4.1			10.3	54.4						
13	00			29.1			10.4	54.5						
	12	26.5	45.5	59.2			10.5		38.1					
14	00			40.2				54.6						
	12	26.6	45.6	64.3			10.6	61.1	38.2	11.4				
15	00			47.4			58.1							
	12	11.1	12.1	6.4	D	D	58.2	61.2	38.3					
16	00			46.5			58.3	61.3						
	12	11.2	12.2	18.6			58.4							
17	00	11.3	12.3	57.1				61.4	38.4					
	12			32.2			58.5	61.5						
18	00	11.4	12.4	50.4	R	R	58.6		38.5					
	12			28.5			38.1	61.6		11.5				
19	00	11.5	12.5	1.1			38.2	60.1						
	12			43.2			38.3		38.6					
20	00	11.6	12.6	14.4				60.2						
	12			34.6	32.4	42.4	38.4	60.3	54.1					
21	00	10.1	15.1	5.2			38.5							
	12			26.4			38.6	60.4						
22	00	10.2	15.2	11.6			54.1	60.5	54.2					
	12	10.3	15.3	58.3						11.6				
23	00			38.5			54.2	60.6	54.3					
	12	10.4	15.4	61.1			54.3	41.1			22.3			
24	00			60.3			54.4		54.4					
	12	10.5	15.5	41.5			54.5	41.2						
25	00			13.1				41.3						
	12	10.6	15.6	49.3			54.6		54.5					
26	00			30.5			61.1	41.4						
	12	58.1	52.1	55.6			61.2	41.5	54.6					
27	00			63.2	32.3	42.3				10.1				
	12	58.2	52.2	22.3			61.3	41.6					61.5	
28	00	58.3	52.3	36.4			61.4	19.1	61.1					
	12			25.5			61.5							
29	00	58.4	52.4	17.6	D	D		19.2	61.2					
	12			51.1			61.6	19.3				60.4		
30	00	58.5	52.5	42.2			60.1							
	12			3.3	R	R	60.2	19.4	61.3					
31	00	58.6	52.6	27.3				19.5		10.2				
	12			24.4			60.3		61.4					

January 1996

Date	Time	☉	⊕	☾	☊	☋	☿	♀	♂	♃	♄	♅	♆	♇
1	00	38.1	39.1	2.4	32.3	42.3	60.3	19.6	61.4	10.2	22.3	60.4	61.5	34.2
	12			23.5	R	R	60.4	D	61.5	D	D	D	D	D
2	00	38.2	39.2	8.5			60.5	13.1						
	12			20.5				13.2						34.3
3	00	38.3	39.3	16.6			60.6		61.6					
	12	38.4	39.4	35.6				13.3						
4	00			45.6			41.1	13.4	60.1	10.3				
	12	38.5	39.5	15.1										
5	00			52.1			41.2	13.5						
	12	38.6	39.6	39.1				13.6	60.2					
6	00			53.2	32.2	42.2								
	12	54.1	53.1	62.2			41.3	49.1	60.3					
7	00			56.3				49.2			22.4			
	12	54.2	53.2	31.3					60.4					
8	00			33.3			41.4	49.3						
	12	54.3	53.3	7.4				49.4		10.4				
9	00	54.4	53.4	4.4					60.5					
	12			29.4				49.5						
10	00	54.5	53.5	59.5			R	49.6	60.6					
	12			40.5										
11	00	54.6	53.6	64.6	32.1	42.1		30.1						
	12			6.1				30.2	41.1					
12	00	61.1	62.1	46.1			41.3							
	12			18.2				30.3	41.2	10.5				
13	00	61.2	62.2	48.3				30.4						
	12			57.4					41.3					
14	00	61.3	62.3	32.5			41.2	30.5						
	12	61.4	62.4	50.6								60.5		
15	00			44.1			41.1	30.6	41.4					
	12	61.5	62.5	1.2				55.1						
16	00			43.4			60.6		41.5					
	12	61.6	62.6	14.5				55.2		10.6				
17	00			9.1			60.5	55.3	41.6					
	12	60.1	56.1	5.3			60.4							
18	00			26.5				55.4						
	12	60.2	56.2	10.1			60.3	55.5	19.1		22.5			
19	00			58.3			60.2							
	12	60.3	56.3	38.5			60.1	55.6	19.2					
20	00	60.4	56.4	61.1				37.1						
	12			60.4			61.6							
21	00	60.5	56.5	41.6			61.5	37.2	19.3	58.1				
	12			13.2	57.6	51.6		37.3					61.6	
22	00	60.6	56.6	49.4			61.4		19.4					
	12			30.6				37.4						
23	00	41.1	31.1	37.2			61.3		19.5					
	12			63.3			61.2	37.5						
24	00	41.2	31.2	22.5				37.6						
	12			36.6			61.1		19.6					
25	00	41.3	31.3	17.1				63.1						
	12			21.3				63.2	13.1	58.2				
26	00	41.4	31.4	51.4			54.6							
	12	41.5	31.5	42.5	D	D		63.3	13.2					
27	00			3.5				63.4						
	12	41.6	31.6	27.6	R	R	54.5							
28	00			2.1				63.5	13.3		22.6			
	12	19.1	33.1	23.1				63.6						
29	00			8.2					13.4					
	12	19.2	33.2	20.2				22.1						
30	00			16.3				22.2		58.3				
	12	19.3	33.3	35.3			D		13.5			60.6		
31	00			45.3				22.3						
	12	19.4	33.4	12.4					13.6					

February 1996

Date	Time	☉	⊕	☾	☊	☋	☿	♀	♂	♃	♄	♅	♆	♇
1	00	19.5	33.5	15.4	57.6	51.6	54.5	22.4	13.6	58.3	22.6	60.6	61.6	34.3
	12			52.4	R	R	D	22.5	49.1	D	D	D	D	D
2	00	19.6	33.6	39.4	57.5	51.5								
	12			53.5				22.6						
3	00	13.1	7.1	62.5			54.6	36.1	49.2					
	12			56.6						58.4				
4	00	13.2	7.2	31.6				36.2	49.3					
	12			33.6				36.3						
5	00	13.3	7.3	4.1			61.1		49.4					
	12			29.1				36.4						
6	00	13.4	7.4	59.2							36.1			
	12			40.2			61.2	36.5	49.5					
7	00	13.5	7.5	64.3	57.4	51.4		36.6						
	12	13.6	7.6	47.4					49.6					
8	00			6.4			61.3	25.1		58.5				
	12	49.1	4.1	46.5				25.2						
9	00			18.6			61.4		30.1					
	12	49.2	4.2	48.6				25.3						
10	00			32.1	D	D	61.5		30.2					
	12	49.3	4.3	50.2				25.4						34.4
11	00			28.3			61.6	25.5	30.3					
	12	49.4	4.4	44.4										
12	00			1.6			60.1	25.6						
	12	49.5	4.5	14.1	R	R		17.1	30.4	58.6				
13	00			34.2			60.2							
	12	49.6	4.6	9.4				17.2	30.5					
14	00	30.1	29.1	5.5			60.3	17.3						
	12			11.1			60.4		30.6		36.2			
15	00	30.2	29.2	10.3				17.4						
	12			58.5			60.5							
16	00	30.3	29.3	38.6				17.5	55.1			41.1	60.1	
	12			61.2			60.6	17.6						
17	00	30.4	29.4	60.4			41.1		55.2					
	12			41.6				21.1		38.1				
18	00	30.5	29.5	13.2			41.2	21.2						
	12			49.4			41.3		55.3					
19	00	30.6	29.6	30.6				21.3						
	12	55.1	59.1	37.2			41.4		55.4					
20	00			63.4			41.5	21.4						
	12	55.2	59.2	22.6				21.5	55.5					
21	00			25.1			41.6							
	12	55.3	59.3	17.3			19.1	21.6						
22	00			21.4	57.3	51.3			55.6					
	12	55.4	59.4	51.5	D	D	19.2	51.1		38.2	36.3			
23	00			42.6	57.4	51.4	19.3	51.2	37.1					
	12	55.5	59.5	27.1			19.4							
24	00			24.2				51.3	37.2					
	12	55.6	59.6	2.3			19.5	51.4						
25	00			23.3			19.6							
	12	37.1	40.1	8.4			13.1	51.5	37.3					
26	00			20.5										
	12	37.2	40.2	16.5	R	R	13.2	51.6	37.4					
27	00	37.3	40.3	35.5			13.3	42.1						
	12			45.6			13.4							
28	00	37.4	40.4	12.6				42.2	37.5	38.3				
	12			15.6	57.3	51.3	13.5							
29	00	37.5	40.5	39.1			13.6	42.3	37.6					
	12			53.1			49.1	42.4						

March 1996

Date/Time	☉	⊕	☾	☊	⚷	☿	♀	♂	♃	♄	⛢	♆	♇
1 00	37.6	40.6	62.1	57.3	51.3	49.2	42.4	63.1	38.3	36.3	41.1	60.1	34.4
12			56.2	R	R	D	42.5	D	D	36.4	D	D	D
2 00	63.1	64.1	31.2			49.3							
12			33.3			49.4	42.6	63.2					
3 00	63.2	64.2	7.3			49.5	3.1						
12			4.4			49.6		63.3					
4 00	63.3	64.3	29.4				3.2						
12	63.4	64.4	59.5			30.1		63.4	38.4				
5 00			40.5			30.2	3.3						
12	63.5	64.5	64.6			30.3	3.4				41.2		
6 00			6.1			30.4		63.5					R
12	63.6	64.6	46.1			30.5	3.5						
7 00			18.2			30.6		63.6					
12	22.1	47.1	48.3				3.6						
8 00			57.4	D	D	55.1	27.1						
12	22.2	47.2	32.5			55.2		22.1					
9 00			50.6			55.3	27.2		36.5				
12	22.3	47.3	44.1			55.4		22.2					
10 00			1.2			55.5	27.3						
12	22.4	47.4	43.4			55.6	27.4	22.3					
11 00			14.5			37.1		38.5					
12	22.5	47.5	34.6				27.5						
12 00	22.6	47.6	5.2			37.2		22.4					
12			26.3			37.3	27.6						
13 00	36.1	6.1	11.5	R	R	37.4	24.1	22.5					
12			10.6			37.5							
14 00	36.2	6.2	38.2			37.6	24.2						
12			54.3			63.1		22.6					
15 00	36.3	6.3	61.5			63.2	24.3						
12			41.1			63.3		36.1					
16 00	36.4	6.4	19.3			63.4	24.4						
12			13.4			63.5	24.5	36.2					
17 00	36.5	6.5	49.6			63.6				36.6			
12			55.2			22.1	24.6		38.6				
18 00	36.6	6.6	37.3			22.2		36.3					
12			63.5			22.3	2.1						
19 00	25.1	46.1	36.1			22.4		36.4					
12			25.2			22.5	2.2						
20 00	25.2	46.2	17.4			22.6	2.3	36.5					
12	25.3	46.3	21.5			36.1						60.2	
21 00			51.6	D	D	36.2	2.4						
12	25.4	46.4	3.1			36.3		36.6					
22 00			27.2			36.4	2.5						
12	25.5	46.5	24.3			36.5		25.1					
23 00			2.4			36.6	2.6						
12	25.6	46.6	23.5			25.1							
24 00			8.6			25.2	23.1	25.2					
12	17.1	18.1	20.6			25.3	23.2				25.1		
25 00			35.1			25.4		25.3	54.1				
12	17.2	18.2	45.1			25.5	23.3						
26 00			12.2			25.6		25.4					
12	17.3	18.3	15.2			17.1	23.4						
27 00			52.3			17.2							
12	17.4	18.4	39.3	R	R	17.3	23.5	25.5					
28 00			53.3			17.4							
12	17.5	18.5	62.4			17.5	23.6	25.6			41.3		
29 00	17.6	18.6	56.4			17.6							
12			31.4			21.1	8.1						
30 00	21.1	48.1	33.5			21.2	8.2	17.1					
12			7.5			21.4							
31 00	21.2	48.2	4.6			21.5	8.3	17.2					
12			29.6			21.6							34.3

April 1996

Date/Time	☉	⊕	☾	☊	⚷	☿	♀	♂	♃	♄	⛢	♆	♇
1 00	21.3	48.3	40.1	57.3	51.3	51.1	8.4	17.2	54.1	25.2	41.3	60.2	34.3
12			64.1	R	R	51.2	D	17.3	D	D	D	D	R
2 00	21.4	48.4	47.2			51.3	8.5						
12			6.3			51.4		17.4	54.2				
3 00	21.5	48.5	46.4			51.5	8.6						
12			18.5			51.6		17.5					
4 00	21.6	48.6	48.6			42.1	20.1						
12			32.1	D	D	42.3							
5 00	51.1	57.1	50.2			42.4	20.2	17.6					
12			28.3			42.5							
6 00	51.2	57.2	44.4			42.6	20.3	21.1					
12			1.6			3.1							
7 00	51.3	57.3	14.1	R	R	3.2	20.4						
12	51.4	57.4	34.3			3.3		21.2					
8 00			9.4			3.4	20.5						
12	51.5	57.5	5.6			3.5		21.3		25.3			
9 00			11.1			3.6	20.6						
12	51.6	57.6	10.3			27.1							
10 00			58.4			27.2	16.1	21.4					
12	42.1	32.1	38.6			27.3							
11 00			61.1			27.4	16.2	21.5					
12	42.2	32.2	60.3	D	D	27.5							
12 00			41.5			27.6	16.3	21.6					
12	42.3	32.3	19.6			24.1							
13 00			49.2			24.2	16.4						
12	42.4	32.4	30.3			24.3		51.1					
14 00			55.5			24.4							
12	42.5	32.5	37.6			24.5	16.5	51.2	54.3				
15 00			22.2			24.6							
12	42.6	32.6	36.3			2.1	16.6						
16 00			25.4					51.3					
12	3.1	50.1	17.6			2.2	35.1			25.4			
17 00			51.1			2.3		51.4					
12	3.2	50.2	42.2	R	R	2.4	35.2						
18 00			3.3			2.5							
12	3.3	50.3	27.4					51.5					
19 00	3.4	50.4	24.5			2.6	35.3						
12			2.6			23.1		51.6					
20 00	3.5	50.5	8.1				35.4						
12			20.2			23.2							
21 00	3.6	50.6	16.2			23.3	35.5	42.1					
12			35.3										
22 00	27.1	28.1	45.3			23.4		42.2					
12			12.4			23.5	35.6						
23 00	27.2	28.2	15.4										
12			52.5			23.6	45.1	42.3					
24 00	27.3	28.3	39.5	57.2	51.2								
12			53.5			8.1		42.4					
25 00	27.4	28.4	62.6				45.2			25.5			
12			56.6					42.5					
26 00	27.5	28.5	31.6	D	D	8.2							
12			7.1				45.3						
27 00	27.6	28.6	4.1			8.3		42.6					
12			29.2				45.4						
28 00	24.1	44.1	59.2	57.3	51.3			3.1					
12			40.3										
29 00	24.2	44.2	64.3			8.4	45.5						
12			47.4					3.2					R
30 00	24.3	44.3	6.5										
12			46.6				45.6	3.3					

May 1996

Date	Time	☉	⊕	☾	☊	☋	☿	♀	♂	♃	♄	♅	♆	♇
1	00	24.4	44.4	18.6	57.3	51.3	8.5	45.6	3.3	54.3	25.5	41.3	60.2	34.3
	12	24.5	44.5	57.2	D	D	D	D	D	D	D	D	R	R
2	00			32.3	R	R		12.1	3.4					
	12	24.6	44.6	50.4										
3	00			28.5					3.5					
	12	2.1	1.1	1.1							25.6			
4	00			43.2			R	12.2						
	12	2.2	1.2	14.4	57.2	51.2			3.6					
5	00			34.5						R				
	12	2.3	1.3	5.1					27.1					
6	00			26.3				12.3						
	12	2.4	1.4	11.5										
7	00			10.6					27.2					
	12	2.5	1.5	38.2			8.4							
8	00			54.4				12.4	27.3					
	12	2.6	1.6	61.5										
9	00			41.1								R		
	12	23.1	43.1	19.3					27.4					
10	00			13.4			8.3	12.5						
	12	23.2	43.2	49.6	D	D			27.5					
11	00			55.1										
	12	23.3	43.3	37.3										
12	00			63.4			8.2		27.6					
	12	23.4	43.4	22.5										
13	00			25.1				12.6	24.1		17.1			
	12	23.5	43.5	17.2			8.1							34.2
14	00			21.3										
	12	23.6	43.6	51.4	R	R			24.2					
15	00			42.5										
	12	8.1	14.1	3.6			23.6		24.3					
16	00			24.1										
	12	8.2	14.2	2.2										
17	00			23.2			23.5		24.4					
	12	8.3	14.3	8.3										
18	00	8.4	14.4	20.4										
	12			16.4			23.4		24.5					
19	00	8.5	14.5	35.5				15.1						
	12			45.6					24.6					
20	00	8.6	14.6	12.6										
	12			52.1			23.3	R						
21	00	20.1	34.1	39.1					2.1					
	12			53.1										
22	00	20.2	34.2	62.2				12.6	2.2					
	12			56.2	57.1	51.1	23.2							
23	00	20.3	34.3	31.2							17.2			
	12			33.3					2.3					
24	00	20.4	34.4	7.3										
	12			4.3					2.4					
25	00	20.5	34.5	29.4										
	12			59.4						54.2				
26	00	20.6	34.6	40.5	D	D	23.1		2.5					
	12			64.5										
27	00	16.1	9.1	47.6					2.6					
	12			6.6				12.5						
28	00	16.2	9.2	18.1			D							
	12			48.2					23.1					
29	00	16.3	9.3	57.3	R	R								
	12			32.4										
30	00	16.4	9.4	50.5			23.2		23.2					
	12			44.1				12.4						
31	00	16.5	9.5	1.2					23.3					
	12			43.4										

June 1996

Date	Time	☉	⊕	☾	☊	☋	☿	♀	♂	♃	♄	♅	♆	♇
1	00	16.6	9.6	14.5	57.1	51.1	23.2	12.4	23.3	54.2	17.2	41.3	60.2	34.2
	12			9.1	R	R	D	12.3	23.4	R	D	R	R	R
2	00	35.1	5.1	5.3										
	12			26.5			23.3		23.5					
3	00	35.2	5.2	10.1										
	12			58.3				12.2						
4	00	35.3	5.3	38.5					23.6		17.3			
	12			61.1			23.4							
5	00	35.4	5.4	60.3				12.1	8.1					
	12			41.4										
6	00	35.5	5.5	19.6			23.5							
	12			49.2				45.6	8.2	54.1				
7	00	35.6	5.6	30.4	48.6	21.6								
	12	45.1	26.1	55.5			23.6							
8	00			63.1					8.3					
	12	45.2	26.2	22.2	D	D	8.1	45.5						
9	00			36.3					8.4					
	12	45.3	26.3	25.5			8.2							
10	00			17.6				45.4						
	12	45.4	26.4	51.1	R	R	8.3		8.5				60.1	
11	00			42.2										
	12	45.5	26.5	3.3			8.4	45.3	8.6					
12	00			27.3										
	12	45.6	26.6	24.4			8.5							
13	00			2.5				45.2	20.1					
	12	12.1	11.1	23.6			8.6							
14	00			8.6										
	12	12.2	11.2	16.1			20.1	45.1	20.2					
15	00			35.1			20.2							
	12	12.3	11.3	45.2					20.3	38.6				
16	00			12.2			20.3	35.6						
	12	12.4	11.4	15.3			20.4							
17	00			52.3					20.4					
	12	12.5	11.5	39.4			20.5	35.5						34.1
18	00			53.4	48.5	21.5	20.6							
	12	12.6	11.6	62.4			16.1		20.5					
19	00			56.5										
	12	15.1	10.1	31.5			16.2	35.4	20.6					
20	00			33.5			16.3				17.4			
	12	15.2	10.2	7.6			16.4							
21	00			4.6			16.5		16.1			41.2		
	12	15.3	10.3	29.6				35.3						
22	00			40.1			16.6							
	12	15.4	10.4	64 1			35.1		16.2					
23	00			47.2			35.2							
	12	15.5	10.5	6.2			35.3		16.3	38.5				
24	00			46.3			35.4	35.2						
	12	15.6	10.6	18.3	D	D	35.5							
25	00			48.4			35.6		16.4					
	12	52.1	58.1	57.5	R	R								
26	00			32.6			45.1							
	12	52.2	58.2	28.1			45.2		16.5					
27	00			44.2			45.3							
	12	52.3	58.3	1.3			45.4	35.1	16.6					
28	00			43.5			45.5							
	12	52.4	58.4	14.6			45.6							
29	00			9.2			12.1		35.1					
	12	52.5	58.5	5.4	48.4	21.4	12.2							
30	00			26.6			12.3							
	12	52.6	58.6	10.2			12.4		35.2					

July 1996

Date	Time	☉	⊕	☽	☊	⯝	☿	♀	♂	♃	♄	⯔	♆	♇
1	00	52.6	58.6	58.4	48.4	21.4	12.6	35.1	35.2	38.4	17.4	41.2	60.1	34.1
	12	39.1	38.1	38.6	R	R	15.1	R	35.3	R	D	R	R	R
2	00			61.2			15.2							
	12	39.2	38.2	60.4			15.3	D						
3	00			41.6			15.4		35.4					
	12	39.3	38.3	13.2			15.5							
4	00			49.4			15.6							
	12	39.4	38.4	30.6			52.1		35.5					
5	00	39.5	38.5	37.2			52.2							
	12			63.4			52.3		35.6					
6	00	39.6	38.6	22.5			52.5							
	12			25.1			52.6							
7	00	53.1	54.1	17.2			39.1		45.1					
	12			21.3			39.2							
8	00	53.2	54.2	51.4			39.3	35.2						
	12			42.5			39.4		45.2	38.3				
9	00	53.3	54.3	3.6			39.6							
	12			24.1			53.1		45.3					
10	00	53.4	54.4	2.2	48.3	21.3	53.2							
	12			23.3			53.3							
11	00	53.5	54.5	8.3			53.4		45.4					
	12			20.4			53.5	35.3						
12	00	53.6	54.6	16.4			53.6							
	12			35.5			62.2		45.5					
13	00	62.1	61.1	45.5			62.3							
	12			12.6			62.4							
14	00	62.2	61.2	15.6			62.5	35.4	45.6					
	12			52.6			62.6							
15	00	62.3	61.3	53.1			56.1		12.1					
	12			62.1			56.2			38.2				
16	00	62.4	61.4	56.1	48.2	21.2	56.3							
	12			31.2			56.5	35.5	12.2					
17	00	62.5	61.5	33.2			56.6				41.1			
	12			7.2			31.1							
18	00	62.6	61.6	4.3			31.2		12.3					
	12			29.3			31.3	35.6					61.6	
19	00	56.1	60.1	59.3			31.4			R				
	12			40.4			31.5		12.4					
20	00	56.2	60.2	64.4			31.6	45.1						
	12			47.5			33.1		12.5					
21	00	56.3	60.3	6.5			33.2							
	12			46.6			33.3							
22	00	56.4	60.4	18.6			33.4	45.2	12.6					
	12			57.1	D	D	33.5							
23	00	56.5	60.5	32.1			33.6							
	12			50.2			7.1	45.3	15.1	38.1				
24	00	56.6	60.6	28.3	R	R	7.2							
	12			44.4			7.3							
25	00	31.1	41.1	1.5			7.4	45.4	15.2					
	12			14.1			7.5							
26	00	31.2	41.2	34.2			7.6		15.3					
	12			9.4			4.1	45.5						
27	00	31.3	41.3	5.5			4.2							
	12			11.1	48.1	21.1	4.3	45.6	15.4					
28	00	31.4	41.4	10.3			4.4							
	12			58.5			4.5							
29	00	31.5	41.5	54.1			4.6	12.1	15.5					
	12			61.3			29.1							
30	00	31.6	41.6	60.5			29.2							
	12			19.1			29.3	12.2	15.6					
31	00	33.1	19.1	13.4										
	12			49.6			29.4	12.3						

August 1996

Date	Time	☉	⊕	☽	☊	⯝	☿	♀	♂	♃	♄	⯔	♆	♇
1	00	33.2	19.2	55.2	48.1	21.1	29.5	12.3	52.1	38.1	17.4	41.1	61.6	34.1
	12	33.3	19.3	37.4	R	R	29.6	D	D	58.6	R	R	R	R
2	00			63.6			59.1	12.4	52.2					
	12	33.4	19.4	36.1			59.2							
3	00			25.3			59.3	12.5						
	12	33.5	19.5	17.4					52.3					
4	00			21.6	D	D	59.4	12.6						
	12	33.6	19.6	42.1			59.5							
5	00			3.2			59.6		52.4					
	12	7.1	13.1	27.3			40.1	15.1						
6	00			24.4			40.2							
	12	7.2	13.2	2.5	R	R		15.2	52.5					
7	00			23.6			40.3							
	12	7.3	13.3	8.6			40.4	15.3						
8	00			16.1			40.5		52.6					
	12	7.4	13.4	35.2										
9	00			45.2			40.6	15.4						
	12	7.5	13.5	12.3			64.1		39.1					
10	00			15.3	18.6	17.6	64.2	15.5				60.6		
	12	7.6	13.6	52.3					39.2					
11	00			39.4			64.3	15.6						D
	12	4.1	49.1	53.4			64.4							
12	00			62.4			64.5	52.1	39.3					
	12	4.2	49.2	56.5										
13	00			31.5			64.6	52.2		58.5				
	12	4.3	49.3	33.5			47.1		39.4					
14	00			7.6				52.3						
	12	4.4	49.4	4.6			47.2							
15	00			29.6			47.3	52.4	39.5					
	12	4.5	49.5	40.1										
16	00			64.1			47.4	52.5						
	12	4.6	49.6	47.1					39.6					
17	00			6.2			47.5	52.6						
	12	29.1	30.1	46.2			47.6				17.3			
18	00			18.3			39.1	53.1						
	12	29.2	30.2	48.4	D	D	6.1							
19	00			57.4			39.2							
	12	29.3	30.3	32.5			6.2		53.2					
20	00			50.6			6.3	39.3						
	12	29.4	30.4	28.6					53.3					
21	00			1.1			6.4	39.4						
	12	29.5	30.5	43.2										
22	00			14.3			6.5	39.5	53.4					
	12	29.6	30.6	34.5	R	R								
23	00	59.1	55.1	9.6			6.6	39.6						
	12			26.1					53.5					
24	00	59.2	55.2	11.3			46.1	53.1						
	12			10.5										
25	00	59.3	55.3	58.6				53.2	53.6					
	12			54.2	18.5	17.5	46.2						61.5	
26	00	59.4	55.4	61.4				53.3						
	12			60.6			46.3		62.1					
27	00	59.5	55.5	19.2				53.4						
	12			13.4				53.5						
28	00	59.6	55.6	49.6			46.4		62.2					
	12			55.3				53.6						
29	00	40.1	37.1	37.5										
	12			63.6				62.1	62.3					
30	00	40.2	37.2	36.2			46.5							
	12			25.4				62.2						
31	00	40.3	37.3	17.6	D	D			62.4					
	12			51.1				62.3						

1996

September 1996

Date	Time	☉	⊕	☾	☊	☋	☿	♀	♂	♃	♄	♅	♆	♇
1	00	40.4	37.4	42.3	18.5	17.5	46.6	62.3	62.4	58.5	17.3	60.6	61.5	34.1
	12			3.4	D	D	D	62.4	62.5	R	R	R	R	D
2	00	40.5	37.5	27.5				62.5						
	12			24.6										
3	00	40.6	37.6	23.1				62.6	62.6		17.2			
	12			8.2										
4	00	64.1	63.1	20.3				56.1		D				
	12			16.4			R		56.1					
5	00	64.2	63.2	35.4	R	R		56.2						
	12			45.5										
6	00	64.3	63.3	12.5				56.3	56.2					
	12			15.6				56.4						
7	00	64.4	63.4	52.6										
	12	64.5	63.5	53.1				56.5	56.3					
8	00			62.1			46.5					60.5		
	12	64.6	63.6	56.1				56.6						
9	00			31.2					56.4					
	12	47.1	22.1	33.2				31.1						
10	00			7.2			46.4	31.2						
	12	47.2	22.2	4.3					56.5					
11	00			29.3				31.3						
	12	47.3	22.3	59.3			46.3							
12	00			40.4				31.4	56.6					
	12	47.4	22.4	64.4			46.2							
13	00			47.5				31.5						
	12	47.5	22.5	6.5			46.1	31.6	31.1					
14	00			46.6										
	12	47.6	22.6	18.6	D	D	6.6	33.1						
15	00			57.1					31.2					
	12	6.1	36.1	32.2			6.5	33.2						
16	00			50.2				33.3			17.1			
	12	6.2	36.2	28.3			6.4		31.3					
17	00			44.4				33.4						
	12	6.3	36.3	1.5			6.3							
18	00			43.6			6.2	33.5	31.4					
	12	6.4	36.4	34.1										
19	00			9.2			6.1	33.6						
	12	6.5	36.5	5.4				7.1	31.5					
20	00			26.5			47.6							
	12	6.6	36.6	11.6	R	R		7.2						
21	00	46.1	25.1	58.2			47.5		31.6					
	12			38.3				7.3						
22	00	46.2	25.2	54.5				7.4						
	12			60.1			47.4		33.1					
23	00	46.3	25.3	41.2				7.5						
	12			19.4										
24	00	46.4	25.4	13.6			47.3	7.6	33.2					
	12			30.2				4.1						
25	00	46.5	25.5	55.4										
	12			37.6				4.2	33.3	58.6				
26	00	46.6	25.6	22.2										
	12			36.3				4.3						
27	00	18.1	17.1	25.5			D	4.4	33.4					
	12			21.1	D	D								
28	00	18.2	17.2	51.2				4.5			25.6			
	12			42.4					33.5					
29	00	18.3	17.3	3.5				4.6						
	12			24.1				29.1						
30	00	18.4	17.4	2.2			47.4		33.6					
	12			23.3				29.2						

October 1996

Date	Time	☉	⊕	☾	☊	☋	☿	♀	♂	♃	♄	♅	♆	♇
1	00	18.5	17.5	8.4	R	R	47.4	29.3	33.6	58.6	25.6	60.5	61.5	34.1
	12	18.6	17.6	20.5			47.5	D	7.1	D	R	R	R	34.2
2	00			16.6				29.4						
	12	48.1	21.1	35.6			47.6							
3	00			12.1				29.5	7.2					
	12	48.2	21.2	15.2			6.1	29.6						
4	00			52.2										
	12	48.3	21.3	39.3	D	D	6.2	59.1						
5	00			53.3					7.3					
	12	48.4	21.4	62.3			6.3	59.2						
6	00			56.4			6.4	59.3						
	12	48.5	21.5	31.4					7.4					
7	00			33.4			6.5	59.4		38.1			D	
	12	48.6	21.6	7.5			6.6	59.5						
8	00			4.5			46.1		7.5					
	12	57.1	51.1	29.5				59.6						
9	00			59.6			46.2							
	12	57.2	51.2	40.6			46.3	40.1	7.6					
10	00			47.1			46.4	40.2						
	12	57.3	51.3	6.1			46.5				25.5	D		
11	00	57.4	51.4	46.2				40.3	4.1					
	12			18.2			46.6	40.4						
12	00	57.5	51.5	48.3	R	R	18.1							
	12			57.4			18.2	40.5	4.2					
13	00	57.6	51.6	32.5			18.3							
	12			50.6			18.4	40.6						
14	00	32.1	42.1	44.1			18.5	64.1						
	12			1.2			18.6		4.3					
15	00	32.2	42.2	43.3				64.2						
	12			14.4			48.1	64.3		38.2				
16	00	32.3	42.3	34.5			48.2		4.4					
	12			9.6			48.3	64.4						
17	00	32.4	42.4	26.2			48.4							
	12			11.3			48.5	64.5	4.5					
18	00	32.5	42.5	10.4			48.6	64.6						
	12			58.6			57.1							
19	00	32.6	42.6	54.1			57.2	47.1	4.6					
	12	50.1	3.1	61.3			57.3	47.2						
20	00			60.4	D	D	57.4							
	12	50.2	3.2	41.6			57.5	47.3						
21	00			13.2					29.1					
	12	50.3	3.3	49.3			57.6	47.4						
22	00			30.5			32.1	47.5						
	12	50.4	3.4	55.6			32.2		29.2	38.3				
23	00			63.2			32.3	47.6						
	12	50.5	3.5	22.4			32.4	6.1						
24	00			36.5			32.5		29.3		25.4			
	12	50.6	3.6	17.1			32.6	6.2						
25	00			21.2	R	R	50.1	6.3						
	12	28.1	27.1	51.4			50.2		29.4					
26	00			42.5				6.4						
	12	28.2	27.2	27.1			50.3	6.5						
27	00			24.2			50.4							
	12	28.3	27.3	2.3			50.5	6.6	29.5					
28	00	28.4	27.4	23.4			50.6							
	12			8.5			28.1	46.1						
29	00	28.5	27.5	20.6			28.2	46.2	29.6	38.4				
	12			35.1			28.3							
30	00	28.6	27.6	45.2			28.4	46.3						
	12			12.3				46.4						34.3
31	00	44.1	24.1	15.4	18.4	17.4	28.5		59.1					
	12			52.4			28.6	46.5						

November 1996

Date	Time	☉	⊕	☾	☊	☋	☿	♀	♂	♃	♄	♅	♆	♇
1	00	44.2	24.2	39.5	18.4	17.4	44.1	46.6	59.1	38.4	25.4	60.5	61.5	34.3
	12			53.5	R	R	44.2	D	59.2	D	R	D	D	D
2	00	44.3	24.3	62.5			44.3	18.1						
	12			56.6			44.4	18.2						
3	00	44.4	24.4	31.6			44.5		59.3					
	12			33.6	D	D		18.3						
4	00	44.5	24.5	4.1			44.6			38.5				
	12	44.6	24.6	29.1			1.1	18.4						
5	00			59.1			1.2	18.5	59.4					
	12	1.1	2.1	40.2			1.3							
6	00			64.2			1.4	18.6						
	12	1.2	2.2	47.3			1.5	48.1	59.5					
7	00			6.3										
	12	1.3	2.3	46.4			1.6	48.2						
8	00			18.4			43.1	48.3						
	12	1.4	2.4	48.5	R	R	43.2		59.6					
9	00			57.6			43.3	48.4						
	12	1.5	2.5	50.1			43.4	48.5		38.6				
10	00			28.2			43.5		40.1					
	12	1.6	2.6	44.3				48.6						
11	00	43.1	23.1	1.4			43.6	57.1			25.3	60.6		
	12			43.5			14.1							
12	00	43.2	23.2	34.1			14.2	57.2	40.2					
	12			9.2			14.3	57.3						
13	00	43.3	23.3	5.4			14.4							
	12			26.5				57.4	40.3					
14	00	43.4	23.4	10.1			14.5							
	12			58.2			14.6	57.5						
15	00	43.5	23.5	38.4			34.1	57.6		54.1				
	12			54.5			34.2		40.4					
16	00	43.6	23.6	60.1			34.3	32.1						
	12			41.3				32.2						
17	00	14.1	8.1	19.4			34.4		40.5				61.6	
	12			13.6			34.5	32.3						
18	00	14.2	8.2	30.1			34.6	32.4						
	12	14.3	8.3	55.3	D	D	9.1							
19	00			37.4				32.5	40.6					
	12	14.4	8.4	63.6			9.2	32.6						
20	00			36.1			9.3			54.2				
	12	14.5	8.5	25.3			9.4	50.1						
21	00			17.4	R	R	9.5	50.2	64.1					
	12	14.6	8.6	21.5			9.6							
22	00			42.1				50.3						
	12	34.1	20.1	3.2			5.1	50.4						
23	00			27.3			5.2		64.2					
	12	34.2	20.2	24.4			5.3	50.5						
24	00			2.5			5.4	50.6						34.4
	12	34.3	20.3	23.6	18.3	17.3			64.3	54.3				
25	00	34.4	20.4	20.1			5.5	28.1						
	12			16.2			5.6	28.2						
26	00	34.5	20.5	35.3			26.1							
	12			45.4			26.2	28.3	64.4					
27	00	34.6	20.6	12.5				28.4						
	12			15.5			26.3							
28	00	9.1	16.1	52.6			26.4	28.5						
	12			53.1			26.5	28.6	64.5					
29	00	9.2	16.2	62.1			26.6							
	12			56.1				44.1		54.4				
30	00	9.3	16.3	31.2	18.2	17.2	11.1	44.2						
	12	9.4	16.4	33.2			11.2		64.6					

December 1996

Date	Time	☉	⊕	☾	☊	☋	☿	♀	♂	♃	♄	♅	♆	♇
1	00	9.4	16.4	7.3	18.2	17.2	11.3	44.3	64.6	54.4	25.3	60.6	61.6	34.4
	12	9.5	16.5	4.3	R	R	11.4	D	D	D	R	D	D	D
2	00			29.3				44.4						
	12	9.6	16.6	59.3			11.5	44.5	47.1					
3	00			40.4			11.6							
	12	5.1	35.1	64.4	D	D	10.1	44.6						
4	00			47.4				1.1		54.5	D			
	12	5.2	35.2	6.5			10.2		47.2					
5	00			46.5			10.3	1.2						
	12	5.3	35.3	18.6	R	R	10.4	1.3						
6	00			57.1			10.5							
	12	5.4	35.4	32.1				1.4	47.3					
7	00	5.5	35.5	50.2			10.6	1.5				41.1		
	12			28.3			58.1							
8	00	5.6	35.6	44.4			58.2	1.6						
	12			1.6				43.1	47.4	54.6				
9	00	26.1	45.1	14.1			58.3							
	12			34.2			58.4	43.2						
10	00	26.2	45.2	9.4				43.3						
	12			5.5			58.5		47.5					
11	00	26.3	45.3	11.1			58.6	43.4						
	12			10.3				43.5						
12	00	26.4	45.4	58.5	18.1	17.1	38.1							
	12	26.5	45.5	54.1			38.2	43.6	47.6	61.1				
13	00			61.2				14.1						
	12	26.6	45.6	60.4			38.3							
14	00			41.6			38.4	14.2						
	12	11.1	12.1	13.2				14.3						
15	00			49.4			38.5		6.1					
	12	11.2	12.2	30.5				14.4						
16	00			37.1			38.6	14.5						
	12	11.3	12.3	63.2			54.1							
17	00			22.4				14.6	6.2	61.2				
	12	11.4	12.4	36.5	D	D	54.2	34.1						
18	00			17.1										34.5
	12	11.5	12.5	21.2	R	R		34.2						
19	00	11.6	12.6	51.3			54.3	34.3						
	12			42.4					6.3				60.1	
20	00	10.1	15.1	3.5			54.4	34.4						
	12			24.1				34.5						
21	00	10.2	15.2	2.1						61.3				
	12			23.2				34.6						
22	00	10.3	15.3	8.3			54.5	9.1	6.4					
	12			20.4										
23	00	10.4	15.4	16.5	46.6	25.6		9.2						
	12			35.6				9.3						
24	00	10.5	15.5	45.6			R		6.5					
	12	10.6	15.6	15.1				9.4						
25	00			52.2				9.5		61.4				
	12	58.1	52.1	39.2										
26	00			53.3			54.4	9.6			25.4	41.2		
	12	58.2	52.2	62.3				5.1						
27	00			56.4	46.5	25.5			6.6					
	12	58.3	52.3	31.4			54.3	5.2						
28	00			33.5				5.3						
	12	58.4	52.4	7.5										
29	00			4.5			54.2	5.4						
	12	58.5	52.5	29.5				5.5	46.1	61.5				
30	00	58.6	52.6	59.6			54.1							
	12			40.6			38.6	5.6						
31	00	38.1	39.1	64.6				26.1						
	12			6.1			38.5							

January 1997

Date	Time	☉	⊕	☽	☊	☋	☿	♀	♂	♃	♄	⚴	♆	♅
1	00	38.2	39.2	46.1	46.5	25.5	38.4	26.2	46.2	61.5	25.4	41.2	60.1	34.5
	12			18.1	D	D	R	26.3	D	D	D	D	D	D
2	00	38.3	39.3	48.2			38.3							
	12			57.2	R	R	38.2	26.4		61.6				
3	00	38.4	39.4	32.3			38.1	26.5						
	12			50.4										
4	00	38.5	39.5	28.5			58.6	26.6	46.3					
	12			44.6			58.5	11.1						
5	00	38.6	39.6	43.1										
	12	54.1	53.1	14.2			58.4	11.2						
6	00			34.3			58.3	11.3						
	12	54.2	53.2	9.5						60.1				
7	00			5.6			58.2	11.4	46.4					
	12	54.3	53.3	11.2	46.4	25.4		11.5						
8	00			10.4										
	12	54.4	53.4	58.6			58.1	11.6						
9	00			54.2				10.1						
	12	54.5	53.5	61.4			10.6							
10	00			60.6				10.2						
	12	54.6	53.6	19.2				10.3	46.5	60.2				
11	00	61.1	62.1	13.4										
	12			49.6				10.4						
12	00	61.2	62.2	55.2				10.5			41.3			
	12			37.4						25.5				
13	00	61.3	62.3	63.5			D	10.6						
	12			36.1				58.1						
14	00	61.4	62.4	25.3					46.6				60.2	
	12			17.4	D	D		58.2	60.3					
15	00	61.5	62.5	21.6				58.3						34.6
	12			42.1										
16	00	61.6	62.6	3.2	R	R		58.4						
	12	60.1	56.1	27.3				58.5						
17	00			24.4			58.1							
	12	60.2	56.2	2.5				58.6						
18	00			23.6			58.1							
	12	60.3	56.3	20.1			58.2		18.1	60.4				
19	00			16.2	46.3	25.3	38.2							
	12	60.4	56.4	35.2			38.3							
20	00			45.3			58.3							
	12	60.5	56.5	12.4			38.4							
21	00			15.4			58.4	38.5						
	12	60.6	56.6	52.5										
22	00	41.1	31.1	39.5			58.5	38.6						
	12			53.6			54.1		60.5					
23	00	41.2	31.2	62.6										
	12			31.1			58.6	54.2	18.2					
24	00	41.3	31.3	33.1			38.1	54.3						
	12			7.1	46.2	25.2								
25	00	41.4	31.4	4.2			38.2	54.4			25.6			
	12			29.2				54.5						
26	00	41.5	31.5	59.2			38.3							
	12			40.3				54.6	60.6					
27	00	41.6	31.6	64.3			38.4	61.1						
	12			47.3			38.5							
28	00	19.1	33.1	6.3				61.2			41.4			
	12	19.2	33.2	46.4	D	D	38.6	61.3						
29	00			18.4										
	12	19.3	33.3	48.5			54.1	61.4						
30	00			57.5			54.2	61.5						
	12	19.4	33.4	32.6					41.1					
31	00			50.6			54.3	61.6						
	12	19.5	33.5	44.1			54.4	60.1						

February 1997

Date	Time	☉	⊕	☽	☊	☋	☿	♀	♂	♃	♄	⚴	♆	♅
1	00	19.5	33.5	1.2	R	R	54.4	60.1	18.3	41.1	25.6	41.4	60.2	34.6
	12	19.6	33.6	43.2			54.5	60.2	D	D	D	D	D	D
2	00			14.4			54.6	60.3						
	12	13.1	7.1	34.5										
3	00	13.2	7.2	9.6			61.1	60.4						
	12			26.1			61.2	60.5		41.2				
4	00	13.3	7.3	11.3			61.3				17.1			
	12			10.4				60.6						
5	00	13.4	7.4	58.6			61.4	41.1						
	12			54.2			61.5							
6	00	13.5	7.5	61.4				41.2						
	12			60.6			61.6	41.3	R					
7	00	13.6	7.6	19.2			60.1							
	12			13.4			60.2	41.4		41.3				
8	00	49.1	4.1	30.1				41.5					60.3	
	12			55.3			60.3							
9	00	49.2	4.2	37.5			60.4	41.6						
	12	49.3	4.3	22.1			60.5	19.1						
10	00			36.3			60.6							
	12	49.4	4.4	25.5	D	D		19.2						
11	00			17.6			41.1	19.3						
	12	49.5	4.5	51.2			41.2		18.2	41.4				
12	00			42.4			41.3	19.4						
	12	49.6	4.6	3.5				19.5						
13	00			27.6			41.4					41.5		
	12	30.1	29.1	2.2			41.5	19.6		17.2				
14	00			23.3			41.6	13.1						
	12	30.2	29.2	8.4	R	R	19.1							
15	00			20.4				13.2						
	12	30.3	29.3	16.5			19.2	13.3		41.5				
16	00	30.4	29.4	35.6			19.3							
	12			12.1			19.4	13.4						
17	00	30.5	29.5	15.1			19.5	13.5						
	12			52.2	46.1	25.1	19.6							
18	00	30.6	29.6	39.2				13.6						
	12			53.3			13.1	49.1						
19	00	55.1	59.1	62.3			13.2							
	12			56.3			13.3	49.2	18.1	41.6				
20	00	55.2	59.2	31.4			13.4	49.3						
	12			33.4			13.5							
21	00	55.3	59.3	7.4			13.6	49.4						
	12			4.5				49.5						
22	00	55.4	59.4	29.5			49.1				17.3			
	12	55.5	59.5	59.5			49.2	49.6						
23	00			40.6			49.3	30.1						
	12	55.6	59.6	64.6			49.4							
24	00			47.6			49.5	30.2	46.6	19.1				
	12	37.1	40.1	46.1			49.6	30.3						
25	00			18.1	D	D	30.1							
	12	37.2	40.2	48.1				30.4						
26	00			57.2			30.2	30.5						
	12	37.3	40.3	32.2			30.3							
27	00			50.3			30.4	30.6						
	12	37.4	40.4	28.3			30.5	55.1						
28	00			44.4			30.6		46.5	19.2				
	12	37.5	40.5	1.5			55.1	55.2						

1997

March 1997

Date	Time	☉	⊕	☾	☊	☋	☿	♀	♂	♃	♄	♅	♆	♇
1	00	37.6	40.6	43.5	46.1	25.1	55.2	55.3	46.5	19.2	17.3	41.5	60.3	34.6
	12			14.6	D	D	55.3	D	R	D	D	D	D	D
2	00	63.1	64.1	9.1			55.4	55.4			17.4			
	12			5.2	R	R	55.5	55.5				41.6		
3	00	63.2	64.2	26.4			55.6		46.4					
	12			11.5			37.1	55.6						
4	00	63.3	64.3	10.6			37.2	37.1						
	12			38.2			37.3			19.3				
5	00	63.4	64.4	54.3			37.4	37.2						
	12			61.5			37.5	37.3						
6	00	63.5	64.5	41.1					46.3					
	12			19.3			37.6	37.4						
7	00	63.6	64.6	13.5			63.1	37.5						
	12			30.1			63.2							
8	00	22.1	47.1	55.3			63.3	37.6						
	12	22.2	47.2	37.5			63.4	63.1	46.2					
9	00			22.1			63.5			19.4				R
	12	22.3	47.3	36.3			63.6	63.2					60.4	
10	00			25.5	D	D	22.1	63.3			17.5			
	12	22.4	47.4	21.1			22.3							
11	00			51.3			22.4	63.4						
	12	22.5	47.5	42.5			22.5	63.5	46.1					
12	00			27.1			22.6							
	12	22.6	47.6	24.2			36.1	63.6						
13	00			2.3			36.2	22.1						
	12	36.1	6.1	23.5			36.3			19.5				
14	00			8.6			36.4	22.2	6.6					
	12	36.2	6.2	16.1			36.5	22.3						
15	00			35.2			36.6							
	12	36.3	6.3	45.3			25.1	22.4						
16	00	36.4	6.4	12.3			25.2	22.5	6.5					
	12			15.4	R	R	25.3							
17	00	36.5	6.5	52.5			25.4	22.6						
	12			39.5			25.5	36.1			17.6			
18	00	36.6	6.6	53.6			25.6			19.6				
	12			62.6			17.1	36.2	6.4					
19	00	25.1	46.1	56.6			17.2	36.3						
	12			33.1	D	D	17.3							
20	00	25.2	46.2	7.1			17.4	36.4						
	12			4.1			17.6	36.5						
21	00	25.3	46.3	29.2			21.1		6.3					
	12			59.2			21.2	36.6						
22	00	25.4	46.4	40.2			21.3	25.1						
	12			64.3			21.4							
23	00	25.5	46.5	47.3			21.5	25.2		13.1				
	12			6.3			21.6	25.3	6.2			19.1		
24	00	25.6	46.6	46.4	R	R	51.1							
	12	17.1	18.1	18.4			51.2	25.4						
25	00			48.5			51.3	25.5			21.1			
	12	17.2	18.2	57.5			51.4							
26	00			32.6			51.5	25.6	6.1					
	12	17.3	18.3	50.6			51.6	17.1						
27	00			44.1			42.1							
	12	17.4	18.4	1.2			42.2	17.2		13.2				
28	00			43.2			42.3	17.3						
	12	17.5	18.5	14.3			42.4		47.6					
29	00			34.4				17.4						
	12	17.6	18.6	9.5			42.5	17.5						
30	00			5.6			42.6							
	12	21.1	48.1	11.1			3.1	17.6						
31	00			10.2			3.2	21.1	47.5					
	12	21.2	48.2	58.4			3.3							

April 1997

Date	Time	☉	⊕	☾	☊	☋	☿	♀	♂	♃	♄	♅	♆	♇
1	00	21.2	48.2	38.5	D	D	3.3	21.2	47.5	13.2	21.1	19.1	60.4	34.6
	12	21.3	48.3	54.6			3.4	21.3	R	D	21.2	D	D	R
2	00			60.2			3.5			13.3				
	12	21.4	48.4	41.3			3.6	21.4						
3	00	21.5	48.5	19.5				21.5	47.4					
	12			49.1			27.1							
4	00	21.6	48.6	30.3			27.2	21.6						
	12			55.4				51.1						
5	00	51.1	57.1	37.6			27.3							
	12			22.2				51.2						
6	00	51.2	57.2	36.4			27.4	51.3	47.3					
	12			25.6	R	R								
7	00	51.3	57.3	21.2			27.5	51.4						
	12			51.4				51.5		13.4				
8	00	51.4	57.4	42.6			27.6							
	12			27.1				51.6						
9	00	51.5	57.5	24.3			24.1	42.1			21.3			
	12			2.5										
10	00	51.6	57.6	23.6				42.2	47.2					
	12			20.1			24.2	42.3						
11	00	42.1	32.1	16.3										
	12			35.4				42.4						
12	00	42.2	32.2	45.5				42.5						
	12			12.5										
13	00	42.3	32.3	15.6				42.6		13.5				
	12	42.4	32.4	39.1			24.3	3.1						
14	00			53.2										
	12	42.5	32.5	62.2				3.2	47.1					
15	00			56.3	D	D		3.3						
	12	42.6	32.6	31.3			R							
16	00			33.3				3.4						
	12	3.1	50.1	7.4							21.4			
17	00			4.4			24.2	3.5						
	12	3.2	50.2	29.4				3.6						
18	00			59.5										
	12	3.3	50.3	40.5				27.1						
19	00			64.5				27.2						
	12	3.4	50.4	47.6						13.6				
20	00			6.6			24.1	27.3						
	12	3.5	50.5	46.6	R	R		27.4						
21	00			48.1										
	12	3.6	50.6	57.1				27.5	64.6					
22	00			32.2			27.6	27.6						
	12	27.1	28.1	50.3										
23	00			28.3				24.1						
	12	27.2	28.2	44.4			27.5	24.2						
24	00			1.5										
	12	27.3	28.3	43.6				24.3			21.5			
25	00	27.4	28.4	34.1			27.4	24.4						
	12			9.2	6.6	36.6								
26	00	27.5	28.5	5.3				24.5		49.1				
	12			26.4			27.3	24.6						
27	00	27.6	28.6	11.5								19.2		
	12			10.6			27.2	2.1						
28	00	24.1	44.1	38.2				2.2	D					
	12			54.3										
29	00	24.2	44.2	61.4			27.1	2.3						
	12			60.6				2.4						
30	00	24.3	44.3	19.1										
	12			13.3	D	D	3.6	2.5						

May 1997

Date	Time	☉	⊕	☾	☊	☋	☿	♀	♂	♃	♄	♅	♆	♇
1	00	24.4	44.4	49.4	6.6	36.6	3.6	2.6	64.6	49.1	21.5	19.2	60.4	34.6
	12			30.6	D	D	R	D	D	D	D	D	D	R
2	00	24.5	44.5	37.1				23.1					R	
	12			63.3			3.5	23.2			21.6			
3	00	24.6	44.6	22.5										
	12			36.6	R	R		23.3						
4	00	2.1	1.1	17.2				23.4		49.2				34.5
	12			21.4					47.1					
5	00	2.2	1.2	51.5			3.4	23.5						
	12			3.1				23.6						
6	00	2.3	1.3	27.3										
	12			24.4				8.1						
7	00	2.4	1.4	2.6										
	12			8.1				8.2						
8	00	2.5	1.5	20.3				8.3						
	12			16.4										
9	00	2.6	1.6	35.5			D	8.4						
	12	23.1	43.1	45.6				8.5						
10	00			15.1										
	12	23.2	43.2	52.2	6.5	36.5		8.6			51.1			
11	00			39.3				20.1						
	12	23.3	43.3	53.3										
12	00			62.4				20.2						
	12	23.4	43.4	56.5				20.3	47.2					
13	00			31.5			3.5							
	12	23.5	43.5	33.5				20.4		49.3		R		
14	00			7.6				20.5						
	12	23.6	43.6	4.6	D	D								
15	00			59.1				20.6						
	12	8.1	14.1	40.1			3.6	16.1						
16	00			64.1										
	12	8.2	14.2	47.1				16.2						
17	00			6.2			27.1	16.3						
	12	8.3	14.3	46.2	R	R			47.3					
18	00			18.3				16.4						
	12	8.4	14.4	48.3			27.2	16.5						
19	00			57.4										
	12	8.5	14.5	32.4				16.6			51.2			
20	00			50.5			27.3	35.1						
	12	8.6	14.6	28.6										
21	00			44.6			27.4	35.2						
	12	20.1	34.1	43.1					47.4					
22	00			14.2			27.5	35.3						
	12	20.2	34.2	34.3				35.4						
23	00			9.5			27.6							
	12	20.3	34.3	5.6				35.5						
24	00			11.1	6.4	36.4	24.1	35.6						
	12	20.4	34.4	10.2										
25	00			58.4			24.2	45.1	47.5					
	12	20.5	34.5	38.5				45.2						
26	00			61.1			24.3							
	12	20.6	34.6	60.2			24.4	45.3						
27	00	16.1	9.1	41.4				45.4						
	12			19.5			24.5							
28	00	16.2	9.2	49.1				45.5						
	12			30.2			24.6	45.6	47.6	49.4				
29	00	16.3	9.3	55.4			2.1				51.3			
	12			37.5	D	D		12.1						
30	00	16.4	9.4	22.1			2.2	12.2				19.1		
	12			36.3			2.3							
31	00	16.5	9.5	25.4	R	R	2.4	12.3						
	12			17.6				12.4	6.1					

June 1997

Date	Time	☉	⊕	☾	☊	☋	☿	♀	♂	♃	♄	♅	♆	♇
1	00	16.6	9.6	51.1	6.4	36.4	2.5	12.4	6.1	49.4	51.3	19.1	60.4	34.5
	12			42.3	R	R	2.6	12.5	D	D	D	R	R	R
2	00	35.1	5.1	3.4				12.6						
	12			27.5			23.1							
3	00	35.2	5.2	2.1			23.2	15.1	6.2					
	12			23.2			23.3							
4	00	35.3	5.3	8.3			23.4	15.2						
	12			20.5				15.3						
5	00	35.4	5.4	16.6	6.3	36.3	23.5							
	12			45.1			23.6	15.4						
6	00	35.5	5.5	12.2			8.1	15.5	6.3					
	12			15.3			8.2							
7	00	35.6	5.6	52.4			8.3	15.6						
	12			39.5			8.4	52.1						
8	00	45.1	26.1	53.5			8.5				51.4			34.4
	12			62.6				52.2	6.4					
9	00	45.2	26.2	31.1			8.6	52.3						
	12			33.1			20.1							
10	00	45.3	26.3	7.2			20.2	52.4						
	12			4.2	6.2	36.2	20.3	52.5		R				
11	00	45.4	26.4	29.2			20.4		6.5					
	12			59.3			20.5	52.6						
12	00	45.5	26.5	40.3			20.6	39.1						
	12			64.3			16.1							
13	00	45.6	26.6	47.4			16.2	39.2	6.6					
	12			6.4			16.3	39.3						
14	00	12.1	11.1	46.4			16.4							
	12			18.5			16.5	39.4						
15	00	12.2	11.2	48.5			16.6							
	12			57.5			35.1	39.5	46.1					
16	00	12.3	11.3	32.6			35.3	39.6						
	12			28.1			35.4							
17	00	12.4	11.4	44.1			35.5	53.1						
	12			1.2			35.6	53.2	46.2					
18	00	12.5	11.5	43.3			45.1							
	12			14.4			45.2	53.3						
19	00	12.6	11.6	34.5			45.3	53.4						
	12			5.1			45.4							
20	00	15.1	10.1	26.2			45.5	53.5	46.3					
	12	15.2	10.2	11.3			12.1	53.6			51.5			
21	00			10.5			12.2							
	12	15.3	10.3	58.6	6.1	36.1	12.3	62.1						
22	00			54.2			12.4	62.2	46.4					
	12	15.4	10.4	61.4			12.5							
23	00			60.5			12.6	62.3		49.3				
	12	15.5	10.5	19.1			15.2	62.4						
24	00			13.3			15.3		46.5					
	12	15.6	10.6	49.5			15.4	62.5						
25	00			30.6			15.5							
	12	52.1	58.1	37.2			15.6	62.6						
26	00			63.4			52.1	56.1	46.6					
	12	52.2	58.2	22.5			52.3							
27	00			25.1	D	D	52.4	56.2						
	12	52.3	58.3	17.2			52.5	56.3						
28	00			21.4	R	R	52.6		18.1				60.3	
	12	52.4	58.4	51.5			39.1	56.4						
29	00			42.6			39.2	56.5						
	12	52.5	58.5	27.2			39.3							
30	00			24.3			39.5	56.6	18.2					
	12	52.6	58.6	2.4			39.6	31.1						

July 1997

Date/Time	☉	⊕	☾	☊	⚷	☿	♀	♂	♃	♄	⛢	♆	♇
1 00	52.6	58.6	23.5	6.1	36.1	53.1	31.1	18.2	49.3	51.5	19.1	60.3	34.4
12	39.1	38.1	20.1	R	R	53.2	31.2	D	R	D	R	R	R
2 00			16.2			53.3	31.3	18.3					
12	39.2	38.2	35.3			53.4							
3 00			45.4	47.6	22.6	53.5	31.4						
12	39.3	38.3	12.5			53.6							
4 00			15.5			62.1	31.5	18.4					
12	39.4	38.4	52.6			62.3	31.6						
5 00			53.1			62.4							
12	39.5	38.5	62.2			62.5	33.1						
6 00			56.2			62.6	33.2	18.5			41.6		
12	39.6	38.6	31.3			56.1							
7 00			33.3			56.2	33.3						
12	53.1	54.1	7.4			56.3	33.4	18.6		51.6			
8 00			4.4			56.4		49.2					
12	53.2	54.2	29.5			56.5	33.5						
9 00			59.5			56.6	33.6						
12	53.3	54.3	40.5			31.1		48.1					
10 00			64.6	47.5	22.5	31.2	7.1						
12	53.4	54.4	47.6	D	D	31.3	7.2						
11 00			6.6			31.4							
12	53.5	54.5	46.6			31.5	7.3	48.2					
12 00			48.1	47.6	22.6	31.6							
12	53.6	54.6	57.1			33.1	7.4						
13 00			32.2	R	R	33.2	7.5	48.3					
12	62.1	61.1	50.2			33.3							
14 00			28.3	47.5	22.5	33.4	7.6						
12	62.2	61.2	44.3				4.1						
15 00			1.4			33.5		48.4					
12	62.3	61.3	43.5			33.6	4.2						
16 00			14.6			7.1	4.3						
12	62.4	61.4	9.1			7.2		48.5					
17 00			5.2			7.3	4.4						
12	62.5	61.5	26.3			7.4	4.5						
18 00			11.5			7.5		49.1					
12	62.6	61.6	10.6			4.6	48.6						
19 00			38.2			7.6	29.1						
12	56.1	60.1	54.4			4.1							
20 00	56.2	60.2	61.5			4.2	29.2	57.1					
12			41.1			4.3							
21 00	56.3	60.3	19.3				29.3						
12			13.5			4.4	29.4						
22 00	56.4	60.4	30.1			4.5		57.2					
12			55.3			4.6	29.5						
23 00	56.5	60.5	37.5			29.1	29.6						
12			22.1					57.3					
24 00	56.6	60.6	36.3	D	D	29.2	59.1						
12			25.4			29.3	59.2						34.3
25 00	31.1	41.1	17.6			29.4		57.4					
12			51.2				59.3						
26 00	31.2	41.2	42.3			29.5	59.4		13.6				
12			3.4			29.6							
27 00	31.3	41.3	27.6	R	R		59.5	57.5					
12			2.1			59.1							
28 00	31.4	41.4	23.2			59.2	59.6						
12			8.3				40.1	57.6					
29 00	31.5	41.5	20.4			59.3							
12			16.5	47.5	22.4	59.4	40.2						
30 00	31.6	41.6	35.6				40.3	32.1					
12			12.1			59.5					41.5		
31 00	33.1	19.1	15.2				40.4						
12			52.3			59.6	40.5	32.2					

August 1997

Date/Time	☉	⊕	☾	☊	⚷	☿	♀	♂	♃	♄	⛢	♆	♇
1 00	33.2	19.2	39.3	47.4	22.4	40.1	40.5	32.2	13.6	51.6	41.5	60.3	34.3
12			53.4	R	R	D	40.6	D	R	D	R	R	R
2 00	33.3	19.3	62.5			40.2			R				
12			56.5				64.1	32.3	13.5			60.2	
3 00	33.4	19.4	31.6			40.3	64.2						
12			33.6										
4 00	33.5	19.5	4.1			40.4	64.3	32.4					
12			29.1				64.4						
5 00	33.6	19.6	59.1			40.5							
12			40.2				64.5	32.5					
6 00	7.1	13.1	64.2			40.6	64.6						
12			47.2										
7 00	7.2	13.2	6.2	D	D	64.1	47.1	32.6					
12			46.3				47.2						
8 00	7.3	13.3	18.3			64.2							
12			48.3				47.3	50.1					
9 00	7.4	13.4	57.4										
12			32.4			64.3	47.4						
10 00	7.5	13.5	50.4				47.5	50.2	13.4				
12			28.5										
11 00	7.6	13.6	44.5			64.4	47.6						
12			1.6				6.1	50.3					
12 00	4.1	49.1	14.1	R	R								
12			34.2				6.2						
13 00	4.2	49.2	9.3			64.5	6.3						
12	4.3	49.3	5.4					50.4					D
14 00			26.5				6.4						
12	4.4	49.4	11.6										
15 00			58.2				6.5	50.5					
12	4.5	49.5	38.3				6.6						
16 00			54.5			64.6							
12	4.6	49.6	61.6				46.1	50.6					
17 00			41.2				46.2		13.3				
12	29.1	30.1	19.4										
18 00			13.6		R		46.3	28.1					
12	29.2	30.2	30.2				46.4						
19 00			55.4										
12	29.3	30.3	37.6	47.3	22.3		46.5	28.2					
20 00			22.3			64.5							
12	29.4	30.4	36.5	D	D		46.6						
21 00			17.1	47.4	22.4		18.1	28.3					
12	29.5	30.5	21.2										
22 00			51.4				18.2						
12	29.6	30.6	42.6				18.3	28.4					
23 00			27.2			64.4							
12	59.1	55.1	24.3				18.4						
24 00			2.4				28.5				41.4		
12	59.2	55.2	23.6			64.3	18.5		13.2				
25 00			20.1				18.6						
12	59.3	55.3	16.2	R	R			28.6					
26 00			35.3			64.2	48.1						
12	59.4	55.4	45.4				48.2						
27 00			12.5				44.1						
12	59.5	55.5	15.6			64.1	48.3			51.5			
28 00			52.6				44.2						
12	59.6	55.6	53.1	47.3	22.3	40.6	48.4						
29 00			62.2				48.5						
12	40.1	37.1	56.2			40.5	44.3						
30 00			31.3				48.6						
12	40.2	37.2	33.3			40.4	57.1						
31 00	40.3	37.3	7.3				44.4						
12			4.4			40.3	57.2						

1997

September 1997

Date	Time	☉	⊕	☾	☊	☋	☿	♀	♂	♃	♄	♅	♆	♇
1	00	40.4	37.4	29.4	47.3	22.3	40.3	57.3	44.4	13.2	51.5	41.4	60.2	34.3
	12			59.4	R	R	40.2	D	44.5	R	R	R	R	D
2	00	40.5	37.5	40.5				57.4		13.1				
	12			64.5			40.1							34.4
3	00	40.6	37.6	47.5	D	D		57.5	44.6					
	12			6.5			59.6	57.6						
4	00	64.1	63.1	46.6										
	12			18.6				32.1	1.1					
5	00	64.2	63.2	48.6			59.5	32.2						
	12			32.1										
6	00	64.3	63.3	50.1				32.3	1.2					
	12			28.1			59.4							
7	00	64.4	63.4	44.2				32.4						
	12			1.2				32.5	1.3					
8	00	64.5	63.5	43.3										
	12			14.4			59.3	32.6	1.4					
9	00	64.6	63.6	34.4				50.1						
	12			9.5										
10	00	47.1	22.1	5.6				50.2	1.5					
	12			11.1	R	R	D							
11	00	47.2	22.2	10.2				50.3						
	12			58.3				50.4	1.6	19.6				
12	00	47.3	22.3	38.5			59.4							
	12			54.6	D	D		50.5						
13	00	47.4	22.4	60.2					43.1					
	12			41.3				50.6						
14	00	47.5	22.5	19.5				28.1			51.4			
	12	47.6	22.6	49.1			59.5		43.2					
15	00			30.3				28.2						
	12	6.1	36.1	55.5			59.6	28.3	43.3					
16	00			63.1										
	12	6.2	36.2	22.3			40.1	28.4						
17	00			36.5	R	R			43.4				60.1	
	12	6.3	36.3	17.1			40.2	28.5						
18	00			21.4				28.6						
	12	6.4	36.4	51.6			40.3		43.5					
19	00			3.2				44.1						
	12	6.5	36.5	27.3			40.4	44.2						
20	00			24.5			40.5		43.6					
	12	6.6	36.6	23.1				44.3						
21	00			8.2			40.6		14.1					
	12	46.1	25.1	20.4			64.1	44.4						
22	00			16.5			64.2	44.5						
	12	46.2	25.2	35.6			64.3		14.2					
23	00			12.1				44.6						
	12	46.3	25.3	15.2			64.4							
24	00			52.3	D	D	64.5	1.1	14.3					
	12	46.4	25.4	39.4			64.6	1.2						
25	00			53.4			47.1							
	12	46.5	25.5	62.5			47.2	1.3	14.4					
26	00	46.6	25.6	56.5			47.3							
	12			31.6			47.4	1.4	14.5					
27	00	18.1	17.1	33.6				1.5		19.5	51.3			
	12			4.1			47.5							
28	00	18.2	17.2	29.1			47.6	1.6	14.6					
	12			59.1			6.1	43.1						
29	00	18.3	17.3	40.1			6.2							
	12			64.2			6.3	43.2	34.1					
30	00	18.4	17.4	47.2			6.4							
	12			6.2	R	R	6.5	43.3	34.2					

October 1997

Date	Time	☉	⊕	☾	☊	☋	☿	♀	♂	♃	♄	♅	♆	♇
1	00	18.5	17.5	46.3	47.3	22.3	6.6	43.4	34.2	19.5	51.3	41.3	60.1	34.4
	12			18.3	R	R	46.1	D	D	R	R	R	R	D
2	00	18.6	17.6	48.3			46.2	43.5	34.3					
	12			57.4			46.3							
3	00	48.1	21.1	32.4			46.4	43.6						
	12			50.4			46.5	14.1	34.4					
4	00	48.2	21.2	28.5			46.6							
	12			44.5			18.1	14.2	34.5					
5	00	48.3	21.3	1.6			18.2							
	12			43.6			18.3	14.3						
6	00	48.4	21.4	34.1			18.4	14.4	34.6					
	12	48.5	21.5	9.2			18.5							
7	00			5.3				14.5						
	12	48.6	21.6	26.3			18.6		9.1					
8	00			11.4			48.1	14.6						
	12	57.1	51.1	10.5			48.2	34.1	9.2	D				
9	00			58.6			48.3							
	12	57.2	51.2	54.1			48.4	34.2			51.2		D	
10	00			61.3	D	D	48.5		9.3					
	12	57.3	51.3	60.4			48.6	34.3						
11	00			41.6			57.1	34.4						
	12	57.4	51.4	13.1			57.2		9.4					
12	00			49.3			57.3	34.5						
	12	57.5	51.5	30.4			57.4		9.5					
13	00			55.6			57.5	34.6						
	12	57.6	51.6	63.2			57.6							
14	00			22.4	R	R	32.1	9.1	9.6					
	12	32.1	42.1	36.6				9.2				D		
15	00			17.2			32.2		5.1					
	12	32.2	42.2	21.4			32.3	9.3						34.5
16	00	32.3	42.3	51.6			32.4							
	12			3.2			32.5	9.4	5.2					
17	00	32.4	42.4	27.4			32.6	9.5						
	12			24.6			50.1							
18	00	32.5	42.5	23.2			50.2	9.6	5.3					
	12			8.4			50.3							
19	00	32.6	42.6	20.5				5.1	5.4					
	12			35.1			50.4							
20	00	50.1	3.1	45.2			50.5	5.2		19.6				
	12			12.3			50.6	5.3	5.5					
21	00	50.2	3.2	15.4			28.1				51.1			
	12			52.5			28.2	5.4	5.6					
22	00	50.3	3.3	39.6			28.3							
	12			62.1			28.4	5.5						
23	00	50.4	3.4	56.2					26.1					
	12			31.2	D	D	28.5	5.6						
24	00	50.5	3.5	33.3			28.6	26.1	26.2					
	12	50.6	3.6	7.3			44.1							
25	00			4.3			44.2	26.2						
	12	28.1	27.1	29.4			44.3		26.3					
26	00			59.4			44.4	26.3						
	12	28.2	27.2	40.4										
27	00			64.5			44.5	26.4	26.4					
	12	28.3	27.3	47.5	R	R	44.6	26.5						
28	00			6.5			1.1		26.5			41.4		
	12	28.4	27.4	46.5			1.2	26.6						
29	00			18.6			1.3							
	12	28.5	27.5	48.6				11.1	26.6					
30	00			32.1			1.4							
	12	28.6	27.6	50.1			1.5	11.2	11.1					
31	00			28.1	47.2	22.2	1.6	11.3					60.2	
	12	44.1	24.1	44.2			43.1							

November 1997

Date/Time	☉	⊕	☽	☋	☊	☿	♀	♂	♃	♄	⚷	♆	♇
1 00	44.2	24.2	1.3	47.2	22.2	43.2	11.4	11.2	19.6	51.1	41.4	60.2	34.5
12			43.3	R	R	D	D	D	D	R	D	D	D
2 00	44.3	24.3	14.4			43.3	11.5	11.3					
12			34.5			43.4							
3 00	44.4	24.4	9.5			43.5	11.6			21.6			
12			5.6			43.6		11.4					
4 00	44.5	24.5	11.1				10.1		13.1				
12			10.2			14.1		11.5					
5 00	44.6	24.6	58.3			14.2	10.2						
12			38.4			14.3	10.3						
6 00	1.1	2.1	54.5			14.4		11.6					
12			61.6				10.4						
7 00	1.2	2.2	41.2			14.5		10.1					
12			19.3			14.6	10.5						
8 00	1.3	2.3	13.4	D	D	34.1							
12	1.4	2.4	49.6			34.2	10.6	10.2					
9 00			55.1										
12	1.5	2.5	37.3			34.3	58.1	10.3					
10 00			63.4			34.4							
12	1.6	2.6	22.6	R	R	34.5	58.2						
11 00			25.2					10.4					34.6
12	43.1	23.1	17.4	47.1	22.1	34.6	58.3						
12 00			21.6			9.1		10.5					
12	43.2	23.2	42.1			9.2	58.4						
13 00			3.3			9.3							
12	43.3	23.3	27.5				58.5	10.6	13.2				
14 00			2.1			9.4							
12	43.4	23.4	23.3			9.5	58.6	58.1					
15 00	43.5	23.5	8.4			9.6							
12			20.6				38.1						
16 00	43.6	23.6	35.2			5.1		58.2					
12			45.3			5.2	38.2						
17 00	14.1	8.1	12.4			5.3		58.3					
12			15.6				38.3						
18 00	14.2	8.2	39.1			5.4							
12			53.2	64.6	63.6	5.5	38.4	58.4					
19 00	14.3	8.3	62.3			5.6							
12			56.3				38.5	58.5		21.5			
20 00	14.4	8.4	31.4			26.1							
12			33.5			26.2	38.6						
21 00	14.5	8.5	7.5					58.6					
12	14.6	8.6	4.6			26.3	54.1		13.3				
22 00			29.6			26.4		38.1					
12	34.1	20.1	59.6	D	D	26.5	54.2						
23 00			64.1					38.2					
12	34.2	20.2	47.1	R	R	26.6							
24 00			6.1			11.1	54.3						
12	34.3	20.3	46.2					38.3					
25 00			18.2			11.2	54.4						
12	34.4	20.4	48.2					38.4					
26 00			57.3			11.3	54.5						
12	34.5	20.5	32.3			11.4							
27 00			50.3				54.6	38.5					
12	34.6	20.6	28.4			11.5							
28 00	9.1	16.1	44.5					38.6	13.4				
12			1.5			11.6	61.1						
29 00	9.2	16.2	43.6			10.1							
12			34.1				61.2	54.1					
30 00	9.3	16.3	9.2	64.5	63.5	10.2							
12			5.2					54.2					

December 1997

Date/Time	☉	⊕	☽	☋	☊	☿	♀	♂	♃	♄	⚷	♆	♇
1 00	9.4	16.4	26.3	64.5	63.5	10.3	61.3	54.2	13.4	21.5	41.4	60.2	34.6
12			11.4	R	R	D	D	D	D	R	D	D	D
2 00	9.5	16.5	10.6				61.4	54.3					
12			38.1			10.4							
3 00	9.6	16.6	54.2					54.4					
12			61.3			10.5	61.5			41.5			
4 00	5.1	35.1	60.4					54.5	13.5				
12	5.2	35.2	41.6										
5 00			13.1				61.6						9.1
12	5.3	35.3	49.2			10.6		54.6					
6 00			30.4	64.4	63.4		60.1						
12	5.4	35.4	55.5				61.1						
7 00			63.1										
12	5.5	35.5	22.2			60.2							
8 00			36.4		R		61.2						
12	5.6	35.6	25.5										
9 00			21.1			60.3	61.3						
12	26.1	45.1	51.2					13.6					
10 00	26.2	45.2	42.4			10.5							
12			3.6				61.4						
11 00	26.3	45.3	24.1			60.4							
12			2.3				61.5						
12 00	26.4	45.4	23.4			10.4					60.3		
12			8.6			60.5	61.6						
13 00	26.5	45.5	16.2			10.3							
12			35.3										
14 00	26.6	45.6	45.4			10.2	60.1						
12			12.6			10.1	60.6						
15 00	11.1	12.1	52.1	64.3	63.3		60.2	49.1					
12			39.2			11.6							
16 00	11.2	12.2	53.3			11.5							
12	11.3	12.3	62.4				60.3		D				
17 00			56.5			11.4	41.1						
12	11.4	12.4	31.6			11.3		60.4					
18 00			33.6			11.2							
12	11.5	12.5	4.1					60.5					
19 00			29.2			11.1							
12	11.6	12.6	59.2			26.6							
20 00			40.2				41.2	60.6	49.2				
12	10.1	15.1	64.3			26.5							
21 00			47.3	D	D	26.4		41.1					
12	10.2	15.2	6.3										
22 00	10.3	15.3	46.4	R	R	26.3							
12			18.4					41.2					
23 00	10.4	15.4	48.4			26.2							
12			57.5					41.3					
24 00	10.5	15.5	32.5							41.6			
12			50.5			26.1		41.4					
25 00	10.6	15.6	28.6					49.3					
12			44.6				41.3						
26 00	58.1	52.1	43.1				41.5						
12			14.2										
27 00	58.2	52.2	34.3	64.2	63.2		R	41.6					
12	58.3	52.3	9.3			D							
28 00			5.4										
12	58.4	52.4	26.6				19.1						
29 00			10.1				41.2						
12	58.5	52.5	58.2					19.2	49.4				
30 00			38.3										9.2
12	58.6	52.6	54.5					19.3					
31 00			61.6			26.2							
12	38.1	39.1	41.2										

January 1998

Date	Time	☉	⊕	☾	☊	☋	☿	♀	♂	♃	♄	♅	♆	♇
1	00	38.1	39.1	19.3	64.2	63.2	26.2	41.2	19.4	49.4	21.5	41.6	60.3	9.2
	12	38.2	39.2	13.5	64.1	63.1	D	R	D	D	D	D	D	D
2	00	38.3	39.3	49.6			26.3		19.5					
	12			55.2										
3	00	38.4	39.4	37.3			26.4	41.1	19.6	49.5				
	12			63.5	D	D								
4	00	38.5	39.5	22.6										
	12			25.2			26.5		13.1					
5	00	38.6	39.6	17.3										
	12			21.5			26.6		13.2					
6	00	54.1	53.1	51.6	R	R		60.6						
	12			3.2			11.1							
7	00	54.2	53.2	27.3					13.3					
	12			24.5			11.2			49.6				
8	00	54.3	53.3	2.6			11.3	60.5	13.4				60.4	
	12	54.4	53.4	8.2										
9	00			20.3			11.4		13.5					
	12	54.5	53.5	16.4										
10	00			35.6			11.5	60.4						
	12	54.6	53.6	12.1			11.6		13.6			19.1		
11	00			15.2										
	12	61.1	62.1	52.3			10.1	60.3	49.1					
12	00			39.4						30.1				
	12	61.2	62.2	53.5			10.2		49.2		21.6			
13	00			62.6			10.3	60.2						
	12	61.3	62.3	31.1										
14	00	61.4	62.4	33.2	40.6	37.6	10.4		49.3					
	12			7.2			10.5							
15	00	61.5	62.5	4.3			10.6	60.1	49.4					
	12			29.3										
16	00	61.6	62.6	59.4			58.1			30.2				
	12			40.4			58.2	61.6	49.5					
17	00	60.1	56.1	64.5	D	D								
	12			47.5			58.3		49.6					
18	00	60.2	56.2	6.5			58.4	61.5						
	12			46.6			58.5		30.1					
19	00	60.3	56.3	18.6										
	12	60.4	56.4	48.6			58.6	61.4						
20	00			32.1			38.1		30.2	30.3				
	12	60.5	56.5	50.1										
21	00			28.1	R	R	38.2	61.3	30.3					
	12	60.6	56.6	44.2			38.3							
22	00			1.2			38.4		30.4					
	12	41.1	31.1	43.3			38.5	61.2						
23	00			14.3										
	12	41.2	31.2	34.4			38.6		30.5					
24	00			9.5			54.1			30.4				
	12	41.3	31.3	5.6			54.2	61.1	30.6					
25	00			11.1										
	12	41.4	31.4	10.2			54.3							
26	00	41.5	31.5	58.3			54.4		55.1					
	12			38.5			54.5	54.6				19.2		
27	00	41.6	31.6	54.6			54.6		55.2					
	12			60.2										
28	00	19.1	33.1	41.3			61.1		55.3		51.1			
	12			19.5			61.2			30.5				
29	00	19.2	33.2	49.1			61.3	54.5						
	12			30.2			61.4		55.4					
30	00	19.3	33.3	55.4										
	12			37.6	D	D	61.5		55.5					
31	00	19.4	33.4	22.2			61.6							
	12	19.5	33.5	36.4			60.1		55.6					9.3

February 1998

Date	Time	☉	⊕	☾	☊	☋	☿	♀	♂	♃	♄	♅	♆	♇
1	00	19.5	33.5	25.5	40.6	37.6	60.2	54.5	55.6	30.5	51.1	19.2	60.4	9.3
	12	19.6	33.6	21.1	D	D	D	54.4	D	30.6	D	D	60.5	D
2	00			51.3			60.3		37.1					
	12	13.1	7.1	42.4			60.4							
3	00			3.6			60.5		37.2					
	12	13.2	7.2	24.2			60.6							
4	00			2.3	R	R	41.1							
	12	13.3	7.3	23.4			41.2		37.3					
5	00			8.6						55.1				
	12	13.4	7.4	16.1			41.3		37.4					
6	00			35.2			41.4	D						
	12	13.5	7.5	45.3			41.5		37.5					
7	00	13.6	7.6	12.4			41.6							
	12			15.5			19.1							
8	00	49.1	4.1	52.6			19.2		37.6					
	12			53.1							51.2			
9	00	49.2	4.2	62.2			19.3		63.1	55.2				
	12			56.3			19.4							
10	00	49.3	4.3	31.3			19.5							
	12			33.4			19.6	54.5	63.2					
11	00	49.4	4.4	7.5			13.1							
	12			4.5			13.2		63.3					
12	00	49.5	4.5	29.6			13.3					19.3		
	12	49.6	4.6	59.6			13.4		63.4					
13	00			64.1	D	D				55.3				
	12	30.1	29.1	47.1			13.5							
14	00			6.1			13.6		63.5					
	12	30.2	29.2	46.2			49.1	54.6						
15	00			18.2			49.2		63.6					
	12	30.3	29.3	48.2			49.3							
16	00			57.3			49.4							
	12	30.4	29.4	32.3			49.5		22.1					
17	00			50.3			49.6	61.1		55.4				
	12	30.5	29.5	28.4			30.1		22.2					
18	00			44.4			30.2							
	12	30.6	29.6	1.4			30.3		22.3					
19	00	55.1	59.1	43.5			30.4				51.3			
	12			14.5			30.5	61.2						
20	00	55.2	59.2	34.6	R	R	30.6		22.4					
	12			5.1										
21	00	55.3	59.3	26.1			55.1		22.5	55.5				
	12			11.2			55.2	61.3						
22	00	55.4	59.4	10.3			55.3		22.6					
	12			58.4			55.4							
23	00	55.5	59.5	38.6			55.5	61.4						
	12			61.1			55.6		36.1					
24	00	55.6	59.6	60.2			37.1							
	12			41.4			37.2	61.5	36.2					
25	00	37.1	40.1	19.6			37.3			55.6				
	12			49.1			37.4							
26	00	37.2	40.2	30.3			37.5		36.3					
	12	37.3	40.3	55.5			37.6	61.6						
27	00			63.1	D	D	63.1		36.4					
	12	37.4	40.4	22.3			63.2	60.1						
28	00			36.5			63.3				51.4			
	12	37.5	40.5	17.1			63.4		36.5	37.1		19.4	60.6	

March 1998

Date	Time	☉	⊕	☾	☊	☋	☿	♀	♂	♃	♄	♅	♆	♇
1	00	37.5	40.5	21.3	40.6	37.6	63.5	60.2	36.5	37.1	51.4	19.4	60.6	9.3
	12	37.6	40.6	51.5	R	R	63.6	D	36.6	D	D	D	D	D
2	00			3.1			22.1							
	12	63.1	64.1	27.3			22.3	60.3	25.1					
3	00			24.5			22.4							
	12	63.2	64.2	2.6			22.5							
4	00			8.2			22.6	60.4	25.2					
	12	63.3	64.3	20.3			36.1			37.2				
5	00	63.4	64.4	16.5			36.2	60.5	25.3					
	12			35.6	D	D	36.3							
6	00	63.5	64.5	12.1			36.4							
	12			15.2			36.5	60.6	25.4					
7	00	63.6	64.6	52.3			36.6							
	12			39.4			25.1	41.1	25.5					
8	00	22.1	47.1	53.5			25.2							
	12			62.5			25.3	41.2	25.6	37.3	51.5			
9	00	22.2	47.2	56.6			25.4							
	12			33.1			25.5							
10	00	22.3	47.3	7.1			25.6	41.3	17.1					
	12			4.2			17.1							
11	00	22.4	47.4	29.2				41.4	17.2					
	12			59.3			17.2							R
12	00	22.5	47.5	40.3			17.3	41.5						
	12	22.6	47.6	64.3	R	R	17.4		17.3	37.4				
13	00			47.4			17.5	41.6						
	12	36.1	6.1	6.4			17.6		17.4					
14	00			46.4			21.1							
	12	36.2	6.2	18.5			21.2	19.1						
15	00			48.5					17.5					
	12	36.3	6.3	57.5			21.3	19.2						
16	00			32.6			21.4		17.6					
	12	36.4	6.4	50.6			21.5	19.3		37.5	51.6			
17	00			28.6					21.1					
	12	36.5	6.5	1.1			21.6	19.4						
18	00			43.1	40.5	37.5	51.1							
	12	36.6	6.6	14.2				19.5	21.2					
19	00			34.2			51.2							
	12	25.1	46.1	9.3			51.3	19.6	21.3					
20	00			5.3								19.5		
	12	25.2	46.2	26.4			51.4	13.1		37.6				
21	00	25.3	46.3	11.5					21.4					
	12			10.5	D	D	51.5	13.2						
22	00	25.4	46.4	58.6					21.5					
	12			54.1				13.3						
23	00	25.5	46.5	61.2			51.6							
	12			60.4				13.4	21.6					
24	00	25.6	46.6	41.5							42.1			
	12			13.1			42.1	13.5	51.1	63.1				
25	00	17.1	18.1	49.2										
	12			30.4				13.6						
26	00	17.2	18.2	55.6					51.2					
	12			63.2	R	R		49.1						
27	00	17.3	18.3	22.4					51.3					
	12			36.6				49.2						
28	00	17.4	18.4	17.2			R							
	12			21.4				49.3	51.4	63.2				
29	00	17.5	18.5	51.6										
	12	17.6	18.6	3.2				49.4	51.5					
30	00			27.4										
	12	21.1	48.1	24.6				49.5						
31	00			23.2				49.6	51.6					
	12	21.2	48.2	8.4			51.6				42.2			

April 1998

Date	Time	☉	⊕	☾	☊	☋	☿	♀	♂	♃	♄	♅	♆	♇
1	00	21.2	48.2	20.6	40.5	37.5	51.6	30.1	42.1	63.2	42.2	19.5	60.6	9.3
	12	21.3	48.3	35.1	R	R	R	D	D	63.3	D	D	D	R
2	00			45.3				30.2	42.2					
	12	21.4	48.4	12.4			51.5							
3	00			15.5				30.3						
	12	21.5	48.5	52.6					42.3					
4	00			53.1	D	D	51.4	30.4						
	12	21.6	48.6	62.2					42.4					
5	00			56.3				30.5						
	12	51.1	57.1	31.4			51.3	30.6		63.4				
6	00			33.4					42.5					
	12	51.2	57.2	7.5			51.2	55.1						
7	00			4.5					42.6					
	12	51.3	57.3	29.6			51.1	55.2						
8	00	51.4	57.4	59.6							42.3			
	12			40.6	R	R		55.3	3.1					
9	00	51.5	57.5	47.1			21.6							
	12			6.1				55.4	3.2					
10	00	51.6	57.6	46.1			21.5	55.5		63.5				
	12			18.2									41.1	
11	00	42.1	32.1	48.2				55.6	3.3					
	12			57.2			21.4							
12	00	42.2	32.2	32.2				37.1	3.4					
	12			50.3										
13	00	42.3	32.3	28.3			21.3	37.2						
	12			44.4				37.3	3.5					
14	00	42.4	32.4	1.4										
	12			43.4			21.2	37.4	3.6	63.6				
15	00	42.5	32.5	14.5										
	12			34.5	40.4	37.4		37.5			42.4	19.6		
16	00	42.6	32.6	9.6					27.1					
	12			5.6			21.1	37.6						
17	00	3.1	50.1	11.1				63.1	27.2					
	12			10.2										
18	00	3.2	50.2	58.3				63.2						
	12	3.3	50.3	38.3					27.3	22.1				
19	00			54.4				63.3						
	12	3.4	50.4	61.5										
20	00			60.6	D	D		63.4	27.4					
	12	3.5	50.5	19.2			D	63.5						
21	00			13.3					27.5					9.2
	12	3.6	50.6	49.4				63.6						
22	00			30.6										
	12	27.1	28.1	37.1				22.1	27.6					
23	00			63.3	R	R		22.2		22.2	42.5			
	12	27.2	28.2	22.5					24.1					
24	00			25.1				22.3						
	12	27.3	28.3	17.3			21.2							
25	00			21.5				22.4	24.2					
	12	27.4	28.4	42.1										
26	00			3.3				22.5	24.3					
	12	27.5	28.5	27.5				22.6						
27	00			2.1			21.3							
	12	27.6	28.6	23.3				36.1	24.4					
28	00			8.5						22.3				
	12	24.1	44.1	16.1			21.4	36.2	24.5					
29	00			35.3				36.3						
	12	24.2	44.2	45.4	40.3	37.3								
30	00			12.6			21.5	36.4	24.6					
	12	24.3	44.3	52.1							42.6			

May 1998

Date	Time	☉	⊕	☾	☊	⯝	☿	♀	♂	♃	♄	⛢	♆	♇
1	00	24.3	44.3	39.3	40.3	37.3	21.6	36.5	2.1	22.3	42.6	19.6	41.1	9.2
	12	24.4	44.4	53.4	R	R	D	36.6	D	D	D	D	D	R
2	00	24.5	44.5	62.5										
	12			56.6			51.1	25.1	2.2	22.4				
3	00	24.6	44.6	31.6										
	12			7.1	D	D	51.2	25.2						
4	00	2.1	1.1	4.2				25.3	2.3					
	12			29.2			51.3						R	
5	00	2.2	1.2	59.3				25.4	2.4					
	12			40.3			51.4							
6	00	2.3	1.3	64.3	R	R		25.5						
	12			47.4			51.5	25.6	2.5					
7	00	2.4	1.4	6.4			51.6							
	12			46.4				17.1	2.6	22.5				
8	00	2.5	1.5	18.5			42.1				3.1			
	12			48.5				17.2						
9	00	2.6	1.6	57.5			42.2	17.3	23.1					
	12			32.6			42.3							
10	00	23.1	43.1	50.6				17.4	23.2					
	12			28.6			42.4							
11	00	23.2	43.2	1.1			42.5	17.5						
	12			43.1				17.6	23.3					
12	00	23.3	43.3	14.2	40.2	37.2	42.6							
	12			34.2			3.1	21.1						
13	00	23.4	43.4	9.3					23.4	22.6				
	12			5.3			3.2	21.2						
14	00	23.5	43.5	26.4			3.3	21.3	23.5					
	12			11.5										
15	00	23.6	43.6	10.5			3.4	21.4						
	12			58.6			3.5	21.5	23.6					
16	00	8.1	14.1	54.1			3.6				3.2			
	12			61.2			27.1	21.6	8.1					
17	00	8.2	14.2	60.3										
	12	8.3	14.3	41.4			27.2	51.1						
18	00			19.5			27.3	51.2	8.2			R		
	12	8.4	14.4	13.6			27.4		36.1					
19	00			30.1			27.5	51.3						
	12	8.5	14.5	55.3	D	D			8.3					
20	00			37.4	R	R	27.6	51.4						
	12	8.6	14.6	63.6			24.1	51.5	8.4					
21	00			36.1			24.2							
	12	20.1	34.1	25.3			24.3	51.6						
22	00			17.5	40.1	37.1	24.4	42.1	8.5					
	12	20.2	34.2	51.1			24.5							
23	00			42.2			24.6	42.2						
	12	20.3	34.3	3.4			2.1		8.6					
24	00			27.6				42.3			3.3			
	12	20.4	34.4	2.2			2.2	42.4	20.1	36.2				
25	00			23.4			2.3							
	12	20.5	34.5	8.6			2.4	42.5						
26	00			16.2			2.5		20.2					
	12	20.6	34.6	35.4			2.6	42.6						
27	00			45.5			23.1	3.1	20.3					
	12	16.1	9.1	15.1			23.2							
28	00			52.3			23.3	3.2						
	12	16.2	9.2	39.4	59.6	55.6	23.4	3.3	20.4					9.1
29	00			53.5			23.5							
	12	16.3	9.3	62.6			23.6	3.4					60.6	
30	00			31.1			8.1		20.5					
	12	16.4	9.4	33.2			8.2	3.5						
31	00			7.3			8.3	3.6	20.6	36.3				
	12	16.5	9.5	4.4			8.5							

June 1998

Date	Time	☉	⊕	☾	☊	⯝	☿	♀	♂	♃	♄	⛢	♆	♇
1	00	16.5	9.5	29.5	59.6	55.6	8.6	27.1	20.6	36.3	3.3	19.6	60.6	9.1
	12	16.6	9.6	59.5	R	R		20.1	D	16.1	D	3.4	R	R
2	00			40.6	D	D		20.2	27.2					
	12	35.1	5.1	64.6	R	R		20.3	27.3					
3	00			47.6				20.4		16.2				
	12	35.2	5.2	46.1				20.5	27.4					
4	00			18.1				20.6	27.5	16.3				
	12	35.3	5.3	48.1				16.1						
5	00			57.2				16.3	27.6					
	12	35.4	5.4	32.2				16.4		16.4				
6	00			50.2				16.5	24.1					
	12	35.5	5.5	28.3				16.6	24.2					
7	00	35.6	5.6	44.3				35.1		16.5	36.4			
	12			1.3				35.2	24.3					
8	00	45.1	26.1	43.4				35.3	24.4	16.6				
	12			14.4				35.5						
9	00	45.2	26.2	34.5	59.5	55.5		35.6	24.5					
	12			9.6				45.1		35.1				
10	00	45.3	26.3	5.6				45.2	24.6					
	12			11.1				45.3	2.1					
11	00	45.4	26.4	10.2				45.5		35.2		3.5		
	12			58.3				45.6	2.2					
12	00	45.5	26.5	38.4				12.1	2.3	35.3				
	12			54.5				12.2						
13	00	45.6	26.6	61.6				12.3	2.4					
	12			41.1				12.4		35.4				
14	00	12.1	11.1	19.2				12.6	2.5					
	12			13.3				15.1	2.6					
15	00	12.2	11.2	49.4				15.2		35.5				
	12			30.5				15.3	23.1		36.5			
16	00	12.3	11.3	37.1	D	D		15.4	23.2					
	12			63.2				15.5		35.6				
17	00	12.4	11.4	22.4				15.6	23.3					
	12			36.5	R	R		52.1	23.4	45.1				
18	00	12.5	11.5	17.1				52.3						
	12			21.2				52.4	23.5					
19	00	12.6	11.6	51.4				52.5		45.2				
	12			42.5	59.4	55.4		52.6	23.6					
20	00	15.1	10.1	27.1				39.1	8.1			19.5		
	12			24.3				39.2		45.3				
21	00	15.2	10.2	2.5				39.3	8.2			3.6		
	12			23.6				39.4	8.3	45.4				
22	00	15.3	10.3	20.2				39.5						
	12			16.4				39.6	8.4					
23	00	15.4	10.4	35.5				53.1		45.5				
	12			12.1				53.2	8.5					
24	00	15.5	10.5	15.3				53.3	8.6					
	12			52.4				53.4		45.6				
25	00	15.6	10.6	39.5				53.5	20.1					
	12			62.1				53.6	20.2					
26	00	52.1	58.1	56.2				62.1		12.1				
	12			31.3				62.2	20.3		36.6			
27	00	52.2	58.2	33.4				62.3	20.4	12.2				
	12			7.5	59.3	55.3		62.4						
28	00	52.3	58.3	4.6				62.5	20.5					
	12			29.6				62.6		12.3				
29	00	52.4	58.4	40.1	D	D		56.1	20.6					
	12			64.2				56.2	16.1					
30	00	52.5	58.5	47.2				56.3		12.4				
	12			6.2				56.4	16.2					

1998

July 1998

Date	Time	☉	⊕	☾	☊	☋	☿	♀	♂	♃	♄	♅	♆	♇
1	00	52.6	58.6	46.3	59.3	55.3	56.4	16.3	12.4	36.6	3.6	19.5	60.6	9.1
	12			18.3	D	D	56.5	D	12.5	D	D	R	R	R
2	00	39.1	38.1	48.4	R	R	56.6	16.4						
	12			57.4			31.1		12.6					
3	00	39.2	38.2	32.4			31.2	16.5			27.1			
	12			50.4			31.3	16.6						
4	00	39.3	38.3	28.5					15.1					
	12	39.4	38.4	44.5			31.4	35.1						
5	00			1.6			31.5	35.2						
	12	39.5	38.5	43.6			31.6		15.2					34.6
6	00			34.1			33.1	35.3						
	12	39.6	38.6	9.1				35.4						
7	00			5.2			33.2		15.3					
	12	53.1	54.1	26.3			33.3	35.5						
8	00			11.4			33.4		15.4					
	12	53.2	54.2	10.4				35.6						
9	00			58.5			33.5	45.1						
	12	53.3	54.3	38.6			33.6		15.5					
10	00			61.1				45.2						
	12	53.4	54.4	60.3			7.1	45.3						
11	00			41.4			7.2		15.6					
	12	53.5	54.5	19.5				45.4						
12	00			13.6			7.3	45.5						
	12	53.6	54.6	30.2			7.4		52.1					
13	00			55.3	D	D		45.6						
	12	62.1	61.1	37.5			7.5	12.1					60.5	
14	00			63.6					52.2					
	12	62.2	61.2	36.2			7.6	12.2						
15	00			25.3			4.1		52.3					
	12	62.3	61.3	17.5				12.3						
16	00			21.6			4.2	12.4						
	12	62.4	61.4	42.2					52.4					
17	00			3.3	R	R	4.3	12.5						
	12	62.5	61.5	27.5				12.6						
18	00			2.1			4.4		52.5					
	12	62.6	61.6	23.2				15.1		R	27.2			
19	00			8.4			4.5	15.2				19.4		
	12	56.1	60.1	20.5	59.2	55.2			52.6					
20	00			35.1				15.3						
	12	56.2	60.2	45.2			4.6							
21	00			12.4				15.4	39.1					
	12	56.3	60.3	15.5			29.1	15.5						
22	00			52.6					39.2					
	12	56.4	60.4	53.2				15.6						
23	00			62.3			29.2	52.1						
	12	56.5	60.5	56.4					39.3					
24	00			31.5				52.2						
	12	56.6	60.6	33.6			29.3	52.3						
25	00			4.1					39.4					
	12	31.1	41.1	29.2				52.4						
26	00			59.2	D	D		52.5						
	12	31.2	41.2	40.3			29.4		39.5					
27	00			64.4				52.6						
	12	31.3	41.3	47.4										
28	00			6.4				39.1	39.6					
	12	31.4	41.4	46.5				39.2						
29	00			18.5										
	12	31.5	41.5	48.6				39.3	53.1					
30	00			57.6				39.4						
	12	31.6	41.6	32.6			29.5		53.2					
31	00			28.1				39.5						
	12	33.1	19.1	44.1	R	R	R	39.6						

August 1998

Date	Time	☉	⊕	☾	☊	☋	☿	♀	♂	♃	♄	♅	♆	♇
1	00	33.2	19.2	1.1	59.2	55.2	29.4	39.6	53.3	36.6	27.2	19.4	60.5	34.6
	12			43.2	R	R	R	53.1	D	R	D	R	R	R
2	00	33.3	19.3	14.2				53.2						
	12			34.3					53.4					
3	00	33.4	19.4	9.3				53.3						
	12			5.4				53.4						
4	00	33.5	19.5	26.5					53.5					
	12			11.5				53.5						
5	00	33.6	19.6	10.6			29.3							
	12			38.1				53.6	53.6					
6	00	7.1	13.1	54.2				62.1						
	12			61.3										
7	00	7.2	13.2	60.5			29.2	62.2	62.1					
	12			41.6				62.3						
8	00	7.3	13.3	13.1					62.2					
	12			49.3			29.1	62.4						
9	00	7.4	13.4	30.4				62.5		36.5				
	12			55.6	D	D			62.3					
10	00	7.5	13.5	63.2			4.6	62.6						
	12			22.3				56.1						
11	00	7.6	13.6	36.5			4.5		62.4					
	12			17.1				56.2						
12	00	4.1	49.1	21.2				56.3				19.3		
	12			51.4			4.4		62.5					
13	00	4.2	49.2	42.6				56.4						
	12			27.2			4.3	56.5						
14	00	4.3	49.3	24.3					62.6					
	12			2.5			4.2	56.6						
15	00	4.4	49.4	23.6	R	R								
	12			20.2			4.1	31.1	56.1					
16	00	4.5	49.5	16.3				31.2			R			
	12			35.5										D
17	00	4.6	49.6	45.6			7.6	31.3	56.2					
	12			15.1				31.4						
18	00	29.1	30.1	52.2									60.4	
	12			39.4			7.5	31.5	56.3					
19	00	29.2	30.2	53.5				31.6						
	12			62.6										
20	00	29.3	30.3	31.1			7.4	33.1	56.4	36.4				
	12			33.2				33.2						
21	00	29.4	30.4	7.2					56.5					
	12			4.3				33.3						
22	00	29.5	30.5	29.4				33.4						
	12	29.6	30.6	59.5	D	D			56.6					
23	00			40.5			7.3	33.5						
	12	59.1	55.1	64.6				33.6						
24	00			47.6			D		31.1					
	12	59.2	55.2	46.1				7.1						
25	00			18.1	R	R		7.2						
	12	59.3	55.3	48.2			7.4		31.2					
26	00			57.2				7.3						
	12	59.4	55.4	32.2				7.4						
27	00			50.3					31.3					
	12	59.5	55.5	28.3				7.5						
28	00			44.3			7.5							
	12	59.6	55.6	1.4				7.6	31.4	36.3				
29	00			43.4				4.1						
	12	40.1	37.1	14.4			7.6							
30	00			34.5				4.2	31.5					
	12	40.2	37.2	9.5	D	D		4.3						
31	00			5.6			4.1							
	12	40.3	37.3	26.6				4.4	31.6					

September 1998

Date	Time	☉	⊕	☾	☊	☋	☿	♀	♂	♃	♄	♅	♆	♇
1	00	40.3	37.3	10.1	59.2	55.2	4.2	4.5	31.6	36.3	27.2	19.3	60.4	34.6
	12	40.4	37.4	58.2	D	D	D	D	D	R	R	R	R	D
2	00			38.3			4.3	4.6	33.1					
	12	40.5	37.5	54.4			4.4	29.1						
3	00			61.5										
	12	40.6	37.6	60.6			4.5	29.2	33.2					
4	00			19.1			4.6	29.3						
	12	64.1	63.1	13.3										
5	00			49.4			29.1	29.4	33.3					
	12	64.2	63.2	30.6			29.2	29.5		36.2				
6	00			37.2	R	R	29.3							
	12	64.3	63.3	63.3			29.4	29.6	33.4					
7	00			22.5				59.1				19.2		
	12	64.4	63.4	25.1			29.5							
8	00	64.5	63.5	17.3			29.6	59.2	33.5					
	12			21.5			59.1	59.3						
9	00	64.6	63.6	42.1			59.2							
	12			3.3			59.3	59.4	33.6					
10	00	47.1	22.1	27.5			59.4	59.5						
	12			2.1			59.5							
11	00	47.2	22.2	23.2			59.6	59.6	7.1					
	12			8.4			40.1	40.1						
12	00	47.3	22.3	20.6			40.2							
	12			35.1			40.3	40.2	7.2	36.1				
13	00	47.4	22.4	45.3			40.4	40.3						
	12			12.4	D	D	40.5				27.1			
14	00	47.5	22.5	15.5			40.6	40.4	7.3					
	12			52.6			64.1	40.5						
15	00	47.6	22.6	53.1			64.2							
	12			62.2			64.3	40.6	7.4					
16	00	6.1	36.1	56.3			64.4	64.1						
	12			31.4			64.5							
17	00	6.2	36.2	33.5			64.6	64.2	7.5					
	12			7.6			47.1							
18	00	6.3	36.3	4.6			47.2	64.3						
	12			59.1			47.3	64.4	7.6					
19	00	6.4	36.4	40.2	R	R	47.4							
	12			64.2			47.5	64.5		22.6				
20	00	6.5	36.5	47.3			47.6	64.6	4.1					
	12	6.6	36.6	6.3			6.1							
21	00			46.3			6.2	47.1						
	12	46.1	25.1	18.4			6.3	47.2	4.2					
22	00			48.4			6.4							
	12	46.2	25.2	57.5			6.5	47.3						
23	00			32.5			6.6	47.4	4.3					
	12	46.3	25.3	50.5			46.1							
24	00			28.6			46.2	47.5						
	12	46.4	25.4	44.6			46.3	47.6	4.4					
25	00			1.6	59.1	55.1								
	12	46.5	25.5	14.1			46.4	6.1						
26	00			34.1			46.5	6.2	4.5					9.1
	12	46.6	25.6	9.1			46.6							
27	00			5.2			18.1	6.3		22.5				
	12	18.1	17.1	26.2			18.2	6.4	4.6					
28	00			11.3			18.3							
	12	18.2	17.2	10.3			18.4	6.5						
29	00			58.4	D	D	18.5	6.6	29.1					
	12	18.3	17.3	38.5			18.6				3.6			
30	00			54.5			48.1	46.1						
	12	18.4	17.4	61.6			48.2	46.2	29.2					

October 1998

Date	Time	☉	⊕	☾	☊	☋	☿	♀	♂	♃	♄	♅	♆	♇
1	00	18.4	17.4	41.1	59.1	55.1	48.3	46.2	29.2	22.5	3.6	19.2	60.4	9.1
	12	18.5	17.5	19.3	D	D	48.4	46.3	D	R	R	R	R	D
2	00	18.6	17.6	13.4			48.5	46.4	29.3					
	12			49.5			48.6							
3	00	48.1	21.1	55.1				46.5						
	12			37.2	R	R	57.1	46.6	29.4					
4	00	48.2	21.2	63.4			57.2							
	12			22.6			57.3	18.1		22.4				
5	00	48.3	21.3	25.2			57.4	18.2	29.5					
	12			17.4			57.5							
6	00	48.4	21.4	21.6			57.6	18.3						
	12			42.2			32.1	18.4	29.6					
7	00	48.5	21.5	3.4			32.2							
	12			24.1				18.5						
8	00	48.6	21.6	2.3			32.3	18.6	59.1					
	12			23.5			32.4							
9	00	57.1	51.1	20.1			32.5	48.1						
	12			16.2			32.6	48.2	59.2					
10	00	57.2	51.2	35.4			50.1							
	12			45.6			50.2	48.3						
11	00	57.3	51.3	15.1				48.4	59.3					
	12	57.4	51.4	52.3			50.3							
12	00			39.4			50.4	48.5					D	
	12	57.5	51.5	53.5	D	D	50.5	48.6	59.4		3.5			
13	00			62.6			50.6			22.3				
	12	57.6	51.6	31.1			28.1	57.1						
14	00			33.2			28.2	57.2	59.5					
	12	32.1	42.1	7.3										
15	00			4.3			28.3	57.3						
	12	32.2	42.2	29.4			28.4	57.4	59.6					
16	00			59.4	R	R	28.5							
	12	32.3	42.3	40.5			28.6	57.5						
17	00			64.5				57.6	40.1					
	12	32.4	42.4	47.6			44.1							
18	00			6.6			44.2	32.1						
	12	32.5	42.5	18.1			44.3	32.2						
19	00			48.1			44.4		40.2			D		
	12	32.6	42.6	57.1	29.6	30.6		32.3						
20	00	50.1	3.1	32.2			44.5	32.4						
	12			50.2			44.6		40.3					
21	00	50.2	3.2	28.2			1.1	32.5						
	12			44.3			1.2	32.6						
22	00	50.3	3.3	1.3					40.4					
	12			43.3			1.3	50.1						
23	00	50.4	3.4	14.4			1.4	50.2						
	12			34.4			1.5		40.5					
24	00	50.5	3.5	9.4			1.6	50.3		22.2				
	12			5.5				50.4			3.4			
25	00	50.6	3.6	26.5	29.5	30.5	43.1		40.6					
	12			11.6			43.2	50.5						
26	00	28.1	27.1	10.6			43.3	50.6						
	12			38.1					64.1					
27	00	28.2	27.2	54.1			43.4	28.1						
	12			61.2			43.5	28.2						
28	00	28.3	27.3	60.3			43.6		64.2					
	12	28.4	27.4	41.4	D	D		28.3						
29	00			19.5			14.1	28.4						9.2
	12	28.5	27.5	13.6			14.2		64.3					
30	00			30.1			14.3	28.5						
	12	28.6	27.6	55.2	R	R		28.6						
31	00			37.4			14.4							
	12	44.1	24.1	63.5			14.5	44.1	64.4					

November 1998

Date	Time	☉	⊕	☽	☊	☋	☿	♀	♂	♃	♄	⚴	♆	♅
1	00	44.1	24.1	36.1	29.5	30.5	14.5	44.2	64.2	22.2	3.4	19.2	60.4	9.2
	12	44.2	24.2	25.3	R	R	14.6	D	D	R	R	D	D	D
2	00			17.5				34.1	44.3	64.5				
	12	44.3	24.3	51.1				34.2	44.4					
3	00			42.3										
	12	44.4	24.4	3.5				34.3	44.5	64.6				
4	00			24.1				34.4	44.6					
	12	44.5	24.5	2.3										
5	00	44.6	24.6	23.5				34.5	1.1	47.1				
	12			20.2				34.6	1.2			3.3		
6	00	1.1	2.1	16.4	29.4	30.4								
	12			35.6			9.1	1.3	47.2					
7	00	1.2	2.2	12.1			9.2	1.4						
	12			15.3										
8	00	1.3	2.3	52.5			9.3	1.5						
	12			39.6				1.6	47.3					
9	00	1.4	2.4	62.2			9.4							
	12			56.3			9.5	43.1						
10	00	1.5	2.5	31.4				43.2	47.4					
	12			33.5			9.6							
11	00	1.6	2.6	7.6				43.3						
	12	43.1	23.1	4.6	D	D	5.1	43.4	47.5					
12	00			59.1	R	R								
	12	43.2	23.2	40.2			5.2	43.5						
13	00			64.2				43.6	47.6					
	12	43.3	23.3	47.3			5.3	14.1						
14	00			6.3						D				
	12	43.4	23.4	46.3			5.4	14.2	6.1					
15	00			18.4				14.3						
	12	43.5	23.5	48.4			5.5							
16	00			57.4				14.4						
	12	43.6	23.6	32.5				14.5	6.2					
17	00			50.5			5.6							
	12	14.1	8.1	28.5	29.3	30.3	14.6							
18	00			44.6				34.1	6.3					
	12	14.2	8.2	1.6							3.2			
19	00	14.3	8.3	43.6			26.1	34.2						
	12			34.1				34.3	6.4					
20	00	14.4	8.4	9.1										
	12			5.2				34.4						
21	00	14.5	8.5	26.2				34.5						
	12			11.3	29.2	30.2	R		6.5					
22	00	14.6	8.6	10.3				34.6						
	12			58.4				9.1						
23	00	34.1	20.1	38.4					6.6					9.3
	12			54.5				9.2						
24	00	34.2	20.2	61.5				9.3						
	12			60.6			5.6		46.1					
25	00	34.3	20.3	19.1				9.4						
	12	34.4	20.4	13.2				9.5						
26	00			49.3			5.5		46.2					
	12	34.5	20.5	30.4	D	D		9.6						
27	00			55.5			5.4	5.1						
	12	34.6	20.6	37.6	R	R								
28	00			22.2			5.3	5.2	46.3					
	12	9.1	16.1	36.3				5.3				19.3		
29	00			25.5				5.2						
	12	9.2	16.2	17.6			5.1	5.4	46.4					
30	00			51.2				5.5						
	12	9.3	16.3	42.4			9.6							

December 1998

Date	Time	☉	⊕	☽	☊	☋	☿	♀	♂	♃	♄	⚴	♆	♅
1	00	9.4	16.4	3.6	29.2	30.2	9.5	5.6	46.4	22.2	3.2	19.3	60.4	9.3
	12			24.2	R	R	9.4	26.1	46.5	D	R	D	D	D
2	00	9.5	16.5	2.4										
	12			23.6	29.1	30.1	9.3	26.2						
3	00	9.6	16.6	20.2			9.2	26.3	46.6				60.5	
	12			16.4										
4	00	5.1	35.1	35.6			9.1	26.4						
	12			12.2				34.6	26.5	18.1	22.3			
5	00	5.2	35.2	15.4										
	12			52.6				34.5	26.6		3.1			
6	00	5.3	35.3	53.1				34.4	11.1					
	12			62.3					18.2					
7	00	5.4	35.4	56.4				11.2						
	12	5.5	35.5	31.6				34.3	11.3					
8	00			7.1					18.3					
	12	5.6	35.6	4.2				34.2	11.4					
9	00			29.3	D	D		11.5						
	12	26.1	45.1	59.4										
10	00			40.4				11.6	18.4					
	12	26.2	45.2	64.5				10.1						
11	00			47.5	R	R								
	12	26.3	45.3	6.6			D	10.2	18.5					
12	00			46.6				10.3						
	12	26.4	45.4	48.1										
13	00	26.5	45.5	57.1				10.4						
	12			32.1				10.5	18.6					
14	00	26.6	45.6	50.2										
	12			28.2	4.6	49.6	34.3	10.6						
15	00	11.1	12.1	44.2				58.1	48.1	22.4				
	12			1.3										
16	00	11.2	12.2	43.3				34.4	58.2					
	12			14.3					58.3					
17	00	11.3	12.3	34.4					48.2				9.4
	12			9.4				34.5	58.4					
18	00	11.4	12.4	5.5					58.5					
	12			26.5				34.6		48.3				
19	00	11.5	12.5	11.6					58.6					
	12	11.6	12.6	10.6	4.5	49.5	9.1	38.1						
20	00			38.1										
	12	10.1	15.1	54.2			9.2	38.2	48.4					
21	00			61.2				38.3						
	12	10.2	15.2	60.3			9.3							
22	00			41.4				38.4	48.5			19.4		
	12	10.3	15.3	19.5			9.4	38.5						
23	00			13.6			9.5							
	12	10.4	15.4	30.1	D	D		38.6		22.5				
24	00			55.2			9.6	54.1	48.6					
	12	10.5	15.5	37.3			5.1							
25	00	10.6	15.6	63.4				54.2						
	12			22.5			5.2	54.3						
26	00	58.1	52.1	36.6				57.1						
	12			17.2	R	R	5.3	54.4						
27	00	58.2	52.2	21.3			5.4	54.5						
	12			51.5			5.5		57.2					
28	00	58.3	52.3	42.6				54.6						
	12			27.2			5.6	61.1						
29	00	58.4	52.4	24.4			26.1							
	12			2.6				61.2	57.3					
30	00	58.5	52.5	8.2			26.2	61.3		D				
	12	58.6	52.6	20.3			26.3			22.6				
31	00			16.5			26.4	61.4						
	12	38.1	39.1	45.1				61.5	57.4					

January 1999

Date/Time	☉	⊕	☾	☊	⚷	☿	♀	♂	♃	♄	⛢	♆	♇
1 00	38.1	39.1	12.3	4.5	49.5	26.5	61.5	57.4	22.6	3.1	19.4	60.6	9.4
12	38.2	39.2	15.5	R	R	26.6	61.6	D	D	D	D	D	D	D
2 00			39.1			11.1	60.1	57.5					
12	38.3	39.3	53.2										
3 00			62.4			11.2	60.2						
12	38.4	39.4	56.5			11.3	60.3						
4 00			33.1	4.4	49.4	11.4		57.6					
12	38.5	39.5	7.2				60.4						
5 00			4.3			11.5	60.5						
12	38.6	39.6	29.4	D	D	11.6							
6 00	54.1	53.1	59.5			10.1	60.6	32.1	36.1				
12			40.6	4.5	49.5		41.1						
7 00	54.2	53.2	47.1			10.2							
12			6.1			10.3	41.2						
8 00	54.3	53.3	46.2			10.4	41.3	32.2					
12			18.2			10.5							
9 00	54.4	53.4	48.3				41.4				19.5		
12			57.3			10.6	41.5						
10 00	54.5	53.5	32.4	R	R	58.1		32.3					
12			50.4			58.2	41.6						
11 00	54.6	53.6	28.4			58.3	19.1						
12	61.1	62.1	44.5					36.2					
12 00			1.5	4.4	49.4	58.4	19.2	32.4					
12	61.2	62.2	43.5			58.5	19.3						
13 00			14.6			58.6							9.5
12	61.3	62.3	34.6			38.1	19.4						
14 00			9.6				19.5	32.5					
12	61.4	62.4	26.1			38.2							
15 00			11.2			38.3	19.6						
12	61.5	62.5	10.2			38.4	13.1						
16 00			58.3			38.5		32.6					
12	61.6	62.6	38.3			38.6	13.2						
17 00	60.1	56.1	54.4				13.3		36.3				
12			61.5			54.1							
18 00	60.2	56.2	60.6			54.2	13.4	50.1					
12			19.1			54.3	13.5						
19 00	60.3	56.3	13.2			54.4							
12			49.3			54.5	13.6						
20 00	60.4	56.4	30.4	D	D		49.1						
12			55.5			54.6		50.2					
21 00	60.5	56.5	63.1			61.1	49.2						
12			22.2			61.2	49.3						
22 00	60.6	56.6	36.3			61.3		36.4					
12	41.1	31.1	25.5			61.4	49.4	50.3					
23 00			17.6				49.5						
12	41.2	31.2	51.1			61.5				3.2			
24 00			42.3			61.6	49.6						
12	41.3	31.3	3.4			60.1	30.1						
25 00			27.6	R	R	60.2		50.4					
12	41.4	31.4	2.2			60.3	30.2				19.6		
26 00			23.3			60.4	30.3						
12	41.5	31.5	8.5			60.5						41.1	
27 00			20.6				30.4	50.5	36.5				
12	41.6	31.6	35.2			60.6	30.5						
28 00			45.4			41.1							
12	19.1	33.1	12.5			41.2	30.6						
29 00	19.2	33.2	52.1			41.3	55.1						
12			39.2			41.4		50.6					
30 00	19.3	33.3	53.4			41.5	55.2						
12			62.5			41.6	55.3						
31 00	19.4	33.4	31.1			19.1							
12			33.2				55.4		36.6				

February 1999

Date/Time	☉	⊕	☾	☊	⚷	☿	♀	♂	♃	♄	⛢	♆	♇
1 00	19.5	33.5	7.3	4.4	49.4	19.2	55.5	28.1	36.6	3.2	19.6	41.1	9.5
12			4.4	D	D	19.3	D	D	D	D	D	D	D
2 00	19.6	33.6	29.5			19.4	55.6						
12			59.6			19.5	37.1						
3 00	13.1	7.1	64.1			19.6							
12	13.2	7.2	47.2			13.1	37.2	28.2					
4 00			6.3			13.2	37.3						
12	13.3	7.3	46.4			13.3							
5 00			18.4			13.4	37.4	25.1					
12	13.4	7.4	48.5			13.5	37.5						
6 00			57.5			13.6		28.3					
12	13.5	7.5	32.6			49.1	37.6						
7 00			50.6			49.2	63.1						
12	13.6	7.6	28.6										
8 00			1.1			49.3	63.2						
12	49.1	4.1	43.1			49.4	63.3	28.4			3.3		
9 00			14.1	R	R	49.5							
12	49.2	4.2	34.2			49.6	63.4	25.2					
10 00	49.3	4.3	9.2			30.1	63.5						
12			5.2			30.2						13.1	
11 00	49.4	4.4	26.3			30.3	63.6						
12			11.3	D	D	30.4	22.1	28.5					
12 00	49.5	4.5	10.4			30.5							
12			58.5			30.6	22.2						
13 00	49.6	4.6	38.5			55.1	22.3						
12			54.6			55.2							
14 00	30.1	29.1	60.1			55.3	22.4	25.3					
12			41.2			55.4	22.5	28.6					
15 00	30.2	29.2	19.3			55.5							
12			13.4			55.6	22.6						
16 00	30.3	29.3	49.5	R	R	37.1	36.1						
12	30.4	29.4	55.1			37.2							
17 00			37.2			37.3	36.2						
12	30.5	29.5	63.3			37.4	36.3	44.1					
18 00			22.5			37.5		25.4					
12	30.6	29.6	36.6			37.6	36.4						
19 00			17.2			63.1	36.5						
12	55.1	59.1	21.4			63.2							
20 00			51.5			63.3	36.6						
12	55.2	59.2	3.1			63.4	25.1			3.4			
21 00			27.3			63.5		44.2				41.2	
12	55.3	59.3	24.4			63.6	25.2						
22 00			2.6				25.3						
12	55.4	59.4	8.1			22.1		25.5					
23 00	55.5	59.5	20.3			22.2	25.4						
12			16.4	D	D	22.3	25.5						
24 00	55.6	59.6	35.6			22.4							
12			12.1			22.5	25.6	44.3					
25 00	37.1	40.1	15.3			22.6							
12			52.4			36.1	17.1						
26 00	37.2	40.2	39.6				17.2						
12			62.1			36.2		25.6					
27 00	37.3	40.3	56.2			36.3	17.3						
12			31.3			36.4	17.4					13.2	
28 00	37.4	40.4	33.4			36.5							9.6
12			7.6				17.5						

March 1999

Date	Time	☉	⊕	☾	☊	☋	☿	♀	♂	♃	♄	♅	♆	♇
1	00	37.5	40.5	29.1	R	R	36.6	17.6	44.4	25.6	3.4	13.2	41.2	9.6
	12	37.6	40.6	59.1			25.1	D	D	D	D	D	D	D
2	00			40.2				21.1						
	12	63.1	64.1	64.3			25.2	21.2		17.1	3.5			
3	00			47.4										
	12	63.2	64.2	6.5			25.3	21.3						
4	00			46.5				21.4						
	12	63.3	64.3	18.6			25.4							
5	00			57.1				21.5						
	12	63.4	64.4	32.1			25.5	21.6						
6	00			50.1										
	12	63.5	64.5	28.2				51.1		17.2				
7	00			44.2			25.6	51.2	44.5					
	12	63.6	64.6	1.3										
8	00			43.3				51.3						
	12	22.1	47.1	14.3				51.4						
9	00	22.2	47.2	34.4			17.1							
	12			9.4				51.5						
10	00	22.3	47.3	5.4										
	12			26.5	D	D	R	51.6		17.3				
11	00	22.4	47.4	11.5				42.1						
	12			10.6							3.6			
12	00	22.5	47.5	58.6			25.6	42.2						
	12			54.1				42.3						
13	00	22.6	47.6	61.2										
	12			60.2				42.4						
14	00	36.1	6.1	41.3				42.5						R
	12			19.4			25.5			17.4				
15	00	36.2	6.2	13.5				42.6						
	12			30.1	R	R		3.1						
16	00	36.3	6.3	55.2			25.4							
	12	36.4	6.4	37.3				3.2						
17	00			63.5				3.3						
	12	36.5	6.5	36.1			25.3					13.3		
18	00			25.2				3.4		17.5				
	12	36.6	6.6	17.4			25.2							
19	00			21.6				3.5	R					
	12	25.1	46.1	42.2	4.3	49.3	25.1	3.6						
20	00			3.4							27.1			
	12	25.2	46.2	27.6			36.6	27.1						
21	00			2.1				27.2						
	12	25.3	46.3	23.3			36.5							
22	00			8.5				27.3		17.6				
	12	25.4	46.4	16.1			36.4	27.4						
23	00			35.2										
	12	25.5	46.5	45.4			36.3	27.5						
24	00			12.6				27.6						
	12	25.6	46.6	52.1	D	D								
25	00	17.1	18.1	39.2			36.2	24.1						
	12			53.4									41.3	
26	00	17.2	18.2	62.5			36.1	24.2		21.1				
	12			56.6				24.3						
27	00	17.3	18.3	33.1										
	12			7.2			22.6	24.4						
28	00	17.4	18.4	4.3				24.5			27.2			
	12			29.4	R	R								9.5
29	00	17.5	18.5	59.5				24.6						
	12			40.5			22.5	2.1						
30	00	17.6	18.6	64.6						21.2				
	12			6.1				2.2	44.4					
31	00	21.1	48.1	46.1				2.3						
	12			18.2										

April 1999

Date	Time	☉	⊕	☾	☊	☋	☿	♀	♂	♃	♄	♅	♆	♇
1	00	21.2	48.2	48.3	4.3	49.3	22.5	2.4	44.4	21.2	27.2	13.3	41.3	9.5
	12			57.3	R	R	R	D	R	D	D	D	D	R
2	00	21.3	48.3	32.3				2.5						
	12			50.4			D	2.6		21.3				
3	00	21.4	48.4	28.4										
	12	21.5	48.5	44.5	4.2	49.2		23.1						
4	00			1.5				23.2						
	12	21.6	48.6	43.5					44.3					
5	00			14.6				23.3			27.3			
	12	51.1	57.1	34.6										
6	00			9.6				23.4						
	12	51.2	57.2	26.1				23.5		21.4				
7	00			11.1			22.6							
	12	51.3	57.3	10.1				23.6						
8	00			58.2				8.1						
	12	51.4	57.4	38.2					44.2					
9	00			54.3			36.1	8.2						
	12	51.5	57.5	61.3	D	D		8.3				13.4		
10	00			60.4										
	12	51.6	57.6	41.5			36.2	8.4		21.5				
11	00			19.6										
	12	42.1	32.1	49.1				8.5						
12	00			30.2	R	R	36.3	8.6	44.1					
	12	42.2	32.2	55.3							27.4			
13	00	42.3	32.3	37.4			36.4	20.1						
	12			63.6				20.2						
14	00	42.4	32.4	36.1										
	12			25.3			36.5	20.3		21.6				
15	00	42.5	32.5	17.5					28.6					
	12			51.1			36.6	20.4						
16	00	42.6	32.6	42.3				20.5						
	12			3.5			25.1							
17	00	3.1	50.1	24.1	4.1	49.1		20.6						
	12			2.3			25.2	16.1						
18	00	3.2	50.2	23.5					28.5					
	12			20.1			25.3	16.2		51.1				
19	00	3.3	50.3	16.3			25.4							
	12			35.5				16.3						
20	00	3.4	50.4	12.1			25.5	16.4			27.5			
	12			15.3					28.4					
21	00	3.5	50.5	52.4			25.6	16.5						
	12			39.6			17.1	16.6						
22	00	3.6	50.6	62.1										
	12			56.3			17.2	35.1		51.2				
23	00	27.1	28.1	31.4	D	D	17.3		28.3					
	12			33.5				35.2						
24	00	27.2	28.2	7.6			17.4	35.3						
	12			29.1	R	R	17.5							
25	00	27.3	28.3	59.1				35.4						
	12	27.4	28.4	40.2			17.6		28.2					
26	00			64.3			21.1	35.5		51.3				
	12	27.5	28.5	47.4			21.2	35.6						
27	00			6.4							27.6			
	12	27.6	28.6	46.5			21.3	45.1						
28	00			18.5			21.4		28.1					
	12	24.1	44.1	48.6	7.6	13.6	21.5	45.2						
29	00			57.6				45.3						
	12	24.2	44.2	50.1			21.6							
30	00			28.1			51.1	45.4		51.4				
	12	24.3	44.3	44.1			51.2	45.5	50.6					

May 1999

Date	Time	☉	⊕	☾	☊	☋	☿	♀	♂	♃	♄	♅	♆	♇
1	00	24.3	44.3	1.2	7.6	13.6	51.2	45.5	50.6	51.4	27.6	13.4	41.3	9.5
	12	24.4	44.4	43.2	R	R	51.3	45.6	R	D	D	D	D	R
2	00			14.2			51.4							
	12	24.5	44.5	34.3			51.5	12.1						
3	00			9.3	7.5	13.5	51.6	12.2	50.5					
	12	24.6	44.6	5.3			42.1							
4	00			26.4			42.2	12.3						
	12	2.1	1.1	11.4						51.5	24.1			
5	00			10.4			42.3	12.4						
	12	2.2	1.2	58.5			42.4	12.5						
6	00			38.5			42.5		50.4					
	12	2.3	1.3	54.6			42.6	12.6						
7	00			61.6			3.1							
	12	2.4	1.4	41.1			3.2	15.1					R	
8	00			19.1			3.3	15.2						
	12	2.5	1.5	13.2			3.4		50.3	51.6				
9	00	2.6	1.6	49.3			3.5	15.3						
	12			30.4			3.6							
10	00	23.1	43.1	55.5				15.4						
	12			37.6			27.1	15.5						
11	00	23.2	43.2	22.1			27.2							
	12			36.3			27.3	15.6	50.2					
12	00	23.3	43.3	25.4			27.4				24.2			
	12			17.6			27.5	52.1		42.1				
13	00	23.4	43.4	51.2			27.6							
	12			42.4			24.1	52.2						
14	00	23.5	43.5	3.6			24.2	52.3						
	12			24.2	7.4	13.4	24.4							
15	00	23.6	43.6	2.4			24.5	52.4	50.1					
	12			23.6			24.6							
16	00	8.1	14.1	20.2			2.1	52.5						
	12			16.4			2.2	52.6		42.2				
17	00	8.2	14.2	45.1			2.3							
	12			12.3			2.4	39.1						9.4
18	00	8.3	14.3	15.5			2.5							
	12			52.6			2.6	39.2	32.6					
19	00	8.4	14.4	53.2			23.1							
	12			62.4			23.2	39.3			24.3			
20	00	8.5	14.5	56.5			23.3	39.4						
	12			33.1			23.5							
21	00	8.6	14.6	7.2			23.6	39.5		42.3				
	12			4.3	D	D	8.1							
22	00	20.1	34.1	29.4			8.2	39.6				R		
	12			59.5	R	R	8.3							
23	00	20.2	34.2	40.6			8.4	53.1						
	12			64.6			8.5	53.2	32.5					
24	00	20.3	34.3	6.1			20.1							
	12			46.2			20.2	53.3						
25	00	20.4	34.4	18.2			20.3							
	12			48.3			20.4	53.4		42.4				
26	00	20.5	34.5	57.3	7.3	13.3	20.5							
	12			32.3			20.6	53.5						
27	00	20.6	34.6	50.4			16.2	53.6			24.4			
	12	16.1	9.1	28.4			16.3							
28	00			44.5			16.4	62.1						
	12	16.2	9.2	1.5			16.5							
29	00			43.5			16.6	62.2						
	12	16.3	9.3	14.6			35.1							
30	00			34.6			35.3	62.3		42.5				
	12	16.4	9.4	9.6			35.4							
31	00			26.1	7.2	13.2	35.5	62.4						
	12	16.5	9.5	11.1			35.6	62.5						

June 1999

Date	Time	☉	⊕	☾	☊	☋	☿	♀	♂	♃	♄	♅	♆	♇
1	00	16.5	9.5	10.1	7.2	13.2	45.1	62.5	32.5	42.5	24.4	13.4	41.3	9.4
	12	16.6	9.6	58.2	R	R	45.2	62.6	32.4	D	D	R	R	R
2	00			38.2			45.4							
	12	35.1	5.1	54.2			45.5	56.1						
3	00			61.3			45.6							
	12	35.2	5.2	60.3			12.1	56.2		42.6				
4	00			41.4			12.2				24.5			
	12	35.3	5.3	19.5			12.3	56.3	D					
5	00			13.5	D	D	12.4							
	12	35.4	5.4	49.6			12.5	56.4						
6	00			55.1			12.6							
	12	35.5	5.5	37.2			15.1	56.5						
7	00			63.3			15.2	56.6						
	12	35.6	5.6	22.4	R	R	15.3		32.5					
8	00			36.5			15.4	31.1		3.1				
	12	45.1	26.1	17.1			15.5							
9	00			21.2			15.6	31.2						
	12	45.2	26.2	51.4			52.1							
10	00			42.5			52.2	31.3						
	12	45.3	26.3	27.1			52.3							
11	00			24.3			52.4	31.4						
	12	45.4	26.4	2.5			52.5							
12	00			8.1			52.6	31.5						
	12	45.5	26.5	20.3			39.1				24.6			
13	00			16.5			39.2	31.6		3.2				
	12	45.6	26.6	45.1	7.1	13.1	39.3							
14	00			12.4			39.4	33.1						
	12	12.1	11.1	15.6			39.5							
15	00			39.2			39.6	33.2						
	12	12.2	11.2	53.3										
16	00			62.5			53.1	33.3						
	12	12.3	11.3	31.1			53.2							
17	00			33.2			53.3	33.4	32.6					
	12	12.4	11.4	7.4	D	D	53.4							
18	00			4.5			53.5	33.5						
	12	12.5	11.5	29.6						3.3				
19	00			40.1			53.6	33.6						
	12	12.6	11.6	64.2			62.1							
20	00	15.1	10.1	47.3			62.2	7.1						
	12			6.4									41.2	
21	00	15.2	10.2	46.4	R	R	62.3	7.2			2.1			
	12			18.5			62.4							
22	00	15.3	10.3	48.6					50.1					9.3
	12			57.6			62.5	7.3						
23	00	15.4	10.4	32.6			62.6							
	12			28.1				7.4		3.4				
24	00	15.5	10.5	44.1			56.1							
	12			1.2			56.2	7.5						
25	00	15.6	10.6	43.2										
	12			14.2			56.3	7.6						
26	00	52.1	58.1	34.3			56.4		50.2					
	12			9.3										
27	00	52.2	58.2	5.3			56.5	4.1						
	12			26.4										
28	00	52.3	58.3	11.4			56.6	4.2						
	12			10.4										
29	00	52.4	58.4	58.5			31.1	4.3						
	12			38.5					50.3	3.5				
30	00	52.5	58.5	54.6	33.6	19.6	31.2							
	12			61.6				4.4						

July 1999

Date	Time	☉	⊕	☾	☊	☋	☿	♀	♂	♃	♄	♅	♆	♇
1	00	52.6	58.6	41.1	33.6	19.6	31.3	4.4	50.3	3.5	2.2	13.4	41.2	9.3
	12			19.2	R	R	D	4.5	D	D	D	R	R	R
2	00	39.1	38.1	13.2	D	D	31.4							
	12			49.3										
3	00	39.2	38.2	30.4				4.6	50.4					
	12			55.5			31.5							
4	00	39.3	38.3	37.6				29.1						
	12			22.1			31.6							
5	00	39.4	38.4	36.2	7.1	13.1						13.3		
	12			25.3				29.2		3.6				
6	00	39.5	38.5	17.4					50.5					
	12			21.5			33.1							
7	00	39.6	38.6	42.1	R	R		29.3						
	12			3.2										
8	00	53.1	54.1	27.4										
	12			24.6	33.6	19.6	33.2	29.4	50.6					
9	00	53.2	54.2	23.1										
	12			8.3										
10	00	53.3	54.3	20.5				29.5						
	12			35.1										
11	00	53.4	54.4	45.3					28.1					
	12			12.5				29.6						
12	00	53.5	54.5	52.1							2.3			
	12			39.3						27.1				
13	00	53.6	54.6	53.4			R	59.1						
	12			62.6					28.2					
14	00	62.1	61.1	31.2										
	12			33.4										
15	00	62.2	61.2	7.5	D	D		59.2						
	12			4.6										
16	00	62.3	61.3	59.2					28.3					
	12			40.3										
17	00	62.4	61.4	64.4				59.3						
	12			47.5										
18	00	62.5	61.5	6.6			33.1		28.4					
	12			18.1										
19	00	62.6	61.6	48.1				59.4						
	12	56.1	60.1	57.2										
20	00			32.3			31.6							
	12	56.2	60.2	50.3	R	R			28.5	27.2				
21	00			28.3										
	12	56.3	60.3	44.4										
22	00			1.4			31.5	59.5						
	12	56.4	60.4	43.5					28.6					
23	00			14.5										
	12	56.5	60.5	34.5			31.4							
24	00			9.6										
	12	56.6	60.6	5.6			31.3		44.1					
25	00			26.6										
	12	31.1	41.1	10.1							2.4			
26	00			58.1			31.2	59.6						
	12	31.2	41.2	38.2					44.2					
27	00			54.2										
	12	31.3	41.3	61.3			31.1							
28	00			60.3									41.1	
	12	31.4	41.4	41.4			56.6		44.3					
29	00			19.5										
	12	31.5	41.5	13.6	D	D								
30	00			49.6			56.5			27.3				
	12	31.6	41.6	55.1				R	44.4					
31	00			37.2										
	12	33.1	19.1	63.3								13.2		

August 1999

Date	Time	☉	⊕	☾	☊	☋	☿	♀	♂	♃	♄	♅	♆	♇
1	00	33.1	19.1	22.4	33.6	19.6	56.4	59.6	44.4	27.3	2.4	13.2	41.1	9.3
	12	33.2	19.2	36.6	D	D	R	R	44.5	D	D	R	R	R
2	00			17.1										
	12	33.3	19.3	21.2										
3	00			51.3			56.3		44.6					
	12	33.4	19.4	42.5				59.5						
4	00			3.6										
	12	33.5	19.5	24.2										
5	00			2.3	R	R			1.1					
	12	33.6	19.6	23.5										
6	00			8.6	D	D								
	12	7.1	13.1	16.2			D							
7	00			35.4					1.2					
	12	7.2	13.2	45.5				59.4						
8	00			15.1										
	12	7.3	13.3	52.3					1.3					
9	00			39.5										
	12	7.4	13.4	53.6			56.4							
10	00			56.2				59.3						
	12	7.5	13.5	31.3					1.4					
11	00			33.5										
	12	7.6	13.6	7.6	R	R	56.5							
12	00			29.2				59.2	1.5					
	12	4.1	49.1	59.3										
13	00	4.2	49.2	40.4			56.6							
	12			64.6					1.6					
14	00	4.3	49.3	6.1			31.1	59.1						
	12			46.2										
15	00	4.4	49.4	18.2			31.2			27.4				
	12			48.3				29.6	43.1					
16	00	4.5	49.5	57.4			31.3				2.5			
	12			32.5										
17	00	4.6	49.6	50.5			31.4	29.5	43.2					
	12			28.6			31.5							
18	00	29.1	30.1	44.6										
	12			1.6			31.6		43.3					
19	00	29.2	30.2	14.1			33.1	29.4						
	12			34.1	D	D								D
20	00	29.3	30.3	9.1			33.2							
	12			5.2			33.3	29.3	43.4					
21	00	29.4	30.4	26.2			33.4							
	12			11.3			33.5							
22	00	29.5	30.5	10.3				29.2	43.5					
	12			58.3			33.6							
23	00	29.6	30.6	38.4			7.1							
	12			54.4			7.2	29.1	43.6					
24	00	59.1	55.1	61.5			7.3					13.1		
	12			60.6			7.4							
25	00	59.2	55.2	41.6			7.5	4.6	14.1					
	12			13.1	R	R	7.6			R				
26	00	59.3	55.3	49.2			4.1							
	12			30.3			4.2	4.5	14.2					
27	00	59.4	55.4	55.4			4.3							
	12			37.5			4.4							
28	00	59.5	55.5	63.6			4.5	4.4	14.3					
	12			36.2			4.6							
29	00	59.6	55.6	25.3			29.1							
	12			17.4			29.2		14.4					
30	00	40.1	37.1	21.6			29.3	4.3						
	12			42.1			29.4				R			
31	00	40.2	37.2	3.3			29.5		14.5					
	12	40.3	37.3	27.4			29.6							

September 1999

Date	Time	☉	⊕	☾	☊	⚷	☿	♀	♂	♃	♄	⛢	♆	♇
1	00	40.3	37.3	24.6	33.6	19.6	59.1	4.3	14.5	27.4	2.5	13.1	41.1	9.3
1	12	40.4	37.4	23.1	R	R	59.2	4.2		D	R	R	R	D
2	00			8.3			59.3		14.6					
2	12	40.5	37.5	20.5			59.4							
3	00			16.6	D	D	59.5							
3	12	40.6	37.6	45.2			59.6		34.1					
4	00			12.3			40.1	4.1						
4	12	64.1	63.1	15.5			40.2			27.3			60.6	
5	00			52.6			40.3		34.2					
5	12	64.2	63.2	53.2			40.5							
6	00			62.3			40.6		34.3					
6	12	64.3	63.3	56.5			64.1							
7	00			31.6			64.2							
7	12	64.4	63.4	7.1	R	R	64.3		34.4					
8	00			4.3			64.4							
8	12	64.5	63.5	29.4			64.5							
9	00			59.5			64.6	7.6	34.5					
9	12	64.6	63.6	40.6			47.1							
10	00			47.1			47.2							
10	12	47.1	22.1	6.2			47.3		34.6					
11	00			46.3			47.4							
11	12	47.2	22.2	18.4			47.5	D						
12	00			48.5			47.6		9.1					
12	12	47.3	22.3	57.6			6.1							
13	00			32.6			6.2							
13	12	47.4	22.4	28.1			6.3	4.1	9.2		2.4			
14	00			44.2	33.5	19.5	6.4							
14	12	47.5	22.5	1.2			6.5							
15	00	47.6	22.6	43.2					9.3					
15	12			14.3			6.6							
16	00	6.1	36.1	34.3			46.1							
16	12			9.4			46.2		9.4					
17	00	6.2	36.2	5.4			46.3							
17	12			26.4			46.4							
18	00	6.3	36.3	11.5	D	D	46.5		9.5					
18	12			10.5			46.6	4.2						
19	00	6.4	36.4	58.5			18.1		9.6					
19	12			38.6			18.2							
20	00	6.5	36.5	54.6			18.3							
20	12			60.1			18.4		5.1	27.2				
21	00	6.6	36.6	41.1			18.5							
21	12			19.2				4.3						
22	00	46.1	25.1	13.3	R	R	18.6		5.2					
22	12			49.4			48.1					19.6		
23	00	46.2	25.2	30.5			48.2							
23	12			55.6			48.3		5.3					
24	00	46.3	25.3	63.1			48.4	4.4						
24	12			22.2			48.5							
25	00	46.4	25.4	36.4			48.6		5.4					
25	12			25.5										
26	00	46.5	25.5	21.1			57.1	4.5	5.5					
26	12	46.6	25.6	51.2			57.2							
27	00			42.4			57.3							
27	12	18.1	17.1	3.6			57.4		5.6					
28	00			24.2			57.5	4.6						
28	12	18.2	17.2	2.3			57.6							
29	00			23.5					26.1					
29	12	18.3	17.3	20.1			32.1	29.1						
30	00			16.3	33.4	19.4	32.2		26.2	27.1				
30	12	18.4	17.4	35.4			32.3							

October 1999

Date	Time	☉	⊕	☾	☊	⚷	☿	♀	♂	♃	♄	⛢	♆	♇
1	00	18.4	17.4	45.6	33.4	19.4	32.4	29.2	26.2	27.1	2.4	19.6	60.6	9.3
1	12	18.5	17.5	15.1	R	R	D	D	26.3	R	R	R	R	D
2	00			52.3			32.5							
2	12	18.6	17.6	39.4	D	D	32.6	29.3						
3	00			53.6			50.1		26.4					
3	12	48.1	21.1	56.1			50.2							
4	00			31.2				29.4						
4	12	48.2	21.2	33.4			50.3		26.5					
5	00			7.5	R	R	50.4							
5	12	48.3	21.3	4.6			50.5	29.5	26.6			2.3		
6	00			59.1			50.6							
6	12	48.4	21.4	40.2										
7	00	48.5	21.5	64.3			28.1	29.6	11.1					
7	12			47.4			28.2							
8	00	48.6	21.6	6.5			28.3	59.1						
8	12			46.6					11.2	3.6				
9	00	57.1	51.1	48.1			28.4							
9	12			57.1			28.5	59.2	11.3					
10	00	57.2	51.2	32.2			28.6							
10	12			50.3				59.3						
11	00	57.3	51.3	28.3			44.1		11.4					
11	12			44.4	33.3	19.3	44.2							
12	00	57.4	51.4	1.4			44.3	59.4						
12	12			43.5					11.5					
13	00	57.5	51.5	14.5			44.4	59.5						
13	12			34.6			44.5		11.6					
14	00	57.6	51.6	9.6				59.6						9.4
14	12			5.6			44.6						D	
15	00	32.1	42.1	26.6			1.1	40.1	10.1					
15	12			10.1			1.2					3.5		
16	00	32.2	42.2	58.1					10.2					
16	12	32.3	42.3	38.1			1.3	40.2						
17	00			54.2			1.4							
17	12	32.4	42.4	61.2				40.3	10.3					
18	00			60.3	D	D	1.5							
18	12	32.5	42.5	41.3			1.6	40.4						
19	00			19.4	R	R			10.4					
19	12	32.6	42.6	13.4			43.1	40.5				2.2		
20	00			49.5					10.5					
20	12	50.1	3.1	30.6			43.2	40.6						
21	00			37.1			43.3							
21	12	50.2	3.2	63.2				64.1	10.6					
22	00			22.3			43.4							
22	12	50.3	3.3	36.5			43.5	64.2	58.1	3.4				
23	00			25.6										
23	12	50.4	3.4	21.2	33.2	19.2	43.6	64.3					D	
24	00	50.5	3.5	51.4					58.2					
24	12			42.5			14.1	64.4						
25	00	50.6	3.6	27.1					58.3					
25	12			24.3			14.2	64.5						
26	00	28.1	27.1	2.5										
26	12			8.1			14.3	64.6	58.4					
27	00	28.2	27.2	20.3										
27	12			16.5			14.4	47.1						
28	00	28.3	27.3	45.1					58.5					
28	12			12.3			14.5	47.2						
29	00	28.4	27.4	15.5					58.6					
29	12			39.1				47.3				3.3		
30	00	28.5	27.5	53.2	33.1	19.1	14.6							
30	12			62.4				47.4	38.1					
31	00	28.6	27.6	56.5										
31	12			31.6	D	D	34.1	47.5	38.2					

1999

November 1999

Date	Time	☉	⊕	☾	☊	☋	☿	♀	♂	♃	♄	♅	♆	♇
1	00	44.1	24.1	7.2	R	R	34.1	47.5	38.2	3.3	2.1	19.6	60.6	9.4
	12	44.2	24.2	4.3			D	47.6	D	R	R	D	D	D
2	00			29.4			34.2	6.1	38.3					
	12	44.3	24.3	59.5										
3	00			40.6				6.2	38.4					
	12	44.4	24.4	47.1										
4	00			6.2				6.3						
	12	44.5	24.5	46.2					38.5					
5	00			18.3				6.4						
	12	44.6	24.6	48.4			R		38.6	3.2				
6	00			57.4				6.5						
	12	1.1	2.1	32.5										
7	00			50.6				6.6	54.1					
	12	1.2	2.2	28.6				46.1						
8	00	1.3	2.3	1.1	31.6	41.6			54.2					
	12			43.1			34.1	46.2						
9	00	1.4	2.4	14.1										
	12			34.2				46.3	54.3					
10	00	1.5	2.5	9.2			14.6							
	12			5.3				46.4	54.4					
11	00	1.6	2.6	26.3			14.5	46.5						9.5
	12			11.3										
12	00	43.1	23.1	10.3			14.4	46.6	54.5					
	12			58.4							24.6			
13	00	43.2	23.2	38.4			14.3	18.1	54.6					
	12			54.4			14.2			3.1				
14	00	43.3	23.3	61.5				18.2						
	12			60.5			14.1	18.3	61.1					
15	00	43.4	23.4	41.5			43.6							
	12	43.5	23.5	19.6	D	D		18.4	61.2					
16	00			13.6			43.5							
	12	43.6	23.6	30.1	R	R	43.4	18.5						
17	00			55.2			43.3		61.3					
	12	14.1	8.1	37.3				18.6						
18	00			63.4	31.5	41.5	43.2	48.1	61.4					
	12	14.2	8.2	22.5			43.1							
19	00			36.6				48.2						
	12	14.3	8.3	17.1			1.6		61.5					
20	00			21.3				48.3						
	12	14.4	8.4	51.4			1.5	48.4	61.6					
21	00			42.6										
	12	14.5	8.5	27.2			1.4	48.5						
22	00	14.6	8.6	24.4					60.1				41.1	
	12			2.6				48.6		42.6				
23	00	34.1	20.1	8.2			1.3	57.1	60.2			13.1		
	12			20.4										
24	00	34.2	20.2	16.6				57.2	60.3					
	12			45.3							24.5			
25	00	34.3	20.3	12.5	31.4	41.4		57.3						
	12			52.1			D	57.4	60.4					
26	00	34.4	20.4	39.3										
	12			53.5				57.5	60.5					
27	00	34.5	20.5	62.6										
	12			31.2			1.4	57.6						
28	00	34.6	20.6	33.4	D	D		32.1	60.6					
	12	9.1	16.1	7.5										
29	00			4.6				32.2	41.1					
	12	9.2	16.2	59.1			1.5							
30	00			40.3	R	R		32.3						
	12	9.3	16.3	64.4				32.4	41.2					

December 1999

Date	Time	☉	⊕	☾	☊	☋	☿	♀	♂	♃	♄	♅	♆	♇
1	00	9.3	16.3	47.4	31.4	41.4	1.6	32.4	41.2	42.6	24.5	13.1	41.1	9.5
	12	9.4	16.4	6.5	R	R	D	32.5	41.3	R	R	D	D	D
2	00			46.6			43.1							
	12	9.5	16.5	48.1				32.6						
3	00			57.1			43.2	50.1	41.4					
	12	9.6	16.6	32.2										
4	00			50.2			43.3	50.2	41.5					
	12	5.1	35.1	28.3			43.4	50.3						
5	00	5.2	35.2	44.3						42.5				
	12			1.4			43.5	50.4	41.6					9.6
6	00	5.3	35.3	43.4										
	12			14.5			43.6	50.5	19.1					
7	00	5.4	35.4	34.5			14.1	50.6						
	12			9.5	31.3	41.3			19.2					
8	00	5.5	35.5	5.6			14.2	28.1						
	12			26.6			14.3	28.2			24.4			
9	00	5.6	35.6	11.6					19.3					
	12			10.6			14.4	28.3						
10	00	26.1	45.1	38.1			14.5		19.4					
	12	26.2	45.2	54.1			14.6	28.4						
11	00			61.1				28.5						
	12	26.3	45.3	60.2			34.1		19.5					
12	00			41.2			34.2	28.6						
	12	26.4	45.4	19.2	D	D		44.1	19.6					
13	00			13.3			34.3							
	12	26.5	45.5	49.3			34.4	44.2						
14	00			30.4			34.5		13.1					
	12	26.6	45.6	55.5				44.3						
15	00			37.5			34.6	44.4	13.2					
	12	11.1	12.1	63.6			9.1							
16	00	11.2	12.2	36.1			9.2	44.5	13.3					
	12			25.2	R	R	9.3	44.6						
17	00	11.3	12.3	17.3										
	12			21.4			9.4	1.1	13.4					
18	00	11.4	12.4	51.6			9.5							
	12			3.1			9.6	1.2	13.5					
19	00	11.5	12.5	27.3				1.3						
	12			24.5			5.1					13.2		
20	00	11.6	12.6	23.1			5.2	1.4	13.6					
	12			8.3			5.3	1.5						
21	00	10.1	15.1	20.5			5.4		49.1	D				
	12			35.1				1.6						
22	00	10.2	15.2	45.3			5.5	43.1	49.2					
	12	10.3	15.3	12.5			5.6							
23	00			52.1			26.1	43.2						
	12	10.4	15.4	39.3			26.2		49.3					
24	00			53.5				43.3						
	12	10.5	15.5	56.1			26.3	43.4	49.4					
25	00			31.3	D	D	26.4							
	12	10.6	15.6	33.5			26.5	43.5					41.2	
26	00			4.1			26.6	43.6	49.5					
	12	58.1	52.1	29.2			11.1							
27	00			59.4				14.1	49.6					
	12	58.2	52.2	40.5			11.2	14.2						
28	00	58.3	52.3	64.6			11.3							
	12			6.1			11.4	14.3	30.1					
29	00	58.4	52.4	46.2			11.5	14.4						
	12			18.3					30.2					
30	00	58.5	52.5	48.4	R	R	11.6	14.5						
	12			57.5			10.1		30.3					5.1
31	00	58.6	52.6	32.5			10.2	14.6			24.3			
	12			50.6			10.3	34.1						

January 2000

Date	Time	☉	⊕	☾	☊	☋	☿	♀	♂	♃	♄	♅	♆	♇
1	00	38.1	39.1	28.6	31.3	41.3	10.4	34.1	30.4	42.5	24.3	13.2	41.2	5.1
	12			1.1	R	R	D	34.2	D	D	R	D	D	D
2	00	38.2	39.2	43.1			10.5	34.3	30.5					
	12	38.3	39.3	14.1			10.6							
3	00			34.2	31.2	41.2	58.1	34.4						
	12	38.4	39.4	9.2			58.2	34.5	30.6					
4	00			5.2			58.3							
	12	38.5	39.5	26.3				34.6	55.1					
5	00			11.3			58.4	9.1						
	12	38.6	39.6	10.3			58.5		55.2	42.6				
6	00			58.4			58.6	9.2						
	12	54.1	53.1	38.4			38.1							
7	00			54.4			38.2	9.3	55.3					
	12	54.2	53.2	61.5				9.4						
8	00			60.5			38.3		55.4			13.3		
	12	54.3	53.3	41.5	D	D	38.4	9.5						
9	00	54.4	53.4	19.6			38.5	9.6						
	12			13.6			38.6		55.5					
10	00	54.5	53.5	30.1			54.1	5.1						
	12			55.1			54.2	5.2	55.6					
11	00	54.6	53.6	37.2										
	12			63.3			54.3	5.3						
12	00	61.1	62.1	22.4			54.4	5.4	37.1					
	12			36.4			54.5				D			
13	00	61.2	62.2	25.5			54.6	5.5	37.2					
	12			17.6			61.1	5.6						
14	00	61.3	62.3	51.1			61.2		37.3					
	12	61.4	62.4	42.3			61.3	26.1						
15	00			3.4	R	R		26.2						
	12	61.5	62.5	27.5			61.4		37.4					
16	00			2.1			61.5	26.3						
	12	61.6	62.6	23.2			61.6		37.5					
17	00			8.4			60.1	26.4						
	12	60.1	56.1	20.6			60.2	26.5						
18	00			35.2			60.3		37.6					
	12	60.2	56.2	45.4			60.4	26.6		3.1				
19	00			12.6				11.1	63.1					
	12	60.3	56.3	52.2			60.5							
20	00	60.4	56.4	39.4			60.6	11.2					41.3	
	12			53.6			41.1	11.3	63.2					
21	00	60.5	56.5	56.2			41.2							
	12			31.4	D	D	41.3	11.4	63.3					
22	00	60.6	56.6	33.6			41.4	11.5						
	12			4.1			41.5		63.4					
23	00	41.1	31.1	29.3			41.6	11.6						
	12			59.5			19.1	10.1						
24	00	41.2	31.2	40.6			19.2		63.5					
	12			47.2	R	R		10.2						
25	00	41.3	31.3	6.3			19.3	10.3	63.6		24.4	13.4		
	12	41.4	31.4	46.4			19.4							
26	00			18.5			19.5	10.4						
	12	41.5	31.5	48.6			19.6	10.5	22.1					
27	00			32.1			13.1			3.2				
	12	41.6	31.6	50.2			13.2	10.6	22.2					
28	00			28.2			13.3	58.1						
	12	19.1	33.1	44.3	D	D	13.4							
29	00			1.3			13.5	58.2	22.3					
	12	19.2	33.2	43.4			13.6							
30	00			14.4			49.1	58.3	22.4					5.2
	12	19.3	33.3	34.4			49.2	58.4						
31	00			9.5			49.3		22.5					
	12	19.4	33.4	5.5				58.5						

February 2000

Date	Time	☉	⊕	☾	☊	☋	☿	♀	♂	♃	♄	♅	♆	♇
1	00	19.5	33.5	26.5	31.2	41.2	49.4	58.6	22.5	3.2	24.4	13.4	41.3	5.2
	12			11.6	D	D	49.5	D	22.6	D	D	D	D	D
2	00	19.6	33.6	10.6			49.6	38.1						
	12			58.6			30.1	38.2	36.1					
3	00	13.1	7.1	54.1			30.2							
	12			61.1			30.3	38.3		3.3				
4	00	13.2	7.2	60.1			30.4	38.4	36.2					
	12			41.2			30.5							
5	00	13.3	7.3	19.2	R	R	30.6	38.5	36.3					
	12			13.3			55.1	38.6						
6	00	13.4	7.4	49.3			55.2							
	12			30.4				54.1	36.4					
7	00	13.5	7.5	55.5			55.3	54.2						
	12	13.6	7.6	37.6			55.4		36.5					
8	00			63.6			55.5	54.3						
	12	49.1	4.1	36.1			55.6	54.4						
9	00			25.2			37.1		36.6					
	12	49.2	4.2	17.3				54.5						
10	00			21.4			37.2	54.6	25.1	3.4		13.5		
	12	49.3	4.3	51.5			37.3							
11	00			3.1			37.4	61.1	25.2					
	12	49.4	4.4	27.2			37.5	61.2						
12	00			24.3										
	12	49.5	4.5	2.4			37.6	61.3	25.3					
13	00	49.6	4.6	23.6	D	D	63.1	61.4						
	12			20.1					25.4					
14	00	30.1	29.1	16.3			63.2	61.5					41.4	
	12			35.5				61.6						
15	00	30.2	29.2	45.6			63.3		25.5					
	12			15.2			63.4	60.1						
16	00	30.3	29.3	52.4					25.6	3.5	24.5			
	12			39.5				60.2						
17	00	30.4	29.4	62.1			63.5	60.3						
	12			56.3					17.1					
18	00	30.5	29.5	31.5	R	R	63.6	60.4						
	12			33.6				60.5	17.2					
19	00	30.6	29.6	4.2										
	12	55.1	59.1	29.4				60.6						
20	00			59.6				41.1	17.3					
	12	55.2	59.2	64.1			22.1							
21	00			47.3				41.2	17.4					
	12	55.3	59.3	6.4				41.3		3.6				
22	00			46.5			R							
	12	55.4	59.4	18.6				41.4	17.5					
23	00			57.1			63.6	41.5						
	12	55.5	59.5	32.2					17.6					
24	00			50.3				41.6						
	12	55.6	59.6	28.4				19.1						
25	00			44.5					21.1					
	12	37.1	40.1	1.5			63.5	19.2						
26	00	37.2	40.2	43.6				19.3	21.2					
	12			14.6						27.1		13.6		
27	00	37.3	40.3	9.1			63.4	19.4						
	12			5.1	D	D		19.5	21.3					
28	00	37.4	40.4	26.1			63.3							
	12			11.2				19.6	21.4					
29	00	37.5	40.5	10.2			63.2	13.1			24.6			
	12			58.2										

March 2000

Date/Time	☉	⊕	☾	☊	☋	☿	♀	♂	♃	♄	⛢	♆	♇
1 00	37.6	40.6	38.3	31.2	41.2	63.1	13.2	21.5	27.1	24.6	13.6	41.4	5.2
12			54.3	D	D		13.3		D	D	D	D	D
2 00	63.1	64.1	61.3			37.6		21.6					
12			60.4			37.5	13.4		27.2				
3 00	63.2	64.2	41.4	R	R		13.5						
12			19.5			37.4		51.1					
4 00	63.3	64.3	13.5				13.6						
12	63.4	64.4	49.6			37.3	49.1	51.2					
5 00			55.1										
12	63.5	64.5	37.1			37.2	49.2						
6 00			63.2				49.3	51.3					
12	63.6	64.6	22.3			37.1							
7 00			36.4				49.4	51.4					
12	22.1	47.1	25.5	31.1	41.1	55.6			27.3				
8 00			21.1				49.5						
12	22.2	47.2	51.2				49.6	51.5					
9 00			42.3			55.5							
12	22.3	47.3	3.4				30.1	51.6					
10 00			27.6				30.2						
12	22.4	47.4	2.1			55.4							
11 00			23.3				30.3	42.1		2.1			
12	22.5	47.5	8.4				30.4						
12 00	22.6	47.6	20.6					42.2	27.4				
12			35.1				30.5						
13 00	36.1	6.1	45.3				30.6						
12			12.4	D	D	55.3		42.3					
14 00	36.2	6.2	15.6			55.1					41.5		
12			39.1			55.2		42.4					
15 00	36.3	6.3	53.3		D					49.1			
12			62.4			55.3							R
16 00	36.4	6.4	56.6			55.4		42.5					
12			33.1	R	R				27.5				
17 00	36.5	6.5	7.3			55.4	55.5	42.6					
12			4.4				55.6						
18 00	36.6	6.6	29.6										
12			40.1				37.1	3.1					
19 00	25.1	46.1	64.3				37.2						
12	25.2	46.2	47.4					3.2					
20 00			6.5			55.5	37.3						
12	25.3	46.3	18.1				37.4			2.2			
21 00			48.2					3.3	27.6				
12	25.4	46.4	57.3	56.6	60.6		37.5						
22 00			32.4			55.6	37.6	3.4					
12	25.5	46.5	50.5										
23 00			28.6				63.1						
12	25.6	46.6	44.6			37.1	63.2	3.5					
24 00			43.1				63.3						
12	17.1	18.1	14.2			37.2	63.3						
25 00			34.2				63.4	3.6					
12	17.2	18.2	9.3						24.1				
26 00			5.3			37.3	63.5	27.1					
12	17.3	18.3	26.3				63.6						
27 00			11.4			37.4							
12	17.4	18.4	10.4				22.1	27.2					
28 00			58.4			37.5							
12	17.5	18.5	38.5	D	D		22.2	27.3					
29 00	17.6	18.6	54.5			37.6	22.3		2.3				
12			61.5					24.2					
30 00	21.1	48.1	60.6			63.1	22.4	27.4					
12			41.6	R	R	63.2	22.5						
31 00	21.2	48.2	13.1					27.5					
12			49.1			63.3	22.6						

April 2000

Date/Time	☉	⊕	☾	☊	☋	☿	♀	♂	♃	♄	⛢	♆	♇
1 00	21.3	48.3	30.2	56.6	60.6	63.3	36.1	27.5	24.2	2.3	49.1	41.5	5.2
12			55.3	R	R	63.4	D	27.6	D	D	D	D	R
2 00	21.4	48.4	37.3			63.5	36.2						
12			63.4	56.5	60.5		36.3	24.1	24.3				
3 00	21.5	48.5	22.5			63.6							
12			36.6				36.4						
4 00	21.6	48.6	17.2			22.1	36.5	24.2					
12			21.3			22.2							
5 00	51.1	57.1	51.4				36.6				49.2		
12			42.6			22.3	25.1	24.3					
6 00	51.2	57.2	27.1			22.4				2.4			
12			24.3			22.5	25.2	24.4					
7 00	51.3	57.3	2.4				25.3		24.4				
12	51.4	57.4	23.6			22.6							
8 00			20.2	56.4	60.4	36.1	25.4	24.5					
12	51.5	57.5	16.3				25.5						
9 00			35.5			36.2		24.6					
12	51.6	57.6	12.1			36.3	25.6						
10 00			15.2			36.4	17.1						
12	42.1	32.1	52.4					2.1					
11 00			39.5			36.5	17.2		24.5				
12	42.2	32.2	62.1			36.6	17.3						
12 00			56.2	D	D	25.1		2.2					
12	42.3	32.3	31.4	R	R	25.2	17.4						
13 00			33.5				17.5	2.3					
12	42.4	32.4	4.1			25.3							
14 00			29.2			25.4	17.6		2.5				
12	42.5	32.5	59.3			25.5	21.1	2.4					
15 00			40.4			25.6			24.6				
12	42.6	32.6	64.6				21.2	2.5					
16 00			6.1			17.1	21.3						
12	3.1	50.1	46.2			17.2							
17 00			18.3			17.3	21.4	2.6					
12	3.2	50.2	48.4			17.4							
18 00	3.3	50.3	57.5			17.5	21.5						
12			32.6			17.6	21.6	23.1					
19 00	3.4	50.4	28.1	56.3	60.3	21.1		2.1					
12			44.2				51.1	23.2					
20 00	3.5	50.5	1.2			21.2	51.2						
12			43.3			21.3							
21 00	3.6	50.6	14.4			21.4	51.3	23.3					
12			34.4			21.5	51.4		2.6				
22 00	27.1	28.1	9.5			21.6							
12			5.5			51.1	51.5	23.4					
23 00	27.2	28.2	26.5			51.2	51.6		2.2				
12			11.6			51.3		23.5					
24 00	27.3	28.3	10.6			51.4	42.1						
12			58.6			51.5	42.2						
25 00	27.4	28.4	54.1			51.6		23.6					
12			61.1			42.1	42.3						
26 00	27.5	28.5	60.1			42.2	42.4						
12			41.2	D	D	42.3		8.1					
27 00	27.6	28.6	19.2	R	R	42.4	42.5	2.3					
12			13.2			42.5	42.6	8.2					
28 00	24.1	44.1	49.3			42.6							
12			30.4			3.1	3.1						
29 00	24.2	44.2	55.4			3.2	3.2	8.3		23.1			
12			37.5	56.2	60.2	3.3							
30 00	24.3	44.3	63.6			3.4	3.3	8.4					
12	24.4	44.4	36.1			3.5	3.4						

May 2000

Date	Time	☉	⊕	☾	☊	☋	☿	♀	♂	♃	♄	♅	♆	♇
1	00	24.4	44.4	25.2	56.2	60.2	3.6	3.4	8.4	2.4	23.1	49.2	41.5	5.2
	12	24.5	44.5	17.3	R	R	27.1	3.5	8.5	D	D	D	D	R
2	00			21.4			27.2	3.6						
	12	24.6	44.6	51.6			27.3							5.1
3	00			3.1			27.4	27.1	8.6					
	12	2.1	1.1	27.3			27.6							
4	00			24.5			24.1	27.2	20.1					
	12	2.2	1.2	2.6			24.2	27.3		2.5				
5	00			8.2			24.3							
	12	2.3	1.3	20.4	56.1	60.1	24.4	27.4	20.2					
6	00			16.6			24.5	27.5			23.2			
	12	2.4	1.4	45.2			24.6							
7	00			12.4			2.1	27.6	20.3					
	12	2.5	1.5	15.5			2.3	24.1						
8	00			39.1			2.4		20.4					
	12	2.6	1.6	53.3			2.5	24.2		2.6				
9	00			62.5			2.6	24.3					R	
	12	23.1	43.1	56.6	D	D	23.1		20.5					
10	00			33.2			23.2	24.4						
	12	23.2	43.2	7.3			23.4	24.5						
11	00			4.5	R	R	23.5		20.6					
	12	23.3	43.3	29.6			23.6	24.6						
12	00			40.1			8.1	2.1				49.3		
	12	23.4	43.4	64.2			8.2		16.1	23.1				
13	00			47.4			8.3	2.2						
	12	23.5	43.5	6.5			8.5	2.3	16.2		23.3			
14	00			46.6			8.6							
	12	23.6	43.6	48.1			20.1	2.4						
15	00			57.1			20.2	2.5	16.3					
	12	8.1	14.1	32.2			20.3							
16	00			50.3			20.4	2.6						
	12	8.2	14.2	28.4			20.5	23.1	16.4	23.2				
17	00	8.3	14.3	44.5			16.1							
	12			1.5	62.6	61.6	16.2	23.2	16.5					
18	00	8.4	14.4	43.6			16.3	23.3						
	12			14.6			16.4							
19	00	8.5	14.5	9.1			16.5	23.4	16.6					
	12			5.1			16.6							
20	00	8.6	14.6	26.2			35.1	23.5						
	12			11.2			35.2	23.6	35.1	23.3				
21	00	20.1	34.1	10.2			35.3				23.4			
	12			58.3			35.4	8.1						
22	00	20.2	34.2	38.3			35.5	8.2	35.2					
	12			54.3			35.6							
23	00	20.3	34.3	61.4			45.1	8.3	35.3					
	12			60.4	D	D	45.2	8.4						
24	00	20.4	34.4	41.4			45.3							
	12			19.4			45.4	8.5	35.4	23.4				
25	00	20.5	34.5	13.5			45.5	8.6						
	12			49.5			45.6					R		
26	00	20.6	34.6	30.6			12.1	20.1	35.5					
	12			55.6			12.2	20.2						
27	00	16.1	9.1	63.1	R	R	12.3		35.6					
	12			22.2			12.4	20.3						
28	00	16.2	9.2	36.3			12.5	20.4			23.5			
	12			25.3			12.6		45.1	23.5				
29	00	16.3	9.3	17.5				20.5						
	12			21.6			15.1	20.6						
30	00	16.4	9.4	42.1			15.2		45.2					
	12			3.2			15.3	16.1						
31	00	16.5	9.5	27.4			15.4	16.2						
	12			24.6					45.3					

June 2000

Date	Time	☉	⊕	☾	☊	☋	☿	♀	♂	♃	♄	♅	♆	♇
1	00	16.6	9.6	23.1	62.6	61.6	15.5	16.3	45.3	23.5	23.5	49.3	41.5	5.1
	12			8.3	62.5	61.5	15.6	16.4	45.4	23.6	D	R	R	R
2	00	35.1	5.1	20.5			52.1							
	12			35.1				16.5						
3	00	35.2	5.2	45.3			52.2		45.5					
	12			12.5			52.3	16.6						
4	00	35.3	5.3	52.1			52.4	35.1						
	12			39.3					45.6		23.6			
5	00	35.4	5.4	53.5			52.5	35.2						
	12			56.1	D	D	52.6	35.3		8.1				
6	00	35.5	5.5	31.3					12.1					
	12	35.6	5.6	33.5			39.1	35.4						
7	00			7.6				35.5	12.2					
	12	45.1	26.1	29.2			39.2							
8	00			59.3			39.3	35.6				49.2		9.6
	12	45.2	26.2	40.5				45.1	12.3					
9	00			64.6			39.4							
	12	45.3	26.3	6.1	R	R		45.2		8.2				
10	00			46.2			39.5	45.3	12.4					
	12	45.4	26.4	18.3										
11	00			48.4			39.6	45.4						
	12	45.5	26.5	57.5				45.5	12.5					
12	00			32.6			53.1							
	12	45.6	26.6	28.1				45.6			8.1			
13	00			44.1				12.1	12.6					
	12	12.1	11.1	1.2			53.2							
14	00			43.2				12.2	15.1	8.3				
	12	12.2	11.2	14.3			53.3	12.3						
15	00			34.3										
	12	12.3	11.3	9.4				12.4	15.2					
16	00			5.4				12.5						
	12	12.4	11.4	26.5			53.4							
17	00			11.5				12.6	15.3					
	12	12.5	11.5	10.5										
18	00			58.6				15.1		8.4				
	12	12.6	11.6	38.6			53.5	15.2	15.4					
19	00			54.6										
	12	15.1	10.1	61.6	D	D		15.3						
20	00			41.1				15.4	15.5					
	12	15.2	10.2	19.1							8.2			
21	00			13.1				15.5	15.6					
	12	15.3	10.3	49.2			53.6	15.6						
22	00			30.2										
	12	15.4	10.4	55.3				52.1	52.1	8.5				
23	00			37.3				52.2						
	12	15.5	10.5	63.4			R							
24	00			22.4				52.3	52.2					
	12	15.6	10.6	36.5				52.4						
25	00			25.6										
	12	52.1	58.1	21.1	R	R	53.5	52.5	52.3					
26	00			51.2				52.6						
	12	52.2	58.2	42.3						8.6				
27	00			3.4				39.1	52.4					
	12	52.3	58.3	27.6				39.2						
28	00			2.1					52.5					
	12	52.4	58.4	23.3				39.3						
29	00			8.4			53.4	39.4			8.3			
	12	52.5	58.5	20.6					52.6					
30	00			35.2				39.5						
	12	52.6	58.6	45.4				39.6						

July 2000

Date/Time	☉	⊕	☾	☊	⚷	☿	♀	♂	♃	♄	⛢	♆	♇
1 00	52.6	58.6	12.6	62.5	61.5	53.3	39.6	39.1	20.1	8.3	49.2	41.5	9.6
12	39.1	38.1	52.2	R	R	R	53.1		D	D	R	R	R
2 00			39.4				53.2						
12	39.2	38.2	62.1					39.2					
3 00			56.3	D	D	53.2	53.3						
12	39.3	38.3	31.5										
4 00	39.4	38.4	7.1				53.4	39.3					
12			4.2			53.1	53.5						
5 00	39.5	38.5	29.4										
12			59.6				53.6	39.4	20.2				
6 00	39.6	38.6	64.1			39.6	62.1						
12			47.3					39.5				41.4	
7 00	53.1	54.1	6.4				62.2						
12			46.5			39.5	62.3						
8 00	53.2	54.2	48.1					39.6		8.4			
12			57.2				62.4						
9 00	53.3	54.3	32.3	R	R	39.4	62.5						
12			50.3				53.1						
10 00	53.4	54.4	28.4				62.6						
12			44.5				56.1		20.3				
11 00	53.5	54.5	1.5			39.3		53.2					
12			43.6				56.2						
12 00	53.6	54.6	14.6				56.3						
12			9.1					53.3					
13 00	62.1	61.1	5.1			39.2	56.4						
12			26.1				56.5						
14 00	62.2	61.2	11.2					53.4					
12			10.2				56.6						
15 00	62.3	61.3	58.2				31.1	53.5					
12			38.3						20.4				
16 00	62.4	61.4	54.3				31.2						
12			61.3	D	D	39.1	31.3	53.6					
17 00	62.5	61.5	60.4								49.1		
12			41.4	R	R		31.4			8.5			
18 00	62.6	61.6	19.4			D		62.1					
12			13.5				31.5						
19 00	56.1	60.1	49.5			39.2	31.6						9.5
12			30.5					62.2					
20 00	56.2	60.2	55.6				33.1						
12			37.6				33.2		20.5				
21 00	56.3	60.3	22.1					62.3					
12			36.2				33.3						
22 00	56.4	60.4	25.2				33.4						
12			17.3			39.3		62.4					
23 00	56.5	60.5	21.4				33.5						
12			51.5				33.6						
24 00	56.6	60.6	42.6			39.4		62.5					
12			27.1	D	D		7.1						
25 00	31.1	41.1	24.2				7.2						
12			2.3			39.5		62.6	20.6				
26 00	31.2	41.2	23.5				7.3						
12			8.6				7.4	56.1					
27 00	31.3	41.3	16.2			39.6							
12			35.4				7.5						
28 00	31.4	41.4	45.5			53.1	7.6	56.2					
12			15.1										
29 00	31.5	41.5	52.3			53.2	4.1			8.6			
12			39.5			53.3	4.2	56.3					
30 00	31.6	41.6	62.1				4.3						
12			56.3	R	R	53.4	4.3						
31 00	33.1	19.1	31.5			53.5	4.4	56.4	16.1				
12	33.2	19.2	7.2										

August 2000

Date/Time	☉	⊕	☾	☊	⚷	☿	♀	♂	♃	♄	⛢	♆	♇
1 00	33.2	19.2	4.3	62.5	61.5	53.6	4.5		56.4	16.1	8.6	49.1	41.4	9.5
12	33.3	19.3	29.5	R	R		62.1	4.6	56.5	D	D	R	R	R
2 00			40.1											
12	33.4	19.4	64.3				62.2	29.1						
3 00			47.5				62.3		56.6					
12	33.5	19.5	6.6				62.4	29.2						
4 00			18.2				62.5	29.3						
12	33.6	19.6	48.3					31.1						
5 00			57.4	62.4	61.4	62.6	29.4							
12	7.1	13.1	32.5				56.1	29.5						
6 00			50.6				56.2		31.2	16.2				
12	7.2	13.2	44.1				56.3	29.6						
7 00			1.2				56.4	59.1						
12	7.3	13.3	43.2	D	D		56.5		31.3					
8 00			14.3				56.6	59.2						
12	7.4	13.4	34.3				31.1	59.3						
9 00			9.4				31.2		31.4					
12	7.5	13.5	5.4				31.3	59.4						
10 00			26.5	62.5	61.5		31.4	59.5	31.5					
12	7.6	13.6	11.5				31.5							
11 00			10.5				31.6	59.6			13.6	41.3		
12	4.1	49.1	58.5				33.1	40.1	31.6					
12 00			38.6				33.2							
12	4.2	49.2	54.6				33.3	40.2		16.3	20.1			
13 00			61.6	R	R		33.4	40.3	33.1					
12	4.3	49.3	41.1				33.5							
14 00			19.1				33.6	40.4						
12	4.4	49.4	13.1				7.1	40.5	33.2					
15 00			49.2				7.2							
12	4.5	49.5	30.2	62.4	61.4		7.3	40.6						
16 00			55.3				7.5		64.1	33.3				
12	4.6	49.6	37.3				7.6							
17 00			63.4				4.1		64.2					
12	29.1	30.1	22.4				4.2			33.4				
18 00			36.5				4.3		64.3					
12	29.2	30.2	25.6				4.4		64.4					
19 00			21.1				4.5		33.5					
12	29.3	30.3	51.2				4.6		64.5	16.4				
20 00			42.2				29.1		64.6					
12	29.4	30.4	3.3				29.2		33.6					
21 00			27.5				29.3	47.1						D
12	29.5	30.5	24.6				29.4	47.2						
22 00	29.6	30.6	23.1				29.5		7.1					
12			8.2				59.1	47.3						
23 00	59.1	55.1	20.3	D	D		59.2	47.4						
12			16.5				59.3		7.2					
24 00	59.2	55.2	35.6				59.4	47.5						
12			12.2				59.5	47.6						
25 00	59.3	55.3	15.4				59.6		7.3					
12			52.5				40.1	6.1						
26 00	59.4	55.4	53.1				40.2	6.2						
12			62.3				40.3		7.4					
27 00	59.5	55.5	56.6	R	R		40.4	6.3						
12			33.1				40.5	6.4						
28 00	59.6	55.6	7.3				40.6		7.5	16.5				
12			4.5				64.1	6.5						
29 00	40.1	37.1	29.6				64.2	6.6	7.6					
12			40.2				64.3							
30 00	40.2	37.2	64.4				64.4	46.1						
12			47.6				64.5	46.2	4.1					
31 00	40.3	37.3	46.1				64.6							
12			18.3				47.1	46.3						

2000

September 2000

Date	Time	☉	⊕	☾	☊	☋	☿	♀	♂	♃	♄	♅	♆	♇
1	00	40.4	37.4	48.4	62.4	61.4	47.2	46.3	4.2	16.5	20.1	13.6	41.3	9.5
	12			57.6	R	R	47.3	46.4	D	D	D	R	R	D
2	00	40.5	37.5	50.1			47.4	46.5						
	12			28.2	62.3	61.3			4.3					
3	00	40.6	37.6	44.3			47.5	46.6						
	12			1.4			47.6	18.1						
4	00	64.1	63.1	43.5			6.1		4.4			13.5		
	12			14.5			6.2	18.2						
5	00	64.2	63.2	34.6			6.3	18.3						
	12			9.6			6.4		4.5					
6	00	64.3	63.3	26.1	D	D	6.5	18.4						
	12	64.4	63.4	11.1			6.6	18.5						
7	00			10.1			46.1		4.6					
	12	64.5	63.5	58.2			46.2	18.6		16.6				
8	00			38.2				48.1						
	12	64.6	63.6	54.2			46.3		29.1					
9	00			61.3			46.4	48.2						
	12	47.1	22.1	60.3	R	R	46.5	48.3						
10	00			41.3			46.6		29.2					
	12	47.2	22.2	19.4			18.1	48.4						
11	00			13.4			18.2	48.5						
	12	47.3	22.3	49.4			18.3		29.3					
12	00			30.5				48.6						
	12	47.4	22.4	55.6			18.4	57.1			R			
13	00			37.6			18.5		29.4					
	12	47.5	22.5	22.1			18.6	57.2						
14	00			36.2			48.1							
	12	47.6	22.6	25.2				57.3	29.5					
15	00			17.3			48.2	57.4						
	12	6.1	36.1	21.4			48.3							
16	00			51.5			48.4	57.5	29.6					
	12	6.2	36.2	42.6	62.2	61.2	48.5	57.6						
17	00			27.1										
	12	6.3	36.3	24.2			48.6	32.1	59.1					
18	00			2.4			57.1	32.2						
	12	6.4	36.4	23.5			57.2							
19	00			8.6			57.3	32.3	59.2					
	12	6.5	36.5	16.1				32.4						
20	00	6.6	36.6	35.3			57.4							
	12			45.4			57.5	32.5	59.3					
21	00	46.1	25.1	12.6			57.6	32.6						
	12			52.1	D	D								
22	00	46.2	25.2	39.3			32.1	50.1	59.4					
	12			53.4			32.2	50.2						9.6
23	00	46.3	25.3	62.6	R	R	32.3							
	12			31.2				50.3	59.5					
24	00	46.4	25.4	33.3			32.4	50.4						
	12			7.5			32.5							
25	00	46.5	25.5	29.1				50.5	59.6					
	12			59.2			32.6							
26	00	46.6	25.6	40.4			50.1	50.6						
	12			64.6			50.2	28.1	40.1					
27	00	18.1	17.1	6.1										
	12			46.3			50.3	28.2						
28	00	18.2	17.2	18.4			50.4	28.3	40.2				41.2	
	12			48.6	62.1	61.1								
29	00	18.3	17.3	32.1			50.5	28.4						
	12			50.2			50.6	28.5	40.3					
30	00	18.4	17.4	28.3						R				
	12	18.5	17.5	44.4			28.1	28.6						

October 2000

Date	Time	☉	⊕	☾	☊	☋	☿	♀	♂	♃	♄	♅	♆	♇
1	00	18.5	17.5	1.5	62.1	61.1	28.2	44.1	40.4	16.6	20.1	13.5	41.2	9.6
	12	18.6	17.6	43.6	R	R	D	D	D	R	R	R	R	D
2	00			34.1			28.3	44.2						
	12	48.1	21.1	9.2				44.3	40.5					
3	00			5.2			28.4							
	12	48.2	21.2	26.3			28.5	44.4						
4	00			11.3				44.5	40.6					
	12	48.3	21.3	10.4			28.6							
5	00			58.4				44.6						
	12	48.4	21.4	38.4	D	D	44.1	1.1	64.1					
6	00			54.5										
	12	48.5	21.5	61.5	R	R	44.2	1.2						
7	00			60.5					64.2					
	12	48.6	21.6	41.5			44.3	1.3						
8	00			19.6				1.4						
	12	57.1	51.1	13.6			44.4		64.3					
9	00			30.1				1.5						
	12	57.2	51.2	55.1	53.6	54.6	44.5	1.6						
10	00			37.2					64.4					
	12	57.3	51.3	63.2			44.6	43.1						
11	00	57.4	51.4	22.3				43.2				13.4		
	12			36.4					64.5					
12	00	57.5	51.5	25.5			1.1	43.3						
	12			17.6				43.4						
13	00	57.6	51.6	51.1					64.6					
	12			42.2			1.2	43.5						
14	00	32.1	42.1	3.3				43.6			8.6			
	12			27.4					47.1					
15	00	32.2	42.2	24.6	53.5	54.5		14.1						
	12			23.1			1.3							
16	00	32.3	42.3	8.2				14.2	47.2				D	
	12			20.4				14.3						
17	00	32.4	42.4	16.5										
	12			45.1				14.4	47.3					
18	00	32.5	42.5	12.2				14.5						
	12			15.4										
19	00	32.6	42.6	52.5			R	14.6	47.4					
	12	50.1	3.1	53.1				34.1						
20	00			62.2	D	D								
	12	50.2	3.2	56.4	R	R		34.2	47.5					
21	00			31.5				34.3						
	12	50.3	3.3	7.1						16.5				
22	00			4.2			1.2	34.4	47.6					
	12	50.4	3.4	29.4				34.5						
23	00			59.5										
	12	50.5	3.5	64.1			1.1	34.6	6.1					
24	00			47.2										
	12	50.6	3.6	6.4				9.1						
25	00			46.5			44.6	9.2	6.2					
	12	28.1	27.1	18.6										
26	00			57.2	53.4	54.4	44.5	9.3						
	12	28.2	27.2	32.3			44.4	9.4	6.3					
27	00			50.4								D		
	12	28.3	27.3	28.5			44.3	9.5						
28	00	28.4	27.4	44.6				9.6	6.4					
	12			43.1			44.2							
29	00	28.5	27.5	14.2			44.1	5.1			8.5			5.1
	12			34.3				5.2	6.5					
30	00	28.6	27.6	9.3			28.6							
	12			5.4			28.5	5.3						
31	00	44.1	24.1	26.5				5.4	6.6					
	12			11.5	53.3	54.3	28.4							

November 2000

Date	Time	☉	⊕	☾	☊	☋	☿	♀	♂	♃	♄	♅	♆	♇
1	00	44.2	24.2	10.6	53.3	54.3	28.3	5.5	6.6	16.5	8.5	13.4	41.2	5.1
	12			58.6	R	R	R	D	46.1	16.4	R	D	D	D
2	00	44.3	24.3	38.6			28.2	5.6					41.3	
	12			61.1	D	D	28.1	26.1						
3	00	44.4	24.4	60.1					46.2					
	12			41.1			50.6	26.2						
4	00	44.5	24.5	19.1				26.3						
	12	44.6	24.6	13.2	R	R			46.3					
5	00			49.2			50.5	26.4						
	12	1.1	2.1	30.3				26.5						
6	00			55.3					46.4					
	12	1.2	2.2	37.3				26.6						
7	00			63.4			50.4	11.1						
	12	1.3	2.3	22.5					46.5					
8	00			36.5				11.2						
	12	1.4	2.4	25.6			D							
9	00			21.1				11.3	46.6					
	12	1.5	2.5	51.2				11.4						
10	00			42.4			50.5			16.3				
	12	1.6	2.6	3.5				11.5	18.1		8.4			
11	00	43.1	23.1	27.6				11.6						
	12			2.2								13.5		
12	00	43.2	23.2	23.3			50.6	10.1	18.2					
	12			8.5	53.2	54.2		10.2						
13	00	43.3	23.3	20.6										
	12			35.2			28.1	10.3	18.3					
14	00	43.4	23.4	45.4				10.4						
	12			12.6			28.2							
15	00	43.5	23.5	52.1				10.5	18.4					
	12			39.3			28.3							
16	00	43.6	23.6	53.5	D	D		10.6						
	12			62.6			28.4	58.1	18.5					
17	00	14.1	8.1	31.2			28.5							
	12	14.2	8.2	33.4				58.2		16.2				
18	00			7.5			28.6	58.3						
	12	14.3	8.3	29.1			44.1		18.6					
19	00			59.2	R	R		58.4						
	12	14.4	8.4	40.3			44.2	58.5						
20	00			64.5			44.3		48.1					
	12	14.5	8.5	47.6				58.6						
21	00			46.1			44.4							
	12	14.6	8.6	18.3			44.5	38.1	48.2					
22	00			48.4				38.2			8.3			
	12	34.1	20.1	57.5			44.6							
23	00			32.6			1.1	38.3	48.3					
	12	34.2	20.2	28.1			1.2	38.4						
24	00	34.3	20.3	44.2			1.3							5.2
	12			1.3				38.5	48.4	16.1				
25	00	34.4	20.4	43.4			1.4	38.6						
	12			14.4			1.5							
26	00	34.5	20.5	34.5			1.6	54.1	48.5					
	12			9.6	53.1	54.1								
27	00	34.6	20.6	5.6			43.1	54.2						
	12			11.1			43.2	54.3	48.6					
28	00	9.1	16.1	10.1			43.3							
	12			58.2			43.4	54.4						
29	00	9.2	16.2	38.2				54.5	57.1					
	12			54.2	D	D	43.5							
30	00	9.3	16.3	61.3			43.6	54.6						
	12	9.4	16.4	60.3			14.1		57.2					

December 2000

Date	Time	☉	⊕	☾	☊	☋	☿	♀	♂	♃	♄	♅	♆	♇
1	00	9.4	16.4	41.3	53.1	54.1	14.2	61.1	57.2	16.1	8.3	13.5	41.3	5.2
	12	9.5	16.5	19.4	D	D	14.3	61.2	D	20.6	R	D	D	D
2	00			13.4					57.3					
	12	9.6	16.6	49.4			14.4	61.3						
3	00			30.5			14.5	61.4						
	12	5.1	35.1	55.5			14.6		57.4		8.2			
4	00			37.5			34.1	61.5						
	12	5.2	35.2	63.6	R	R		61.6						
5	00			22.6			34.2							
	12	5.3	35.3	25.1			34.3	60.1	57.5					
6	00			17.2			34.4							
	12	5.4	35.4	21.3			34.5	60.2						
7	00	5.5	35.5	51.4			34.6	60.3	57.6					
	12			42.5										
8	00	5.6	35.6	3.6			9.1	60.4						
	12			24.1			9.2	60.5	32.1	20.5				
9	00	26.1	45.1	2.3			9.3							
	12			23.4			9.4	60.6						
10	00	26.2	45.2	8.6			9.5		32.2					
	12			16.2				41.1						
11	00	26.3	45.3	35.3			9.6	41.2						
	12			45.5			5.1		32.3					
12	00	26.4	45.4	15.1			5.2	41.3						
	12	26.5	45.5	52.3			5.3	41.4						
13	00			39.5					32.4					
	12	26.6	45.6	62.1	D	D	5.4	41.5						
14	00			56.3			5.5							
	12	11.1	12.1	31.5			5.6	41.6	32.5					
15	00			7.1			26.1	19.1						
	12	11.2	12.2	4.2			26.2			20.4				
16	00			29.4				19.2	32.6			13.6		
	12	11.3	12.3	59.6			26.3						41.4	
17	00			64.1			26.4	19.3			8.1			
	12	11.4	12.4	47.3			26.5	19.4						
18	00			6.4			26.6		50.1					5.3
	12	11.5	12.5	46.5	R	R	11.1	19.5						
19	00	11.6	12.6	48.1			11.2	19.6						
	12			57.2					50.2					
20	00	10.1	15.1	32.3			11.3	13.1						
	12			50.4			11.4							
21	00	10.2	15.2	28.5			11.5	13.2	50.3					
	12			44.5			11.6	13.3						
22	00	10.3	15.3	1.6			10.1							
	12			14.1				13.4	50.4					
23	00	10.4	15.4	34.1			10.2							
	12			9.2			10.3	13.5						
24	00	10.5	15.5	5.3			10.4	13.6	50.5	20.3				
	12	10.6	15.6	26.3			10.5							
25	00			11.4			10.6	49.1						
	12	58.1	52.1	10.4					50.6					
26	00			58.4			58.1	49.2						
	12	58.2	52.2	38.5			58.2	49.3						
27	00			54.5	D	D	58.3		28.1					
	12	58.3	52.3	61.5			58.4	49.4						
28	00			60.6			58.5							
	12	58.4	52.4	41.6			58.6	49.5						
29	00			19.6				49.6	28.2					
	12	58.5	52.5	49.1			38.1							
30	00	58.6	52.6	30.1			38.2	30.1	28.2					
	12			55.1			38.3		28.3					
31	00	38.1	39.1	37.2			38.4	30.2						
	12			63.2			38.5	30.3						

General Info

This volume of the Zen Human Design Ephemeris covers 25 years of data. Much care has gone into presenting this wealth of information as accurately and easily to read as possible.

The positions of the activating forces (the "planets") are checked twice a day, at midnight and noon GMT. (See below map to adjust to other timezones.) The results are displayed in tables, with two months per page and six pages per year. If no gate or line change has happened since the last checkpoint twelve hours earlier, nothing is displayed. For visual support, gate changes are marked with a black triangle in the upper left corner. Sundays are shaded in gray.

At the top of each month the current gate/line activation for each planet is displayed. If a change has happened within the past twelve hours, it's in black, if the last change happened more than twelve hours ago, it's in gray.

In the second row, D and R indicate direct or retrograde motion of the planet, in black only when reversal of direction happened within the past twelve hours, otherwise in gray.

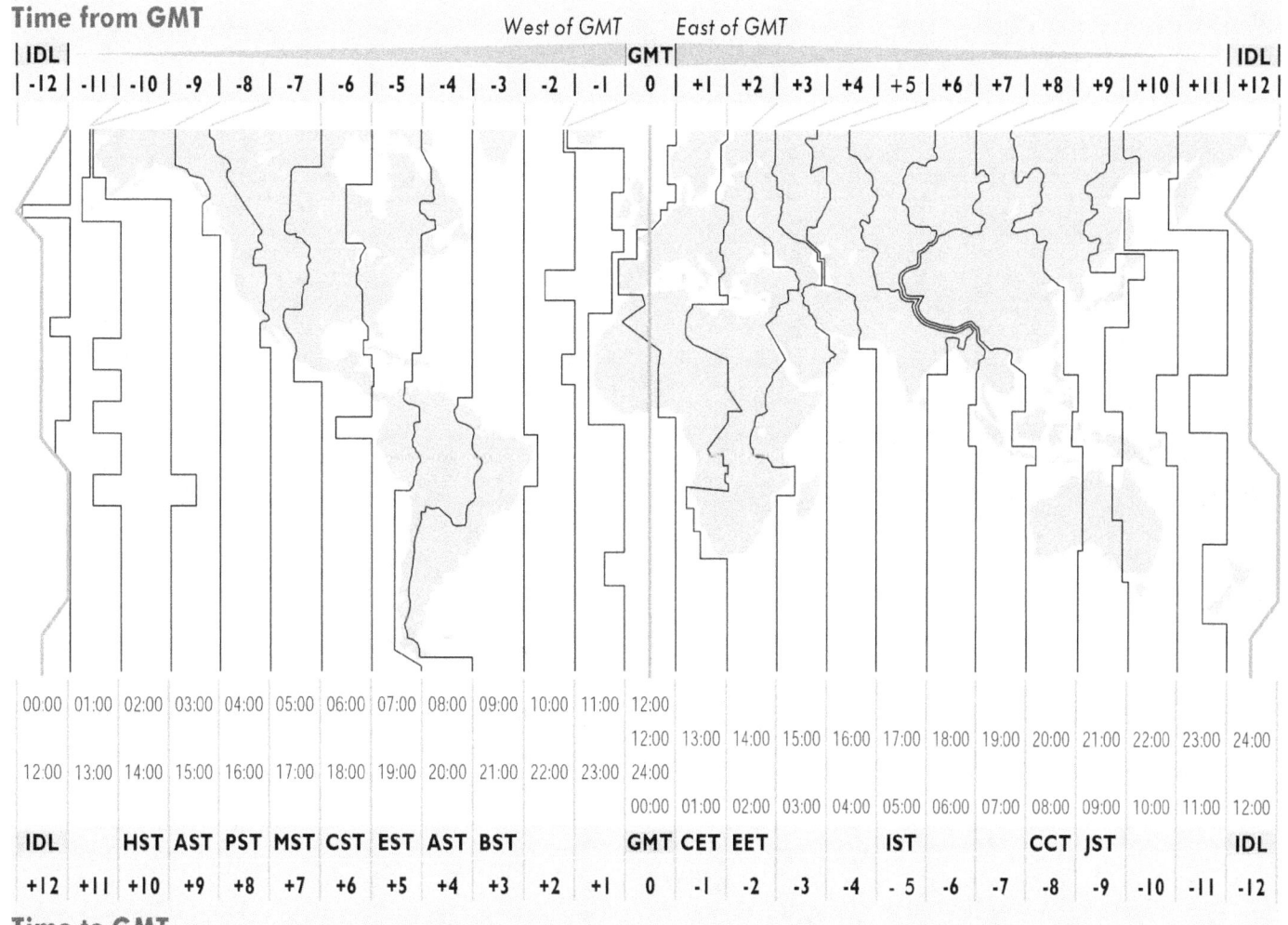

www.ingramcontent.com/pod-product-compliance
Lightning Source LLC
Chambersburg PA
CBHW080636230426
43663CB00016B/2888